Repetitorium der Informatik

Von
Barbara Blöchl,
Carola Meyberg

Oldenbourg Verlag München Wien

Bibliografische Information Der Deutschen Bibliothek

Die Deutsche Bibliothek verzeichnet diese Publikation in der Deutschen
Nationalbibliografie; detaillierte bibliografische Daten sind im Internet
über <http://dnb.ddb.de> abrufbar.

© 2003 Oldenbourg Wissenschaftsverlag GmbH
Rosenheimer Straße 145, D-81671 München
Telefon: (089) 45051-0
www.oldenbourg-verlag.de

Das Werk einschließlich aller Abbildungen ist urheberrechtlich geschützt. Jede Verwertung
außerhalb der Grenzen des Urheberrechtsgesetzes ist ohne Zustimmung des Verlages un-
zulässig und strafbar. Das gilt insbesondere für Vervielfältigungen, Übersetzungen, Mikro-
verfilmungen und die Einspeicherung und Bearbeitung in elektronischen Systemen.

Lektorat: Christian Kornherr
Herstellung: Rainer Hartl
Umschlagkonzeption: Kraxenberger Kommunikationshaus, München
Gedruckt auf säure- und chlorfreiem Papier
Druck: R. Oldenbourg Graphische Betriebe Druckerei GmbH

ISBN 3-486-27216-0

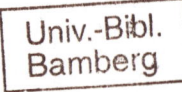

Vorwort

Dieses *Repetitorium der Informatik* soll dazu dienen, den grundlegenden Stoff der theoretischen Informatik (Grammatiken und Automaten, Berechenbarkeit, Programmiermethodik und Logik) als auch einiger Gebiete der angewandten Informatik (Datenbanksysteme, Betriebssysteme, Rechnernetze und Rechnerarchitektur) anhand von thematisch geordneten Prüfungsaufgaben zu lernen und zu wiederholen. Es richtet sich in erster Linie an Studenten für das Lehramt an Gymnasien als Vorbereitung für das Erste Staatsexamen, eignet sich jedoch gleichermaßen als studienbegleitende Lektüre für alle Informatikstudenten sowie für den Einsatz im Schulunterricht der Kollegstufe.

Quelle dieses Aufgabenschatzes sind Prüfungsaufgaben des Bayerischen Staatsexamens aus den Jahren 1989 bis 2001. Der Wortlaut wurde unverändert übernommen, allerdings haben wir aus Gründen der Einheitlichkeit die Nummerierung der Teilaufgaben geändert sowie Anpassungen an die neue Rechtschreibung vorgenommen. Die Angaben sind in der Fachschaft erhältlich oder im Internet zu finden unter:

http://ddi.in.tum.de/material/staatsexamen/angaben/InformatikVertieft89-01.pdf

Der Leser muss sich bewusst darüber sein, dass hier meist nur die Lösungsidee skizziert, wichtige Stichwörter gegeben und die wesentlichen Ansätze dargestellt werden, in der Prüfung ist die Lösung auf jeden Fall ausführlicher zu gestalten; einzelne Schritte sind zu begründen und zu kommentieren. Die Pascal Programme sind historisch bedingt, bei zukünftigen Aufgaben sollte man sich allerdings eher auf Java konzentrieren. Die Strukturen und Denkweisen entsprechen sich aber.

Bedanken möchten wir uns bei Herrn Prof. Dr. Peter Hubwieser, der uns bei organisatorischen Fragen eine große Hilfe war, bei allen Aufgabenstellern für die großzügige Überlassung der von ihnen gestellten Aufgaben, sowie bei allen, die das Erscheinen dieses Buches möglich gemacht haben. Außerdem ein großes Dankeschön an die Lerngruppen mit Dorle Güntzer, Helmut Perzl, Bernd Zeitler und Martin Fröhlich, die durch Motivation und gute Tipps immer weitergeholfen haben, sowie an Gunter Betz für Mithilfe bei Überarbeitung des Manuskripts und Thorsten Klöpfer für die Gestaltung des Titelbildes.

Verbesserungsvorschläge und konstruktive Kritik sind unter c.meyberg@web.de oder barbara.bloechl@addcom.de herzlich willkommen.

Barbara Blöchl, Carola Meyberg

Inhalt

1	**Theoretische Informatik**	1
1.1	Grammatiken und Automaten	1

Herbst 1989 Aufgabe 1 1
Frühjahr 1990 Aufgabe 2 7
Herbst 1990 Aufgabe 1 11
Herbst 1990 Aufgabe 2 12
Herbst 1991 Aufgabe 1 15
Herbst 1991 Aufgabe 2 16
Frühjahr 1993 Aufgabe 1 18
Herbst 1993 Aufgabe 1 20
Herbst 1993 Aufgabe 2 22
Herbst 1994 Aufgabe 1 23
Herbst 1994 Aufgabe 2 24
Frühjahr 1995 Aufgabe 1 26
Frühjahr 1996 Aufgabe 1 29
Frühjahr 1996 Aufgabe 2 30
Frühjahr 1996 Aufgabe 4 31
Frühjahr 1996 Aufgabe 6 31
Herbst 1996 Aufgabe 4 32
Herbst 1996 Aufgabe 5 35
Frühjahr 1997 Aufgabe 1 36
Herbst 1997 Aufgabe 3 41
Herbst 1998 I Aufgabe 1 43
Herbst 1998 II Aufgabe 1 46
Frühjahr 1999 I Aufgabe 1 48
Frühjahr 1999 I Aufgabe 2 51
Frühjahr 1999 I Aufgabe 3 53
Frühjahr 1999 II Aufgabe 2 55
Herbst 1999 I Aufgabe 1 57
Frühjahr 2000 I Einführung 58
Frühjahr 2000 I Aufgabe 1 60
Frühjahr 2000 I Aufgabe 2 60
Frühjahr 2000 I Aufgabe 3 61
Frühjahr 2000 I Aufgabe 4 62
Frühjahr 2000 II Aufgabe 1 63
Frühjahr 2000 II Aufgabe 2 64
Frühjahr 2000 II Aufgabe 3 67
Frühjahr 2000 II Aufgabe 4 68
Frühjahr 2000 II Aufgabe 5 69
Frühjahr 2000 II Aufgabe 7 70
Herbst 2000 I Aufgabe 3 70
Herbst 2000 II Aufgabe 1 72
Herbst 2000 II Aufgabe 2 74
Herbst 2000 II Aufgabe 5 74
Frühjahr 2001 I Aufgabe 1 75
Frühjahr 2001 I Aufgabe 2 76
Frühjahr 2001 II Aufgabe 2 78
Herbst 2001 I Aufgabe 1 80
Herbst 2001 I Aufgabe 2 81
Herbst 2001 I Aufgabe 3 82
Herbst 2001 I Aufgabe 5 83

1.2	Berechenbarkeit	85

Herbst 1989 Aufgabe 2 85
Herbst 1990 Aufgabe 5 89
Herbst 1990 Aufgabe 6 90
Frühjahr 1993 Aufgabe 2 91
Frühjahr 1997 Aufgabe 2 93
Frühjahr 1997 Aufgabe 3 94
Herbst 1998 I Aufgabe 2 96
Herbst 1998 II Aufgabe 2 100
Frühjahr 1999 II Aufgabe 1 101
Frühjahr 2000 II Aufgabe 6 104
Herbst 2000 I Aufgabe 2 105
Frühjahr 2001 I Aufgabe 3 106
Herbst 2001 I Aufgabe 4 107

1.3	Programmiermethodik	109

Frühjahr 1990 Aufgabe 1 109

Frühjahr 1990 Aufgabe 3 111
Herbst 1990 Aufgabe 3 112
Herbst 1990 Aufgabe 4 113
Herbst 1991 Aufgabe 3 115
Herbst 1991 Aufgabe 4 122
Frühjahr 1993 Aufgabe 3 123
Frühjahr 1993 Aufgabe 4 126
Herbst 1993 Aufgabe 3 128
Herbst 1993 Aufgabe 4 130
Frühjahr 1994 Aufgabe 3 132
Frühjahr 1994 Aufgabe 4 134
Herbst 1994 Aufgabe 3 138
Herbst 1994 Aufgabe 4 143
Frühjahr 1995 Aufgabe 2 144
Frühjahr 1995 Aufgabe 3 148
Frühjahr 1996 Aufgabe 5 152
Herbst 1996 Aufgabe 1 153
Herbst 1996 Aufgabe 2 154
Herbst 1996 Aufgabe 3 156
Frühjahr 1997 Aufgabe 4 158
Herbst 1997 Aufgabe 1 160
Herbst 1997 Aufgabe 2 165
Herbst 1998 I Aufgabe 3 167
Herbst 1998 II Aufgabe 5 168
Herbst 1998 II Aufgabe 6 170
Herbst 1998 II Aufgabe 7 172
Frühjahr 1999 II Aufgabe 3 173
Frühjahr 1999 II Aufgabe 4 175
Frühjahr 2000 I Einführung 177
Frühjahr 2000 I Aufgabe 5 177
Herbst 2000 I Aufgabe 1 179
Herbst 2000 I Aufgabe 4 181
Herbst 2000 II Aufgabe 3 183
Herbst 2000 II Aufgabe 4 184
Herbst 2000 II Aufgabe 6 185
Frühjahr 2001 I Aufgabe 4 187
Frühjahr 2001 I Aufgabe 5 188
Frühjahr 2001 II Aufgabe 1 190
Frühjahr 2001 II Aufgabe 3 192

1.4 Logik 195
Herbst 1998 II Aufgabe 3 195
Herbst 1998 II Aufgabe 4 196
Herbst 2001 I Aufgabe 6 198

2 Datenbanksysteme, Betriebssysteme, Rechnernetze und Rechnerarchitektur 199

2.1 Datenbanksysteme 199
Frühjahr 1990 Aufgabe 6 199
Frühjahr 1990 Aufgabe 8 200
Herbst 1990 Aufgabe 2 202
Herbst 1990 Aufgabe 3 206
Herbst 1991 Aufgabe 4 208
Frühjahr 1993 Aufgabe 4 211
Frühjahr 1994 Aufgabe 4 213
Frühjahr 1994 Aufgabe 5 214
Frühjahr 1994 Aufgabe 6 214
Frühjahr 1994 Aufgabe 7 215
Frühjahr 1994 Aufgabe 8 216
Frühjahr 1994 Aufgabe 9 217
Frühjahr 1994 Aufgabe 10 217
Frühjahr 1996 Aufgabe 2 218
Herbst 1996 Aufgabe 4 221
Herbst 1997 Aufgabe 3 224
Herbst 1997 Aufgabe 4 226
Herbst 1998 I Aufgabe 1 227
Herbst 1998 I Aufgabe 2 228
Herbst 1998 II Aufgabe 2 232
Frühjahr 1999 I Aufgabe 2 234
Frühjahr 1999 II Aufgabe 1 239
Frühjahr 1999 II Aufgabe 2 243
Herbst 2001 I Aufgabe 1 246

2.2 Betriebssysteme 252
Frühjahr 1990 Aufgabe 2 252
Frühjahr 1990 Aufgabe 3 253
Frühjahr 1990 Aufgabe 4 255
Herbst 1991 Aufgabe 1 257
Herbst 1991 Aufgabe 2 258
Herbst 1991 Aufgabe 3 260
Frühjahr 1993 Aufgabe 1 264
Frühjahr 1993 Aufgabe 2 267
Frühjahr 1993 Aufgabe 3 269
Frühjahr 1994 Aufgabe 1 272
Frühjahr 1994 Aufgabe 2 273
Herbst 1994 Aufgabe 1 275
Herbst 1994 Aufgabe 2 276
Herbst 1994 Aufgabe 3 278

Herbst 1994 Aufgabe 4 279	2.4 Rechnerarchitektur 334
Frühjahr 1996 Aufgabe 1 281	Frühjahr 1990 Aufgabe 1 334
Frühjahr 1996 Aufgabe 3 283	Frühjahr 1990 Aufgabe 7 336
Frühjahr 1996 Aufgabe 5 286	Herbst 1990 Aufgabe 1 339
Frühjahr 1996 Aufgabe 6 287	Herbst 1990 Aufgabe 5 344
Herbst 1997 Aufgabe 1 291	Frühjahr 1994 Aufgabe 3 346
Herbst 1997 Aufgabe 2 296	Frühjahr 1995 Aufgabe 1 346
Herbst 1998 I Aufgabe 4 301	Frühjahr 1995 Aufgabe 2 347
Herbst 1998 I Aufgabe 5 304	Frühjahr 1995 Aufgabe 3 350
Herbst 1998 II Aufgabe 1 306	Frühjahr 1996 Aufgabe 4 353
Frühjahr 1999 I Aufgabe 1 311	Herbst 1996 Aufgabe 1 355
Herbst 2001 I Aufgabe 2 314	Herbst 1996 Aufgabe 2 357
Herbst 2001 I Aufgabe 3 316	Herbst 1996 Aufgabe 3 358
Herbst 2001 I Aufgabe 4 318	Frühjahr 1997 Aufgabe 1 359
2.3 Rechnernetze 321	Frühjahr 1997 Aufgabe 2 361
Frühjahr 1990 Aufgabe 9 321	Frühjahr 1997 Aufgabe 3 364
Herbst 1990 Aufgabe 4 324	Herbst 1998 I Aufgabe 3 366
Herbst 1997 Aufgabe 5 327	Frühjahr 1999 II Aufgabe 3 370
Herbst 1998 II Aufgabe 3 328	Frühjahr 1999 II Aufgabe 4 373
Frühjahr 1999 I Aufgabe 3 331	Frühjahr 1999 II Aufgabe 5 373

3   Literaturverzeichnis   377

4   Register   379

1 Theoretische Informatik

1.1 Grammatiken und Automaten

Herbst 1989 Aufgabe 1

Gegeben sei der Zeichenvorrat $A = \{a, b, c\}$. M sei die Menge aller Zeichenreihen über A mit der Eigenschaft, dass die Anzahl, wie oft das Zeichen a in x vorkommt, eine gerade Zahl ist.

Teilaufgabe 1

Die Grammatik G habe A als Menge der Terminalzeichen, die Nichtterminalzeichen G und U, das Axiom G und die Produktionsregeln

$G \to \varepsilon$ (leere Zeichenreihe)

$G \to bG \qquad G \to cG \qquad G \to aU$

$U \to bU \qquad U \to cU \qquad U \to aG$

Beweisen Sie, dass für den Sprachschatz $L(\Gamma)$ von Γ gilt: $L(\Gamma) = M$.

Teilaufgabe 2

Geben Sie einen endlichen Automaten an, der genau die Zeichenreihen von M akzeptiert.

Teilaufgabe 3

Geben Sie eine kontextfreie Grammatik Γ_1 an, für die ebenfalls $L(\Gamma_1) = M$ gilt, die jedoch weniger Produktionsregeln als Γ hat.

Teilaufgabe 4

Formulieren Sie in Anlehnung an Γ einen rekursiven Algorithmus

```
function TESTM (string s): boolean;
...
```
der testet, ob eine Zeichenreihe s aus M ist oder nicht. Beweisen Sie, dass der Algorithmus für alle Eingaben der Sorte `string` terminiert.

Hinweis: Nehmen Sie dabei an, dass die Datenstruktur `string` (der Zeichenreihen über einem Zeichenvorrat, der die Zeichen von A enthält) mit den Grundoperationen *isempty*, *first* und *rest* zur Verfügung steht. Dabei ist für eine Zeichenreihe $x = x_1 x_2 ... x_n$

$$isempty(x) = true \Leftrightarrow x = \varepsilon \text{ und falls } x \neq \varepsilon$$
$$first(x_1 x_2 ... x_n) = x_1$$
$$rest(x_1 x_2 ... x_n) = x_2 ... x_n$$

Teilaufgabe 5

Für $n \in N_0$ sei nun M_n die Menge aller Zeichenreihen der Länge n aus M. Die Abbildung $h: N_0 \to N_0$ sei definiert als: $h(n) =$ Anzahl der Elemente von M_n.

Beweisen Sie, dass für h gilt:

$$h(n) = \begin{cases} 1 & \text{falls } n = 0 \\ 3^{n-1} + h(n-1) & \text{sonst} \end{cases}$$

Hinweis: Es gibt genau 3^n Zeichenreihen der Länge n über A.

Teilaufgabe 6

Formulieren Sie anhand von 5. einen rekursiven Algorithmus zur Berechnung von $h(n)$ für gegebenes $n \in N_0$. Nehmen Sie dabei an, dass Addition, Subtraktion und Multiplikation, nicht jedoch die Potenzierung als arithmetische Grundoperationen zur Verfügung stehen. Bestimmen Sie (in Abhängigkeit von n) die Anzahl der Additionen, Subtraktionen und Multiplikationen, die gemäß diesem Algorithmus durchgeführt werden.

Teilaufgabe 7

Beweisen Sie, dass für $n > 0$ auch gilt:

$$h(n) = 3h(n-1) - 1.$$

Was bedeutet diese Beziehung im Hinblick auf die Komplexität der Berechnung von h gemäß Teilaufgabe 6?

Teilaufgabe 8

Für die Entrekursivierung der Berechnung von h wird durch die Beziehung aus 7. eine Einbettung von h in die Abbildung $g : N_0^3 \to Z$ mit

$$g(n,k,m) = k * h(n) - m$$

nahegelegt.

Entwickeln Sie zunächst einen repetitiv rekursiven Algorithmus zur Berechnung von $g(n,k,m)$ für gegebene $n, k, m \in N_0$ und daraus einen iterativen Algorithmus zur Berechnung von $h(n)$ für gegebenes $n \in N_0$.

✓ Lösungsvorschlag zu Teilaufgabe 1

$M \subseteq L(\Gamma)$

Um ein Wort aus $L(\Gamma)$ zu erhalten, muss im letzten Schritt der Ableitung Regel $G \to \varepsilon$ angewendet werden. Bei allen anderen Regeln bleibt ein Nichtterminal auf der rechten Seite.
Behauptung:
Ein Wort der Form $w = xG, x \in \{a, b, c\}^*$ verfügt über eine gerade Anzahl von a's.

Beweis durch Induktion nach $|x| = n$:
$n = 0$:
  $w = G$ hat gerade Anzahl (0).
$n \to n+1$:
  Sei x Wort der Länge n. Betrachte Ableitung von xG. Letzter Ableitungsschritt kann aufgrund der Regeln nur sein:
  Fall A:
  $x'G \to x'bG$ oder $x'G \to x'cG$. Nach Induktionsvoraussetzung hat $x'G$ gerade Anzahl von a, also auch xG.
  Fall B:
  $x'U \to x'aG$ und vorletzter Schritt damit $x''G \to x''aU$. Wiederum nach Induktionsvoraussetzung hat $x''G$ gerade Anzahl von a's, also auch $x'aG$, weil $x'U$ ungerade Anzahl an a hatte.

$M \supseteq L(\Gamma)$

Sei $w \in M$. Für $w_i = z \in \{b, c\}$ i-ter Buchstabe von w wird im i-ten Schritt der Ableitung Regel $G \to zG$ oder $U \to zG$ angewendet. Für $w_i = a$ wird entsprechend Regel $G \to aU$ oder $U \to aG$ angewendet. Da die Anzahl an a's gerade ist, erfolgt eine gerade Anzahl an Wechseln der zwei Regeln. Daher kommen wir im $n = |w|$-ten Schritt der Ableitung auf wG und hiervon auf w. Also ist $w \in L(\Gamma)$.

Genau die Wörter mit G am Ende in Schritt n können im Schritt $n+1$ zu Wörtern über dem Zeichenvorrat werden; der Terminalanteil bleibt dabei erhalten.

✓ Lösungsvorschlag zu Teilaufgabe 2

Endliche Automaten geben wir häufig nur in grafischer Form an. Anfangszustände werden durch einen Eingangspfeil, Endzustände durch einen Doppelkreis gekennzeichnet. Alle Zustandsübergänge müssen beschriftet werden. Ist ein vollständiger Automat gefordert, so sollte man nicht vergessen, auch Fang- oder Fehlerzustände anzugeben. Für reguläre Grammatiken gibt es ein besonders einfaches Schema, einen korrespondierenden Automaten zu konstruieren: Variablen werden als Zustände betrachtet, Terminale als Zustandsübergänge. Entsprechend ist also der mit der Startvariablen korrespondierende Zustand der Anfangszustand und alle Variablen, für die es eine Ableitung zum leeren Wort gibt, korrespondieren mit Endzuständen. Darüber hinaus wird für Regeln der Form $G \to a$ ein Sonder-Endzustand eingeführt mit entsprechenden Übergängen.

In der vorliegenden Aufgabe ergibt sich folgender Automat:

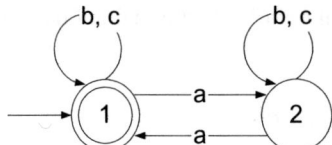

✓ Lösungsvorschlag zu Teilaufgabe 3

Die Definition einer Grammatik findet sich unter Lösung von Frühjahr 1993 Aufgabe 1 Teilaufgabe 1.

Grundsätzlich sollte man eine Grammatik immer als Quadrupel mit entsprechenden Produktionen angeben. Da die entscheidende Idee allerdings in den Produktionen steckt, beschränken wir uns auf diese:

$G \to \varepsilon,\ G \to GaGaG,\ G \to bG,\ G \to cG$

1.1 Grammatiken und Automaten

✓ Lösungsvorschlag zu Teilaufgabe 4

Gofer:
```
testm :: String -> Bool
testm s =   if    isempty(s)
            then  True
            else  if first(s)==`a`
                  then not (testm(rest(s))
                  else  if first(s)==`b` or first(s)==`c`
                        then testm (tail(s))
                        else False
```

Pascal:
```
function testm(s:string):boolean;
var bFlag : boolean;
begin
      if isempty(s)
      then bFlag:= true
      else  if first(s)='a'
            then bFlag:= (NOT testm(rest(s)))
            else  if first(s)='b' or first(s)='c'
                  then bFlag:= testm(rest(s));
                  else bFlag:= false;
      testm:= bFlag;
end;
```

✓ Lösungsvorschlag zu Teilaufgabe 5

Beweis durch Induktion nach n:
$n = 0$:
$\quad h(0) = 1$, da $M_0 = \{\varepsilon\}$
$n \to n+1$:

Zu M_{n+1} gehören genau all die Worte, die auf eine der folgenden Weisen entstehen:
An alle Wörter aus M_n wird ein b angehängt. Für jedes Wort mit n Buchstaben aus $\{a, b, c\}$ (davon gibt es 3^n Stück) hängt man ein a an, falls die Anzahl der bereits vorkommenden a ungerade ist, andernfalls ein c. Durch Abzählen erhält man also
$h(n+1) = h(n) + 3^n$.

✓ Lösungsvorschlag zu Teilaufgabe 6

```
function rechne(n:integer):integer;
var i,pot,h : integer;
begin
      pot:= 1;
      h:= 0;
      if n=0
      then h:= 1
      else begin
                for i:=1 to n-1 do pot:= pot*3;
                h:= pot + rechne(n-1);
           end;
           rechne:= h;
   end;
```

```
#ADD:      n
#SUB:      2n
#MULT:     (n-1)+(n-2)+(n-3)+ ... +1 = (n-1)*n/2
```

✓ Lösungsvorschlag zu Teilaufgabe 7

Beweis wiederum durch Induktion nach n:
$n = 1$:
$$h(1) = 3^0 + 1 = 2 = 3 \cdot h(0) - 1$$
$n \to n+1$:
$$h(n+1) = 3^n + h(n) = 3^n + 3 \cdot h(n-1) - 1 = 3(3^{n-1} + h(n-1)) - 1 = 3 \cdot h(n) - 1$$

Ein Algorithmus, der diese Gleichung benützt, hat eine gegenüber 6. verringerte Anzahl an nötigen Additionen, Subtraktionen und Multiplikationen:

```
#ADD:      0
#SUB:      n
#MULT:     n
```

✓ Lösungsvorschlag zu Teilaufgabe 8

„Repetitiv rekursiver Algorithmus" bedeutet: Die rekursiven Funktionsaufrufe kommen nur ganz außen vor. Das bedeutet, dass die Argumente entsprechend verändert werden müssen.

$$g(n,k,m) = k \cdot h(n) - m$$

1.1 Grammatiken und Automaten

Beobachtungen:

Es gilt: $h(n) = g(n,1,0)$

Ferner: $g(n,k,m) = k \cdot (3 \cdot h(n-1) - 1) - m = 3k \cdot h(n-1) - k - m = g(n-1, 3k, m+k)$

und: $h(0) = 1$ sowie $g(0,k,m) = k - m$.

Pascal:
```
function g(n,k,m:integer):integer;
begin
      if n = 0    then g := k-m;
                  else g := g(n-1, 3k, m+k);
end;
function h_iterativ(n:integer):integer;
var k, m : integer;
begin
      k := 1; m := 0;
      while n > 0 do begin
            n := n-1; m := m+k; k := 3k;
      end;
      h_iterativ := k-m;
end;
```

Frühjahr 1990 Aufgabe 2

Gegeben sei das Alphabet $A = \{a, b\}$. Mit x_a bzw. x_b werde für ein $x \in A^*$ die Zeichenreihe aus $\{a\}^*$ bzw. $\{b\}^*$ bezeichnet, die durch Streichen aller b bzw. a aus x entsteht. Seien also z.B. $x = aabab$ und $y = bbbb$, dann ist $x_a = aaa$, $x_b = bb$, $y_a = \bullet$ und $y_a = bbbb$.

Gegeben sei nun die wie folgt definierte Teilmenge M von A^*:

$$x \in M \Leftrightarrow_{df} |x_a| \bullet |x_b|,$$

wobei für ein $x \in A^*$ mit $|x|$ die Länge von x bezeichnet wird.

Teilaufgabe 1

Zeigen Sie, dass die Menge $M \subset A^*$ nicht regulär ist.

Teilaufgabe 2

M ist als Sprachschatz einer kontextfreien Sprache über dem terminalen Alphabet A darstellbar. Beweisen Sie diese Aussage dadurch, dass Sie einen Kellerautomaten angeben, von dem Sie zeigen, dass er genau die Menge M akzeptiert.

Teilaufgabe 3

Konstruieren Sie eine kontextfreie Grammatik über dem terminalen Alphabet A, die in A^* genau die Menge M erzeugt, und begründen Sie die einzelnen Schritte ihres konstruktiven Vorgehens.

> **Pumping-Lemma:**
> Sei L eine reguläre Sprache.
> Dann gibt es eine Konstante n, so dass sich jedes Wort $z \in L$ mit $|z| \geq n$ zerlegen lässt in $z = uvw$, wobei:
> - für alle $i \geq 0$ gilt, dass $uv^i w$ in L ist,
> - $|uv| \leq n$ und
> - $|v| \geq 1$.
>
> Randbemerkung: Es gilt, dass n nicht größer ist als die Anzahl der Zustände in dem kleinsten endl. Automaten, der L akzeptiert.

✓ Lösungsvorschlag zu Teilaufgabe 1

Sprachschatz:
    x enthält höchstens so viele a's wie b's

Behauptung:
    M ist nicht regulär.

Beweis:
    Annahme, M sei regulär. Dann gilt das Pumping-Lemma. Wähle n beliebig aber fest. Sei $z = a^n b^n$ mit $|z| = 2n$. Für eine mögliche Zerlegung mit $|uv| \leq n$ und $|u| \geq 1$ kann uv nur aus a's bestehen: $u = a^k$, $v = a^s$ mit $k+s \bullet n$. Daraus folgt für alle $i > 1$: $uv^i w$ ist nicht in M, da $uv^i w$ mehr a's als b's enthält. Somit ist M nicht regulär.

✓ Lösungsvorschlag zu Teilaufgabe 2

Die Definition eines Kellerautomatens findet sich unter Lösung von Frühjahr 2000 Aufgabe 1 Teilaufgabe 3.

Wir konstruieren zunächst einen nichtdeterministischen Kellerautomaten

$KA = (\{s_0, s_1\}, \{a, b\}, \{A, B, \#\}, \delta, s_0, \#, \{s_0\})$, der per Endzustand akzeptiert.

(Deterministische kontextfreie KA akzeptieren nach Definition per Endzustand und nicht per leerem Keller; für nichtdeterministische KA sind beide Mechanismen äquivalent!)

Dabei sei $\#$ das Kellerbodenzeichen, s_0 sowohl Start- als auch Endzustand und δ wie folgt definiert:

(Zur Schreibvereinfachung schreiben wir $(z,x,K) \to (z,L)$ für $\delta(z,x,K) \ni (z,L)$)

1.1 Grammatiken und Automaten

$(s_0, a, \#) \rightarrow (s_1, A\#)$ $\qquad$ $(s_1, a, A) \rightarrow (s_1, AA)$
$(s_0, b, \#) \rightarrow (s_0, B\#)$ $\qquad$ $(s_1, b, A) \rightarrow (s_1, \varepsilon)$
$(s_0, a, B) \rightarrow (s_0, \varepsilon)$ $\qquad$ $(s_1, a, \#) \rightarrow (s_1, A\#)$
$(s_0, b, B) \rightarrow (s_0, BB)$ $\qquad$ $(s_1, b, \#) \rightarrow (s_0, B\#)$
$\qquad\qquad\qquad\qquad\qquad\qquad$ $(s_1, \varepsilon, \#) \rightarrow (s_0, \#)$

Grafisch dargestellt hat dieser Automat die folgende Form: (in der Graphik e statt ε)

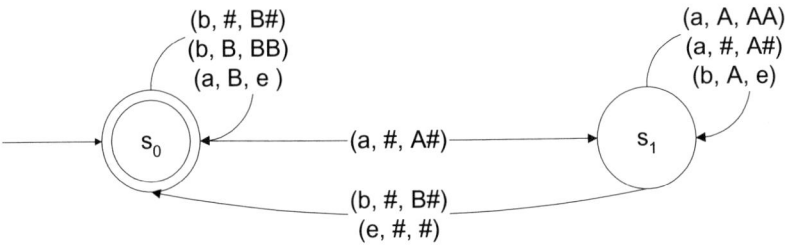

✓ Lösungsvorschlag zu Teilaufgabe 3

Bei einer kontextfreien Grammatik sind alle Regeln von der Form: $Z \rightarrow a$ mit $Z \in N$ und $a \in (N \cup T)^+$. Die Produktionen für die geforderte Grammatik lauten:

1. $G \rightarrow \varepsilon$ $\qquad$ 2. $G \rightarrow aGb$ $\qquad$ 3. $G \rightarrow bGa$ $\qquad$ 4. $G \rightarrow bG$ $\qquad$ 5. $G \rightarrow Gb$

Begründung:

zu 1: damit zum einen das leere Wort enthalten ist und für die Abbruchbedingung.

zu 2 und 3: Die Regeln müssen symmetrisch sein.

zu 4 und 5: Es muss sichergestellt sein, dass gleich viele a und b möglich sind (2. und 3.), aber auch dass mehr b's möglich sind (4. und 5.), wobei 5. eigentlich überflüssig ist.

Es gibt allerdings auch eine Möglichkeit, aus dem oben angegebenen Kellerautomaten eine kontextfreie Grammatik zu erzeugen. Das verwendete Schema wird oft benutzt, um zu zeigen, dass eine Sprache kontextfrei genau dann ist, wenn sie von einem nichtdeterministischen Kellerautomaten erkannt wird. Dabei geht man wie folgt vor (Merkhilfe am Ende der Lösung):

$G = (\{a,b\}, \{S\} \cup \{s_0, s_1\} \times \{A, B, \#\} \times \{s_0, s_1\}, P, S)$, mit $S \rightarrow (s_0, \#, s_0) \mid (s_0, \#, s_1)$

und wobei P wie folgt definiert ist:

$(s_0, B, s_0) \to a$ $\qquad$ $(s_1, A, s_1) \to b$
$(s_0, \#, s_0) \to a(s_1, A, s_0)(s_0, \#, s_0)$ $\qquad$ $(s_0, \#, s_0) \to a(s_1, A, s_1)(s_1, \#, s_0)$
$(s_0, \#, s_1) \to a(s_1, A, s_0)(s_0, \#, s_1)$ $\qquad$ $(s_0, \#, s_1) \to a(s_1, A, s_1)(s_1, \#, s_1)$
$(s_0, \#, s_0) \to b(s_0, B, s_0)(s_0, \#, s_0)$ $\qquad$ $(s_0, \#, s_0) \to b(s_0, B, s_1)(s_1, \#, s_0)$
$(s_0, \#, s_1) \to b(s_0, B, s_0)(s_0, \#, s_1)$ $\qquad$ $(s_0, \#, s_1) \to b(s_0, B, s_1)(s_1, \#, s_1)$
$(s_0, B, s_0) \to b(s_0, B, s_0)(s_0, B, s_0)$ $\qquad$ $(s_0, B, s_0) \to b(s_0, B, s_1)(s_1, B, s_0)$
$(s_0, B, s_1) \to b(s_0, B, s_0)(s_0, B, s_1)$ $\qquad$ $(s_0, B, s_1) \to b(s_0, B, s_1)(s_1, B, s_1)$
$(s_1, A, s_0) \to a(s_1, A, s_0)(s_0, A, s_0)$ $\qquad$ $(s_1, \#, s_0) \to a(s_1, A, s_1)(s_1, A, s_0)$
$(s_1, \#, s_1) \to a(s_1, A, s_0)(s_0, A, s_1)$ $\qquad$ $(s_1, \#, s_1) \to a(s_1, A, s_1)(s_1, A, s_1)$
$(s_1, \#, s_0) \to a(s_1, A, s_0)(s_0, \#, s_0)$ $\qquad$ $(s_1, \#, s_0) \to a(s_1, A, s_1)(s_1, \#, s_0)$
$(s_1, \#, s_1) \to a(s_1, A, s_0)(s_0, \#, s_1)$ $\qquad$ $(s_1, \#, s_1) \to a(s_1, A, s_1)(s_1, \#, s_1)$
$(s_1, \#, s_0) \to b(s_0, B, s_0)(s_0, \#, s_0)$ $\qquad$ $(s_1, \#, s_0) \to b(s_0, B, s_1)(s_1, \#, s_0)$
$(s_1, \#, s_1) \to b(s_0, B, s_0)(s_0, \#, s_1)$ $\qquad$ $(s_1, \#, s_1) \to b(s_0, B, s_1)(s_1, \#, s_1)$
$(s_1, \#, s_0) \to (s_0, \#, s_0)$ $\qquad$ $(s_1, \#, s_1) \to (s_0, \#, s_1)$

(Man sieht schon: Die Lösungen werden dadurch oft recht umfangreich.)

Informelle Merkhilfe für den Algorithmus „Umformumg des nichtdeterministischen Kellerautomaten in eine kontextfreie Grammatik":

- Start:
  $S \to$ (Startzustand des Kellers, Kellerbodenzeichen, z) $\forall$ Kellerzustände z
- Kellerzeichen löschen:
  (Ausgangszustand, gelesenes Kellerzeichen, Folgezustand) $\to$ gelesenes Eingabezeichen
- Kellerzeichen austauschen:
  (Ausgangszustand, gelesenes Kellerzeichen, z) $\to$
    gelesenes Eingabezeichen (Folgezustand, neues Kellerzeichen, z) $\forall$ Kellerzustände z
- Kellerzeichen pushen:
  (Ausgangszustand, gelesenes Kellerzeichen, z) $\to$
    gelesenes Eingabezeichen (Folgezustand, neues KZeichen1, y) $(y$, neues KZeichen2, $z)$
    $\forall$ Kellerzustände y, z.

Herbst 1990 Aufgabe 1

Gegeben sei das Alphabet $A = \{a, b, c\}$. Die Mengen M_a, M_b, M_c und M von Zeichenreihen über A seien definiert durch

$$M_x = \{w \in A^* \mid w = uxxv \text{ mit } u,v \in A^*\} \text{ für } x = a, b, c, M = M_a \cup M_b \cup M_c.$$

Teilaufgabe 1

Beschreiben Sie M durch einen regulären Ausdruck.

Teilaufgabe 2

Geben Sie einen deterministischen endlichen Automaten an, der genau die Zeichenreihen von M akzeptiert!

Teilaufgabe 3

Geben Sie eine reguläre Grammatik an, die M als Sprachschatz hat!

✓ Lösungsvorschlag zu Teilaufgabe 1

$M = L(\ \{a,b,c\}^*\ \{aa,bb,cc\}\ \{a,b,c\}^*\ )$

✓ Lösungsvorschlag zu Teilaufgabe 2

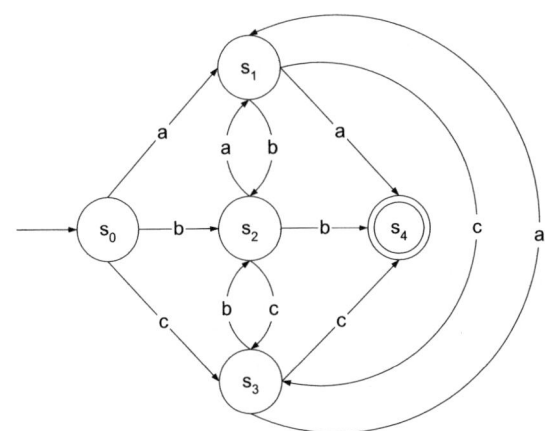

✓ Lösungsvorschlag zu Teilaufgabe 3

$S \to aA \mid bB \mid cC$
$A \to bB \mid cC \mid aD$
$B \to cC \mid aA \mid bD$
$C \to aA \mid bB \mid cD$
$D \to \varepsilon \mid aD \mid bD \mid cD$

Bemerkung: In M_x ist das leere Wort nicht enthalten.

Bei einer regulären oder linkslinearen Grammatik kommen auf den rechten Seiten der Ableitungsregeln Terminalzeichen nur links von Nichtterminal (nie rechts) vor. Bei einer rechtslinearen Grammatik ist es umgekehrt. Rechts- und linkslinear sind äquivalent.

Herbst 1990 Aufgabe 2

Gegeben sei die Grammatik • mit $\{a, b\}$ als Menge der Terminalzeichen, den Nichtterminalzeichen Z, A, B, dem Axiom Z und den Produktionsregeln

$Z \to AB$ $\qquad A \to ZA$ $\qquad A \to a$ $\qquad B \to ZB$ $\qquad B \to b$

Teilaufgabe 1

Zeigen Sie, dass die Zeichenreihe *aabbabab* zum Sprachschatz von • gehört!

Teilaufgabe 2

Überführen Sie • in die Greibach-Normalform!

Teilaufgabe 3

Geben Sie einen (gegebenenfalls nicht-deterministischen) Kellerautomaten an, der genau den Sprachschatz von • akzeptiert!

✓ Lösungsvorschlag zu Teilaufgabe 1

Sprachschatz: „Gleich viele *a* und *b*, am Anfang *a*, am Ende *b*."

Angabe einer Ableitung: *aabbabab* $\leftarrow$ *Aabbabab* $\leftarrow$ *AAbbabab* $\leftarrow$ *AABbabab* $\leftarrow$ *AZbabab* $\leftarrow$ *AZBabab* $\leftarrow$ *ABabab* $\leftarrow$ ... $\leftarrow$ *Z*

bzw. umgekehrt: $Z \to AB \to ZAB \to ABAB \to AZBAB \to AZBZAB \to AABBZAB \to AABBABAB \to aABBABAB \to ... \to aabbabab$

Natürlich hätte an dieser Stelle auch ein Ableitungsbaum angegeben werden können.

1.1 Grammatiken und Automaten

✓ **Lösungsvorschlag zu Teilaufgabe 2**

Definition „Greibach-Normalform": [BR2, 249]
Eine kontextfreie Grammatik $G = (T, N, \rightarrow, Z)$ ist in *Greibach-Normalform*, wenn jede Ersetzungsregel folgende Gestalt hat:
$\langle a \rangle \circ w \rightarrow x$ mit $a \in T, w \in N^*, x \in N$.
In [SÖN, 54] ist eine analoge Definition zu finden, die allerdings von einer generativen Grammatik ausgeht (Pfeile umgedreht):
$A \rightarrow aB_1B_2...B_k$ mit $A, B_1, B_2, B_k \in N, a \in T$.

Möglichkeit durch Überlegen:

$Z \rightarrow aSB \mid aB$
$A \rightarrow a$
$B \rightarrow b$
$S \rightarrow aSB \mid bSA \mid aB \mid bA \mid aBS \mid bAS$

Möglichkeit nach Umwandlungsalgorithmus:

$Z \rightarrow AB$ ist die einzige Regel für Z.

Deshalb:
$Z \rightarrow AB$
$A \rightarrow ABA \mid a$
$B \rightarrow ABB \mid b$

Wir trennen die Regeln für A auf in Regeln der Form: $A \rightarrow A\alpha$ und $A \rightarrow \beta$ (α, β Terminale) und ersetzen diese Regeln durch

$A \rightarrow \beta$
$C \rightarrow \alpha$
$A \rightarrow \beta C$
$C \rightarrow \alpha C$

Deshalb:
$Z \rightarrow AB$
$A \rightarrow a \mid aC$
$B \rightarrow ABB \mid b$
$C \rightarrow BA$
$C \rightarrow BAC$

Alle Produktionen für A beginnen mit terminaler rechter Seite; deshalb: einsetzen wo es geht!

$Z \rightarrow aB \mid aCB$
$A \rightarrow a \mid aC$
$B \rightarrow aBB \mid aCBB \mid b$
$C \rightarrow BA \mid BAC$

Weiter so! Man muss nur noch C ersetzen (nur B steht am Anfang).

$C \rightarrow aBBA \mid aCBBA \mid bA \mid aBBAC \mid aCBBAC \mid bAC$

Fertig!

✓ Lösungsvorschlag zu Teilaufgabe 3

Satz zur „Äquivalenz von kontextfreien Grammatiken und nichtdeterministischen Kellerautomaten": [BRAU]
Ist $G = (V, \Sigma, P, S)$ eine kontextfreie Grammatik, so ist $K = (\{z\}, \Sigma, V \cup \Sigma, \delta, z, S)$ ein nichtdeterministischer Kellerautomat, wenn wir δ wie folgt definieren:
  Für jede Regel $A \to \alpha$ setzen wir $\delta(z, \varepsilon, A) \ni (z, \alpha)$.
  Zusätzlich fügen wir für alle $a \in \Sigma$ noch $\delta(z, a, a) \ni (z, \varepsilon)$ ein.
Zur Notation:
K = (Zustände, Eingabezeichen, Kellerzeichen, Übergangsrelation, Startzustand, Kellerstartsymbol)

Demzufolge ergibt sich ein nichtdeterministischer Kellerautomat wie folgt:
$K = (\{z\}, \Sigma, V \cup \Sigma, \delta, z, Z)$ mit $\Sigma = \{a, b\}$, $V = \{Z, A, B, C\}$ und δ wie folgt:
  $\delta(z, \varepsilon, Z) = \{(z, aB), (z, aCB)\}$
  $\delta(z, \varepsilon, A) = \{(z, a), (z, aC)\}$
  $\delta(z, \varepsilon, B) = \{(z, aBB), (z, aCBB), (Z, b)\}$
  $\delta(z, \varepsilon, C) = \{(z, aBBA), (aCBBA), (z, bA), (z, aBBAC), (z, aCBBAC), (z, bAC)\}$
  $\delta(z, a, a) = \{(z, \varepsilon)\}$
  $\delta(z, b, b) = \{(z, \varepsilon)\}$
Es gibt viele weitere mögliche Kellerautomaten hierfür. Diese lassen sich u.a. auch grafisch angeben (vgl. [BR2, 245]). Zum Beispiel ist auch folgende Lösung denkbar:

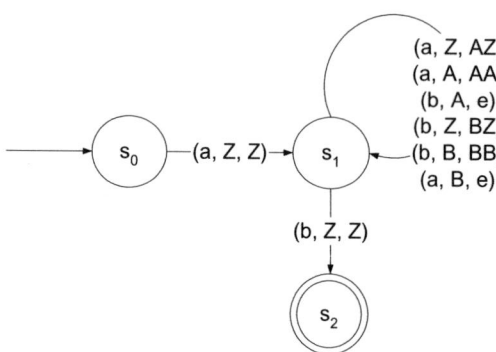

Zur Erläuterung:

Die Kanten werden markiert mit Tripeln der Form (gelesenes Eingabezeichen, oberstes Kellerzeichen, statt dem obersten zu schreibenden Kellerzeichen).

Die Wörter der Sprache haben die Form: gleich viele a's und b's, Beginn mit a, Ende mit b.

Herbst 1991 Aufgabe 1

Gegeben seien das Alphabet $A = \{a, b\}$ sowie folgende Mengen M_1 und M_2:

M_1 = Menge aller Zeichenreihen über A, die mindestens ein Paar aufeinanderfolgender Zeichen a enthalten,

M_2 = Menge aller Zeichenreihen über A, die höchstens ein Paar aufeinanderfolgender gleicher Zeichen enthalten.

Teilaufgabe 1

Geben Sie eine reguläre Grammatik an, die M_1 als Sprachschatz hat.

Teilaufgabe 2

Geben Sie einen deterministischen endlichen Automaten an, der genau die Zeichenreihen von M_2 akzeptiert.

Teilaufgabe 3

Geben Sie einen regulären Ausdruck an, der eine Menge L von Zeichenreihen über A beschreibt, für die gilt:

$$M_1 = L\,A^*.$$

Beweisen Sie Ihre Behauptung!

Teilaufgabe 4

Beweisen oder widerlegen Sie: Es gibt eine Menge N von Zeichenreihen über A mit

$$M_2 = N\,A^*.$$

✓ Lösungsvorschlag zu Teilaufgabe 1

Eine Möglichkeit für reguläre Grammatiken ist, zunächst den Automaten zu konstruieren, dann daraus die Regeln herzuleiten.

Ein Automat für M_1 sieht wie folgt aus:

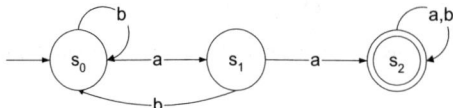

Die zur Grammatik gehörenden Regeln lassen sich leicht ablesen, indem die Zustände durch Variablen ersetzt werden, und sich die Übergänge in den Regeln widerspiegeln.

Regeln:

$S \rightarrow bS \mid aA \qquad A \rightarrow bS \mid aB \qquad B \rightarrow \varepsilon \mid aB \mid bB$

✓ Lösungsvorschlag zu Teilaufgabe 2

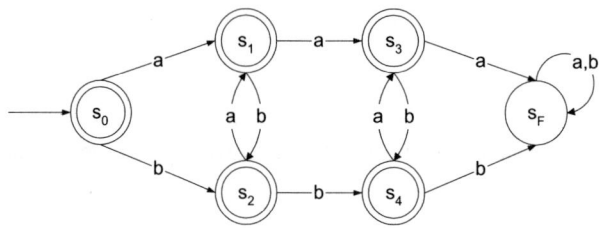

✓ Lösungsvorschlag zu Teilaufgabe 3

$L = \{a,b\}^* \, aa$

Beweis:

⊂:
    $w \in M_1$ hat die Form $xaay$ mit $x \in A^*$ und $y \in A^*$. Also ist $w \in A^* \, aaA^* = LA^*$.

⊃:
    Jeder Ausdruck der rechten Seite enthält mindestens einmal aa, ist also aus M_1.

✓ Lösungsvorschlag zu Teilaufgabe 4

Die Aussage wird widerlegt: mit nx ($n \in N$ und $x \in A^*$) wäre auch $nxaaaa \in NA^* = M_2$!

Herbst 1991 Aufgabe 2

M sei die Menge aller Zeichenreihen w über dem Alphabet $\{0, 1\}$ mit der Eigenschaft, dass w doppelt so viele Zeichen 1 wie 0 enthält.

Geben Sie eine Turingmaschine an, die genau die Menge M akzeptiert!

1.1 Grammatiken und Automaten

✓ Lösungsvorschlag

Einband-Turingmaschinen und Mehrband-Turingmaschinen haben dieselbe Ausdruckskraft. Für unsere Aufgabe ist es einfacher, eine 3-Band-Turing-Maschine, die auch das leere Wort akzeptiert, zu konstruieren. Diese Maschine arbeitet wie folgt: Sie löscht Band 1, schreibt Einsen auf Band 2 und Nullen auf Band 3.

Diese Maschine stellen wir grafisch dar. Wie auch schon bei endlichen Automaten werden Zustände durch Kreise, Endzustände durch Doppelkreise beschriftet. Die Zustandsübergänge werden durch Tripel beschriftet mit folgender Bedeutung:

(gelesenes Eingabezeichen, zu schreibendes Zeichen, Bewegung des Lesekopfes).

Bei Mehrband-Turingmaschinen schreibt man die Übergänge für jedes Band übereinander in Vektorform. Es gibt auch andere Darstellungen. Wir halten uns aber soweit möglich, an diese Form.

(In dieser Aufgabe ist s_3 gleichzeitig Fangzustand, falls nicht doppelt so viele Zeichen 1 wie Zeichen 0 vorkommen.)

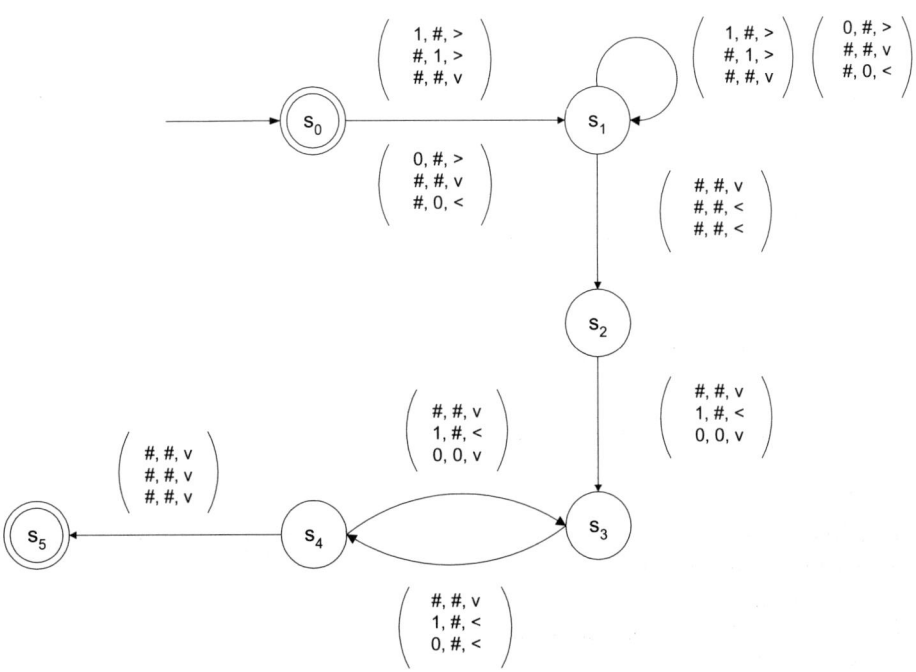

Frühjahr 1993 Aufgabe 1

Teilaufgabe 1

Sei $G = (T, N, P, S)$ eine Chomsky-Grammatik. Was bedeuten die angegebenen Komponenten? Wie sind die Produktionsmenge P und der Ableitbarkeitsbegriff definiert?

Teilaufgabe 2

Welche formalen Einschränkungen auf P führen zu den monotonen, kontextsensitiven und kontextfreien Grammatiken? Wie liegen die Klassen der erzeugten Wortmengen zueinander? Soweit sie nicht gleich sind, geben Sie (ohne Beweis) je ein typisches Beispiel aus der Differenzmenge an!

Teilaufgabe 3

Für kontextfreie Grammatiken gilt das Zerlegungslemma. Formulieren und beweisen Sie dieses Lemma!

Teilaufgabe 4

Beweisen Sie, dass sich die Wortmenge

$$\{a^i b^j \mid i,j \geq 0 \land i \neq j\}$$

von einer kontextfreien Grammatik erzeugen lässt!

✓ Lösungsvorschlag zu Teilaufgabe 1

(vgl. [SÖN, 13]):

Definition Grammatik:
Eine Grammatik ist ein 4-Tupel $G = (V, T, P, S)$, wobei gilt:
  V ist eine endliche Menge der Variablen.
  T ist eine endliche Menge von Terminalen.
  Es muss gelten: $V \cap T = \emptyset$.
  Die endliche Menge von Regeln oder Produktionen P ist formal eine endliche Teilmenge von $(V \cup T)^+ \times (V \cup T)^*$. $S \in V$ wird als Startvariable bezeichnet.
Grammatiken können generativ oder reduktiv angegeben sein.

Von N. Chomsky stammt eine Einteilung von Grammatiken in Typen (Typ 0 bis 3).

1.1 Grammatiken und Automaten

Ableitbarkeitsbegriff:
Die Anwendung einer Regel bedeutet dann, dass in einem vorliegenden Wort ein Teilwort, das einer linken Regelseite entspricht, durch die rechte Seite ersetzt wird. Bei einer generativen Grammatik werden solche Ableitungsschritte ausgehend von S so lange durchgeführt, bis das entstandene Wort nur noch aus Terminalsymbolen besteht. Jedes hierdurch erzeugbare Wort gehört dann zu der von der Grammatik erzeugten Sprache.

✓ Lösungsvorschlag zu Teilaufgabe 2

(vgl. [SÖN, 17] und [BRAU]):

Chomsky-Hierarchie:

Jede Grammatik ist zunächst automatisch vom *Typ-0*.

Eine Grammatik ist *monoton*, falls für alle Regeln $\alpha \to \beta$ in P gilt: $|\alpha| \leq |\beta|$.

Eine monotone Grammatik ist vom *Typ-1* oder *kontextsensitiv*, falls für alle Regeln $\alpha \to \beta$ in P gilt: $\alpha = \alpha' A \alpha''$ mit $\alpha', \alpha'' \in (V \cup T)^*$, $A \in V$ und $\beta = \alpha' \beta' \alpha''$ mit $\beta' \in (V \cup T)^+$.

Eine Typ-1 Grammatik ist vom *Typ-2* oder *kontextfrei*, falls für alle Regeln $\alpha \to \beta$ in P gilt, dass α eine einzelne Variable ist, d.h. $\alpha \in V$.

Für Typ-1 und Typ-2-Grammatiken wird manchmal eingeschränkt: Fall $S \to \varepsilon$ in P gilt, dann kommt S auf keiner rechten Seite einer Produktion vor.

Eine Typ-2 Grammatik ist vom *Typ-3*, *rechtslinear* oder *regulär*, falls für alle Regeln $\alpha \to \beta$ in P gilt, dass α eine einzelne Variable ist, d.h. $\alpha \in V$, und β aus höchstens einer Variable besteht, d.h. $\beta \in T^* \cup T^*V$ (analog für linkslinear).

Es gilt:
Menge aller Sprachen $\subset$ Typ-0-Sprachen $\subset$ entscheidbare Sprachen $\subset$ Typ-1-Sprachen $\subset$ Typ-2-Sprachen $\subset$ Typ-3-Sprachen.

Beispiele:
Ein Beispiel für eine Grammatik vom **Typ-0, die aber nicht gleichzeitig Typ-1** ist:
Das Halteproblem $H = \{w \mid$ die mit w bezeichnete Turingmaschine M hält angesetzt auf $w\}$ beschreibt, ist unentscheidbar. Daher ist die das Halteproblem beschreibende Grammatik sicher nicht vom Typ Chomsky 1. (Alle Sprachen vom Typ 1,2 oder 3 sind entscheidbar). Aber sie ist vom Typ Chomsky 0, da das Halteproblem semi-entscheidbar ist.

Typ-1, aber nicht Typ-2 ist zum Beispiel
die Grammatik, die die Sprache $\{a^n b^n c^n \mid n \in N\}$ beschreibt (vgl. [DUD1, 354]).

Typ-2, aber nicht Typ-3 ist zum Beispiel
eine Grammatik für die arithmetischen Ausdrücke (vgl. [DUD1, 352]) oder für Wörter der Form $a^n b^n$.

Linear, und damit auch alles andere, ist folgende Grammatik:
$G = (\{S\}, \{a, b\}, \{(S, aSa), (S, bSb), (S, aa), (S, bb)\}, S)$.

✓ **Lösungsvorschlag zu Teilaufgabe 3**

Pumping-Lemma für kontextfreie Sprachen (vgl. [SÖN, 57]):
Für eine kontextfreie Sprache M gibt es ein $n \in N$, so dass sich alle $z \in M$ mit $|z| \bullet n$ zerlegen lassen in $z = uvwxy$ mit folgenden Eigenschaften:
- $|vx| \bullet 1$
- $|vwx| \bullet n$

$uv^i wx^i y \in M$ für alle $i \bullet 0$.

Der Beweis wird nur ganz kurz skizziert. Man lese ihn in einem beliebigen Lehrbuch nach. Im Prinzip nützt man aus, dass auf einem Pfad im Ableitungsbaum für z mindestens eine Variable V doppelt vorkommen muss. Nun kann man den Teilbaum mit Wurzel V auch an der anderen Variable V einhängen, und dies mehrfach. Auf diese Weise lässt sich $uv^i wx^i y$ erzeugen.

✓ **Lösungsvorschlag zu Teilaufgabe 4**

Kontextfreie Grammatik für $\{a^i b^j \mid i, j \geq 0 \land i \neq j\}$:

$Z \rightarrow aZb \mid A \mid B$ $\qquad$ $B \rightarrow bB \mid b$ $\qquad$ $A \rightarrow Aa \mid a$

Herbst 1993 Aufgabe 1

Gegeben sei die Grammatik Γ mit $\Sigma = \{a, b\}$ als Menge der Terminalzeichen, den Nichtterminalzeichen Z, A und B, dem Axiom Z und den Produktionsregeln:

$Z \rightarrow a$ $\qquad$ $Z \rightarrow aB$ $\qquad$ $Z \rightarrow Aa$
$A \rightarrow ab$ $\qquad$ $A \rightarrow aBb$ $\qquad$ $A \rightarrow abA$ $\qquad$ $B \rightarrow ba$

Teilaufgabe 1

Beweisen Sie: Γ ist mehrdeutig.

Teilaufgabe 2

Beweisen Sie: Für den Sprachschatz $L(\Gamma)$ von Γ gilt:

$$L(\Gamma) = \{a(ba)^n : n \in N_0\}.$$

Teilaufgabe 3

Geben Sie eine reguläre Grammatik an, die den gleichen Sprachschatz hat wie Γ.

Teilaufgabe 4

Geben Sie einen deterministischen endlichen Automaten an, der genau die Zeichenreihen von $L(\Gamma)$ akzeptiert!

✓ Lösungsvorschlag zu Teilaufgabe 1

$\Gamma = (\{a, b\}, \{Z, A, B\}, P, Z)$ ist mehrdeutig, denn $Z \to Aa \to aba$ und $Z \to aB \to aba$ sind beides Ableitungen des Wortes aba mit strukturunterschiedlichen Ableitungsbäumen.

(Achtung: Eine Grammatik muss noch nicht mehrdeutig sein, bloß weil Regeln an verschiedenen Stellen angewendet werden können!)

✓ Lösungsvorschlag zu Teilaufgabe 2

$\supset$: Induktion über n
$n = 0$:
$\quad Z \to a = a(ba)^0$
Induktionsschritt:
$\quad$ Es gibt folgende Ableitung für $a(ba)^n$: $Z \to Aa \to abAa \ldots \to (ab)^n a = a(ba)^n$.
$n \to n+1$:
$\quad$ Fügt man hier am Anfang einen Zwischenschritt ein, der durch nochmalige Anwendung der Regel $A \to abA$ entsteht, so erhält man $(ab)^{n+1} a = a(ba)^{n+1}$

$\subset$: Induktion über Anzahl der Ableitungsschritte k
$k = 1$:
$\quad Z \to a$
$k = 2$:
$\quad Z \to aB \to aba$ oder $Z \to Aa \to aba$
Die einzige Möglichkeit, mehr als zwei Ableitungsschritte zu haben, besteht in der Anwendung der Regel $Z \to Aa$. Aus A lassen sich nur Wörter der Form $(ab)^k$ ableiten, denn bei allen drei möglichen Ableitungen $A \to ab$, $A \to aBb \to abab$ und $A \to abA$ werden nur (ab) oder Vielfache davon erzeugt.

✓ Lösungsvorschlag zu Teilaufgabe 3

Wie immer geben wir hier nur die Produktionen (Ableitungen) an:

$Z \to a \mid aH$
$H \to bZ$

✓ Lösungsvorschlag zu Teilaufgabe 4

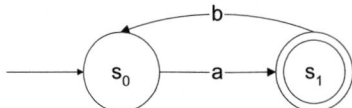

Herbst 1993 Aufgabe 2

Gegeben sei das Alphabet $\Sigma = \{a, b\}$. Für eine Zeichenreihe $w \in \Sigma^*$ bezeichne $A(w)$ die Anzahl der Zeichen a in w und $B(w)$ die Anzahl der Zeichen b in w.

Die Menge $M \subseteq \Sigma^*$ sei definiert durch

$$M = \{w \in \Sigma^* : A(w) \text{ ist gerade, und } B(w) \text{ ist ungerade}\}.$$

Beweisen Sie:
M ist entscheidbar. Geben Sie, dazu eine Turing-Maschine an, die für alle $x \in \Sigma^*$ anhält und genau alle $x \in M$ akzeptiert!

✓ Lösungsvorschlag

Man könnte auf folgende Idee kommen:

Variante 1:

Beginn:
    Falls erstes Zeichen a, dann dieses löschen und erstes b durch a ersetzen. Falls das erste Zeichen ein b ist, dieses einfach löschen. Dann mit dem Lesekopf zurück zum (neuen) Wortanfang und jetzt a's und b's auf gerade Anzahl testen.

Schleife:
    $aa \Rightarrow$ löschen
    $bb \Rightarrow$ löschen
    ab bzw. $ba \Rightarrow$ löschen, drittes Zeichen ansehen und durch Einzelnes ersetzen

Die Turing-Maschine wird aber ziemlich groß ! Daher

Variante 2:

Turing-Maschine mit vier „Hauptzuständen" (*a* un/gerade, *b* un/gerade) und nur vom richtigen gibt es einen Übergang zum Endzustand:

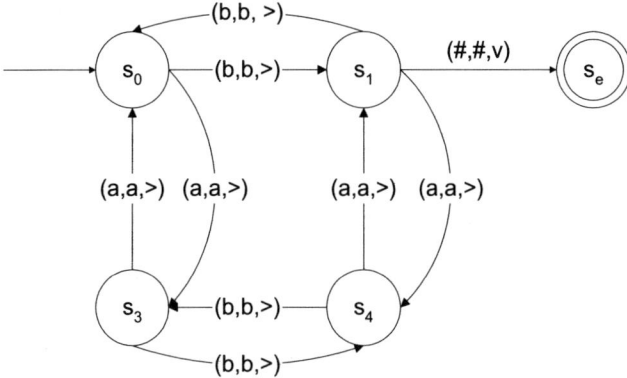

Herbst 1994 Aufgabe 1

M sei die Menge aller Zeichenreihen über dem Alphabet $\{0, 1\}$, die mindestens so viele Zeichen *1* wie Zeichen *0* enthalten.

Geben Sie eine (deterministische) Turingmaschine *T* an, die außer einem Leerzeichen nur die Zeichen aus $\{0, 1\}$ verwendet und *M* in folgendem Sinne akzeptiert:

Ein Wort $w \in \{0, 1\}^*$ steht auf dem ansonsten leeren Band. Angesetzt auf das erste Zeichen von *w* (bzw. auf ein Leerzeichen, falls *w* das leere Wort ist), erreicht *T* genau dann nach endlich vielen Schritten einen Endzustand, wenn $w \in M$ ist.

✓ Lösungsvorschlag

Idee:
Die Turing-Maschine *TM* liest das erste Zeichen, schreibt dafür # als Wortendezeichen. Dann geht es nach rechts bis zum ersten jeweils anderen Zeichen, löscht dieses, schreibt dafür $ und geht wieder zurück zum (neuen) Wortanfang. Waren es gleich viele Zeichen *0* wie Zeichen *1* oder war das zu untersuchende Wort leer, so kommt man vom Anfangszustand in den Endzustand (evtl. nach einer Reihe von Schritten), andernfalls ist das Wort korrekt, wenn sich zu einer gelesenen *1* keine weitere *0* mehr finden lässt, und unkorrekt im umgekehrten Fall.

Formal:

$TM = (\{s, z_0, z_1, z_r, z_e\}, \{0, 1\}, \{\#, 0, 1, \$\}, \delta, s, \{z_e\}, \#)$, wobei δ wie folgt definiert ist:

$\delta(s, 0) = (z_0, \#, R)$ $\delta(z_0, 0) = (z_0, 0, R)$ $\delta(z_1, 0) = (z_r, \$, L)$
$\delta(s, 1) = (z_1, \#, R)$ $\delta(z_0, 1) = (z_r, \$, L)$ $\delta(z_1, 1) = (z_1, 1, R)$
$\delta(s, \#) = (z_e, \#, N)$ $\delta(z_0, \$) = (z_0, \$, R)$ $\delta(z_1, \$) = (z_1, \$, R)$
$\delta(z_0, \#) = (z_0, \#, N)$ $\delta(z_1, \#) = (z_e, \#, N)$ $\delta(z_r, 0) = (z_r, 0, L)$
$\delta(z_r, 1) = (z_r, 1, L)$ $\delta(z_r, \$) = (z_r, \$, L)$ $\delta(z_r, \#) = (s, \#, R)$

Natürlich könnte man diese Turingmaschine wie in früheren Aufgaben auch wieder grafisch angeben.

Herbst 1994 Aufgabe 2

Gegeben sei die Grammatik Γ_1 mit $\{a, b\}$ als Menge der Terminalzeichen, den Nichtterminalzeichen Z, A, B, dem Axiom Z und den Produktionsregeln

$Z \to aA$ $A \to b$ $A \to bB$
$B \to a$ $B \to b$ $B \to bB$

Die Grammatik Γ_2 entstehe aus Γ_1 dadurch, dass zu diesen Produktionsregeln noch die weitere Regel

$B \to BA$

hinzugenommen wird.

Der jeweilige Sprachschatz von Γ_1 und Γ_2 sei mit $L(\Gamma_1)$ bzw. $L(\Gamma_2)$ bezeichnet.

Teilaufgabe 1

Beweisen Sie: $L(\Gamma_1) = \{ab^n \mid n \in N\} \cup \{ab^n a \mid n \in N\}$.

Teilaufgabe 2

Geben Sie einen deterministischen endlichen Automaten an, der genau die Zeichenreihen von $L(\Gamma_1)$ akzeptiert.

Teilaufgabe 3

Beweisen Sie: Γ_2 ist mehrdeutig.

Teilaufgabe 4

Beweisen Sie: $L(\Gamma_1) \neq L(\Gamma_2)$.

Teilaufgabe 5

Überführen Sie Γ_2 in Greibach-Normalform.

✓ Lösungsvorschlag zu Teilaufgabe 1

Sprachschatz von Γ_1:

$\supset$:

zu zeigen: $ab^n \in L(\Gamma_1)$; $ab^n a \in L(\Gamma_1)$
Induktion über n.
$n=1$:
$\quad Z \to aA \to ab$; $Z \to aA \to abB \to aba$
$n \to n+1$:
   In der Ableitung von ab^n muss zu Beginn $Z \to aA$ vorkommen. Wende nun $aA \to abB \to abbB$ an, bevor mit der restlichen Ableitung weitergemacht wird. Daraus bekommen wir eine Ableitung $Z \to \dots \to ab^{n+1}$. Analog für $ab^{n+1}a$.

$\subset$:

zu zeigen: kein anderes Wort ist möglich
Die Wörter können nur aus a's und b's bestehen. Aus Regel $Z \to aA$ folgt, dass alle Wörter aus $L(\Gamma_1)$ mit a beginnen müssen. Dann können nur noch b's produziert werden. Sollte noch einmal ein a produziert werden, so nur durch Regel $B \to a$, wodurch das Wortende erreicht ist, also $ab^n a$ vorliegt für ein $n \in \mathbb{N}$.

✓ Lösungsvorschlag zu Teilaufgabe 2

✓ Lösungsvorschlag zu Teilaufgabe 3

Ziel: Finde ein Wort, das auf zwei struktur-unterschiedliche Arten ableitbar ist!
Sei $w = abbb$. Die beiden Ableitungen
$\quad Z \to aA \to abB \to abbB \to abbb$
$\quad Z \to aA \to abB \to abBA \to abbA \to abbb$
haben unterschiedliche Struktur.

✓ Lösungsvorschlag zu Teilaufgabe 4

Es gibt ein $w \in \Gamma_2$, für das gilt: w liegt nicht in Γ_1.
Sei $w = abab$. w liegt nicht in Γ_1 (nach Teilaufgabe 1).
Aber w ist in Γ_2 ableitbar: $Z \to aA \to abB \to abBA \to abaA \to abab$

✓ **Lösungsvorschlag zu Teilaufgabe 5**

(GNF: Alle Regeln sind von der Form $A \to aB$, wobei B eine (evtl. leere) Zeichenkette von Nichtterminalen ist.)
Regeln 1 bis 6 sind bereits in GNF.
Regel 7 wird ersetzt durch: $B \to aA \mid bBA \mid bA$

Frühjahr 1995 Aufgabe 1

Gegeben sei die Grammatik Γ_1 mit $\{a, b\}$ als Menge der Terminalzeichen, den Nichtterminalzeichen Z, A, B, dem Axiom Z und den Produktionsregeln

1. $Z \to aB$ 2. $Z \to bA$ 3. $A \to a$
4. $A \to aZ$ 5. $B \to b$ 6. $B \to bZ$

Die Grammatik Γ_2 entstehe aus Γ_1 dadurch, dass zu diesen Produktionsregeln noch die weiteren Regeln

7. $A \to bAA$ 8. $B \to aBB$

hinzugenommen werden.

Der jeweilige Sprachschatz von Γ_1 und Γ_2 sei mit $L(\Gamma_1)$ bzw. $L(\Gamma_2)$ bezeichnet. ε bezeichne das leere Wort.

Teilaufgabe 1

Beweisen Sie: $L(\Gamma_1) = \{ab, ba\}^* \setminus \{\varepsilon\}$.

Teilaufgabe 2

Konstruieren Sie direkt aus Γ_1 einen nicht-deterministischen endlichen Automaten, der genau die Zeichenreihen von $L(\Gamma_1)$ akzeptiert. Konstruieren Sie dann aus diesem Automaten einen deterministischen endlichen Automaten, der genau die Zeichenreihen von $L(\Gamma_1)$ akzeptiert.

Teilaufgabe 3

Geben Sie eine (deterministische) Turingmaschine T an, die außer einem Leerzeichen nur die Zeichen aus $\{a, b\}$ verwendet und $L(\Gamma_1)$ in folgendem Sinne akzeptiert:

Ein Wort $w \in (a, b)^*$ steht auf dem ansonsten leeren Band.

Angesetzt auf das erste Zeichen von w (bzw. auf ein Leerzeichen, falls w das leere Wort ist), erreicht T genau dann nach endlich vielen Schritten einen Endzustand, wenn $w \in L(\Gamma_1)$ ist.

Teilaufgabe 4

Beweisen Sie: $aaabbabbba \in L(\Gamma_2)$

Teilaufgabe 5

Für ein $w \in \{a, b\}^*$ entstehe $\overline{w}$ aus w, indem man jedes a in w durch b und jedes b in w durch a ersetzt.

Beweisen Sie: Ist $w \in L(\Gamma_2)$, so ist auch $\overline{w} \in L(\Gamma_2)$.

Teilaufgabe 6

Überführen Sie Γ_2 in Chomsky-Normalform.

✓ Lösungsvorschlag zu Teilaufgabe 1

$\supseteq$:
1. ε ist nicht im Sprachschatz enthalten, da man von Z ausgehend mindestens einmal ab oder ba (als kleinste Option) erhält.
2. Jedes Wort, das aus einer endlichen Kombination von Pärchen der Form ab oder ba besteht, ist im Sprachschatz enthalten, da (von links beginnend) für die Produktion jedes Wortteils ab Regeln 1 und 6 und für jedes ba Regeln 2 und 4 angewendet werden müssen, für das letzte Paar ab bzw. ba im Wort entsprechende Regeln 3 und 5.

$\subseteq$:
Es gibt, ausgehend von Z, nur folgende Möglichkeiten, Wörter ungleich ab oder ba zu konstruieren:

$\quad Z \to aB \to abZ \qquad$ oder $\qquad Z \to bA \to baZ$.

So werden Wörter produziert bis Schritt $n-1$. Im Schritt n wird Regel 3 oder Regel 5 angewendet. Es kann also nur jedes Z durch ein ab oder ba ersetzt werden.

✓ Lösungsvorschlag zu Teilaufgabe 2

nichtdeterministischer Automat:

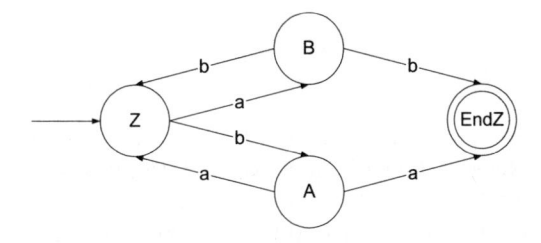

deterministischer Automat:

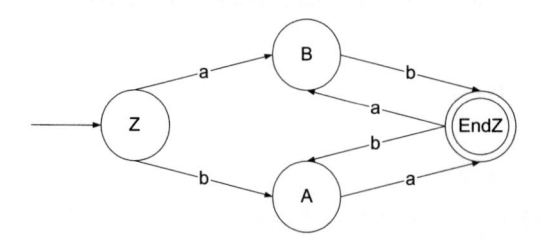

✓ Lösungsvorschlag zu Teilaufgabe 3

Zum Verständnis der grafischen Darstellung vergleiche Herbst 1993 Aufgabe 2.

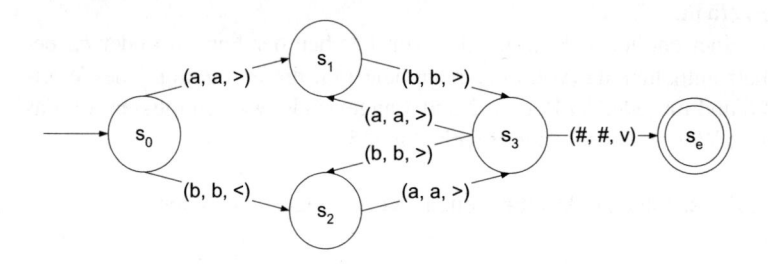

✓ Lösungsvorschlag zu Teilaufgabe 4

Der Beweis erfolgt durch Angabe einer Ableitung:

$Z \to aB \to aaBB \to aaaBBB \to aaabBB \to aaabbB \to aaabbaBB \to aaabbabB \to aaabbabbZ \to aaabbabbbA \to aaabbabbba$

✓ Lösungsvorschlag zu Teilaufgabe 5

Behauptung: $w \in L(\Gamma_2) \Rightarrow \overline{w} \in L(\Gamma_2)$
Beweis (intuitiv):
Die Behauptung gilt, da alle Regeln symmetrisch in a und b sind. Ersetze alle Anwendungen der Regel 1 in der Ableitung von w durch Regel 2, Regel 3 durch Regel 5, Regel 4 durch Regel 6, Regel 7 durch Regel 8 und umgekehrt. Daraus entsteht eine Ableitung für $\overline{w}$.
Ein formaler Beweis, z.B. mittels Induktion über Anzahl der Ableitungsschritte n, bleibe dem Leser überlassen.

✓ Lösungsvorschlag zu Teilaufgabe 6

Chomsky-Normalform:
Bei der Chomsky-Normalform einer kontextfreien Grammatik sind alle Produktionen von der Form $A \to BC$ oder $A \to a$; dabei sind A, B und C Nonterminalsymbole und a ist ein Terminalsymbol.

Um eine Grammatik in CNF zu bringen, ersetzt man alle Terminale, die zusammen mit Nonterminalen vorkommen, durch weitere Nonterminale, die auf das entsprechende Terminal abgeleitet werden. Kommen auf der rechten Seite der Ableitung mehr als zwei Nonterminale vor, so werden alle bis auf die erste durch eine weitere künstliche Variable ersetzt, die dann (natürlich schrittweise) auf die Nonterminale abgeleitet wird.

$$
\begin{array}{lll}
Z \to C_a B & & \\
Z \to C_b A & A \to C_b AA & \Rightarrow \quad A \to C_b D \\
C_a \to a & & \qquad\quad\ D \to AA \\
C_b \to b & & \\
A \to a & & \\
A \to C_a Z & B \to C_a BB & \Rightarrow \quad B \to C_a E \\
B \to b & & \qquad\quad\ E \to BB \\
B \to C_b Z & &
\end{array}
$$

Frühjahr 1996 Aufgabe 1

Zeigen Sie, dass es zu jedem (nichtdeterministischen) endlichen erkennenden Automaten A_{sp} mit spontanen Übergängen einen äquivalenten (nichtdeterministischen) endlichen erkennenden Automaten A_{nsp} ohne spontane Übergänge gibt!

(Hinweis: Bei einem spontanen Übergang (z, ε, z') wird kein Symbol eingelesen.)

✓ Lösungsvorschlag

(vgl. [BR2, 230])

Jeder endliche Automat lässt sich in den folgenden drei Schritten ε-frei machen:

1. Zusammenfassen von Knoten auf $\overset{\varepsilon}{\to}*$-Zyklen zu Äquivalenzklassen
2. Weglassen von ε-Schlingen
3. Durchschalten von ε-Übergängen

Genauer:
1. s_1 und s_2 liegen auf einem solchen Zyklus, dann werden sie zu einer Äquivalenzklasse s_{12} zusammengefasst. Alle Übergänge, die bisher von s_1 und s_2 ausgehen oder dort enden, gehen nun von s_{12} aus bzw. enden dort.
2. Die ε-Schlingen werden weggelassen.
3. Nun werden alle ε-Übergänge durchgeschaltet. Dabei werden zu allen Nicht-ε-Übergängen sämtliche vorausgehenden und nachfolgenden Folgen von ε-Übergängen betrachtet. Formal ausgedrückt berechnen wir alle Relationen

$$\xrightarrow{\varepsilon}{}^* \circ \xrightarrow{x} \circ \xrightarrow{\varepsilon}{}^*$$

mit $x \in T$ und ersetzen diese durch einen Übergang $\xrightarrow{x}$.

Frühjahr 1996 Aufgabe 2

Konstruieren Sie einen linear beschränkten Automaten, der die Sprache

$$L = \{u\S v \mid u \text{ ist Prefix von } v\}$$

akzeptiert!

✓ Lösungsvorschlag

Ein linear *beschränkter Automat* entspricht einer *nichtdeterministischen Turing-Maschine* mit beschränktem Band.

Bemerkung: Die von linear beschränkten, nichtdeterministischen Turing-Maschinen (*LBA*) akzeptierbaren Sprachen sind genau die kontext-sensitiven Sprachen (Typ 1).

Bei der Aufgabe fehlt die Einschränkung „endliches Alphabet", um die TM zu realisieren; sonst braucht man unendlich viele Zustände zur Beschreibung. Gehen wir also davon aus, dass $u, v \in \Sigma^*$ mit Σ endlich, aber sonst beliebig, wobei $\S \notin \Sigma$.

$LBA = (Z, \Sigma, \Sigma \cup \{\#, \S\}, \delta, s, E)$ arbeitet wie folgt:

Zu Beginn steht der Lesekopf auf dem ersten Zeichen des Eingabewortes

#	u_1	u_2	...	u_n	§	v_1	...	v_m	#	#

Der erste Buchstabe u_1 wird gelesen, durch # ersetzt und in den Zustand z_{u1} gewechselt. Anschließend geht der Lesekopf nach rechts bis zum ersten Zeichen nach §. Steht dort dasselbe Zeichen u_1 löscht er es, schreibt §, wechselt in den Startzustand und kehrt zurück zum Anfang. Findet er dort ein anderes Zeichen, tritt er in den Fehlerzustand und bleibt stehen. Finden wir als ersten Buchstaben von links ein § vor, so wechselt der *LBA* in den Endzustand und bleibt stehen.

1.1 Grammatiken und Automaten

$Z = \{z_u \mid u \in \Sigma\} \cup \{z_{u\S} \mid u \in \Sigma\} \cup \{z_f, z_r, s, z_e\}$

$E = \{z_e\}$ und δ entsprechend

$\delta(s, u) = (z_u, \#, R)$ für alle $u \in \Sigma$ $\qquad\qquad \delta(s, \S) = (z_e, \#, N)$
$\delta(z_u, x) = (z_u, x, R)$ für alle $x, u \in \Sigma$ $\qquad \delta(z_r, x) = (z_r, x, L)$ für alle $u \in \Sigma \cup \{\S\}$
$\delta(z_u, \S) = (z_{u\S}, \S, R)$ für alle $u \in \Sigma$ $\qquad\quad \delta(z_r, \#) = (s, \#, R)$
$\delta(z_{u\S}, \S) = (z_{u\S}, \S, R)$ für alle $u \in \Sigma$ $\qquad\quad \delta(z_{u\S}, u) = (z_r, \S, L)$ für alle $u \in \Sigma$
$\delta(z_{u\S}, x) = (z_f, x, N)$ für alle $x \neq u, x \in \Sigma \cup \{\#\}$

Anmerkung: Dieser *LBA* lässt auch Wörter der Form $u\S\S v$ mit u Präfix von v zu. Um dies zu verhindern, muss man lediglich ein anderes Zeichen wählen durch das man die Zeichen von v ersetzt.

Frühjahr 1996 Aufgabe 4

Für welche Sprachen-Klassen der Chomsky-Hierarchie ist das Wortproblem entscheidbar (Begründung!)?

✓ Lösungsvorschlag

Behauptung:
  Das Wortproblem ist für Typ-1-Sprachen (und damit auch für Typ-2 und Typ-3-Sprachen) entscheidbar.
Genauer:
  Es gibt einen Algorithmus, der bei Eingabe einer kontextsensitiven Grammatik $G = (V, \Sigma, P, S)$ und eines Wortes $x \in \Sigma^*$ in endlicher Zeit entscheidet, ob $x \in L(G)$ oder $x \notin L(G)$.
Beweis:
  vgl. z.B. [SÖN, 21f]
Erläuterung:
  Sei $S \Rightarrow x_1 \Rightarrow x_2 \Rightarrow \ldots \Rightarrow x_k = x$ eine Herleitung des Wortes x der Länge n in einer kontext-sensitiven Grammatik. Durch die Bedingung $|w_1| \leq |w_2|$ bei kontext-sensitiven Grammatiken ergibt sich, dass alle „Zwischenergebnisse", die im Verlauf dieser Herleitung entstehen, höchstens die Länge n haben. Da es nur endlich viele Wörter über $(V \cup \Sigma)^*$ der Länge kleiner oder gleich n gibt, ist es einsichtig, dass man durch systematisches Durchprobieren in der Lage ist, in endlicher Zeit zu entscheiden, ob ein gegebenes x in $L(G)$ liegt oder nicht.

Frühjahr 1996 Aufgabe 6

Geben Sie eine Syntax-Graphen-Darstellung zur EBNF

```
A = "x" | "(" B ")"
B = AC
C = {"+"A}
```

✓ Lösungsvorschlag

Definition EBNF nach [SÖN, 26]:

$A \to \alpha\{\beta\}\gamma$ bedeutet:
β kann beliebig oft – auch null mal – wiederholt werden. Als Grammatik geschrieben, könnte man das durch die Regeln $A \to \alpha\gamma \mid \alpha B\gamma$ und $B \to \beta \mid \beta B$ erreichen.

In der Syntax-Graphen-Darstellung ist es üblich, Terminalsymbole durch Kreise oder Ellipsen und Nichtterminalsymbole durch Rechtecke darzustellen.

Somit ergibt sich für die in der Aufgabe formulierten Regeln:

$A \to x$ $\qquad C \to \varepsilon \qquad A \to (B)$
$C \to +A$ $\qquad B \to AC \qquad C \to +AC$

Die zugehörige Syntax-Graphen-Darstellung sieht folgendermaßen aus:

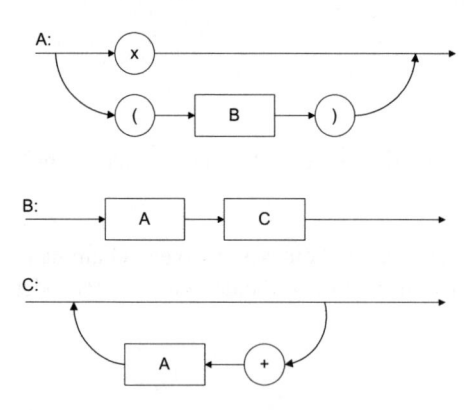

Herbst 1996 Aufgabe 4

Gegeben sei der deterministische endliche Automat $M = (Q, \Sigma, \delta, q_0, F)$ mit
$\Sigma = \{a, b\}, Q = \{q_0, q_1, q_2, q_3, q_4\}, F = \{q_4\}$ und
$\delta(q_0, a) = q_1 \qquad \delta(q_0, b) = q_2 \qquad \delta(q_1, a) = q_4 \qquad \delta(q_1, b) = q_3 \qquad \delta(q_2, a) = q_4$
$\delta(q_2, b) = q_3 \qquad \delta(q_3, a) = q_4 \qquad \delta(q_3, b) = q_4 \qquad \delta(q_4, a) = q_3 \qquad \delta(q_4, b) = q_3$

Teilaufgabe 1

Zeichnen Sie den Automaten als Übergangsdiagramm.

Teilaufgabe 2

Berechnen Sie einen äquivalenten Automaten mit minimaler Anzahl von Zuständen.

1.1 Grammatiken und Automaten

Teilaufgabe 3

Geben Sie den Sprachschatz des Automaten an (ohne Beweis).

Teilaufgabe 4

Ist diese Sprache Typ-3 (regulär)? (mit Begründung !)

Teilaufgabe 5

Zeigen Sie, dass folgende Sprache $L \subseteq \{a\}^*$ nicht Typ-3 (regulär) ist:

$$L = \{ a^p \mid p = \sum_{i=1}^{n} i \text{ für ein } n \in N, n > 0 \}$$

✓ Lösungsvorschlag zu Teilaufgabe 1

deterministischer endlicher Automat:

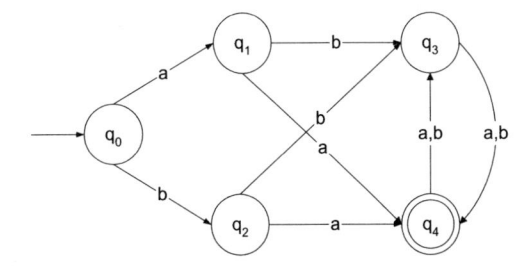

✓ Lösungsvorschlag zu Teilaufgabe 2

Berechnung des minimalen Automaten (Algorithmus vgl. [SÖN, 46]):

Zunächst wird eine Tabelle der Zustandspaare angefertigt und die Paare von Endzuständen und Nicht-Endzuständen markiert:

q1				
q2				
q3				
q4	*	*	*	*
	q0	q1	q2	q3

Dann werden Paare von Zuständen (z_1, z_2), die durch dasselbe Zeichen a in ein bereits markiertes Paar $(\delta(z_1, a), \delta(z_2, a))$ übergehen, markiert:

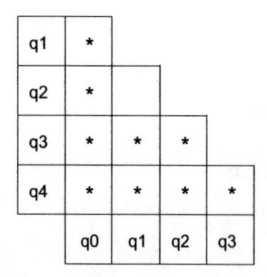

q1	*			
q2	*			
q3	*	*	*	
q4	*	*	*	*
	q0	q1	q2	q3

Ergebnis: q_1 und q_2 können zusammengefasst werden! Dies ergibt den folgenden Automaten:

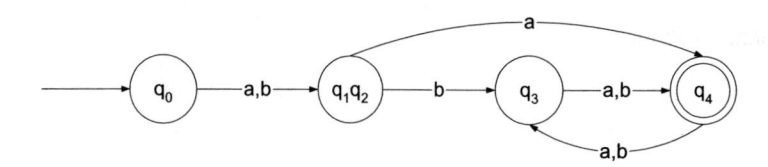

✓ Lösungsvorschlag zu Teilaufgabe 3

Sprachschatz: $\{a,b\}\{a,ba,bb\}\{aa,ab,ba,bb\}^*$

✓ Lösungsvorschlag zu Teilaufgabe 4

Behauptung:
  Die Sprache ist vom Typ-3.
Begründung:
  Jede durch endliche Automaten erkennbare Sprache ist regulär (vgl. [SÖN, 30]).

✓ Lösungsvorschlag zu Teilaufgabe 5

Sei n beliebig, aber fest, und sei $x \in L$. Dann lässt sich x darstellen als $aa^2\,a^3 \ldots a^n$.

Mit dem Pumping-Lemma muss gelten:
$uv^iw \in L$ für alle $i = 0,1,2,\ldots$ für jede beliebige Zerlegung mit $|v| \bullet 1$, $|uv| \bullet n$.
Für jede solche Zerlegung gilt: $u = a^k$ und $v = a^m$ mit $m > 0$.
Annahme: $uw \in L$.
Dann muss gelten: $m = n$, $k = 0$.
Hierfür ist aber $uv^2w \notin L$ wegen $1+..+n < 1+..+n+n \neq 1+\ldots+s < 1+ \ldots+n+1$ für beliebiges s.
Also ist L nicht regulär.

Herbst 1996 Aufgabe 5

Gegeben sei die Typ-2 Grammatik $G = (V, \Sigma, P, S)$ mit

$V = \{S, A\}, \Sigma = \{(,)\}$,
$P = \{ S \rightarrow (A , S \rightarrow (AS, S \rightarrow (SA, S \rightarrow (SAS, A \rightarrow) \}$

Teilaufgabe 1

Welche Sprache $L(G)$ erzeugt G?

Teilaufgabe 2

Geben Sie einen PDA (d.h. einen nichtdeterministischen Kellerautomaten) K an mit $N(K) = L(G)$ (ohne Korrektheitsbeweis).

Zur Erinnerung: $N(K)$ ist die Sprache, die von K durch leeren Keller erkannt wird.

Teilaufgabe 3

Inwiefern ist der PDA K geeignet zum Parsen der Sprache $L(G)$? (ohne Lösung)
Welche Parsingtechniken kennen Sie?

✓ Lösungsvorschlag zu Teilaufgabe 1

$L(G) = \{w \mid w = \{(,)\}^{2n}, n \in N$ und $\forall u,v$ mit $w = uv$ ist
  #(Klammer auf in Präfix u) • #(Klammer zu in u) und
  #(Klammer auf in w) = #(Klammer zu in w) $\}$

Anschaulich:

Es entstehen genauso viele Klammern auf, wie Klammern zu. Für jede öffnende Klammer wird dahinter (!) ein Platzhalter für eine schließende Klammer miterzeugt (A).

✓ Lösungsvorschlag zu Teilaufgabe 2

Ein deterministischer Kellerautomat sieht folgendermaßen aus:
  $K = (\{z_0, z_1, z_e\}, \{(,)\}, \{\#, [\}, \#, \delta, z_0, z_1)$
K schreibt für jedes gelesene Symbol (ein [in den Keller und löscht dieses, wenn er ein) liest.

Auch Kellerautomaten lassen sich grafisch darstellen. Zustände zeichnet man wie üblich als Kreise, die Zustandsübergänge werden häufig in folgender Form angegeben:
  (gelesenes Zeichen, oberstes Kellerzeichen, in den Keller statt dem obersten zu schreibende(s) Zeichen).

```
                    ( (,#, [#  )
                    ( (,#, [[  )
                    ( ),  [, e  )
                      ↑  ↓
 →( z₀ )──( (,#, [# )──→( z₁ )

                        │
                   ( ), [, e )
                        ↓
                     (( z_e ))
```

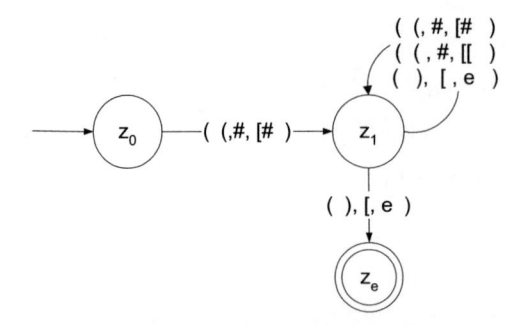

Der Kellerautomat akzeptiert ein Wort, wenn er am Ende des Wortes im Endzustand ist UND im Keller nur noch # steht, bzw. Keller leer ist.

✓ Lösungsvorschlag zu Teilaufgabe 3

Parsingtechniken:
- rekursiver Abstieg: vgl. Lösung zu Herbst 93 Aufgabe 4.2 und [DUD2, 651]!
- Backtracking: [DUD2, 43]

Deterministische Kellerautomaten sind nach [HOP, 279] gut geeignet zum Parsen. Typischerweise haben Parser sehr viele Zustände, mehr als gleichzeitig im Hauptspeicher gehalten werden können. Im Fall eines determ. KA lassen sich diese auf wenige hundert reduzieren. Eine detailliertere Ausführung würde leider den Rahmen dieses Buches sprengen.

Frühjahr 1997 Aufgabe 1

Zu jedem *nichtdeterministischen* endlichen Automaten (NFA) A kann man einen *deterministischen* endlichen Automaten (DFA) A' konstruieren, der die gleiche Sprache akzeptiert, d.h. $L(A) = L(A')$.

Teilaufgabe 1

Geben Sie ein Verfahren für die Konstruktion von A' aus A detailliert an!

Teilaufgabe 2

Für das Alphabet $\Sigma = \{a, b\}$ und natürliche Zahlen n seien Sprachen L_n und R_n definiert durch

$$L_n := \Sigma^n \cdot b \cdot \Sigma^*, R_n := \Sigma^* \cdot b \cdot \Sigma^n$$

Geben Sie NFAs $\mathbf{L}_n$ bzw. $\mathbf{R}_n$ an, welche L_n bzw. R_n akzeptieren!

Teilaufgabe 3

Konstruieren Sie in den Fällen $n = 0, 1, 2$ die zugehörigen DFAs $\mathbf{L}'_n$ bzw. $\mathbf{R}'_n$.

Teilaufgabe 4

Zeigen Sie, dass der minimale DFA, der L_n akzeptiert, $n+3$ Zustände hat.

Teilaufgabe 5

Zeigen Sie, dass der minimale DFA, der R_n akzeptiert, $2^n + 1$ Zustände hat.

✓ Lösungsvorschlag zu Teilaufgabe 1

Konstruktion eines DFA aus einem NFA:
Sei $A = (S, T, s_0, E, \delta)$ ein NFA.
Man erhält einen DFA $A' = (S', T', s_0', E', \delta')$ mit $L(A) = L(A')$ folgendermaßen:
- $S' = \{Q \mid Q \subset S\}$, d.h. die neuen Zustände ergeben sich aus den Teilmengen der alten Zustände,
- $T' = T$ bleibt gleich,
- $s_0' = \{s_0\}$ ist neuer Anfangszustand,
- Z' ist die Menge aller neuen Zustände, die einen alten Endzustand enthalten,

Um δ' zu konstruieren, wird die folgende Prozedur mehrmals durchgeführt:
- Sei $M' \in S'$ ($M' \subseteq \wp(S)$) und $x \in T$ (ein neuer Zustand und ein Symbol) gegeben.
- Man erhält einen neuen Zustand $N' = \delta'(M', x) = \cup_{s \in M'} \{t \in S \mid t \in \delta(s, x)\}$ und den neuen Übergang $M' \to N'$. Die Prozedur beginnt bei $M = \{s_0\}$ und terminiert immer, da S und T endliche Mengen sind.

Es ist üblich, nur die erreichbaren neuen Zustände anzugeben.

✓ Lösungsvorschlag zu Teilaufgabe 2

NFA für L_n (mit Fangzustand s_f):

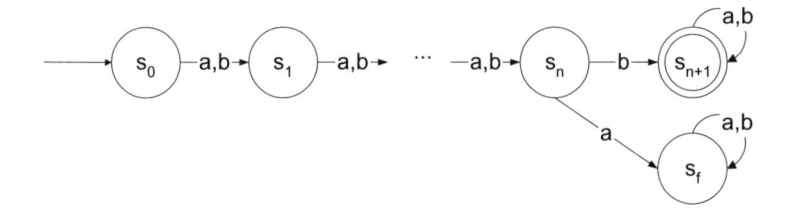

NFA für R_n:

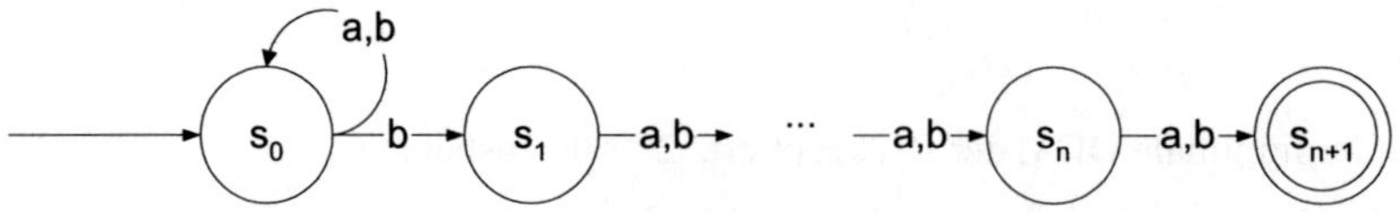
a,b
s0
b
s1
a,b
...
a,b
sn
a,b
sn+1

✓ Lösungsvorschlag zu Teilaufgabe 3

DFA für L_n:

$n = 0$:

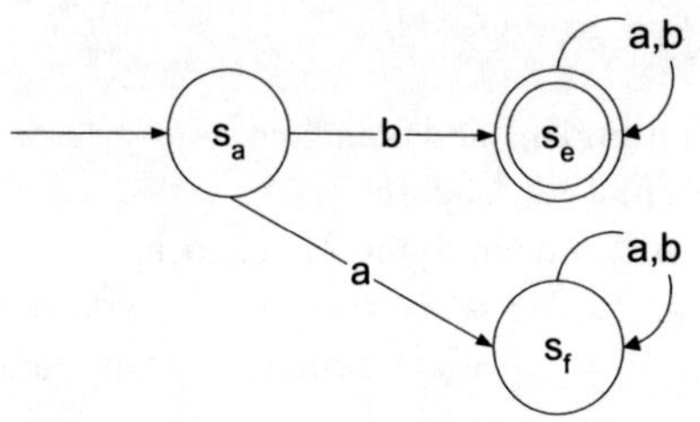
sa
b
se
a,b
a
a,b
sf

$n = 1$:

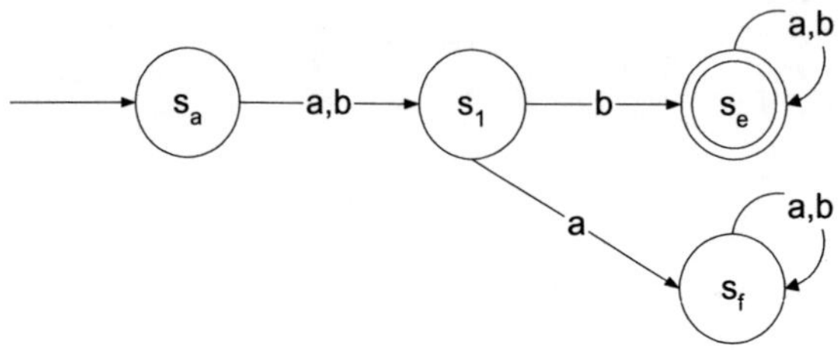
sa
a,b
s1
b
se
a,b
a
a,b
sf

1.1 Grammatiken und Automaten

$n = 2$:

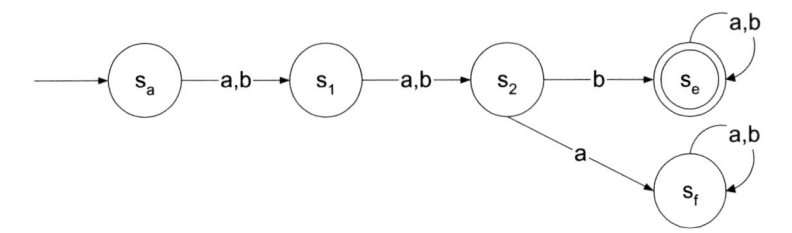

DFA für R':

$n = 0$: „letztes Zeichen ist b"

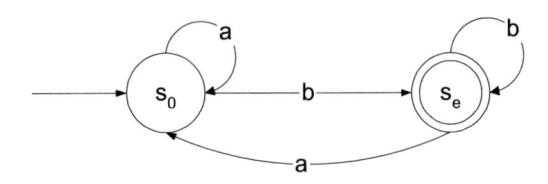

$n = 1$: „vorletztes Zeichen ist b"

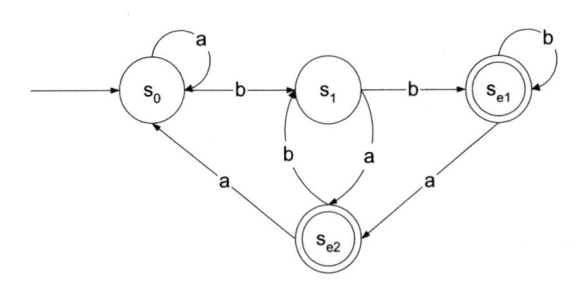

$n = 2$: „drittletztes Zeichen ist b"

$\rightarrow$ zunächst NFA

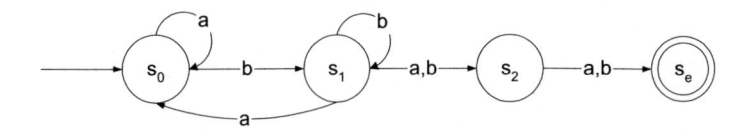

→ jetzt Konstruktion von DFA nach Verfahren von Teilaufgabe 1

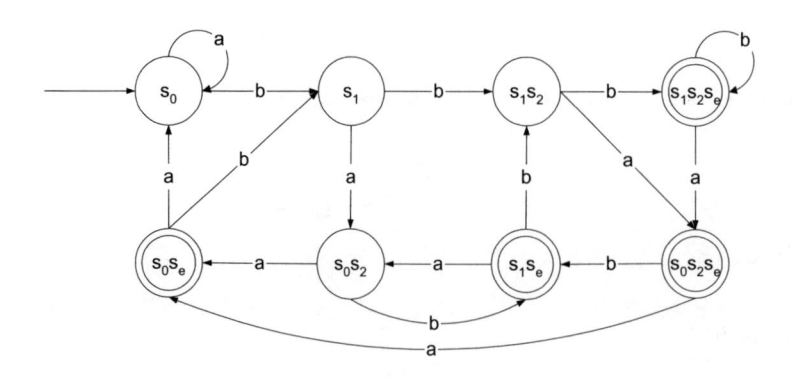

[Diagramm: DFA mit Zuständen s_0, s_1, s_1s_2, $s_1s_2s_e$, s_0s_e, s_0s_2, s_1s_e, $s_0s_2s_e$ mit Übergängen a und b]

✓ Lösungsvorschlag zu Teilaufgabe 4

Behauptung:
  Der minimale DFA(L_n) hat $n+3$ Zustände.
Beweis:
  Startzustand: 1
  Endzustand: 1
  Fangzustand: 1
  „Zwischenzustände s_i, $1 \leq i \leq n$
  für n beliebige Buchstaben": n
  ────────────
  $n+3$

Geht man davon aus, dass ein Fangzustand nicht als eigentlicher Zustand gezählt werden soll, so ist der DFA für L_0 bereits ein Gegenbeispiel. Also ist es wohl korrekt, ihn dazuzuzählen.

✓ Lösungsvorschlag zu Teilaufgabe 5

Beweis: vgl. [SÖN, 34f]
Annahme:
  Es gibt einen DFA M mit weniger als 2^{n+1} Zuständen.
  Dann muss es zwei Wörter y_1 und y_2 in $\{a,b\}^{n+1}$ geben, so dass $\overline{\delta}(s_a, y_1) = \overline{\delta}(s_a, y_2)$.
  ($\overline{\delta}$ sei dabei die auf Wörter erweiterte Übergangsfunktion.)
  Sei i die erste Position, an der sich y_1 und y_2 unterscheiden ($1 \leq i \leq n+1$). Sei $w \in \{a,b\}^{i-1}$ beliebig.
  Dann gilt:
  Es gibt Wörter $u, v, v' \in \{a,b\}^*$ mit $|v| = |v'| = n+1-i$, $|u| = i-1$ und $y_1 w = ubvw$ und $y_2 w = uav'w$.

1.1 Grammatiken und Automaten

b in $y_1 w$ (bzw. a in $y_2 w$) kommt an der $(n+1)$-letzten Stelle vor, daher ist $y_1 w \in L_n$ und $y_2 w \notin L_n$.

Andererseits gilt: $\overline{\delta}(z_0, y_1 w) = \overline{\delta}(\overline{\delta}(z_0, y_1), w) = \overline{\delta}(\overline{\delta}(z_0, y_2), w) = \overline{\delta}(z_0, y_2 w)$

Daher gilt $y_1 w \in L_k \Leftrightarrow y_2 w \in L_k$.

Dieser Widerspruch zeigt, dass M die Sprache R_n nicht erkennen kann.

Herbst 1997 Aufgabe 3

Gegeben sei das Alphabet $A = (A, B, C)$. In A^* zeichnen wir die Teilmenge T der Wörter aus, die weder ACC noch BCC als Teilzeichenreihe enthalten. Dabei ist $x \in A^*$ genau dann eine Teilzeichenreihe von $y \in A^*$, wenn es ein $y' \in A^*$ und ein $y'' \in A^*$ gibt, so dass $y = y'xy''$ ist.

Teilaufgabe 1

Konstruieren Sie den (bis auf die Bezeichnungen der Zustände eindeutigen) minimalen deterministischen endlichen Automaten $A = (S, I, \delta, s_0, F)$ mit der Zustandsmenge S, dem Eingabealphabet $I = A$, der Zustandsübergangsfunktion $\delta : S \times I \to S$, dem Anfangszustand s_0 und der Endzustandsmenge F, der genau T akzeptiert! Stellen Sie hierzu den Automaten A durch seinen Zustandsübergangsgraphen dar.

Teilaufgabe 2

Beweisen Sie, dass der von Ihnen in der Antwort zu Teilaufgabe 1 angegebene Automat A

2.1
genau T akzeptiert

2.2
und minimal ist.

Teilaufgabe 3

Stellen Sie T als eine reguläre Menge über A dar.

✓ Lösungsvorschlag zu Teilaufgabe 1

✓ Lösungsvorschlag zu Teilaufgabe 2

2.1

Alle Wörter aus T werden akzeptiert.
Die kürzeste Option, ein verbotenes Wort einzugeben, besteht darin direkt *ACC* oder *BCC* zu testen. Infolgedessen landet man im Zustand s_3, von dem aus man nicht wieder weiterkommt. Somit wird dieses Wort nie akzeptiert werden.
Zu jedem späteren Zeitpunkt, d.h. y' hat bereits die Länge n, sieht es folgendermaßen aus:
Befindet man sich gerade im Zustand s_0, dann ist die Situation analog zur Anfangssituation.
Befindet man sich im Zustand s_1, bleibt man mit der nächsten Eingabe A oder B in s_1 und gelangt mit einem Doppel-C wieder in den Fangzustand.
Analog für s_2.

2.2

Nach dem Algorithmus Minimalautomat (vgl. [SÖN, 46] oder Herbst 1996 Aufgabe 4 Teilaufgabe 2) ergibt sich:

s1	*		
s2	*	*	
s3	*	*	*
	s0	s1	s2

Somit ist *A* minimal.

✓ Lösungsvorschlag zu Teilaufgabe 3

Definition „reguläre Menge" (vgl. [DUD2, 560]):
Eine Menge L ist genau dann regulär, wenn sie in endlich vielen Schritten mit den folgenden Regeln gewonnen werden kann.
- Die leere Menge und die Menge bestehend aus leerem Wort sind regulär.
- Für alle a aus A ist $\{a\}$ regulär.
- Falls P und Q regulär sind, dann sind auch $(P \cup Q)$, (PQ) und P^* regulär.

In der vorliegenden Aufgabe ist $T = C^* \{\{A,B\}^* C\}^* = C^* \{A,B,AC,BC\}^*$

Herbst 1998 I Aufgabe 1

Wir wollen Boolesche Ausdrücke *BA* als Sprache über L^* mit $L = \{0, 1, x, y, +, -, (,)\}$ darstellen. Dabei stehen 0,1 für die Booleschen Konstanten, x, y für Boolesche Variable, + für das Disjunktionszeichen und ein vorausgestelltes – für die Negation. Das Konjunktionszeichen wird weggelassen. Die Klammern „(" und „)" können weggelassen werden, falls sie wegen der Regel, dass die Konjunktion stärker bindet als die Disjunktion, oder wegen der Assoziativgesetze überflüssig sind.

Unter Verwendung der genannten Symbole sollen die Boolschen Ausdrücke nach den folgenden Regeln aufgebaut werden:

1. Literale sind Boolsche Konstanten und Variablen. Ein negiertes Literal ist auch ein Literal. Nichts sonst ist ein Literal. Beispiel: – – – 0
2. Schreibt man zwei *BA* hintereinander, so erhält man eine Konjunktion. Beispiel: x–1, xy0, 0y–1x
3. Jeder *BA* ist eine (triviale) Disjunktion. Die Summe zweier Disjunktionen ist wieder eine Disjunktion. Beispiel: x–1, x+1, y+–x+0
4. Jedes Literal und jede Konjunktion ist ein *BA*. Jede eingeklammerte Disjunktion ist ein *BA*.

Teilaufgabe 1

Geben Sie eine kontextfreie Grammatik (Chomsky-Typ 2) für die oben definierten *BA* an und leiten Sie die beiden Ausdrücke 0x–1y und ((0+x)y–x) mit Hilfe Ihrer Grammatik ab.

Teilaufgabe 2

Beweisen Sie die folgende Aussage:
Ersetzt man in der Sprache (bzw. der in Teilaufgabe 1 konstruierten Grammatik) alle Terminalzeichen bis auf die Klammern „(" und „)" durch das leere Wort ε, dann ist die so erhaltene Sprache immer noch nicht regulär.

Nun definieren wir mit den obigen Gesetzen eine andere Sprache *BA**, indem wir 1, 2, 4 beibehalten und 3 folgendermaßen verändern:

3.* Jedes Literal ist eine (triviale) Disjunktion. Die Summe zweier Disjunktionen ist wieder eine Disjunktion.

Teilaufgabe 3

Stellen Sie eine Grammatik auf, die *BA** erzeugt und leiten Sie damit die Ausdrücke (0)(x) und (1+x+y) ab.

Teilaufgabe 4

Zeigen Sie, dass $BA*$ regulär (vom Chomsky-Typ 3) ist, indem Sie einen endlichen Automaten angeben, der $BA*$ erkennt.

Teilaufgabe 5

Nun vereinfachen wir die Sprache BA aus Teilaufgabe 1 zu BA', indem wir als einziges Literal das Zeichen l zulassen. Geben Sie einen Kellerautomaten an, der die Sprache BA' erkennt.

✓ Lösungsvorschlag zu Teilaufgabe 1

Chomsky-2-Grammatik $(\{Z, L, K, D\}, \{0, 1, x, y, +, -, (,)\}, P, Z)$

Vorüberlegung:

BA := Literal | Konjunktion | eingeklammerteDisjunktion
Konjunktion := BA BA
Literal := BoolKonst | BoolVar | –Literal
Disjunktion := BA | Disjunktion + Disjunktion

Daraus ergeben sich die Produktionen P der Grammatik:

1. $Z \to L \mid K \mid (D)$
2. $K \to ZZ$
3. $L \to 0 \mid 1 \mid x \mid y \mid -L$
4. $D \to D{+}D \mid Z$

Herleitung von $0x{-}1y$:

$Z \to K \to ZZ \to KK \to ZZZZ \to LLLL \to LL{-}LL \to 0x{-}1y$

Herleitung von $((0{+}x)y{-}x)$:

$Z \to (D) \to (Z) \to (K) \to (ZZ) \to ((D)Z) \to ((D{+}D)Z) \to ((Z{+}Z)Z) \to ((L{+}L)Z) \to ((0{+}x)Z) \to ((0{+}x)K) \to ((0{+}x)ZZ) \to ((0{+}x)LL) \to ((0{+}x)L{-}L) \to ((0{+}x)y{-}x)$

✓ Lösungsvorschlag zu Teilaufgabe 2

Die Grammatik ändert sich gemäß den Angaben zu BA' wie folgt:
1. $Z \to L \mid K \mid (D)$
2. $K \to ZZ$
3. $L \to \varepsilon$
4. $D \to DD \mid Z$

Beweis mit Pumping-Lemma:
  Annahme, die (neue) Grammatik wäre regulär. Sei n das n aus dem Pumping-Lemma. $(^n)^n \in L(BA')$, durch n-faches Anwenden von Regel 1 und 4. Alle durch die Grammatik beschriebenen Wörter haben gleich viele öffnende Klammern wie schließende, da nur in

1.1 Grammatiken und Automaten

Regel 1 solche erzeugt werden. Für jede Zerlegung des gewählten Wortes in uvw kann aufgrund der Einschränkung $|uv| \leq n$ das Teilwort v nur aus (bestehen. uv^2w hat also sicher mehr öffnende Klammern als schließende und ist also nicht in $L(BA')$.

✓ Lösungsvorschlag zu Teilaufgabe 3

Definition von BA^*: Regeln 1 bis 3 bleiben erhalten. Regel 4 ändert sich zu
 4.' $D \to D+D \mid L$
Herleitung von $(0)(x)$:
 $Z \to K \to ZZ \to (D)(D) \to (L)(L) \to (0)(x)$
Herleitung von $(1+x+y)$:
 $Z \to (D) \to (D+D) \to (D+D+D) \to (L+L+L) \to (1+x+y)$

✓ Lösungsvorschlag zu Teilaufgabe 4

Der **Unterschied** zwischen den beiden Sprachen besteht darin, das in BA^* Konstruktionen mit verschachtelten Klammern nicht mehr möglich sind !!!

Beweis: Angabe eines endlichen Automaten

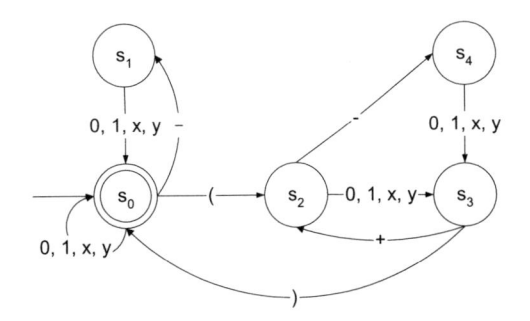

✓ Lösungsvorschlag zu Teilaufgabe 5

Konstruktion des Kellerautomaten (an dieser Stelle steht nichts von deterministisch) nach einem Schema für kontextfreie Grammatiken:

Schritt 1:
Bringe die Grammatik in CNF (und streiche dabei überflüssige Regeln, hier die für K):
 $Z \to L \mid ZZ \mid (\,B \qquad\qquad B \to D\,S \qquad\qquad S \to)$
 $L \to l \mid -L \qquad\qquad\quad D \to DA \mid Z \qquad\quad\; A \to +D$

Schritt 2:
Starte mit Z im Keller und wende die Regeln im Keller an. Falls ein Terminal oben auf dem Keller steht, vergleiche es mit dem zu untersuchenden nächsten Buchstaben des Eingabewortes und lösche es bei Gleichheit.
KA ergibt sich also als $KA = (\{s_0\}, \{l, +, -, (,)\}, \{Z, A, B, D, L, S\}, \delta, s_0, Z)$ mit

$\delta(s_0, \varepsilon, Z) = \{(s_0, L), (s_0, ZZ), (s_0, (B))\}$ $\delta(s_0, (, () = \{(s_0, \varepsilon)\}$
$\delta(s_0, \varepsilon, B) = \{(s_0, DS)\}$ $\delta(s_0,),)) = \{(s_0, \varepsilon)\}$
$\delta(s_0, \varepsilon, S) = \{(s_0,))\}$ $\delta(s_0, l, l) = \{(s_0, \varepsilon)\}$
$\delta(s_0, \varepsilon, L) = \{(s_0, -L), (s_0, l)\}$ $\delta(s_0, +, +) = \{(s_0, \varepsilon)\}$
$\delta(s_0, \varepsilon, D) = \{(s_0, DA), (s_0, Z)\}$ $\delta(s_0, -, -) = \{(s_0, \varepsilon)\}$
$\delta(s_0, \varepsilon, A) = \{(s_0, +D)\}$

Herbst 1998 II Aufgabe 1

Teilaufgabe 1

Gegeben sei eine Grammatik G mit $\{1, 2, a, b\}$ als Menge der Terminalzeichen, der Variablen S, der Startvariablen S und den Produktionen

$S \to 1Sab, \quad S \to 1ab, \quad S \to 2Sbbb, \quad S \to 2bbb$

Sei $L = L(G)$ die von G erzeugte Sprache, $w_1 = ab$ und $w_2 = bbb$.

1.1
Beweisen Sie: $L(G) = \{i1 \ldots ik \mid i1 \ldots ik \in \{1, 2\}\}$.

1.2
Konstruieren Sie einen deterministischen Kellerautomaten, der L akzeptiert.

1.3
Ist L regulär? (Begründung)

Teilaufgabe 2

Beweisen oder widerlegen Sie für beliebige Sprachen L_1, L_2:

2.1
$(L_1 \cup L_2)^* = L_1^* \cup L_2^*$

2.2
$(L_1^*)^* = L_1^*$

✓ Lösungsvorschlag zu Teilaufgabe 1

1.1

Sei $w \in L(G)$. Ist erstes Zeichen $i1$, so muss Regel 2 oder 4 angewendet worden sein; also endet w mit w_{i1}. Die kürzesten, von S aus ableitbaren Wörter sind gerade $1ab$ oder $2bbb$.

Annahme, alle Wörter der Form $i1\ldots i(k-1)w_{i(k-1)}\ldots w_{i1}$ seien aus $L(G)$.
Dann ist auch $i1\ldots ikw_{ik}\ldots w_{i1}$ in $L(G)$, da im vorletzten Schritt der Ableitung des obigen Wortes einfach noch mal Regel 1 statt 2 und Regel 3 statt 4 angewendet werden. Aus dem einge-

1.1 Grammatiken und Automaten

fügten S lässt sich dann ikw_{ik} erzeugen. Man sieht durch Induktion über mögliche Ableitungsschritte, dass sich aus S auch keine weiteren Wörter erzeugen lassen.

1.2

Kellerautomat: $KA = (\{s_0, s_1\}, \{1, 2, a, b\}, \{1, 2, X, Y, Z\}, \delta, s_0, \#, s_1)$

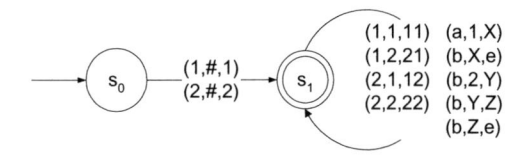

```
               (1,1,11)  (a,1,X)
    (1,#,1)    (1,2,21)  (b,X,e)
s₀ ─────────→ s₁  (2,1,12)  (b,2,Y)
    (2,#,2)    (2,2,22)  (b,Y,Z)
                         (b,Z,e)
```

Ein Wort wird in diesem Fall akzeptiert, wenn Automat im Zustand z_1 UND wenn der Keller leer ist.

In unterschiedlichen Büchern ist dies manchmal nicht erlaubt. Man erhält einen modifizierten Automaten, der nur per Endzustand akzeptiert, indem man die Übergangsfunktion so ändert, dass man sich zu Beginn das Kellerbodenzeichen „merkt", s_1 nicht als Endzustand auffasst, sondern von dort aus durch leeres Wort und # als gelesenem Kellerzeichen in einen Endzustand s_2 übergeht.

1.3

Behauptung:
    L ist nicht regulär

Beweis:
    Annahme, L wäre regulär. Sei n das n aus dem Punping Lemma.
    Betrachte das Wort $x = 1^n(ab)^n \in L$. Für jede Zerlegung $x = uvw$ nach dem Pumping Lemma gilt aber: $uv = 1^m$ für ein $m \bullet n$. Demnach ist nach Teilaufgabe 1.1 uv^2w nicht in $L(G)$, da es mehr Zeichen 1 als ab's enthält.

✓ Lösungsvorschlag zu Teilaufgabe 2

2.1

Gegenbeispiel:
Sei $L_1 = \{\varepsilon, a, b\}$ und $L_2 = \{\varepsilon, c, d\}$.
Dann ist $acb \in (L1 \cup L2)^*$ aber $acb \notin L1^* \cup L2^*$.

2.2

Beweis:
$L_1^* \subset (L_1^*)^*$:
    trivial
$(L_1^*)^* \subset L_1^*$:
    Sei $x \in (L_1^*)^*$. Dann lässt sich x als Zeichenkette aus Zeichen von L_1^* und damit aus L_1 darstellen und somit gilt $x \in L_1^*$.

Frühjahr 1999 I Aufgabe 1

In dieser und den folgenden Aufgaben geht es um die Klasse der sogenannten *regulären* Sprachen, also der Sprachen vom Typ 3 in der Klassifizierung von Chomsky.

Teilaufgabe 1

Geben Sie eine genaue Definition der Klasse der regulären Sprachen an und erläutern Sie die darin vorkommenden Begriffe.

Teilaufgabe 2

Es gibt mehrere äquivalente Beschreibungen für diese Klassen der regulären Sprachen (die man also ebensogut als Definitionen verwenden könnte): Zählen Sie solche weiteren Beschreibungen auf, die Sie kennen. Erläutern Sie ggf. die verwendeten Begriffe.

Teilaufgabe 3

Unter welchen Operationen auf Sprachen ist die Klasse der regulären Sprachen abgeschlossen? Zählen Sie die Ihnen bekannten auf.

Teilaufgabe 4

Welche Hilfsmittel kennen Sie, um die *Nicht-Regularität* einer formalen Sprache nachzuweisen. Erläutern Sie dies an einem Beispiel Ihrer Wahl.

Teilaufgabe 5

In welchen Bereichen der Informatik haben reguläre Sprachen eine praktische Bedeutung? Erläutern Sie solche Anwendungen, wenn möglich unter Angabe relevanter Algorithmen (in Pseudocode).

✓ Lösungsvorschlag zu Teilaufgabe 1

Definitionen nach [SÖN, 17]:

Eine *Sprache* L heißt vom *Typ-3*, falls es eine Typ-3-Grammatik G gibt mit $L(G) = L$.

Eine *Grammatik* ist vom *Typ-3*, falls sie vom Typ-2 ist und zusätzlich gilt:
$w_2 \in T \cup TN$, d.h. die rechten Seiten von Regeln sind entweder einzelne Terminalzeichen oder ein Terminalzeichen gefolgt von einem Nichtterminalzeichen.

Eine *Grammatik* ist vom *Typ-2* (kontextfrei), falls sie vom Typ-1 ist und zusätzlich gilt:
Für alle Regeln $w_1 \to w_2$ in P gilt, dass w_1 eine einzelne Variable ist, d.h. $w_1 \in N$.

Eine *Grammatik* ist vom *Typ-1* (kontextsensitiv), falls für alle Regeln $w_1 \to w_2$ in P gilt:
$|w1| \le |w2|$.

1.1 Grammatiken und Automaten

✓ Lösungsvorschlag zu Teilaufgabe 2

Äquivalente Beschreibungen:

Jede durch endliche Automaten erkennbare Sprache ist regulär [SÖN, 30], wobei gilt: Jede von einem NFA akzeptierbare Sprache ist auch durch einen DFA akzeptierbar. [SÖN, 32]

Für jede reguläre Grammatik gibt es einen NFA mit $L(G) = T(M)$. [SÖN, 35]

Die Menge der durch reguläre Ausdrücke beschreibbaren Sprachen ist genau die Menge der regulären Sprachen.

Erläuterung von „regulärer Ausdruck" (vgl. auch Herbst 1997 Aufgabe 3 Teilaufgabe 3):
- $\emptyset$ ist ein regulärer Ausdruck.
- ε ist ein regulärer Ausdruck.
- Für jedes $a \in T$ ist a ein regulärer Ausdruck.
- Wenn a und b reguläre Ausdrücke sind, dann auch ab, $(a \mid b)$ und $(a)*$.

✓ Lösungsvorschlag zu Teilaufgabe 3

Unter folgenden Operationen ist die Menge der regulären Sprachen abgeschlossen (vgl. [SÖN, 48]):

Vereinigung, Schnitt, Komplement, Produkt, Stern.

Das bedeutet z.B., dass für zwei reguläre Sprachen A und B auch die Vereinigung $A \cup B$ regulär ist.

Zusätzlich (vgl. [HOP, 16ff]) gilt die Abgeschlossenheit auch noch für folgende Operationen, wobei diese in Büchern oft nicht eigens erwähnt sind:

Hüllenbildung, Konkatenation, Substitution, (inverse) Homomorphismen, Quotientenbildung mit beliebigen Mengen.

✓ Lösungsvorschlag zu Teilaufgabe 4

Die Nicht-Regularität einer Sprache weist man häufig über einen Widerspruchsbeweis mit dem Pumping-Lemma nach, indem man zeigt, dass dieses nicht gelten kann. Manchmal klappt das nicht, denn es gibt sehr wohl Sprachen, für die das Pumping Lemma (vgl. [SÖN, 39]) gilt, obwohl sie nicht regulär sind (vgl. folgendes Beispiel). Dann ist ein weiterer Trick das Ausnützen der Abschlusseigenschaften: Man zeigt, dass, wenn die vorliegende Sprache regulär wäre, über die Abschlusseigenschaften auch eine weitere Sprache regulär wäre, von der man aber mit Sicherheit weiß, dass sie es nicht ist. Nachfolgende Beispiele erläutern dies:

1. Beispiel:

$$L = \{a^n b^n \mid n > 0\}$$

Angenommen L sei regulär, dann gibt es eine Zahl n, so dass sich alle Wörter $x \in L$ der Länge größer/gleich n wie im Pumping-Lemma beschrieben zerlegen lassen. Betrachte $a^n b^n$. v könnte nur aus a's bestehen. Aufgrund von Bedingung 3 wäre dann auch das Wort $uw = a^{n-|v|}b^n$ in der Sprache, was im Widerspruch zur Definition von L steht.

Daher ist L nicht regulär.

2. Beispiel:

$L = \{a^n b^m c^m \mid n > 1 \text{ und } m \geq 0\} \cup \{b^k c^m \mid k, m \geq 0\}$ widersteht dem Versuch mit Pumping-Lemma. Das gilt hier nämlich!

$M = \{b^k c^m \mid k, m \geq 0\}$ ist sicher regulär, da es einfach ist, einen endlichen Automaten hierfür anzugeben. Falls L regulär wäre, wäre es auch $L \setminus M$. Dies ist aber nicht der Fall, denn das Pumping-Lemma gilt hierfür nicht mehr!

✓ Lösungsvorschlag zu Teilaufgabe 5

Die praktische Bedeutung liegt in den **Entscheidungsalgorithmen für reguläre Mengen**:
- Algorithmen zur Bestimmung, ob eine reguläre Menge leer, endlich oder unendlich ist [HOP, 65] [SÖN, 49f]
- Algorithmus zur Entscheidung, ob zwei endliche Automaten dieselbe Menge akzeptieren [HOP, 66] [SÖN, 50]
- Wortproblem: es gibt einen Algorithmus, der bei Eingabe einer Grammatik und eines Wortes in endlicher Zeit entscheidet, ob das Wort im Sprachschatz der Grammatik liegt oder nicht. [SÖN, 21]
- Schnittproblem: stellt bei gegebenen $G1$ und $G2$ die Frage, ob $T(M1) \cap T(M2)$ leer ist oder nicht [SÖN, 50]

Algorithmen dazu (Repräsentation der Grammatik jeweils als DFA):
- Leerheitsproblem: Sei M ein gegebener DFA für die Sprache. $T(M)$ ist offensichtlich genau dann leer, wenn es keinen Pfad vom Startzustand (von einem Startzustand) zu einem Endzustand gibt.
- Endlichkeitsproblem: wird mittels des Pumping-Lemmas auf das Wortproblem zurückgeführt (sehr ineffizient, vgl. [SÖN, 50]). Einfacher: Die durch die $T(M)$ beschriebene Sprache ist unendlich g.d.w. es in dem vom Startzustand erreichbaren Teilgraphen einen Zyklus gibt. Dies kann durch einfache depth-first Suche effizient festgestellt werden.
- Äquivalenzproblem: liegen zwei DFAs vor, so wird zu jedem der Minimalautomat konstruiert und diese werden dann auf Isomorphie miteinander verglichen.
Oder: Rückführung auf die Entscheidbarkeit des Leerheitsproblems mittels:
$L1 = L2$ g.d.w. $(L1 \cap (L2)^c) \cup (L2 \cap (L1)^c) = \emptyset$

- Wortproblem: Verfolge Zeichen für Zeichen die Zustandsübergänge im Automaten, die durch die Eingabe x hervorgerufen werden. Falls ein Endzustand erreicht wird, liegt x in der Sprache. [SÖN, 49]
- Schnittproblem: da die regulären Sprachen unter Schnitt abgeschlossen sind, lässt sich diese Frage auf das Leerheitsproblem reduzieren.

Kommentar:

Reguläre Sprachen spielen (so gut wie) keine Rolle bei der Beschreibung einer Programmiersprache, weil hierdurch keine Klammerstrukturen zu beschreiben sind. (Hierfür verwendet man häufig deterministisch kontextfreie Grammatiken.)

Im Software-Entwicklungsprozess allerdings werden (Teil-)Spezifikationen oft mit Hilfe von endlichen Automaten beschrieben.

Reguläre Ausdrücke werden auch innerhalb von Programmiersprachen wie z.B. Perl oder innerhalb von Editoren wie Emacs oder sed eingesetzt, um Textstücke zu beschreiben, oder z.B. um in einem Programm Benutzereingaben auf Korrektheit, beispielsweise Eingabe einer korrekten Emailadresse o.Ä., zu überprüfen.

Frühjahr 1999 I Aufgabe 2

In dieser Aufgabe werden Sprachen über dem Alphabet $\Sigma = \{0, 1\}$ betrachtet. Für ein Wort $w = w_0 w_1 ... w_m \in \Sigma^*$ bezeichne $(w)_2$ die Interpretation von w als Binärdarstellung einer natürlichen Zahl, wobei das führende Bit links steht:

$$(w)_2 = w_0 2^m + w_1 2^{m-1} + ... + w_{m-1} 2^1 + w_m 2^0$$

(N.B. es wird nicht vorausgesetzt, dass $w_0 = 1$ ist, d.h. es sind beliebig viele führende Nullen erlaubt). Für $n, k \in N$ mit $0 \leq k < n$ sei

$$mod(n, k) := \{w \in \Sigma^*; (w)_2 \equiv k (\bmod n)\}$$

die Sprache der Binärdarstellungen derjenigen Zahlen, die kongruent zu k modulo n sind.

Teilaufgabe 1

Konstruieren Sie einen endlichen Automaten, der die Sprache $mod(5,0)$ erkennt. Wie erhält man daraus die endlichen Automaten, die die Sprachen $mod(5, k)$ mit $1 \leq k \leq 4$ erkennen?

Teilaufgabe 2

Formulieren Sie eine allgemeine Aussage über die Erkennbarkeit der Sprachen $mod(n, k)$ durch endliche Automaten. Skizzieren Sie einen Beweis.

✓ Lösungsvorschlag zu Teilaufgabe 1

Automat, der die Sprache $mod(5,0)$ erkennt

Vorüberlegung: Es erscheint naheliegend, für so ein Problem fünf Zustände einzuführen, für jeden *Rest mod* 5 einen. Dann sollte man sich überlegen, was es eigentlich heißt, eine weitere Stelle der Binärdarstellung einer Zahl einzulesen. Vorausgesetzt, die Zahl wird von links nach rechts eingelesen, bedeutet es: die ursprüngliche Zahl wird nach links verschoben (d.h. mit 2 multipliziert), und die neu eingelesene Stelle wird dazugezählt.

Stellen wir uns die zu untersuchende Zahl als $a_n a_{n-1} \ldots a_0$ vor. Dies ist die Binärdarstellung von $a_n 2^n + a_{n-1} 2^{n-1} + \ldots + a_0$. Angenommen, unser Automat hat bisher s Stellen, also a_n bis a_{n-s-1}, eingelesen und befindet sich im Zustand s_i. Das soll bedeuten, die bisher eingelesene Zahl $a_n 2^{s-1} + a_{n-1} 2^{s-2} + \ldots + a_{n-s-1}$ ist kongruent $i \bmod 5$.

Lesen wir nun im nächsten Schritt a_{n-s-2} ein, so ist die neu gelesene Zahl in Dezimaldarstellung also insgesamt $2 \cdot (a_n 2^{s-1} + a_{n-1} 2^{s-2} + \ldots + a_{n-s-1}) + a_{n-s-2}$, und damit kongruent $(i \cdot 2 + a_{n-s-2}) \bmod 5$. Hieraus erkennen wir die Zustandsübergänge.

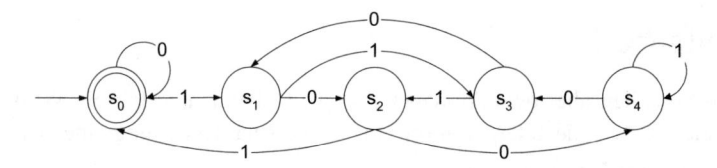

Man erhält daraus den Automaten, der die Sprache $mod(5, k)$ akzeptiert, indem man die Zustände s_K als Terminalzustände markiert.

✓ Lösungsvorschlag zu Teilaufgabe 2

Behauptung:
  Jede Sprache $mod(n, k)$ ist für $n < \infty$ und $0 \bullet k < n$ durch einen endlichen Automaten erkennbar.
Erläuterung:
  Ein Automat hierzu hat analog zu oben n Zustände. Die Zustandsübergänge ergeben sich ebenso analog zu oben, wo bereits ein Beweis im Fall $n = 5$ skizziert wurde, der in dieser Form auch für allgemeines n gilt.

Frühjahr 1999 I Aufgabe 3

In dieser Aufgabe werden Sprachen über dem Alphabet $\Sigma = \{a, b\}$ betrachtet. Für ein Wort $w \in \Sigma^*$ bezeichne $|w|_a$ (bzw. $|w|_b$) die Anzahl der Vorkommen von a (bzw. b) in dem Wort w. Betrachten Sie die Sprachen:

$$C_k := \{w \in \Sigma^*; |w|_a = |w|_b \wedge w = u \cdot v \Rightarrow \big||u|_a - |u|_b\big| \leq k\} \, (k \geq 1)$$

$$D := \{w \in \Sigma^*; |w|_a = |w|_b\}$$

Offenbar gilt: $C_1 \subset C_2 \subset C_3 \subset ... \subset D$ und $\lim \uparrow_{k \to \infty} C_k = D$

Teilaufgabe 1

Zeigen Sie, dass die Sprachen C_k ($k \geq 1$) regulär sind.

Teilaufgabe 2

Konstruieren Sie endliche Automaten, die die Sprachen C_1 bzw. C_2 akzeptieren.

Teilaufgabe 3

Zeigen Sie, dass die Sprache D nicht regulär ist.

Teilaufgabe 4

Zu welcher Sprachklasse gehört die Sprache D? Mit welchem Typ von „Automaten" kann man die Sprache D erkennen? (Auf beide Fragen ist natürlich eine möglichst stark eingegrenzte Antwort erwünscht).

✓ Lösungsvorschlag zu Teilaufgabe 1

Beweis (Induktion):

$k = 1$:

C_1 ist regulär, da es einen endlichen Automaten gibt, der C_1 akzeptiert. (Dieser wird in Teilaufgabe 2 angegeben.)

$k \to k+1$:

Der Automat, der C_{k+1} akzeptiert, entsteht aus C_k, indem zwei neue Zustände hinzugefügt werden und zwar nach dem folgenden Schema:
Beginnt das Wort mit a, gelangt man in einen Zustand mit geradem Label, mit jedem weiteren a erhöht sich das Label um 2, für jedes folgende b erniedrigt sich das Zustandslabel wieder um 2; befindet man sich wieder im Startzustand und hat als nächstes Zeichen ein b, gelangt man in einen Zustand mit einem ungeraden Label – und das ganze Verfahren verläuft umgekehrt.
Wird nun k um Eins erhöht, wird jeweils ein Zustand mit geradem und ein Zustand mit ungeradem Label hinzugefügt.

Alternativer Beweis (Angabe der Grammatikregeln):
$k = 1$:
$\quad S \to aA \mid bB \mid \varepsilon$
$\quad A \to bS$
$\quad B \to aS$

Induktionsvoraussetzung:
$\quad$ Regeln für die Grammatik, die C_k beschreibt, stehen wie folgt fest:
$\quad S \to aA_1 \mid bB_1 \mid \varepsilon$
$\quad A_1 \to bS \mid aA_2$
$\quad ...$
$\quad A_k \to bA_{k-1}$
$\quad B_1 \to aS \mid bB_2$
$\quad ...$
$\quad B_k \to aB_{k-1}$

$k \to k+1$:
$\quad$ Zusätzlich kommen bei der Grammatik, die C_k beschreibt, die folgenden Regeln hinzu:
$\quad A_k \to aA_{k+1}$
$\quad A_{k+1} \to bA_k$
$\quad B_k \to bB_{k+1}$
$\quad B_{k+1} \to aB_k$

✓ Lösungsvorschlag zu Teilaufgabe 2

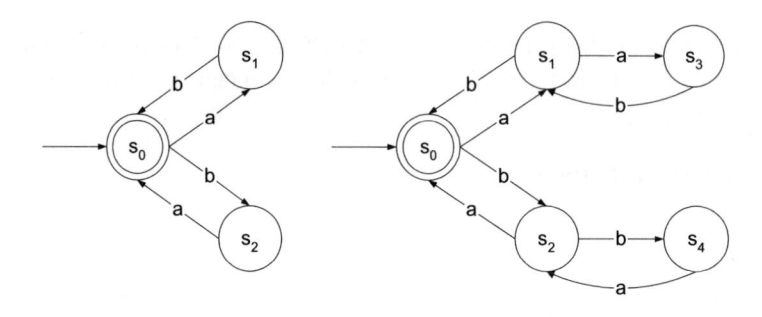

✓ Lösungsvorschlag zu Teilaufgabe 3

Beweis mit Pumping-Lemma:
$\quad$ Annahme, D wäre regulär. Sei n das n aus dem Pumping Lemma. Sei $x = a^n b^n$.
$\quad$ Für jede Zerlegung $x = uvw$ gemäß dem Pumping Lemma muss gelten:
$\quad v = a^k$ für ein $0 < k \cdot n$. Damit ist aber $uv^i w \notin L$ für $i = 0,2,3,...$ Widerspruch!

✓ Lösungsvorschlag zu Teilaufgabe 4

D ist vom Typ-2, d.h. D kann man mit einem nichtdet. Kellerautomaten erkennen.

1.1 Grammatiken und Automaten 55

$KA = (\{s_0, s_1\}, \{a, b\}, \{\#, A, B\}, \#, \delta, s_0, \{s_0\})$

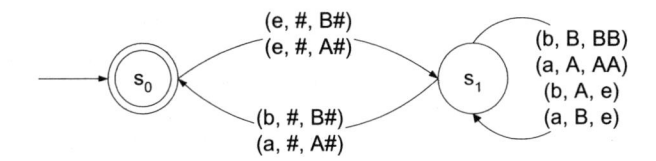

```
                (e, #, B#)
                (e, #, A#)              (b, B, BB)
    → (s_0) ←―――――――――→ (s_1)           (a, A, AA)
                                         (b, A, e)
                (b, #, B#)               (a, B, e)
                (a, #, A#)
```

Angabe der Grammatikregeln: $S \to aSb \mid bSa \mid \varepsilon$

Frühjahr 1999 II Aufgabe 2

Gegeben sei das Alphabet $A = \{a, b\}$ und die Zeichenreihenmenge $K \subseteq A^*$ mit

$K = \{x \in A^*; |x| \geq 2$ und das vorletzte Zeichen von x ist ein $a\}$.

Teilaufgabe 1

Beschreiben Sie K durch eine reguläre Menge.

Teilaufgabe 2

Geben Sie eine Typ-3-Grammatik G mit dem Sprachschatz K an und zeigen Sie, dass $L(G) = K$ gilt.

Teilaufgabe 3

Geben Sie einen (evtl. nichtdeterministischen) endlichen Automaten M mit $T(M) = K$ an.

Teilaufgabe 4

Geben Sie einen deterministischen Kellerautomaten M an mit $N(M) = \{a^{2n}b^n; n \in N\}$.

✓ Lösungsvorschlag zu Teilaufgabe 1

$K = \{a,b\}^* \{a\}\{a,b\}$

✓ Lösungsvorschlag zu Teilaufgabe 2

Die rechten Seiten der Regeln einer regulären Grammatik sind entweder einzelne Terminalzeichen oder ein Terminalzeichen gefolgt von einer Variablen.
   $S \to aS \mid bS \mid aB$ $B \to a \mid b$

Beweisskizze:

$L(G) \subseteq K$:
Um ein Wort abzuleiten, das nur aus Terminalzeichen besteht, muss im vorletzten Schritt die Regel $S \to aB$ Anwendung finden.

$K \subseteq L(G)$:
Sei $x = x_1 x_2 ... a x_n \in K$. Um x ausgehend von S abzuleiten, wende nacheinander die Regeln $S \to x_1 S \to x_1 x_2 S \to ... \to x_1 x_2 ... a B \to x_1 x_2 ... a x_n$ an.

Formal korrekt beweist man diese Aufgabe wie sonst durch Induktion.

✓ Lösungsvorschlag zu Teilaufgabe 3

Nichtdeterministischer endlicher Automat M:

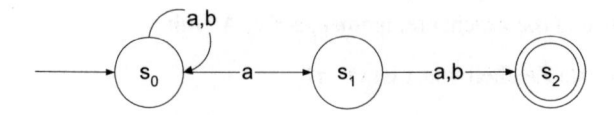

Daraus können wir nach bekannter Konstruktion auch einen deterministischen endlichen Automaten M bekommen:

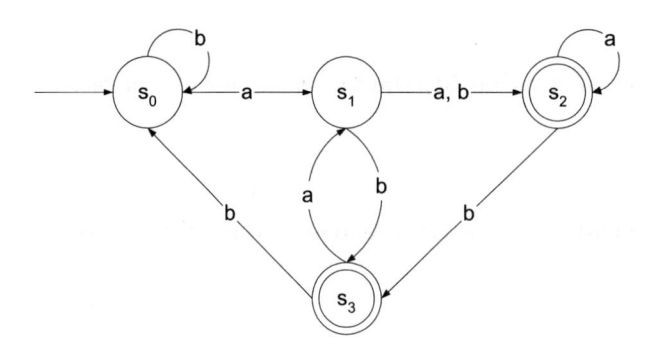

✓ Lösungsvorschlag zu Teilaufgabe 4

Wir gehen bei Lösung der Aufgabe davon aus, dass $n \bullet 0$ gemeint ist. Der angegebene Kellerautomat arbeitet in ganz typischer Weise: Er liest die Zeichen ein. Die gelesenen a merkt er sich im Keller (durch die Symbole A und B), bei gelesenen b löscht er die Merker aus dem Keller. Da außerdem kein a nach einem b akzeptiert werden soll, ist ein Zustandsübergang beim ersten b nötig.

Kellerautomat $M = (\{s_0, s_1, s_e\}, \{a, b\}, \{A, B, \#\}, \delta, s_0, \#, \{s_e\})$

$\delta((s_0, a, \#)) = (s_0, A\#)$ $\quad \delta((s_0, a, A)) = (s_0, B)$

$\delta((s_0, a, B)) = (s_0, AB)$ $\quad \delta((s_0, b, B)) = (s_1, \varepsilon)$

$\delta((s_1, b, B)) = (s_1, \varepsilon)$ $\quad \delta((s_1, \varepsilon, \#)) = (s_e, \varepsilon)$

1.1 Grammatiken und Automaten

Ein Wort wird akzeptiert, wenn es zu Ende gelesen ist und sich der Automat im Zustand s_e befindet. Der Keller ist dann per Konstruktion leer.

Herbst 1999 I Aufgabe 1

Gegeben seien die Sprache $L = \{a^{2n}b^{3n} \mid n > 0\}$ über $\Sigma = \{a, b\}$, die Grammatiken G_i ($i=1,2$) mit Startvariablen S_i und Produktionenmengen

$P_1 = P_0 \cup \{A \to aa, B \to bbb\}$
$P_2 = P_0 \cup \{S_2 \to LS_1R, LA \to aa, aA \to aaa, aB \to abbb, bB \to bbbb, bR \to b\}$,
wobei $P_0 = \{S_1 \to ABS_1, S_1 \to AB, BA \to AB\}$

Teilaufgabe 1

1.1
Beweisen Sie: $L \subseteq L(G_1)$.

1.2
Beweisen Sie: $L \subseteq L(G_2)$.

Teilaufgabe 2

Geben Sie ein Wort in $L(G_1)$ an, das nicht Element von $L(G_2)$ ist.

Teilaufgabe 3

Ist L regulär? (Begründung!)

Teilaufgabe 4

Ist L kontextfrei? (Begründung!)

Teilaufgabe 5

Ist L kontextsensitiv? (Begründung!)

✓ Lösungsvorschlag zu Teilaufgabe 1

1.1
Sei $w = a^{2n}b^{3n} \in L$. Eine Ableitung gemäß den Regeln der Grammatik G_1 kann wie folgt angegeben werden:
$S_1 \to ABS_1 \to ...((n-1)\text{-mal insgesamt}) \to (AB)^{n-1}S_1 \to (AB)^n \to AABBA(AB)^{n-2} \to ...$
$\to A^nB^n \to (a^2)^n(b^3)^n$.
Damit ist w aus $L(G_1)$.

1.2

Sei $w = a^{2n}b^{3n} \in L$. Eine Ableitung gemäß den Regeln der Grammatik G_2 kann wie folgt angegeben werden:

$S_2 \to LS_1R \to ... \to L(AB)^{n-1}S_1R \to L(AB)^nR \to ... \to LA^nB^nR \to aaA^{n-1}B^nR \to (aa)^{n-1}aaB^nR \to (aa)^nbbbB^{n-1}R \to ... \to (a^2)^n(b^3)^nR \to (a^2)^n(b^3)^n$

Damit ist w aus $L(G_2)$.

✓ Lösungsvorschlag zu Teilaufgabe 2

Das Wort *aabbbaabbb* liegt in $L(G_1)$ durch $S_1 \to ABS_1 \to ABAB \to aabbbaabbb$, aber nicht in $L(G_1)$, da dort Terminalzeichen *a* nur entweder ganz links (aus LA), oder nach vorangegangenem *a* aus *aA*, aber sonst nie, abgeleitet werden können.

✓ Lösungsvorschlag zu Teilaufgabe 3

L ist nicht regulär, denn sei n das n aus dem Pumping-Lemma. Für jede Zerlegung des Wortes $a^{2n}b^{3n}$ in uvw können u und v nur aus a's bestehen. Damit ist aber uw nicht in L.

✓ Lösungsvorschlag zu Teilaufgabe 4

L ist kontextfrei, denn es lässt sich ein Kellerautomat KA angeben, der per leerem Keller akzeptiert und für den gilt $L = L(KA)$:

$KA = (\{z_0, z_1\}, \{a, b\}, \{A, B, C, D, \#\}, \delta, z_0, \#)$, wobei δ wie folgt definiert ist:

$\delta(z_0, a, \#) \ni (z_0, A\#)$ $\quad\quad$ $\delta(z_1, b, D) \ni (z_1, C)$
$\delta(z_0, a, A) \ni (z_0, D)$ $\quad\quad$ $\delta(z_1, b, C) \ni (z_1, B)$
$\delta(z_0, a, D) \ni (z_0, AD)$ $\quad\quad$ $\delta(z_1, b, B) \ni (z_1, \varepsilon)$
$\delta(z_1, b, D) \ni (z_1, C)$ $\quad\quad$ $\delta(z_1, \varepsilon, \#) \ni (z_1, \varepsilon)$

✓ Lösungsvorschlag zu Teilaufgabe 5

L ist insbesondere kontextsensitiv, da kontextfrei.

Frühjahr 2000 I Einführung

Verwenden Sie zur Beschreibung von Algorithmen bzw. Datentypen eine imperative Programmiersprache wie PASCAL oder MODULA oder einen entsprechenden „Pseudocode". Alle anzugebenden Algorithmen, Programme, Grammatiken oder Automaten müssen durch Kommentare erläutert werden. Die Qualität der Erläuterungen trägt wesentlich zur Bewertung bei.

1.1 Grammatiken und Automaten

Die folgenden Aufgaben sind unabhängig voneinander und sollen alle gelöst werden. Sie beziehen sich auf einen Dokumenttyp namens Bericht, der wie folgt definiert ist:

- Ein *Bericht* besteht aus folgenden Komponenten in der gegebenen Reihenfolge:
  - einem *Titel*
  - einer *Autorenliste* (die aber optional ist, also auch entfallen kann)
  - einer *Zusammenfassung*
  - einer nichtleeren und endlichen Folge von *Kapiteln*.
- Eine *Autorenliste* ist eine nichtleeren und endlichen Folge von *Namen*.
- Eine *Zusammenfassung* besteht aus genau einem *Absatz*.
- Ein *Kapitel* besteht aus folgenden Komponenten in der gegebenen Reihenfolge:
  - einem *Titel*
  - einer nichtleeren und endlichen Folge von *Absätzen*.

Das folgende Dokument ist vom Typ *Bericht*. Die Aufgaben 2 und 5 beziehen sich auf dieses Beispiel.

Dokumentstruktur			**Dokument**		
Bericht			Titel	>	The Computer in two Chapters
	Autorenliste		Name	>	Anton Ackermann
			Name	>	Berta Bloch
	Zusammenfassung		Absatz	>	This report explains the essentials of computers.
	Kapitel		Titel	>	Hardware
			Absatz	>	You might get it into your pocket.
	Kapitel		Titel	>	Software
			Absatz	>	You might get it into your head.
			Absatz	>	Can be pretty hard, too.

Auf welche Weise ein Teiltext eines Dokuments vom übrigen Text abgegrenzt und eindeutig als eine der Dokumentkomponenten *Titel*, *Name* oder *Absatz* klassifiziert werden kann, und welchen inneren Aufbau er dazu haben muss, spielt im Folgenden keine Rolle. Die Aufgaben behandeln nicht das Dokument, sondern die Dokumentstruktur, die auf den Dokumentkomponenten *Titel*, *Name* und *Absatz* aufbaut. Ab sofort werden diese drei Dokumentkomponenten mit t, n, a abgekürzt.

Auf dieser Beschreibungsebene wird das obige Dokument durch die Komponentenfolge *Titel Name Name Absatz Titel Absatz Titel Absatz Absatz* repräsentiert, abgekürzt *tnnatataa*.

Also ist *tnnatataa* eine zulässige Komponentenfolge für Dokumente vom Typ *Bericht*. Dagegen ist die Komponentenfolge *nnatataa* für Dokumente vom Typ *Bericht* nicht zulässig, da ein Bericht nach der obigen Definition mit einem Titel beginnen muss.

Frühjahr 2000 I Aufgabe 1

Geben Sie eine Grammatik G_1 in Erweiterter Backus-Naur-Form (EBNF) an, die genau die zulässigen Komponentenfolgen für Dokumente vom Typ *Bericht* erzeugt. Die Grammatik soll so weit wie möglich der verbalen Definition des Dokumenttyps *Bericht* in der Einführung entsprechen.

Verwenden Sie dazu die Terminalsymbole *t*, *n*, *a* und die folgenden Nichtterminalsymbole:

Bericht, Autorenliste, Zusammenfassung, Kapitel

Geben Sie sämtliche Bestandteile der Grammatik G_1 vollständig an.

✓ Lösungsvorschlag

(Zu EBNF siehe Frühjahr 1996 Aufgabe 6)

G_1 = ({*Bericht, Autorenliste, Zusammenfassung, Kapitel*}, {*t, n, a*}, *P*, *Bericht*)
<Bericht> ::= t [<Autorenliste>]<Zusammenfassung><Kapitel>{<Kapitel>}
<Autorenliste> ::= n{n}
<Zusammenfassung> ::= a
<Kapitel> ::= ta{a}

Frühjahr 2000 I Aufgabe 2

Teilaufgabe 1

Geben Sie eine Grammatik G_2 vom Typ 3 (regulär) an, die genau die zulässigen Komponentenfolgen für Dokumente vom Typ *Bericht* erzeugt. Verwenden Sie dazu die Terminalsymbole *t*, *n*, *a*.

Geben Sie sämtliche Bestandteile der Grammatik G_2 vollständig an.

Teilaufgabe 2

Zeigen Sie, dass die Komponentenfolge *tnnatataa* des Beispieldokuments in der Einführung von der Grammatik G_2 erzeugt wird.

✓ Lösungsvorschlag zu Teilaufgabe 1

Durch logisches Überlegen und „Ablesen" aus der EBNF erhält man folgende Grammatik:

G_2 = ({S, A, Z, K, B}, {t, n, a}, P, S) mit den Produktionen
P = { S → tA | tZ, A → nA | nZ, Z → aK, K → tB, B → aB | a | aK }

1.1 Grammatiken und Automaten

✓ Lösungsvorschlag zu Teilaufgabe 2

Eine mögliche Ableitung des Wortes lautet $S \to tA \to tnA \to tnnZ \to tnnaK \to tnnatB \to tnnataK \to tnnatatB \to tnnatataB \to tnnatataa$.

Frühjahr 2000 I Aufgabe 3

Geben Sie einen nichtdeterministischen endlichen Automaten A an, der genau die zulässigen Komponentenfolgen für Dokumente vom Typ *Bericht* akzeptiert. Verwenden Sie dazu die Terminalsymbolen t, n, a.

Teilaufgabe 1

Definieren Sie den endlichen Automaten in Form eines Diagramms.

Teilaufgabe 2

Definieren Sie den endlichen Automaten in der Form $A = (Z, \Sigma, \delta, z_0, E)$.

Geben Sie jeden der Bestandteile Z, Σ, δ, z_0 und E des Automaten A vollständig an und nennen Sie jeweils seine Bedeutung.

✓ Lösungsvorschlag zu Teilaufgabe 1

Gemäß der üblichen Konstruktion werden einfach die Variablen zu Zuständen. Das ergibt folgenden Automaten A:

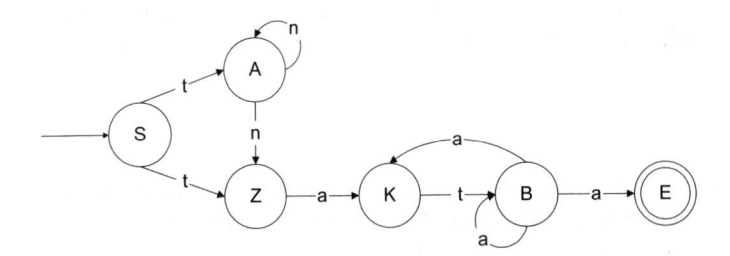

✓ Lösungsvorschlag zu Teilaufgabe 2

$A = (\ \{S, A, Z, K, B, E\},\ \{t, n, a\},\ \delta,\ z_0 = S,\ \{E\}\ )$
mit Übergangsrelation δ wie folgt definiert:

$\delta(S, t) = \{A, Z\}$ $\quad\quad \delta(Z, a) = \{K\}$
$\delta(B, a) = \{B, K\}$ $\quad\quad \delta(A, n) = \{A, Z\}$
$\delta(K, t) = \{B\}$

Frühjahr 2000 I Aufgabe 4

Der Dokumenttyp *erweiterter_Bericht* sei definiert wie *Bericht*, aber zusätzlich kommt noch unmittelbar nach der *Zusammenfassung* ein *Inhaltsverzeichnis*. Dieses besteht aus der Folge der *Titel* der *Kapitel* des Dokuments. Das folgende Dokument ist vom Typ *erweiterter_Bericht*.

Dokumentstruktur			Dokument		
Bericht			Titel	>	The Computer in two Chapters
	Autorenliste		Name	>	Anton Ackermann
			Name	>	Berta Bloch
	Zusammenfassung		Absatz	>	This report explains the essentials of computers.
	Inhaltsverzeichnis		Titel	>	Hardware
			Titel	>	Software
	Kapitel		Titel	>	Hardware
			Absatz	>	You might get it into your pocket.
	Kapitel		Titel	>	Software
			Absatz	>	You might get it into your head.
			Absatz	>	Can be pretty hard, too.

Die Komponentenfolge *tnnatttataa* dieses Dokuments ist also zulässig für Dokumente vom Typ *erweiterter_Bericht*. Allerdings hätte ein Dokument, dessen Inhaltsverzeichnis die Titel in einer anderen Reihenfolge enthält, die gleiche Komponentenfolge. Auf der Beschreibungsebene der Komponenten ist dieser Unterschied nicht darstellbar. Die Komponentenfolge *tnnattataa* ist dagegen nicht zulässig, da darin zwei *t* vorkommen, die zu *Kapiteln* gehören, aber nur ein *t*, das zum *Inhaltsverzeichnis* gehören kann. Die beiden Anzahlen müssen aber gleich sein.

Teilaufgabe 1

Beweisen Sie, dass die Menge aller zulässigen Komponentenfolgen für Dokumente vom Typ *erweiterter_Bericht* nicht durch eine Grammatik vom Typ 3 (regulär) erzeugt werden kann. Formulieren Sie die Sätze aus, die Ihr Beweis verwendet.

Teilaufgabe 2

Geben Sie ein Grammatik vom Typ 2 (kontextfrei) an, die genau die Menge aller zulässigen Komponentenfolgen für Dokumente vom Typ *erweiterter_Bericht* erzeugt.

✓ Lösungsvorschlag zu Teilaufgabe 1

Annahme, die Menge M aller zulässigen Komponentenfolgen für Dokumente vom Typ *erweiterter_Bericht* ist regulär. Dann gilt das Pumping Lemma (Formulierung in früheren Aufgaben). Sei m die Zahl aus dem Pumping Lemma. Betrachte $x = tat^{m-2}(ta)^{m-2}$ einen Bericht mit leerer Autorenliste.

Für jede Zerlegung $x = uvw$ gilt einer der folgenden drei Fälle:

1. Fall: $u = \varepsilon$, $v = t$. Aber ein Dokument ohne (Haupt-)Titel ist nicht korrekt.
2. Fall: $u = t$, $v = a$. Aber ein Dokument ohne Zusammenfassung ist nicht korrekt.
3. Fall: v besteht nur aus t's, den Titeln des Inhaltsverzeichnisses. dann ist uv^2w nicht in M.

Andere Möglichkeiten gibt es wegen $|uv| \bullet n$ und $|v| \bullet 1$ nicht.

Widerspruch zum Pumping Lemma. Also ist M nicht regulär.

✓ Lösungsvorschlag zu Teilaufgabe 2

$G_3 = (\{S, A, Z, I, B\}, \{t, n, a\}, P, S)$ mit den Produktionen

$P = \{\ S \to tA \mid tZ, A \to nA \mid nZ, Z \to aI, I \to tI\ tB \mid ttB, B \to aB \mid a\ \}$

Frühjahr 2000 II Aufgabe 1

Teilaufgabe 1

Zeigen Sie, dass die folgende Sprache L nicht regulär ist:

$$L = \{a^n ba^m ba^{n+m} \mid n, m \geq 1\}.$$

Teilaufgabe 2

Definieren Sie den Begriff eines Kellerautomatens.

Teilaufgabe 3

Beschreiben Sie einen Kellerautomaten M, der die Sprache

$$L = \{a^n ba^m ba^{n+m} \mid n, m \geq 1\}$$

akzeptiert.

✓ Lösungsvorschlag zu Teilaufgabe 1

Annahme, L wäre regulär. Dann sei n das n aus dem Pumping Lemma. Für jede Zerlegung des Wortes $a^n b a^n b a^{2n}$ in uvw nach den Erfordernissen des Pumping Lemmas gilt, dass v nur aus a's bestehen kann (wegen $|uv| \bullet n$ und $|v| \bullet 1$). Folglich ist $uw = a^l b a^n b a^{2n}$ mit $l < n$ nicht aus L. Widerspruch zum Pumping Lemma, also ist L nicht regulär.

✓ Lösungsvorschlag zu Teilaufgabe 2

Definition „Kellerautomat" nach [SÖN, 68]:
"Ein (nichtdeterministischer) Kellerautomat wird angegeben durch ein 6-Tupel $M = (Z, \Sigma, \bullet, \delta, z_0, \#)$. Hierbei sind Z die endliche Menge der Zustände, Σ das Eingabealphabet, $\bullet$ das Kelleralphabet, $\delta : Z \times (\Sigma \cup \{\varepsilon\}) \times \bullet \to P_e(Z \times \bullet^*)$ die Überführungsfunktion (hierbei bedeutet P_e die Menge aller endlichen Teilmengen), $z_0 \in Z$ der Startzustand, $\# \in \bullet$ das unterste Kellerzeichen."

Akzeptieren durch leeren Keller und Akzeptieren durch Endzustand sind gleichwertig. Daher ist in manchen Definitionen auch noch E Menge der Endzustände angegeben.

Deterministische Kellerautomaten akzeptieren generell per Endzustand.

✓ Lösungsvorschlag zu Teilaufgabe 3

Der Kellerautomat "merkt" sich alle schon gelesenen a's im Keller. Immer, wenn ein b kommt, wechselt er in einen anderen Zustand. Bei der letzten Gruppe a's werden die zugehörigen Kellerzeichen gelöscht.

Wir geben nur noch die Übergangsrelation an:

$\delta(\,(z_0, a, \#)\,) = \{\,(z_1, A\#)\,\}$ $\qquad$ $\delta(\,(z_1, a, A)\,) = \{\,(z_1, AA)\,\}$
$\delta(\,(z_1, b, A)\,) = \{\,(z_2, A)\,\}$ $\qquad$ $\delta(\,(z_2, a, A)\,) = \{\,(z_3, AA)\,\}$
$\delta(\,(z_3, a, A)\,) = \{\,(z_3, AA)\,\}$ $\qquad$ $\delta(\,(z_3, b, A)\,) = \{\,(z_4, A)\,\}$
$\delta(\,(z_4, a, A)\,) = \{\,(z_4, \varepsilon)\,\}$ $\qquad$ $\delta(\,(z_4, \varepsilon, \#)\,) = \{\,(z_5, \varepsilon)\,\}$

z_5 ist Endzustand.

Frühjahr 2000 II Aufgabe 2

Sei L die Sprache $L = \{w \in \{0,1\}^* \mid$ der Teilstring 011 ist nicht in w enthalten$\}$.

Teilaufgabe 1

Geben Sie das Zustandsdiagramm an für einen endlichen Automaten, der L akzeptiert.

Teilaufgabe 2

Geben Sie eine reguläre Grammatik G an, die L erzeugt.

Teilaufgabe 3

Geben Sie einen regulären Ausdruck für die Sprache L an.

✓ Lösungsvorschlag zu Teilaufgabe 1

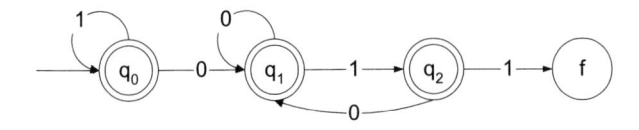

```
    1↺              0↺
  →( q₀ )—0—→( q₁ )—1—→( q₂ )—1—→( f )
              ↖——0——↙
```

✓ Lösungsvorschlag zu Teilaufgabe 2

$G = (\{S, A, B\}, \{0,1\}, P, S)$ wobei die Produktionen P wie folgt gegeben sind:

$S \to 1S \mid 0A \mid \varepsilon \qquad A \to 0A \mid 1B \mid \varepsilon \qquad B \to 0A \mid \varepsilon$

Dies kann man unmittelbar am Automaten ablesen: Alle Zustände außer dem Fehlerzustand werden zu Variablen, die Übergänge tauchen als Terminale in den Regeln wieder auf.

✓ Lösungsvorschlag zu Teilaufgabe 3

Es gibt ein bewährtes Verfahren, aus einem endlichen Automaten einen regulären Ausdruck zu gewinnen. Ganz grob gesagt funktioniert das wie folgt:
Man führt zunächst künstlich neue Start- und Endzustände ein, lässt diese mittels ε übergehen in den ursprünglichen Start- bzw. Endzustand.
Dann löst man Alternativen durch Verwendung eines „oder"s (in Zeichen | oder +) bei der Markierung auf.
Schleifen im Graphen werden aufgelöst, indem man die Markierung der Schleife eines Zustands gesternt (*) den in diesen Zustand führenden Übergängen nachstellt bzw. den aus diesem Zustand herausführenden Übergängen voranstellt.
Bei aufeinanderfolgenden Übergängen ohne Verzweigungsmöglichkeit und ohne Schleifen kann man die Übergänge zu einem einzigen zusammenfassen, so dass am Ende der reguläre Ausdruck anhand der Markierungen der Übergänge leicht ablesbar ist.
Wir verdeutlichen dies anhand typischerweise in einem Automaten vorkommenden Muster:

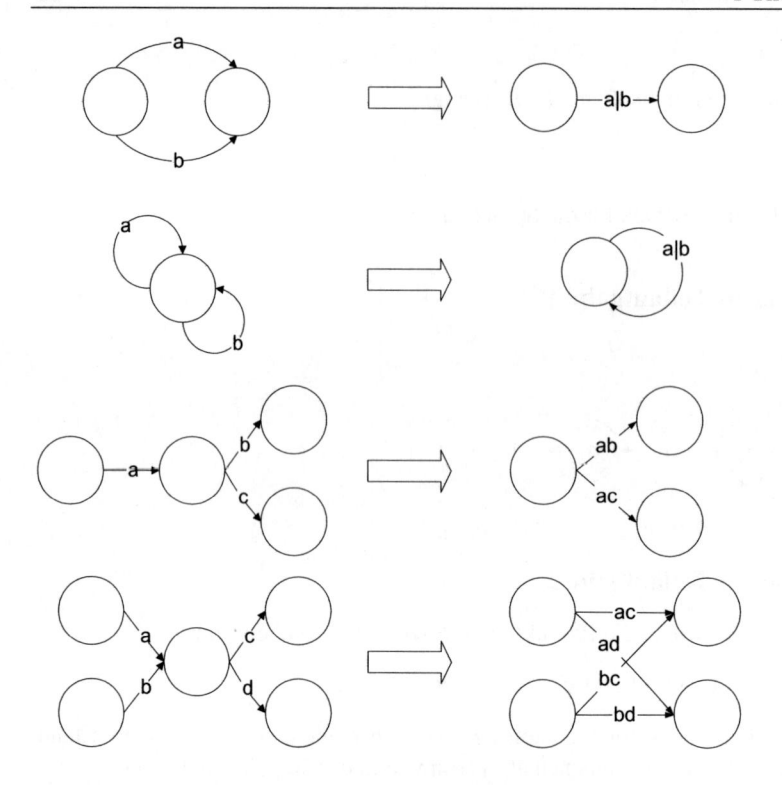

In unserer Aufgabe ergibt das schrittweise Folgendes:

Schritt 1: neue Start- und Endzustände mit entsprechenden ε-Übergängen (Fehlerzustand kann weggelassen werden.)

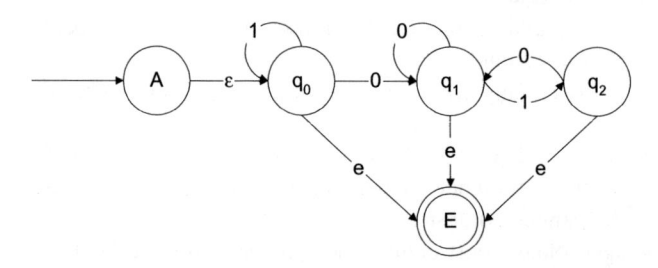

1.1 Grammatiken und Automaten

Schritt 2: Auflösen der einfachen Schleifen durch Verwendung von *

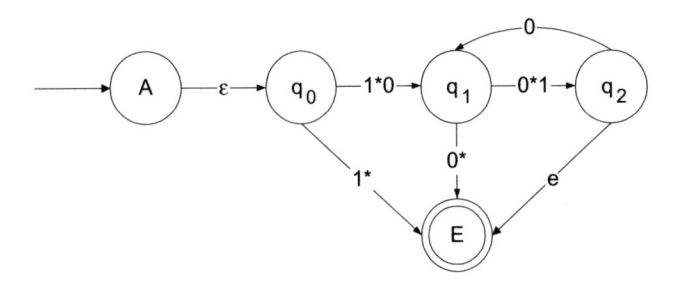

Schritt 3: nochmals Schleifen auflösen (dieses Mal komplizierter)

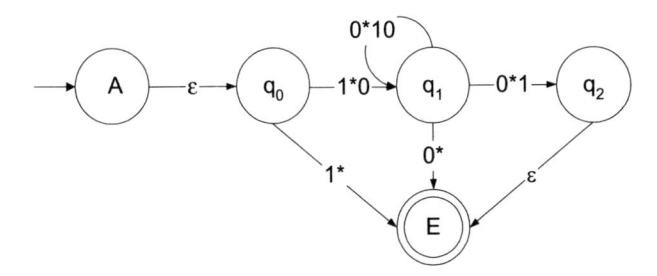

Schritt 4: verbleibende Schleife und überflüssige Zustände eliminieren

Schritt 5: regulären Ausdruck ablesen. Es ergibt sich:

$L = L(1^* \mid 1^*0(0^*10)^*0^* \mid 1^*0(0^*10)^*0^*1) = L(1^*(\varepsilon \mid 0(0^*10)^*0^*(1 \mid \varepsilon)))$

Frühjahr 2000 II Aufgabe 3

Sei $G = (V, \Sigma, R, S)$ eine kontextfreie Grammatik, wobei $V = \{A, S\}$, $\Sigma = \{a, b\}$ und R die Menge der Regeln oder Produktionen

$S \to aAS \mid a \qquad A \to SbA \mid SS \mid ba.$

Geben Sie einen Parsebaum und eine Linksableitung an für das Wort *aabbaa*.

✓ Lösungsvorschlag

Parsebaum für *aabbaa*:

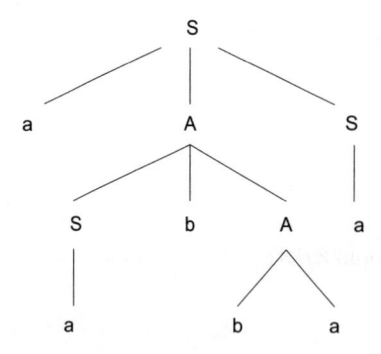

```
                S
            /   |   \
           a    A    S
              / | \  |
             S  b  A a
             |    / \
             a   b   a
```

Linksableitung für *aabbaa*:

$S \to aAS \to aSbAS \to aabAS \to aabbaS \to aabbaa$.

Frühjahr 2000 II Aufgabe 4

Betrachten Sie die durch folgende Produktionen definierte kontextfreie Grammatik G mit den Regeln:

$S \to aAB \qquad A \to aBBC \qquad A \to a$
$B \to bCC \qquad B \to b \qquad C \to c$

Geben Sie einen regulären Ausdruck für die Sprache $L(G) = \{w \in \{a,b,c\}^* \mid S \Rightarrow_G {}^* w\}$ an; d.h. $L(G)$ ist die Menge aller Wörter, die nur aus Terminalsymbolen bestehen und die von der Grammatik abgeleitet werden können.

✓ Lösungsvorschlag

Bei dieser speziellen Grammatik bietet es sich an, schrittweise von unten nach oben die Regeln ineinander einzusetzen.

1. Schritt: $C \to c$ setzen wir ein und erhalten $S \to aAB, A \to aBBc \mid a, B \to bcc \mid b$.
2. Schritt: $B \to b \mid bcc$ eingesetzt ergibt
   $S \to aAbbc \mid aAb, A \to abbc \mid abccbc \mid abbccc \mid abccbccc \mid a$.
3. Schritt: Wenn man jetzt die A-Regeln einsetzt, kann man den endlichen Ausdruck ablesen.

Insbesondere ist diese Sprache endlich, und alle Wörter beginnen mit zwei a's, gefolgt von einem b.

$$L(G) = L(aab(\varepsilon \mid (\varepsilon \mid cc)bc(\varepsilon \mid cc)b)(\varepsilon \mid bc))$$

Korrektheit sieht man leicht: Alle von der Grammatik erzeugten Wörter sind enthalten. Dies sind genau 10 Stück. Mehr Wörter als $(1+4) \cdot 2 = 10$ kann man durch den regulären Ausdruck auch nicht beschreiben (einfaches Abzählen).

Frühjahr 2000 II Aufgabe 5

Teilaufgabe 1

Geben Sie eine genaue Formulierung des Pumping Lemmas für kontextfreie Sprachen an.

Teilaufgabe 2

Zeigen Sie mit dem Pumping Lemma, dass die folgende Sprache nicht kontextfrei ist:

$$\{a^i b^j \mid i, j \in N, j = i^2\}.$$

✓ Lösungsvorschlag zu Teilaufgabe 1

Definition: siehe Lösungsvorschlag zu Frühjahr 1990 Aufgabe 2.

✓ Lösungsvorschlag zu Teilaufgabe 2

Annahme: L ist kontextfrei.
Sei n das n aus dem Pumping Lemma. Für jede Zerlegung des Wortes $a^n b^{n^2}$ in $uvwxy$ gemäß dem Pumping Lemma gilt einer der folgenden fünf Fälle ($k, l, m, n, s > 0$ natürliche Zahlen):

- $vwx = a^k$. Damit ist $|w| < k$ (wegen Bedingung 1) und $uwy = a^n b^{n^2} \notin L$, weil $m < n$.
- $vwx = b^k$. Damit ist $uwy = a^n b^{n^2-s} \notin L$, weil $s > 0$.
- $v = a^k, x = b^m$. $uv^2wx^2 = a^{n+k}b^{n^2+m} \notin L$, außer $m = 2kn + k^2$.
  In dem Fall wäre $uwx \notin L$, weil $(n-k)^2 = n^2 - 2kn + k^2 > n^2 - 2kn - k^2$.
- $v = a^k, x = a^m b^s$. $uv^2wx^2 \notin L$, da das Muster „ba" im Wort vorkommt.
- Analog für $v = a^k b^m, x = b^s$.

In allen Fällen ergibt sich ein Widerspruch zum Pumping Lemma.
Also ist L nicht kontextfrei.

Frühjahr 2000 II Aufgabe 7

Teilaufgabe 1

Definieren Sie den Begriff einer kontextsensitiven Grammatik.

Teilaufgabe 2

Sei $L = \{a^n b^m c^n \mid n, m \geq 0, m \leq n\}$. Geben Sie eine kontextsensitive Grammatik für L an.

Teilaufgabe 3

Geben Sie eine Ableitung des Wortes $a^3 b^2 c^3$ mittels Ihrer Grammatik an.

✓ **Lösungsvorschlag zu Teilaufgabe 1**

vgl. Frühjahr 1993 Aufgabe 1 Teilaufgabe 2

✓ **Lösungsvorschlag zu Teilaufgabe 2**

$G = (\{S, A, B, C\}, \{a, b, c\}, P, S)$ mit Produktionen P wie folgt:
$S \to \varepsilon \mid aSc \mid aSBC \qquad aB \to ab$
$CB \to BC \qquad\qquad\qquad bB \to bb$
$bC \to bc \qquad\qquad\qquad cC \to cc$

✓ **Lösungsvorschlag zu Teilaufgabe 3**

$S \to aSc \to aaSBCc \to aaaSBCBCc \to aaaBCBCc \to aaaBBCCc \to aaabBCCc \to aaabbCCc \to aaabbcCc \to aaabbccc$

Herbst 2000 I Aufgabe 3

Teilaufgabe 1

Zeigen Sie, dass die Sprache

$L = \{a^m b^n : (m \text{ ist durch 3 teilbar und } n \text{ ist ungerade}) \text{ oder } (m \text{ ist gerade und } n = 0)\}$

regulär ist. Geben Sie den regulären Ausdruck an.

Teilaufgabe 2

Konstruieren Sie einen endlichen nichtdeterministischen Automaten, der L erkennt.

Teilaufgabe 3

Konstruieren Sie einen endlichen deterministischen Automaten, der L erkennt.

Teilaufgabe 4

Sei $L_1 = \{a^m b^n : m,n > 0 \text{ und } m/n = 2/3\}$. Ist L_1 vom Typ Chomsky-2, ist L_1 zugleich vom Typ Chomsky-3? Beweisen Sie Ihre Behauptung.

✓ Lösungsvorschlag zu Teilaufgabe 1

$L = L(\ ((aaa)^*(bb)^*b) \mid (aa)^*\ )$

Nach Satz von Kleene („Die Menge der durch reguläre Ausdrücke beschreibbaren Sprachen ist genau die Menge der regulären Sprachen.") ist diese Sprache damit regulär.

✓ Lösungsvorschlag zu Teilaufgabe 2

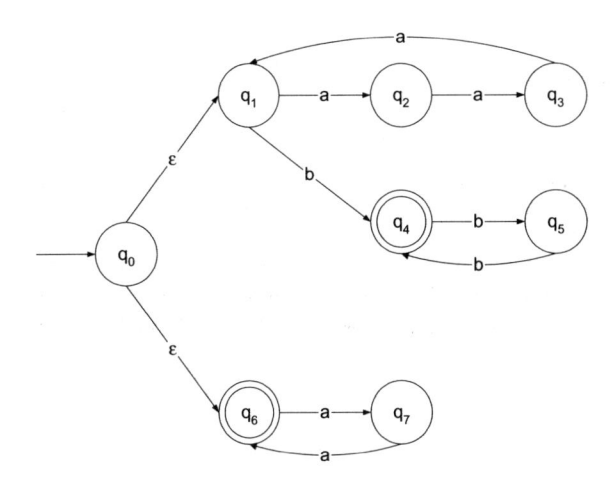

✓ Lösungsvorschlag zu Teilaufgabe 3

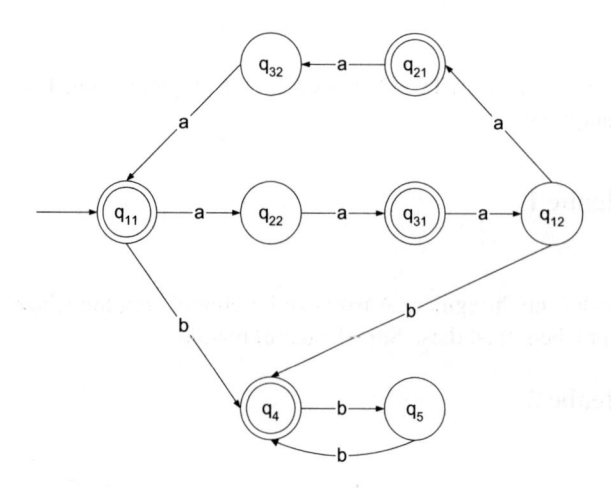

✓ Lösungsvorschlag zu Teilaufgabe 4

Anders formuliert ist $L_1 = \{a^{2n}b^{3n} : n > 0 \}$

L_1 ist Chomsky-2, denn sie wird von der Grammatik $G = (\{S\}, \{a, b\}, P, S)$ erzeugt mit den Regeln $S \to aaSbbb \mid aabbb$ und diese ist kontextfrei.

Annahme, L_1 wäre auch regulär. Sei n das n aus dem Pumping Lemma. Für jede Zerlegung des Wortes $a^{2n}b^{3n}$ in uvw nach den Bedingungen des Pumping Lemmas gilt, dass u und v nur aus a's bestehen können. Daher ist uw nicht in L_1. Widerspruch, also L_1 nicht regulär (Chomsky-3).

Herbst 2000 II Aufgabe 1

Geben Sie die Zustandsdiagramme für deterministische endliche Automaten für die folgenden Sprachen an.

Teilaufgabe 1

Die Menge der Wörter $w \in \{a, b\}^*$, deren Länge $|w|$ entweder durch 2 oder 3 ohne Rest teilbar ist.

Teilaufgabe 2

Sei L die Sprache der Teilaufgabe 1; d.h.

$L = \{ w \in \{a, b\}^* : |w| \text{ ist entweder teilbar durch 2 oder 3}\}$

Sei $\overline{L} = \{a, b\}^* \setminus L$ das Komplement von L. Geben Sie einen regulären Ausdruck für die Sprachen L und $\overline{L}$ an.

✓ Lösungsvorschlag zu Teilaufgabe 1

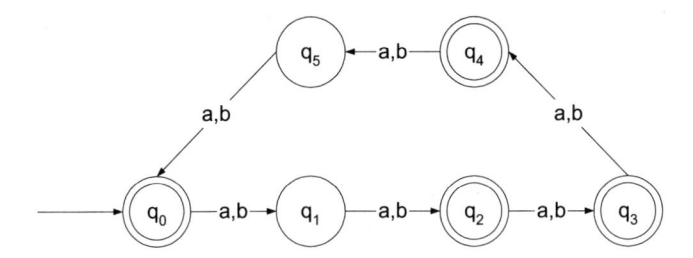

[Automat mit Zuständen q_0 (Start- und Endzustand), q_1, q_2, q_3, q_4, q_5; q_3 ist Endzustand, Übergänge jeweils mit a,b beschriftet: $q_0 \to q_1 \to q_2 \to q_3$, $q_0 \to q_5 \to q_4 \to q_3$]

✓ Lösungsvorschlag zu Teilaufgabe 2

Den Automaten zum Komplement von L erhält man durch Vertauschen von End- und Nichtendzuständen, also

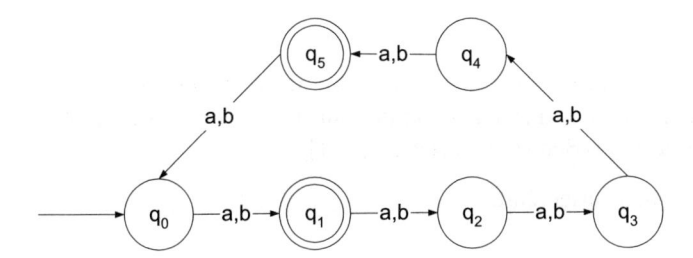

[Automat mit Zuständen $q_0, q_1, q_2, q_3, q_4, q_5$; nun sind q_1 und q_5 Endzustände]

Die regulären Ausdrücke lassen sich leicht ablesen:

$L = L(((a\,|\,b)^2)^* \,|\, ((a\,|\,b)^3)^*) \qquad \overline{L} = L(((a\,|\,b)^6)^* ((a\,|\,b) \,|\, (a\,|\,b)^5))$

Herbst 2000 II Aufgabe 2

Beweisen Sie, dass die Sprache $\{a^{2m}b^m : m \in N\}$ kontextfrei, aber nicht regulär ist.

✓ Lösungsvorschlag

$L = \{a^{2m}b^m : m \in N\}$ wird erzeugt von der kontextfreien Grammatik $G = (\{S\}, \{a, b\}, P, S)$ mit Produktionen $S \to aaSb \mid aab$. Falls 0 zu N gehören soll, dann verändert sich die Regel zu $S \to aaSb \mid \varepsilon$. Der Beweis, dass $L = L(G)$ geht wie in vielen Aufgaben zuvor.

Annahme, L wäre regulär. Dann sei n das n aus dem Pumping Lemma. Für jede Zerlegung des Wortes $a^{2n}b^n$ in uvw gilt, dass u und v nur aus a's bestehen. Folglich ist uw nicht aus L. Widerspruch zum Pumping Lemma, also ist L nicht regulär.

Herbst 2000 II Aufgabe 5

Geben Sie eine kontextfreie Grammatik (oder BNF) an für die Menge der Palindrome gerader Länge über $\{a, b, c\}$ wobei die Mitte durch . markiert ist, also z.B. $ab.ba$. Skizzieren Sie die Implementierung eines *recursive descent* Parsers in Pseudocode.

✓ Lösungsvorschlag

Die Menge der Palindrome gerader Länge wird beschrieben durch
$G = (\{S, A, B, C\}, \{a, b, c\}, P, S)$ mit Produktionen
  $S \to aBa \mid aCa \mid bAb \mid bCb \mid cAc \mid cBc$
  $A \to a.a \mid aSa$
  $B \to b.b \mid bSb$
  $C \to c.c \mid cSc$

Bei der Technik des *recursive descent* versucht man, sobald die rechte Seite einer kontextfreien Regel erkannt wurde, einen Baum zu erstellen mit der linken Seite der Regel als Wurzel und den Token der rechten Seite als Söhne. (vgl. [DUD2, 651])

Die Implementierung wird hier nicht ausgeführt.

Frühjahr 2001 I Aufgabe 1

Gegeben sei das Alphabet $\Sigma = \{0, 1\}$ und die Sprache

$$L = \{10^i 1^j 0 \mid i \text{ und } j \text{ sind gerade}, i, j \geq 0\}.$$

Teilaufgabe 1

Geben Sie einen regulären Ausdruck mit Sprache L an.

Teilaufgabe 2

Geben Sie eine rechtslineare Grammatik an, die L erzeugt.

Teilaufgabe 3

Konstruieren Sie einen nichtdeterministischen Automaten ohne Leerübergänge, der die Sprache L akzeptiert.

Teilaufgabe 4

Konstruieren Sie einen minimalen deterministischen Automaten, der L akzeptiert.

✓ Lösungsvorschlag zu Teilaufgabe 1

$L = L(\ 1(00)^*(11)^*0\ )$

✓ Lösungsvorschlag zu Teilaufgabe 2

Zur Erinnerung: rechtslinear = regulär = Chomsky-3-Grammatik.
$G = (\ \{S, A, B, C, D\}, \{0, 1\}, P, S\ )$ mit folgenden Produktionen P:
   $S \to 1A \mid 1C$
   $A \to 0B$
   $B \to 0A \mid 0C$
   $C \to 1D \mid 0$
   $D \to 1C$

✓ Lösungsvorschlag zu Teilaufgabe 3

Der Automat lässt sich nach dem bewährten Schema konstruieren:

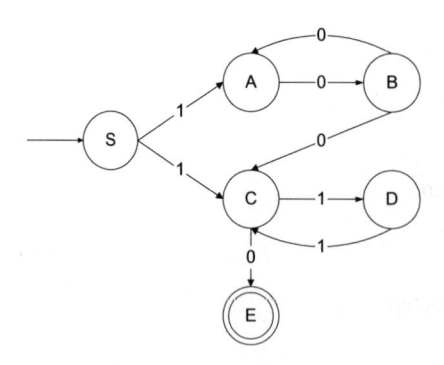

```
         0
       ┌──────┐
       ▼      │
    ┌─►(A)─0─►(B)
    │1         │
  ─►(S)        0
    │1         │
    └─►(C)─1─►(D)
        │0   ▲
        ▼  1 │
       ((E))
```

✓ Lösungsvorschlag zu Teilaufgabe 4

Der minimale deterministische Automat hat folgende Form:

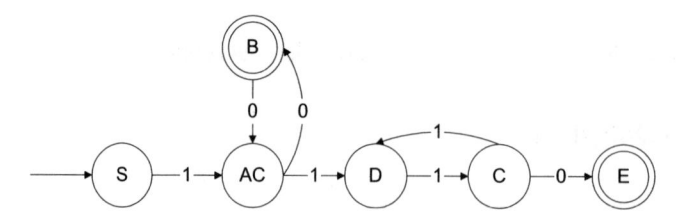

```
           (B)
          0 ▲ 0
            │ │
            ▼ │         ┌──1──┐
  ─►(S)─1─►(AC)─1─►(D)─1─►(C)─0─►((E))
```

Ergänzung:
Man führe einmal den Algorithmus zur Bestimmung des minimalen Automaten nach [SÖN, 46f] angewandt auf diesen Automaten durch und mache eine wichtige Feststellung!

Frühjahr 2001 I Aufgabe 2

Gegeben sei die folgende Grammatik G zur Erzeugung arithmetischer Ausdrücke:

$G = (\{E\}, \{a, b, +, *, (,)\}, P, E)$ wobei
$P = \{E \rightarrow E+E, E \rightarrow E*E, E \rightarrow (E), E \rightarrow a, E \rightarrow b\}$.

Teilaufgabe 1

Geben Sie eine Ableitung für den Ausdruck $(a+b)*(a*b)$ an.

Teilaufgabe 2

Zeigen Sie, dass die Grammatik G nicht eindeutig (d.h. ambig) ist.

Teilaufgabe 3

Gesucht ist eine eindeutige Grammatik G', die dieselbe Sprache wie G hat.

Vervollständigen Sie dazu den folgenden Ansatz durch Hinzunahme weiterer Produktionsregeln:

$G' = (\{E, F, G\}, \{a, b, +, *, (,)\}, P', E)$ wobei
$P' = \{E \to E+F, E \to F, ... \}$.

✓ Lösungsvorschlag zu Teilaufgabe 1

$E \to E*E \to (E)*E \to (E+E)*E \to (E+E)*(E) \to (E+E)*(E*E) \to (a+b)*(a*b)$

✓ Lösungsvorschlag zu Teilaufgabe 2

Man betrachte die zwei strukturverschiedenen Ableitungen von $a+a*a$:

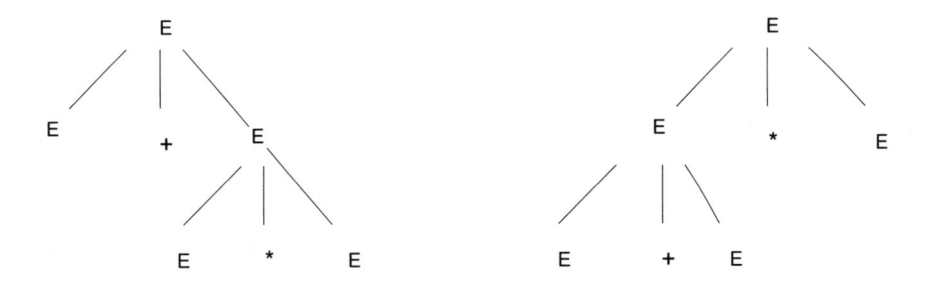

✓ Lösungsvorschlag zu Teilaufgabe 3

$P' = \{ E \to E + F, E \to F, F \to G, F \to F * G, G \to a \mid b, G \to (E) \}$
liefert die Menge aller korrekt geklammerter arithmetischer Ausdrücke.

Frühjahr 2001 II Aufgabe 2

Gegeben sei die Grammatik Γ mit der Menge $\{a, b\}$ von Terminalzeichen, dem Startsymbol S als einzigem Nicht-Terminalzeichen und den vier Produktionsregeln

$$S \to a \qquad S \to aS \qquad S \to aSb \qquad S \to bSa$$

sowie der reguläre Ausdruck $R = a\,(aa^*b + baaa^*)$.

$L(\Gamma)$ sei die von Γ erzeugt Sprache, $L(R)$ die durch R beschriebene Sprache. Schließlich sei L die Menge aller nicht-leeren Zeichenreihen über $\{a, b\}$, in denen a öfter als b vorkommt.

Teilaufgabe 1

Geben Sie eine Ableitung der Zeichenreihe *aababaaab* in Γ an.

Teilaufgabe 2

Beweisen Sie: $L(R) \subseteq L(\Gamma) \subseteq L$ und $L(R) \neq L(\Gamma)$ sowie $L(\Gamma) \neq L$.

Teilaufgabe 3

Geben Sie eine kontextfreie Grammatik (Typ 2) mit höchstens fünf Produktionsregeln an, die $L(R)$ erzeugt.

Teilaufgabe 4

Beweisen Sie, dass L keine reguläre Sprache ist.

Teilaufgabe 5

Geben Sie einen nichtdeterministischen Kellerautomaten an, der die Sprache $L(\Gamma)$ akzeptiert.

Teilaufgabe 6

Geben Sie eine deterministische Turingmaschine an, die die Sprache L akzeptiert.

✓ Lösungsvorschlag zu Teilaufgabe 1

$S \to aS \to aaSb \to aabSab \to aabaSab \to aababSaab \to aababaaab$

✓ Lösungsvorschlag zu Teilaufgabe 2

Teil 1: $L(R) \subset L(\bullet)$

Sei $w \in L(R)$, d.h. $w = aaa^n b$ oder $w = abaaa^n$ für $n \in N_0$. Wir geben jeweils Ableitungen an. Im ersten Fall: $S \to aSb \to^* w$ durch n-maliges Anwenden von Regel $S \to aS$ und

Regel $S \to a$ im letzten Schritt. Im zweiten Fall: $S \to aS \to abSa \to^* w$ durch n-maliges Anwenden von Regel $S \to aS$ und $S \to a$ im letzten Schritt.

Aber $L(R) \neq L(\bullet)$: *aababaaab* aus Teilaufgabe 1 ist in $L(\bullet)$, aber nicht in $L(R)$, denn diese Wörter enthalten stets nur ein *b*.

Teil 2: $L(\bullet) \subset L$

Durch jede Regel erzeugt man entweder ein *a* oder gleichviele *a*'s und *b*'s. Im letzten Schritt wird auf alle Fälle ein *a* erzeugt.

Aber das Wort *aba* $\in L$ kann nicht durch die Regeln von • abgeleitet werden, also $L(\bullet) \neq L$.

✓ Lösungsvorschlag zu Teilaufgabe 3

$L(R)$ wird durch folgenden Automaten beschrieben:

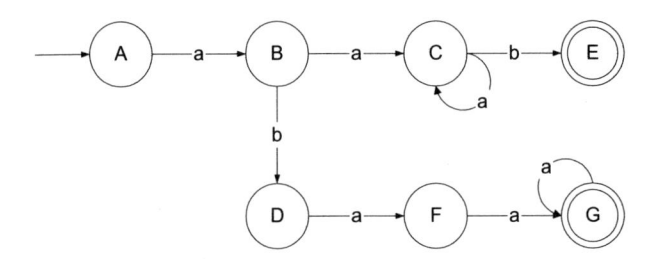

Natürlich sollte man hier auch in der Lage sein, eine reguläre Grammatik anzugeben, aber eine kontextfreie bekommt man leichter.

$G = (\{S, T\}, \{a, b\}, P, S)$ mit $P = \{ S \to aTb \mid abaT, T \to aT \mid a \}$

✓ Lösungsvorschlag zu Teilaufgabe 4

Wie immer: Annahme, L ist regulär. Sei n das n aus dem Pumping Lemma. Für jede Zerlegung von $a^n b^{n-1}$ in *uvw* gemäß den Forderungen des Pumping Lemmas gilt wegen $|uv| \bullet n$ und $|v| \bullet 1$, dass in *v* mindestens ein *a* vorkommt. Das Wort *uw* besteht also aus mindestens genauso vielen *b*'s wie *a*'s, ist also nicht mehr in L. Widerspruch!

✓ Lösungsvorschlag zu Teilaufgabe 5

Wir konstruieren den Kellerautomaten nach dem üblichen Schema:

$KA = (\{z\}, \{a, b\}, \{a, b, S\}, \delta, z, S)$ mit δ wie folgt:

$\delta((z, \varepsilon, S)) = \{ (z, a), (z, aS), (z, aSb), (z, bSa) \}$
$\delta((z, a, a)) = \{ (z, \varepsilon) \}$
$\delta((z, b, b)) = \{ (z, \varepsilon) \}$

✓ Lösungsvorschlag zu Teilaufgabe 6

Zu Beginn stehe der Kopf der Turingmaschine auf dem ersten Zeichen des Wortes.

Lese erstes Zeichen, laufe solange nach rechts, bis das erste andere Zeichen gefunden wurde, lösche dieses und kehre zum Start zurück. Falls am Ende nur noch a's auf dem Band stehen, gehe in einen Endzustand. Formal:

$TM = (\{z_0, z_e, z_{ar}, z_{br}, z_L\}, \{a, b\}, \{a, b, \$\}, \delta, z_0, \{z_e\}, \#)$, wobei δ wie folgt gegeben:

$\delta(z_0, a) = (z_{ar}, \#, R)$ $\qquad$ $\delta(z_0, b) = (z_{br}, \#, R)$
$\delta(z_{ar}, a) = (z_{ar}, a, R)$ $\qquad$ $\delta(z_{ar}, b) = (z_L, \$, R)$
$\delta(z_{ar}, \$) = (z_{ar}, \$, R)$ $\qquad$ $\delta(z_{ar}, \#) = (z_e, \#, N)$
$\delta(z_{br}, b) = (z_{br}, b, R)$ $\qquad$ $\delta(z_{br}, a) = (z_L, \$, R)$
$\delta(z_{br}, \$) = (z_{br}, \$, R)$ $\qquad$ $\delta(z_L, a) = (z_L, a, L)$
$\delta(z_L, b) = (z_L, b, L)$ $\qquad$ $\delta(z_L, \$) = (z_L, \$, L)$
$\delta(z_L, \#) = (z_0, \#, R)$.

Herbst 2001 I Aufgabe 1

Gegeben sei die Sprache $L = \{a^n b^m c^n \mid n > 0, m > 0\}$ über $\Sigma = \{a, b, c\}$.

Teilaufgabe 1

Ist L regulär? (Begründung!)

Teilaufgabe 2

Ist L kontextfrei? (Begründung!)

Teilaufgabe 3

Ist L kontextsensitiv? (Begründung!)

Teilaufgabe 4

Ist L entscheidbar? (Begründung!)

✓ Lösungsvorschlag zu Teilaufgabe 1

L ist nicht regulär. Annahme doch. Wähle n aus Pumping Lemma und dazu das Wort $a^n b^m c^n$. Für jede Zerlegung uvw muss gelten: $|uv| \bullet n$. Also können u und v nur aus a's bestehen. Aber $uv^2w = a^{n+k}b^m c^n$ ist nicht in L. Widerspruch!

1.1 Grammatiken und Automaten

✓ Lösungsvorschlag zu Teilaufgabe 2

L ist kontextfrei, denn L wird von folgender Grammatik G erzeugt:

$G = (\Sigma, \{S, T\}, S, P)$, wobei die Produktionen P wie folgt definiert sind:

$S \rightarrow aSc \mid aTc$ $\qquad\qquad T \rightarrow bT \mid b$

✓ Lösungsvorschlag zu Teilaufgabe 3

L ist kontextsensitiv, denn jede kontextfreie Sprache ist automatisch kontextsensitiv. Oben angegebene Grammatik ist kontextsensitiv.

Lösungsvorschlag zu Teilaufgabe 4

L ist entscheidbar, denn das Wortproblem ist für alle Sprachen außer Typ 0 entscheidbar.

Herbst 2001 I Aufgabe 2

Konstruieren Sie einen vollständigen deterministischen erkennenden Automaten, der genau die Wörter der Form a^n mit „n ist weder durch 4 noch durch 6 teilbar" akzeptiert.

✓ Lösungsvorschlag

Zur Lösung dieser Aufgaben gehen wir in drei Schritten vor:

Schritt 1: deterministischer Automat für Wörter der Form a^n mit „n ist nicht durch 4 teilbar":

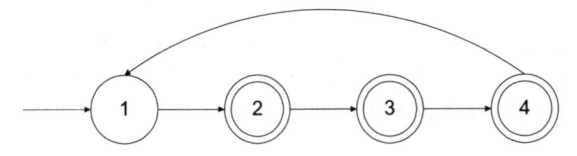

Schritt 2: deterministischer Automat für Wörter der Form a^n mit „n ist nicht durch 6 teilbar":

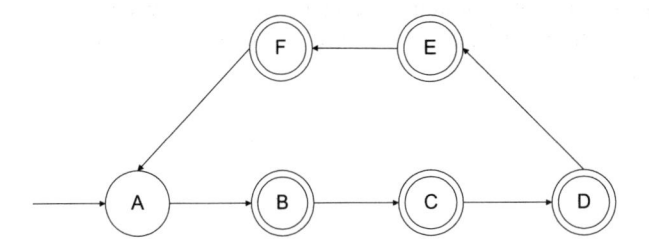

Schritt 3: Schnittbildung beider Automaten durch „Kreuzprodukt-Konstruktion" (Bezeichnung 1A für einen Zustand im „Schnittautomaten", der aus Zustand 1 aus Automat 1 und Zustand A aus Automat 2 entstanden ist)

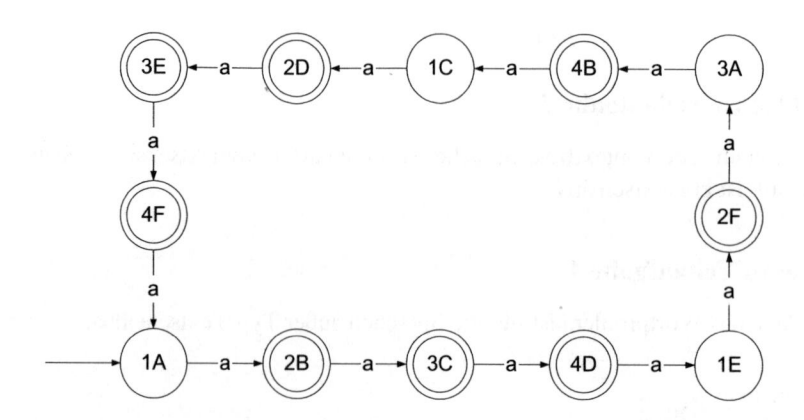

```
    3E ←a— 2D ←a— 1C ←a— 4B ←a— 3A
     │                              ↑
     a                              a
     ↓                              │
    4F                             2F
     │                              ↑
     a                              a
     ↓                              │
→   1A —a→ 2B —a→ 3C —a→ 4D —a→ 1E
```

Herbst 2001 I Aufgabe 3

Diskutieren Sie die Frage, ob die Menge

$M = \{\ x \in N\ |$ Die Ziffernfolge der Dezimaldarstellung von x kommt (als Teilwort) in der Dezimaldarstellung der Zahl π vor$\}$

entscheidbar ist. (Beispiel: $\pi = 3{,}141592\ldots$ enthält 159, also $159 \in M$)

✓ Lösungsvorschlag

Darüber können wir keine Aussage treffen. Sollte irgendwann einmal mathematisch bewiesen werden können, dass alle Ziffernfolgen in der Dezimaldarstellung der Zahl π vorkommen, so ist die charakteristische Funktion dieser Menge konstant gleich 1 und damit berechenbar, d.h. M entscheidbar.

Falls wir über π, wie bisher, keine weitere Kenntnis diesbezüglich haben, ist die charakteristische Funktion möglicherweise nicht berechenbar. Anschaulich: Der Algorithmus, der π nach der angegebenen Ziffernfolge durchsucht, hat keinen Anhaltspunkt dafür, wann er aufhören darf zu suchen. Findet er die Ziffernfolge, gibt er natürlich 1 zurück und beendet, findet er sie aber nicht, terminiert er nicht.

Herbst 2001 I Aufgabe 5

Neben der Turingmaschine mit einem beidseitig unendlichen Band gibt es auch eine Variante, die nur einseitig (nach rechts) unendliches Band zur Verfügung hat.

Teilaufgabe 1

Präzisieren Sie die Definition einer solchen „einseitigen" Turingmaschine.

Teilaufgabe 2

Zeigen Sie die Äquivalenz der beiden Varianten von Turingmaschinen.

✓ Lösungsvorschlag zu Teilaufgabe 1

Vorstellung:
  Ganz links steht ein Zeichen, z.B. $, als Bandbegrenzung. Der Lesekopf darf diese Markierung nicht überschreiten, zur anderen Seite aber beliebig fortschreiten.
Formal:
  Die einseitige Turingmaschine wird definiert durch $TM = (Z, \Sigma, \bullet, \delta, z_0, E, \square, \$)$ mit Z Zustandsmenge, Σ Eingabealphabet, $\bullet$ Bandalphabet, $\delta : Z \times \Gamma \to Z \times \Gamma \times \{L, R, N\}$ mit $\delta(z, \$) = (y, \$, R)$ für Zustände z, y (d.h. sobald der Lesekopf auf das Bandendezeichen trifft, kehrt er um), $z_0 \in \Sigma$ Startzustand, $\square \in \bullet \setminus \Sigma$ Blank und $\$ \in \bullet \setminus \Sigma$ Bandendezeichen

✓ Lösungsvorschlag zu Teilaufgabe 2

Es ist klar, dass eine einseitige Turingmaschine auf einer beidseitigen simuliert werden kann, indem man einfach die Maschine nimmt, wie sie ist, und nach rechts unendlich erweitert.

Sei also $T = (Z, \Sigma, \bullet, \delta, z_0, E, \square)$ eine (zweiseitige) Turingmaschine. O.E. stehe der Lesekopf zu Beginn auf dem ersten Eingabezeichen.

Anschaulich kann man folgendermaßen eine einseitige Turingmaschine simulieren:

Füge irgendwo auf dem Band $ ein. Schreibe alle Zeichen, die auf der ursprünglichen Turingmaschine rechts von der neuen Markierung standen, auf alle ungeraden Plätze rechts von $ (auseinander gezerrt, so dass zwischen den Zeichen je ein Platz frei bleibt, ursprüngliche Reihenfolge wird beibehalten). Die Zeichen, die links von $ standen, werden nun in umgekehrter Reihenfolge dazwischen auf die noch freien Plätze des einseitigen Bandes geschrieben (also quasi auf die andere Seite „gespiegelt").

Beispiel: Aus

| a | b | c | d | e | f | g |

auf der alten Turingmaschine wird durch Einfügen von $ zwischen c und d

| $ | d | c | e | b | f | a | g |

Dementsprechend müssen nun die Regeln angepasst werden.

Sei also $TM = (Z', \Sigma, \bullet, \delta', z_0, E, \Box, \$)$ die zu T gehörige einseitige Turingmaschine.

$Z' = Z \cup \{z_x | z \in Z, x \in \{r1, r2, li1, li2, \$\}\}$

Die Regeländerungen gestalten sich wie folgt:

- $\delta(z, a) = (z', b, N) \Rightarrow \delta'(z, a) = (z', b, N)$
- $\delta(z, a) = (z', b, R) \Rightarrow$
  falls a rechts von der $-Einfügestelle stand: $\delta'(z, a) = (z\_r1, b, R)$,
  und für alle $x \in \bullet$ $\delta'(z\_r1, x) = (z', x, R)$
  falls a links von der $-Einfügestelle stand: $\delta'(z, a) = (z\_r2, b, L)$,
  und für alle $x \in \bullet$ $\delta'(z\_r2, x) = (z', x, L)$
  $\delta'(z', \$) = (z', \$, R)$
- $\delta(z, a) = (z', b, L) \Rightarrow$
  falls a rechts von der $-Einfügestelle stand: $\delta'(z, a) = (z\_li1, b, L)$,
  und für alle $x \in \bullet \setminus \{\$\}$ $\delta'(z\_li1, x) = (z', x, L)$,
  $\delta'(z\_li1, \$) = (z'\_\$, \$, R)$
  und für alle $x \in \bullet \setminus \{\$\}$ $\delta'(z'\_\$, x) = (z', x, R)$
  falls a links von der $-Einfügestelle stand: $\delta'(z, a) = (z\_li2, b, R)$,
  und für alle $x \in \bullet$ $\delta'(z\_li2, x) = (z', x, R)$

1.2 Berechenbarkeit

Herbst 1989 Aufgabe 2

Die Abbildungen $null : N_0 \to N_0$ und $succ : N_0 \to N_0$ seien definiert durch:

$null(x) = 0$, $\qquad succ(x+1) = x+1$.

Zu einer Abbildung $f : N_0 \to N_0$ seien $f^0 : N_0 \to N_0$ und $f^1 : N_0 \to N_0$ definiert durch:

$f^0(0) = 0$, $\qquad f^0(x+1) = f(f^0(x))$,
$f^1(0) = 0$, $\qquad f^1(x+1) = f(f^1(x))$.

Die Menge F von Abbildungen $N_0 \to N_0$ sei induktiv definiert wie folgt:
- *null* und *succ* sind in F enthalten.
- Ist $f \in F$, so ist auch f^0 und f^1 in F enthalten.
- Sind $f, g \in F$, so ist auch h mit $h(x)=f(g(x))$ in F enthalten.

Teilaufgabe 1
Bestimmen Sie $null^0$, $null^1$ und $succ^1$ (in rekursionsfreier Darstellung).

Teilaufgabe 2
Beweisen Sie, dass die Abbildungen
$\quad eins : N_0 \to N_0 \qquad eins(x) = 1$
$\quad add2 : N_0 \to N_0 \qquad add2(x) = 2 + x$
$\quad mult2 : N_0 \to N_0 \qquad mult2(x) = 2 \cdot x$
$\quad pot2 : N_0 \to N_0 \qquad pot2(x) = 2^x$
in F enthalten sind.

Teilaufgabe 3
Beweisen Sie: Ist $f \in F$, so ist auch die Abbildung $null : N_0 \to N_0$ mit

$$r(x) = \begin{cases} 1 & \text{falls } 2^{f(x)} + 2 > 3 \\ 0 & \text{sonst} \end{cases}$$

in F enthalten.

Zu einer Abbildung $h: N_0 \to N_0$ sei nun die Abbildung $ack_h: N_0 \times N_0 \to N_0$ („verallgemeinerte Ackermann-Funktion") definiert durch:
$ack_h(0, y) = h(y)$
$ack_h(x+1, 0) = ack_h(x, 1)$
$ack_h(x+1, y+1) = ack_h(x, ack_h(x+1, y))$

Die unendliche Folge $h_0, h_1, h_2, \ldots$ von Abbildungen $N_0 \to N_0$ sei gegeben durch:
$h_i(y) = ack_h(i, y)$ für $i = 0, 1, 2, \ldots$

Teilaufgabe 4

Beweisen Sie:
Falls $h(0) \neq 0$ und $h(y+1) > h(y)$ für alle $y \in N_0$, so gilt für alle $i \in N_0$ und $y \in N_0$:

4.1
$h_i(y) > y$

4.2
$h_i(y+1) > h_i(y)$

4.3
$h_{i+1}(y) > h_i(y+1)$

4.4
$h_{i+1}(y+1) > h_i(y)$

Teilaufgabe 5

Beweisen Sie: Falls $h \in F$, so gilt $h_i \in F$ für alle $i \in N_0$.

Teilaufgabe 6

Sei $h \in F$. Sind die Abbildungen h_i ($i \in N_0$) dann primitiv-rekursiv? Begründen Sie Ihre Antwort.

✓ Lösungsvorschlag zu Teilaufgabe 1

Behauptung: $null^0(x) = 0$ für alle x
Beweis: $null^0(0) = 0$ und $null^0(x+1) = null(null^0(x)) = 0$

Behauptung: $null^1(x) = \begin{cases} 1 & \text{für } x = 0 \\ 0 & \text{sonst} \end{cases}$
Beweis: $null^1(0) = 1$ und $null^1(x+1) = null(null^1(x)) = 0$

1.2 Berechenbarkeit

Behauptung: $succ^0(x) = x$ für alle x
Beweis: $succ^0(0) = 0$ und $succ^0(x+1) = succ(succ^0(x)) = x+1$

Behauptung: $succ^1(x) = x+1$ für alle x
Beweis: $succ^1(0) = 1$ und $succ^1(x+1) = succ(succ^1(x)) = (x+1)+1$

✓ Lösungsvorschlag zu Teilaufgabe 2

Beweis durch Darstellung in anderer Form:

$1 = eins(x) = succ(null(x))$

$2+x = add2(x) = succ(succ(x))$

$2 \cdot x = mult2(x) = add2^0(x)$,

denn: $add2^0(x) = 0$ und $add2^0(x+1) = add2(add2^0(x))$ wegen $2 \cdot (x+1) = 2 \cdot x + 2$.

$2^x = pot2(x) = mult2^1(x)$, denn: $mult2^1(0) = 1$ und
$mult2^1(x+1) = mult2(mult2^1(x)) = mult2(pot2(x)) = pot2(x+1)$.

Damit sind alle Funktionen entweder Hintereinanderausführung von Funktionen aus F oder haben die Form f^0 oder f^1 für ein $f \in F$, und somit aus F.

✓ Lösungsvorschlag zu Teilaufgabe 3

$$r(x) = \begin{cases} 1 & falls \quad f(x) > 0 \\ 0 & falls \quad f(x) = 0 \end{cases}$$

Also: $r(x) = null^1(null^1(f(x)))$

✓ Lösungsvorschlag zu Teilaufgabe 4

4.1

Doppelinduktion:

$i = 0$:
  $ack_h(0, y+1) = h(y+1) > h(y) = ack(0, y)$
  $y = 0$: $h(0) > 0$
  $y \to y+1$: $h(y+1) > h(y) > y$
  $\Rightarrow h(y) > y+1$ somit $h(y+1) > y+1$

$i \to i+1$:
  $y = 0$: $ack(i+1, 0) = ack(i, 1) > ack(i, 0) > \ldots > h_0(0) > 0$
  $y \to y+1$: $ack(i+1, y+1) = ack(i, ack(i+1, y)) > ack(i+1, y) > y$

4.2

Wegen $ack(i+1, y+1) = ack(i, ack(i+1, y))$ ist $h_{i+1}(y+1) = h_i(h_{i+1}(y)) > h_{i+1}(y)$.

4.3

Behauptung: $h_{i+1}(y) \geq h_i(y+1)$, d.h. $ack(i+1, y) \geq ack(i, y+1)$.

Induktion nach y:

$y = 0$:

$\quad ack(i,1) = ack(i+1,0)$ nach Definition.

$y \to y+1$:

Nach Induktionsvoraussetzung gilt $ack(i, y+1) \leq ack(i+1, y)$.

Wegen 4.2 (Monotonie im zweiten Argument) gilt dann:
$ack(i, ack(i, y+1)) \leq ack(i, ack(i+1, y))$.

Daraus folgt:
$ack(i+1, y+1) = ack(i, ack(i+1, y)) \geq ack(i, ack(i, y+1)) \geq ack(i, y+2)$ wiederum wegen 4.1 und 4.2.

4.4

$h_{i+1}(y) \geq h_i(y+1) > h_i(y)$ wegen 4.3 und 4.2.

✓ Lösungsvorschlag zu Teilaufgabe 5

Zu zeigen: $h \in F \Rightarrow h_i \in F$ für •$i \in N_0$.
Beweis durch Induktion nach Index i:

Es ist $h_0 = h$, sowie

$h_{i+1}(0) = h_i(1) = h_i(succ(null^0)) \in F$ für $h_i \in F$ nach Induktionsvoraussetzung und ebenso
$h_{i+1}(y+1) = h_i(h_{i+1}(y)) \in F$ nach Induktionsvoraussetzung (an dieser Stelle Induktion nach Parameter y).

q.e.d.

✓ Lösungsvorschlag zu Teilaufgabe 6

(Zur Definition von *primitiv rekursiv* siehe Herbst 1990 Aufgabe 6 Teilaufgabe 1.)

In der vorangegangenen Aufgabe wurde bewiesen, dass $h_i \in F$ für •$i \in N_0$ gilt. Es bleibt zu zeigen, dass alle Funktionen aus F primitv rekursiv sind. Das sieht man mittels struktureller Induktion aber leicht, denn *null* und *succ* sind primitiv rekursiv. Die Hintereinanderausführung primitv rekursiver Funktionen ist wieder primitiv rekursiv. Außerdem gilt für eine primiv rekursive Funktion f, dass auch f^0 und f^1 wieder primitiv rekursiv sind, da das Konstruktionsschema dem der primitiven Rekursion entspricht.

Herbst 1990 Aufgabe 5

Für $r \in R$ bezeichne $\lfloor r \rfloor$ die (eindeutig bestimmte) ganze Zahl z mit $z \bullet r < z + 1$. Die Funktion $f: N_0 \to N_0$ sei gegeben durch

$$f(x) = \lfloor 3 \cdot \sqrt{x} \rfloor.$$

Beweisen Sie, dass f primitiv-rekursiv ist.

Hinweis:
Die üblichen arithmetischen und Booleschen Operationen wie +, *, •, <, ∧, ∨ u.ä. dürfen als primitiv-rekursiv vorausgesetzt werden.

✓ Lösungsvorschlag

(Schreibweise nach [BR2]:
  $f = \text{pr}[g, h]$ genau dann wenn
  $f(x, 0) = g(x)$ und $f(x, n+1) = h(x, n, f(x, n))$, wobei x auch ein Vektor sein kann.)

Sei $sub(a, b)$ die totale Subtraktion, d.h. $sub(a,b) = \begin{cases} a-b & \text{falls } a > b \\ 0 & \text{falls } a \leq b \end{cases}$

Diese ist bekanntlich primitiv rekursiv.

Bemerkung zur *case*-Anweisung: *case* (Bedingung, 1.Zweig, 2.Zweig) bedeutet:

„Falls Bedingung = 0, dann 1.Zweig, sonst 2. Zweig ausführen".

Auch diese Funktion ist nach [BR2] primitiv rekursiv. (Der Beweis ist unter Frühjahr 1999 II Aufgabe 1 Teilaufgabe 4 abgedruckt.)

$sqrt(0) = zero^{(0)}(\ ) = 0$
$sqrt(n+1) = h(n, sqrt(n)) = case\ ((n+1) + 1 - (sqrt(n)+1)(sqrt(n)+1), sqrt(n), sqrt(n)+1) =$
  $= case\ (sub(succ(succ(n)), mult(succ(sqrt(n)), succ(sqrt(n)))), sqrt(n), succ(sqrt(n))) =$
  $= case \bullet [sub\ [succ \bullet succ \bullet \Pi_1^2, mult \bullet [succ \bullet \Pi_2^2, succ \bullet \Pi_2^2]],$
  $\Pi_2^2, succ \bullet \Pi_2^2]\ (n, sqrt(n))$

Somit:
  $sqrt = \text{pr}[g, h_1]$ mit
  $g \equiv zero^{(0)}$ und
  $h_1 \equiv case \bullet [sub\ [succ \bullet succ \bullet \Pi_1^2, mult \bullet [succ \bullet \Pi_2^2, succ \bullet \Pi_2^2]], \Pi_2^2, succ \bullet \Pi_2^2]$

Außerdem:
  $neunmult = \text{pr}[g, h_2]$ mit
  $g \equiv zero^{(0)}$, d.h. $neunmult(0) = zero^{(0)}(\ ) = 0$ und
  $h_2 \equiv neunmult(n+1) = h(n, neunmult(n)) =$
  $= succ \bullet succ \bullet succ \bullet succ \bullet succ \bullet succ \bullet succ \bullet succ \bullet succ \bullet \Pi_2^2\ (n, neunmult(n))$

Jede Komposition von primitiv rekursiven Funktionen ist wieder primitiv rekursive Funktion:

$f \equiv \text{pr}[g,h]$ mit $g \equiv zero^{(0)}$ und $h \equiv h_1 \bullet h_2 = sqrt(neunmult(n))$

Implementierung in Gofer:
```
f :: Int -> Int
f(n) =      if n == 0
            then 0
            else if (((f(n-1)+1)*(f(n-1)+1)) - n == 0
                 then f(n-1) + 1
                 else f(n-1)
```

Herbst 1990 Aufgabe 6

A und B seien zwei rekursiv aufzählbare Teilmengen von N_0 mit $A \cup B = N_0$.

Beweisen Sie: Falls $A \cap B$ rekursiv ist, so sind A und B rekursiv!

Hinweis: Für $M, N \subseteq N_0$ gilt:
h1) M ist genau dann rekursiv, wenn M und $N_0 \setminus M$ rekursiv aufzählbar ist
h2) Falls M und N rekursiv aufzählbar sind, so ist $M \cap N$ rekursiv aufzählbar.

Definition „rekursive Funktion" und „rekursiv aufzählbare Menge":
Eine Menge M heißt *rekursiv*, wenn die Funktion f mit $f(m) = 1$ für alle $m \in M$ und $f(m) = 0$ sonst, berechenbar ist. Eine solche Funktion f wird gelegentlich auch als charakteristisches Prädikat bezeichnet und oft als 1_M geschrieben.
Eine Menge $M \subseteq S$ heißt *rekursiv aufzählbar*, wenn es eine totale Abbildung $a: N_0 \to S$ gibt mit $M = a(N_0)$. a heißt auch Aufzählung.

✓ **Lösungsvorschlag**

Annahme: A sei nicht rekursiv.
$\Rightarrow A$ oder $N_0 \setminus A = (A \cup B) \setminus A = B \setminus (A \cap B)$ sind nicht rekursiv aufzählbar. A ist es aber per Definition. Also muss $B \setminus (A \cap B)$ nicht rekursiv aufzählbar sein.
Aus der Definition folgt aber:
N_0 ist rekursiv aufzählbar als Vereinigung rekursiv aufzählbarer Mengen. Wegen $A \cap B$ rekursiv, ist $N_0 \setminus (A \cap B)$ rekursiv aufzählbar (nach h1)). Also auch $B \cap N_0 \setminus (A \cap B) = B \setminus (A \cap B)$ (nach h2)). Widerspruch!
Analog für B.
Somit gilt: $A \cap B$ rekursiv $\Rightarrow A$ rekursiv, B rekursiv

Frühjahr 1993 Aufgabe 2

Teilaufgabe 1

Der Berechenbarkeitsbegriff kann nach Kleene durch rekursive Funktionen definiert werden. Geben Sie die Definition der primitiv-rekursiven und der μ–rekursiven Funktionen an!

Teilaufgabe 2

Zeigen Sie, dass der beschränkte μ-Operator nicht aus dem Bereich der primitiv-rekursiven Funktionen hinausführt!

Teilaufgabe 3

Beweisen Sie, dass die ganzzahlige Quadratwurzelfunktion $\lfloor \sqrt{n} \rfloor$ primitiv-rekursiv ist!

Teilaufgabe 4

Die μ-rekursiven Funktionen lassen sich unmittelbar in while-Programme übersetzen, die nur aus
- Wertzuweisungen,
- dem Aufruf der Nachfolger- und Vorgängerfunktion,
- while-Schleifen und
- Prozeduraufrufen

bestehen. Zeigen Sie, dass es kein while-Programm mit genau einer Variablen gibt, das die Funktion $f(x) = 2x$ berechnet!

✓ Lösungsvorschlag zu Teilaufgabe 1

Primitiv-rekursive Funktionen: (vgl. [DUD2, 501])
Die konstanten Funktionen, die Nachfolgerfunktion, sowie die Projektion sind primitiv rekursiv. Die Komposition von primitiv rekursiven Funktionen ist ebenfalls primitiv rekursiv. Des weiteren erlaubt die Anwendung des Schemas der primitiven Rekursion

$f(0, x_1, ..., x_n) = g(x_1, ..., x_n)$
$f(n+1, x_1, ..., x_n) = h(f(n, x_1, ..., x_n), n, x_1, ..., x_n)$

die Bildung einer neuen primitiv rekursiven Funktion f aus primitiv rekursiven Funktionen g und h.

> **μ-rekursive Funktionen:** (vgl. [SÖN, 115])
> „Die Klasse der μ-rekursiven Funktionen ist die kleinste Klasse von (evtl. partiellen) Funktionen, die die Basisfunktionen, identischen Abbildungen, Nachfolgerfunktionen enthält und abgeschlossen ist unter Einsetzung, primitiver Rekursion und Anwendung des μ-Operators."
> Der μ-Operator ist dabei wie folgt definiert:
> $$\mu f(y) = \min\{x \mid f(x, y) = 0 \text{ und für alle } u \bullet x \text{ ist } f(u, y) \text{ definiert}\},$$
> wobei min $\emptyset$ = *undefiniert*.

✓ Lösungsvorschlag zu Teilaufgabe 2

Behauptung:
Der beschränkte μ-Operator führt nicht aus dem Bereich der primitiv-rekursiven Funktionen hinaus.

Bemerkung:
Lässt man den μ-Operator weg, so erhält man die primitiv-rekursiven Funktionen, die also eine Teilklasse der μ-rekursiven Funktionen bilden (vgl. [DUD1, 603]).

Beweis:
Der beschränkte μ-Operator ist definiert durch:

$$\mu_b f(y) = \begin{cases} \min\{x \leq b \mid f(x, y) = 0 \text{ und für alle } u \leq x \text{ ist } f(u,y) \text{ definiert}\} & \text{falls es so ein } x \text{ gibt} \\ 0 & \text{sonst} \end{cases}$$

Um zu zeigen, dass dies primitiv rekursiv ist, genügt es, ein LOOP-Pogramm dafür anzugeben:

```
x := 0; e := 0;
LOOP b DO   z := f(x,y);
            if  z = 0   then e := x; else x := x +1; fi
      OD
RETURN e;
```

Da f primitiv rekursiv ist, gibt es dafür ein LOOP-Programm P. Somit ist obiges Programm tatsächlich ein LOOP-Programm, das den beschränkten μ-Operator berechnet.

Wichtige Bemerkung:
Eine Formulierung des LOOP-Programms wie oben in einer Klausur kann Punkte kosten. Ganz präzise wäre an dieser Stelle die Konvention, eine feste Anzahl an Registern zu verwenden und per Konvention Programme immer auf den ersten x Registern arbeiten zu lassen, sowie die Ausgabe immer in ein festes Register schreiben zu lassen. Verwendet man dann LOOP-Programm P in einem anderen Programm, so ist darauf zu achten, ob Register des ursprünglichen Programms vor Aufruf von P gesichert und danach wiederhergestellt müssen ähnlich wie bei Assembler-Programmierung. Wegen leichterer Lesbarkeit verwenden wir hier aber die Notation wie oben, da wir die Idee für das entscheidende halten, und von manchen Korrektoren auch akzeptiert wird.

1.2 Berechenbarkeit

✓ Lösungsvorschlag zu Teilaufgabe 3

Beweis vgl. Herbst 1990 Aufgabe 5

✓ Lösungsvorschlag zu Teilaufgabe 4

Bemerkung:
   Theorie zu WHILE-Programmen vgl. [SÖN, 115]
Beweis:
   Annahme, es gäbe so ein Programm. Dies kann nicht nur aus den Grundoperationen bestehen, also kommt sicher irgendwo im Programmtext vor „WHILE $x_i \neq 0$ DO Q END", wobei innerhalb von Q auch nur die Variable x_i vorkommt. Innerhalb von Q muss x_i verringert werden, da es sonst die WHILE-Schleife nicht terminiert. kommt. Es kann also nicht $2x_i$ berechnet werden.
   Man braucht also mindestens zwei Variablen !
Beispiel:
```
LOOP x DO y:=succ(y); y:=succ(y) END
RETURN y
```

Frühjahr 1997 Aufgabe 2

Zu den klassischen Problemen in der Theorie der Berechenbarkeit zählt das sog. "Korrespondenzproblem von POST" (PCP).

Teilaufgabe 1

Formulieren Sie die Problemstellung des PCP.

Teilaufgabe 2

Das PCP ist algorithmisch unentscheidbar. Begründen Sie dies!

Teilaufgabe 3

Die Unentscheidbarkeit des PCP kann dazu verwendet werden, mittels Reduktion die Unentscheidbarkeit von Problemen im Bereich der kontextfreien Grammatiken und Sprachen nachzuweisen. Geben Sie ein konkretes Beispiel hierfür an (Problemstellung und Reduktion)!

✓ Lösungsvorschlag zu Teilaufgabe 1

Korrespondenzproblem von POST (vgl. [HOP, 203–210] oder [DUD2, 497f]):
→ Werkzeug zur Feststellung der Unentscheidbarkeit von Problemen
Eine Instantiierung des PCP besteht aus zwei Listen $A = w_1,...,w_k$ und $B = x_1,...,x_k$ von Zeichenketten über einem Alphabet S. Diese Instantiierung des PCP hat genau dann eine Lösung, wenn es eine Folge ganzer Zahlen $i_1, ..., i_m$ gibt mit $m \geq 1$, so dass $w_{i1}w_{i2}...w_{im} = x_{i1}x_{i2}...x_{im}$ gilt. Die Folge $i_1, .., i_m$ ist dann eine Lösung für diese Instantiierung des PCP.
Modifiziertes PCP (= MPCP):
Hier muss eine Lösungsfolge mit $i_1 = 1$ beginnen.
Lemmata:
- PCP entscheidbar $\Rightarrow$ MPCP entscheidbar.
- PCP ist nicht entscheidbar.

Anwendung:
Es ist z.B. nicht entscheidbar, ob eine beliebige kontextfreie Grammatik mehrdeutig ist. (weitere in [SÖN, 136ff])

✓ Lösungsvorschlag zu Teilaufgabe 2

Beweis vgl. [HOP, 206f] oder [SÖN, 131 ff].
Der Beweis wird aus Platzgründen hier nicht abgedruckt.
Intuitiv:
Es ist semientscheidbar (Baumsuche), aber das Komplement ist nicht semientscheidbar, da keine Abbruchbedingung existiert.

✓ Lösungsvorschlag zu Teilaufgabe 3

Beispiel: vgl. [HOP, 209f] oder [SÖN, 136 ff].

Frühjahr 1997 Aufgabe 3

Zwei bekannte Analysealgorithmen für allgemeine kontextfreie Sprachen sind mit den Namen COOKE/YOUNGER/KASAMI (CYK) und EARLEY verbunden.

Teilaufgabe 1

Erläutern Sie die Vorgehensweise bei beiden Algorithmen in ihren Grundzügen.

Teilaufgabe 2

Welche Aussagen über die Laufzeitkomplexität (evtl. auch für Teilfamilien der Familie aller kontextfreien Sprachen) sind Ihnen bekannt?

Teilaufgabe 3

Stellen Sie einen der beiden Algorithmen detailliert dar (z.B. in Pseudocode), begründen Sie dessen Korrektheit und Laufzeitkomplexität.

✓ Lösungsvorschlag zu Teilaufgabe 1

Fragestellung bei beiden Algorithmen:
Gegeben sei eine Grammatik $G = (V, T, P, S)$ und eine Zeichenkette $x \in T^*$. Ist $x \in L(G)$? (Wortproblem)

Es existieren verschiedene Algorithmen zur Lösung des Wortproblems, die eine Zeit proportional zu $|x^3|$ oder sogar etwas weniger benötigen (CYK ist einer davon).

CYK: (vgl. [SÖN, 64 – 67])

Gegeben sei eine kontextfreie Grammatik in CNF. Das Wortproblem für x mit Länge n wird auf zwei entsprechende Wortprobleme für Wörter der Länge k und $n - k$ zurückgeführt. Hierbei steht k jedoch nicht fest. Es müssen alle Werte von 1 bis $n - 1$ in Betracht gezogen werden, am besten durch die Methode des dynamischen Programmierens: „Beginnend mit der Länge 1 untersuchen wir systematisch alle Teilwörter von x auf ihre eventuelle Ableitbarkeit aus einer Variablen der Grammatik. Alle diese Informationen legen wir in einer Tabelle ab. Wenn nun ein Teilwort der Länge $m \leq n$ untersucht werden soll, so stehen die Informationen über alle kürzeren Teilwörter bereits vollständig zur Verfügung." [SÖN, 65]

EARLEY: (vgl. [HOP, 152])

Praktischster und allgemeinster Algorithmus zur kontextfreien Erkennung und Ableitung. Dieser Algorithmus benötigt im allgemeinen Fall $O(n^3)$, doch lediglich $O(n^2)$ für jede nichtmehrdeutige kfG, und ist tatsächlich linear für eine große Vielfalt nützlicher Grammatiken.

✓ Lösungsvorschlag zu Teilaufgabe 2

CYK: $O(n^3)$

EARLEY: liegt zwischen $O(n)$ und $O(n^3)$

✓ Lösungsvorschlag zu Teilaufgabe 3

CYK-Algorithmus nach [SÖN, 66]:

```
„Eingabe:   x = a₁a₂...aₙ
FOR i:=1 TO n DO        (* Fall j=1 *)
    T[i,1]:={A∈V|A→aᵢ ∈P}
END;
```

```
FOR j:=2 TO n DO              (* Fall j>1 *)
    FOR i:=n+1-j DO
        T[i,j] := ∅;
        FOR k:=1 TO j-1 DO
            T[i,j] := T[i,j]∪{A|A→BC∈P ∧
                      B∈T[i,k] ∧ C∈T[i+k,j-k]}
        END;
    END;
END;
IF S∈T[1,n]
THEN WriteString(´x liegt in L(G)´)
ELSE WriteString(´x liegt nicht in L(G)´)
END"
```

Laufzeit:
$O(n^3)$, da drei ineinander verschachtelte Schleifen.

Korrektheit:
$T[i,j]$ ist die Menge der Nichtterminale N mit $N \xrightarrow{*} a_i \ldots a_{i+j}$
Daher gibt $T[1, n]$ alle Nichtterminale an, aus denen x ableitbar ist.
Man muss nur noch testen, ob sich darunter S befindet.

Herbst 1998 I Aufgabe 2

Wir betrachten eine Turingmaschine $T = (I, B, Q, \delta, q_0)$, wobei $I = \{0,1\}$ das Eingabealphabet, $B = I \cup \{\#\}$ das Bandalphabet mit dem Leerzeichen $\#$, $Q = \{q_0, \ldots, q_6\}$ eine Menge von Zuständen, $\delta = Q \times B \to Q \times B \times \{\leftarrow, \downarrow, \rightarrow\}$ die Zustandsübergangsfunktion und q_0 der Anfangszustand ist.

Die Zeichen $\leftarrow$ bzw. $\rightarrow$ symbolisieren eine Bewegung des Schreib-/Lesekopfes (nach der aktuellen Operation) nach links bzw. rechts. Die Maschine hält nach der aktuellen Operation, wenn die Zustandsübergangsfunktion nicht definiert ist oder auf ein $\downarrow$ führt.

Als Eingabewörter lassen wir nur Zeichenfolgen der Form $0^n 10^m$ mit $n, m \in N_0$ zu, wobei 0^n für eine Zeichenkette aus n Nullen stehe. Am Anfang stehe der Schreib-/Lesekopf auf dem ersten (linken) Zeichen des Eingabewortes. Links und rechts vom Eingabewort stehen ausschließlich Leerzeichen auf dem Band.

1.2 Berechenbarkeit

Die Werte der Zustandsübergangsfunktion $\delta(q, b)$ seien durch folgende Tabelle definiert:

Bandzeichen $b \in B$	0	1	#
Zustand $q \in Q$			
q_0	$(q_1, \#, \rightarrow)$	$(q_5, \#, \rightarrow)$	$(q_6, \#, \downarrow)$
q_1	$(q_1, 0, \rightarrow)$	$(q_2, 1, \rightarrow)$	nicht definiert
q_2	$(q_3, 1, \leftarrow)$	$(q_2, 1, \rightarrow)$	$(q_4, \#, \leftarrow)$
q_3	$(q_3, 0, \leftarrow)$	$(q_3, 1, \leftarrow)$	$(q_0, \#, \rightarrow)$
q_4	$(q_4, 0, \leftarrow)$	$(q_4, \#, \leftarrow)$	$(q_6, 0, \downarrow)$
q_5	$(q_5, \#, \rightarrow)$	$(q_5, \#, \rightarrow)$	$(q_6, \#, \downarrow)$

Teilaufgabe 1

Beschreiben Sie die vollständige Berechnung von T für das Eingabewort 0010, indem Sie für jeden Berechnngsschritt den jeweiligen Maschinenzustand und die jeweilige Bandbelegung angeben.

Teilaufgabe 2

Stellen Sie die Arbeitsweise der Maschine T mit Hilfe eines geeigneten Zustandsübergangsdiagramms dar.

Teilaufgabe 3

Die zulässigen Eingabewörter $0^n 10^m$ sollen nun jeweils ein Paar natürlicher Zahlen (m, n) repräsentieren. Welche Funktion $f: N_0 \times N_0 \rightarrow N_0$ wird von T berechnet? Begründen Sie Ihre Aussage.

Teilaufgabe 4

Untersuchen Sie, ob Ihre in Teilaufgabe 3 angegebene Funktion primitiv rekursiv ist und beweisen Sie Ihre Ausage.

Teilaufgabe 5

Geben Sie eine möglichst kleine obere Schranke für die Anzahl der Berechnungsschritte von T für ein zulässiges Eingabewort der Länge $|w| = k$ an.

✓ Lösungsvorschlag zu Teilaufgabe 1

Die Position des Lesekopfes wird durch ein fett gedrucktes Zeichen angezeigt.

Zustand	Bandbelegung
q0	# **0** 0 1 0 #
q1	# # **0** 1 0 #
q1	# # 0 **1** 0 #
q2	# # 0 1 **0** #
q3	# # 0 **1** 1 #
q3	# # **0** 1 1 #
q3	# **#** 0 1 1 #
q0	# # **0** 1 1 #
q1	# # # **1** 1 #
q2	# # # 1 **1** #
q2	# # # 1 1 **#**
q4	# # # 1 **1** #
q4	# # # **1** # #
q4	# # **#** # # #
q6	# # **0** # # #

✓ Lösungsvorschlag zu Teilaufgabe 2

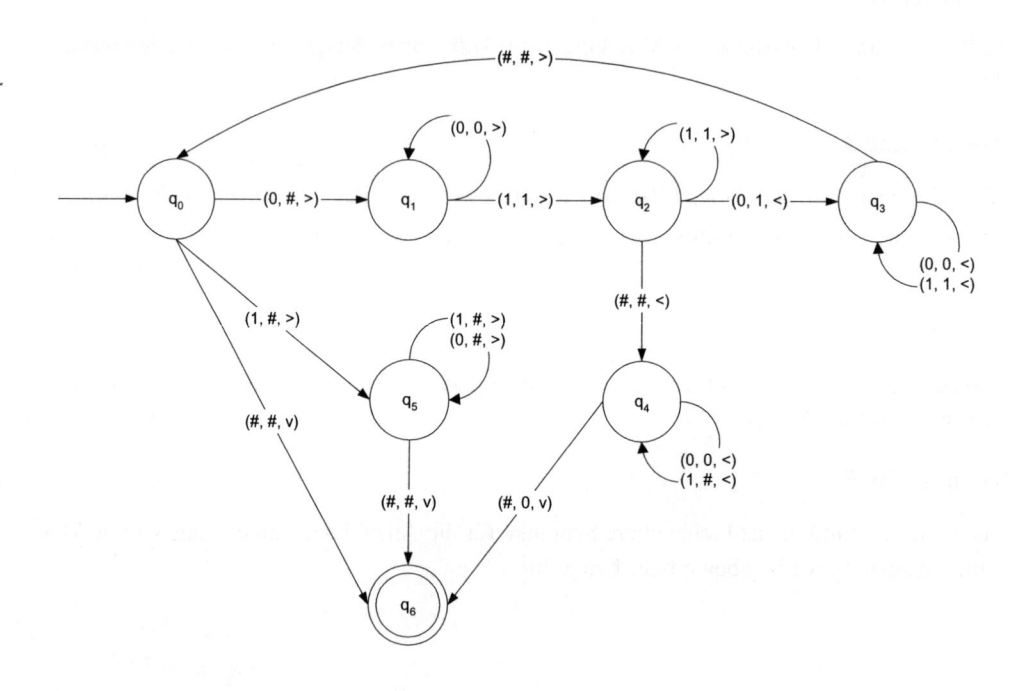

✓ Lösungsvorschlag zu Teilaufgabe 3

Beschreibung des Algorithmus':
1. Die erste Null löschen, immer weiter gehen nach rechts.
2. Dabei alle weiteren Nullen und Einsen stehen lassen.
3. Die erste Null (nach den Einsen) in eine Eins umwandeln.
4. Zurückgehen zum Anfang, dabei kein Zeichen verändern.
5. Schritt 1 bis 4 so lange wiederholen, bis
   - entweder im Schritt 3 keine Null mehr vorhanden ist zum Umwandeln, dann beim rückwärts Gehen alle Einsen löschen und an die Position davor eine Null schreiben (falls $n > m$).
   - oder, falls im Schritt 1 keine Null mehr am Anfang steht, sondern eine Eins, wird das Band gelöscht, d.h. jede Eins wird in ein # umgewandelt (falls $n < m$ oder $n = m$),
   - oder im Schritt 1 steht am Anfang ein #, dann ist die Berechnung sofort beendet (leeres Wort).

Allgemein:
   falls $n > m$ ist, dann stehen nach der Berechnung $n - m$ Nullen auf dem Band; falls $n \bullet m$ ist, stehen nur # auf dem Band.

Behauptung:

$$f(m,n) = \begin{cases} n-m & \text{falls } n > m \\ 0 & \text{sonst} \end{cases}$$

(vgl. Teilaufgabe 1: 0010 entspricht jetzt $(1, 2)$ mit $f(1, 2) = 1$; am Ende steht an der Stelle vor dem früheren Einser eine Null und alles andere wurde gelöscht)

✓ Lösungsvorschlag zu Teilaufgabe 4

Behauptung:
   f ist primitiv rekursiv.

Beweis:
   $f(0, y) = g(y) = y = [\Pi_2^2]$
   $f(x+1, y) = h(x, y, f(x, y))$
   wobei $h(x, y, z) = pred \bullet [\Pi_3^3]$ (denn: $f(x+1, y) = f(x, y) - 1$)
   Als Schema nach [BR2] geschrieben ist also
   $f \equiv pr[g, h]$ mit $g \equiv [\Pi_2^2]$ und $h \equiv pred \bullet [\Pi_3^3]$.

✓ Lösungsvorschlag zu Teilaufgabe 5

Vorüberlegung (zur Vorstellungshilfe zeichne man sich die Bewegungsbahnen des Kopfes einmal auf ein Stück Papier!):

Fall 1 ($n > m$):
TM muss beim ersten Mal $n+1$, dann m mal $n+2$ Schritte nach rechts gehen; TM muss m mal $n + 1$ Schritte zurück gehen.
Beim letzten Mal geht sie $n + 1$ Schritte zurück.
Insgesamt: $m (n + 2) + (m + 2)(n + 1) = \mathbf{2 (m + 1)(n + 1) + m}$.

Fall 2 ($n = m$):
Da der Kopf in diesem Fall auf der rechten Seite stehen bleibt, entfällt das Zurückgehen.
$(m + 1)(n + 2) + m (n + 1) = (n + 1)(n + 2) + n (n + 1) = \mathbf{2 (n + 1)^2}$

Fall 3 ($n < m$):
TM muss beim ersten Mal $n + 1$, dann $n - 1$ mal $n + 2$ Schritte nach rechts gehen; TM muss n mal $n + 1$ Schritte zurück gehen. Beim letzten Mal geht sie $m + 2$ Schritte nach rechts.
$(n - 1)(n + 2) + (n + 1)^2 + (m + 2) = \mathbf{2n^2 + 3n + m + 1}$

Nun zur Lösung der Aufgabe:
Gegeben:
Eingabe $0^n 10^m$ der Länge k, also $n + m + 1 = k$

Fall 1: $n > m$
Sei x_1 die Anzahl der Berechnungsschritte, also $x_1 = 2 (m + 1)(n + 1) + m$.
Die maximale Anzahl von Berechnungsschritten ergibt sich für $m = n - 1$.
Es ist $k = n + n - 1 + 1 = 2n \Leftrightarrow n = \frac{1}{2} k$. Eingesetzt in x_1 ergibt sich:
$x_1 = 2 (m + 1)(n + 1) + m \bullet \leq 2n (n + 1) + n - 1 = \frac{1}{2} (k^2 + 3k) - 1$

Fall 2: $n = m$
Sei x_2 die Anzahl der Berechnungsschritte, also $x_2 = 2 (n + 1)^2$
Es ist $k = 2n + 1 \Leftrightarrow n = \frac{1}{2} (k - 1)$. Eingesetzt in x_2 ergibt sich:
$x_2 = 2 (n + 1)^2 = 2(\frac{1}{2} (k - 1))^2 = \frac{1}{2} (k^2 + 2k + 1)$

Fall 3: $n < m$
Sei x_3 die Anzahl der Berechnungsschritte, also $x_3 = 2n^2 + 3n + m + 1$
Die maximale Anzahl von Berechnungsschritten ergibt sich für $m = n + 1$.
$k = 2n + 2 \Leftrightarrow n = \frac{1}{2} k - 1$
Eingesetzt in x_3 ergibt sich: $x_3 \leq \frac{1}{2} k^2$

Insgesamt: $max(x_1, x_2, x_3) = x_1$ für $k>2$.

Herbst 1998 II Aufgabe 2

Beweisen Sie: Ist $f: N \to N$ LOOP-berechenbar, so ist auch $g: N \to N$ mit

$$g(n) = \sum_{i=1}^{n} f(i)$$

LOOP-berechenbar.

1.2 Berechenbarkeit

> **Definition „LOOP-berechenbar":**
> Eine Funktion $f: N^k \to N$ heißt LOOP-berechenbar, falls es ein LOOP-Programm P gibt, das f in dem Sinne berechnet, dass P, gestartet mit $n_1, ..., n_k$ in den Variablen $x_1, ..., x_k$ (und 0 in den restlichen Variablen) stoppt mit dem Wert $f(n_1, ..., n_k)$ in der Variablen x_0. [SÖN, 101]

✓ Lösungsvorschlag

Bei einem LOOP-Programm der Form LOOP x_i DO P END wird das Programm P so oft ausgeführt, wie der Wert der Variablen x_i **zu Beginn** angibt.

Beweis:

```
x₀ := 0; i := 0;
LOOP n DO
      i := i + 1;
      y := f(i); // Achtung: Diese Kurzschreibweise wird von
                 // manchen Korrektoren nicht akzeptiert!
      x₀ := x₀ + y;
END
RETURN x₀;
```
ist LOOP-berechenbar, da $f(n)$ LOOP-berechenbar ist. (Siehe Hinweis bei Frühjahr 1993 Aufgabe 2.)

Alternative:

g ist LOOP-berechenbar $\Leftrightarrow$ g primitiv rekursiv.
$g(0) = f(0) = zero^{(0)}$
$g(n+1) = g(n) + f(n+1) = h(n, g(n)) = add \bullet [\Pi_2^2, f \bullet [succ \bullet [\Pi_1^2]]] (n, g(n))$
$g \equiv pr[z, h]$ mit $z \equiv zero^{(0)}$ und $h \equiv add \bullet [\Pi_2^2, f \bullet [succ \bullet [\Pi_1^2]]]$

Frühjahr 1999 II Aufgabe 1

Geben Sie primitiv rekursive Terme für die Funktionen in Teilaufgabe 1 bis 5 an:

Teilaufgabe 1

Die Fakultätsfunktion $f(x) = x!$.

Teilaufgabe 2

Die Funktion *even* mit

$$even(x) = \begin{cases} 1 & \text{wenn } x \text{ gerade} \\ 0 & \text{sonst} \end{cases}$$

Teilaufgabe 3

Die Signumfunktion *sig* mit

$$sig(x) = \begin{cases} 1 & \text{wenn } x > 0 \\ 0 & \text{sonst} \end{cases}$$

Teilaufgabe 4

Die Funktion *case* mit

$$case(x, y, z) = \begin{cases} y & \text{wenn } x = 0 \\ z & \text{sonst} \end{cases}$$

Teilaufgabe 5

Die ganzzahlige Division *div* mit $div(x, y) = k$ genau dann, wenn $ky + m = x$, wobei $m < y$.

Teilaufgabe 6

Gegeben sei eine primitiv rekursive Funktion $F: N_0 \to N_0$. Wir definieren nun eine Funktion $f: N_0 \to N_0$ mit

$$f(n) = \begin{cases} 0 & \text{falls es ein } k < n \text{ gibt mit } F(k) = 0 \\ 1 & \text{sonst} \end{cases}$$

Ist f primitiv rekursiv? Beweisen Sie Ihre Antwort. Sie dürfen voraussetzen, dass die vier Grundrechenarten (+, −, ·, /) auf N primitiv rekursiv sind, alle weiteren von Ihnen eingeführten Hilfsfunktionen müssen explizit als primitiv rekursiv bewiesen werden.

✓ Lösungsvorschlag

Wir verwenden wieder die Schreibweise nach [BR2], vgl. Herbst 1990 Aufgabe 5. Zum besseren Verständnis möge sich der Leser erst einmal ein mathematisch formuliertes Rekursionsschema überlegen, soweit möglich. Als zweiten Schritt schreibe er das, was er sich überlegt hat, einmal in Präfix-Notation. Dann wird ihm die hier gebräuchliche Schreibweise leichter fallen.
Bemerkung zur *case*-Anweisung: *case* (Bedingung, 1. Zweig, 2. Zweig) bedeutet „Falls Bedingung = 0, dann 1. Zweig, sonst 2. Zweig ausführen."
Diese Funktion ist nach [BR2] primitiv rekursiv, dies wird auch in Teilaufgabe 4 gezeigt.

✓ Lösungsvorschlag zu Teilaufgabe 1

Wie jeder weiß, ist $fak(n+1) = (n+1)*fak(n)$.
Im Schema der primitiven Rekursion ergibt das

$fak(0) = succ \bullet zero^{(0)}() = 1$

$fak(n+1) = h(n, fak(n)) = mult(succ(n), fak(n)) = mult \bullet [succ \bullet \Pi_1^2, \Pi_2^2] (n, fak(n))$

Somit: $fak = pr[g, h]$ mit $g \equiv succ \bullet zero^{(0)}$ und $h \equiv mult \bullet [succ \bullet \Pi_1^2, \Pi_2^2]$

✓ Lösungsvorschlag zu Teilaufgabe 2

$even(0) = succ \bullet zero^{(0)}() = 1$

$even(n+1) = h(n, even(n)) = case\ (even(n), 1, 0) = case \bullet [\Pi_2^2, succ \bullet zero, zero] (n, even(n))$

Somit: $even = pr[g, h]$ mit $g \equiv succ(zero^{(0)})$ und $h \equiv case \bullet [\Pi_2^2, succ \bullet zero, zero]$

Alternative für h:

$even\ (n+1) = sub(1, even(n)) = sub \bullet [succ \bullet zero^{(1)} \bullet \Pi_1^2, \Pi_2^2] (n, even(n))$

✓ Lösungsvorschlag zu Teilaufgabe 3

(vgl. [BR2, 277f])

$sig(0) = zero^{(0)}() = 0$

$sig(n+1) = succ \bullet [zero^{(1)} \bullet [\Pi_1^2]] = 1$

Somit: $sig = pr[g, h]$ mit $g \equiv zero^{(0)}$ und $h \equiv succ \bullet [zero^{(1)} \bullet [\Pi_1^2]]$

✓ Lösungsvorschlag zu Teilaufgabe 4

(vgl. [BR2, 278])

$case\ (x, y, z) = y * (1 - sig(x)) + z * sig(x) = add\ (mult\ (y, sub\ (1, sig(x))), mult\ (z, sig(x)))$

$case = add \bullet [mult \bullet [\Pi_2^3, sub \bullet [succ \bullet [zero^{(1)} \bullet [\Pi_1^3]]], mult \bullet [\Pi_3^3, sig \bullet \Pi_1^3]]]$

✓ Lösungsvorschlag zu Teilaufgabe 5

$div(x, y) = k \Leftrightarrow ky + m = x$ mit $m < y$

Sei $\dot{-}$ die totale Subtraktion!

$div(x, 0)$ ist nicht definiert.

$div(0, y) = zero^{(0)}(\,) = 0$

Überlegung: $x+1$ DIV $y = x$ DIV $y \Leftrightarrow x+1 - ky < y \Leftrightarrow y - (x+1 - ky) > 0$

$div(x+1, y) = h(x, y, div(x, y)) =$
$= case \bullet [sub \bullet [\,\Pi_2^3, sub \bullet [succ \bullet \Pi_1^3, mult \bullet [\Pi_2^3, \Pi_3^3\,]]], succ \bullet \Pi_3^3, \Pi_3^3]\ (x, y, div(x, y))$

Somit: $div = \text{pr}[g, h]$ mit $g \equiv zero^{(0)}$ und

$h \equiv case \bullet [sub \bullet [\,\Pi_2^3, sub \bullet [succ \bullet \Pi_1^3, mult \bullet [\Pi_2^3, \Pi_3^3\,]]], succ \bullet \Pi_3^3, \Pi_3^3]$

✓ Lösungsvorschlag zu Teilaufgabe 6

Behauptung:
  f ist primitiv-rekursiv.
  Diese Funktion scheint etwas verwandt zu sein mit dem beschränkten μ-Operator aus Frühjahr 1993 Aufgabe 2.
Beweis:
  f primitiv-rekursiv $\Leftrightarrow$ f ist LOOP-berechenbar.
  „IF x=0 THEN A ELSE B FI" ist LOOP-berechenbar mittels
```
y := 1;
LOOP x DO B; y := 0; END
LOOP y DO   A; END
```
  Nun das LOOP-Programm für f (dieses existiert, da F primitiv rekursiv):
```
x₀ := 1;   x₁ := 0;
LOOP n DO
    y:= F(x₁);
    IF y = 0 THEN x₀ := 0; FI
    x₁:= x₁ + 1;
END
RETURN x₀;
```

Frühjahr 2000 II Aufgabe 6

Ist die folgende Funktion $F: \{0, 1, ..., 9\}^* \to \{0, 1\}$ rekursiv? Die Eingabe x wird als Dezimalzahl interpretiert. Es ist $f(x) = 1$ genau dann, wenn es in der Dezimaldarstellung von x einen geschlossenen Block von mindestens x Siebenen gibt. Beweisen Sie Ihre Antwort.

✓ Lösungsvorschlag

Es ist $F(0) = 1$, denn die Dezimaldarstellung von 0 (egal durch wie viel aufeinanderfolgende Nullen dargestellt) enthält einen Block von mindestens (genau) 0 Siebenen.

Für alle $x > 0$ gilt: $F(x)$ ist undefiniert, denn:

Sei $x = a_{n-1}a_{n-2}...a_0 > 0$. Man streiche o.E. alle führenden Nullen. Dies hat keinen Einfluss auf das Ergebnis von F, denn weder der Wert von x noch das Vorkommen von Siebenern wird dadurch verändert. x habe danach $k > 0$ Stellen. Damit ist $x = a_{k-1} \cdot 10^{k-1} + a_{k-2} \cdot 10^{k-2} + ... + a_0 > 10^{k-1}$. Andererseits ist aber stets $k < 10^{k-1}$ falls $k > 2$. (Im Fall $k = 1$ ist die Lösung sofort ersichtlich.) x kann also stets nur deutlich weniger als x Stellen haben, insbesondere also auch keinen Block von x aufeinanderfolgenden Siebenen enthalten.

F ist damit nicht primitiv-rekursiv, denn primitiv-rekursive Funktionen sind immer total.

Aber F ist μ-rekursiv mit $F = \mu g$, wobei $g(x, y) = (x - 1)^2 + y$ primitiv rekursiv.

Zur Erinnerung: $f = \mu g$ heisst $f(y) = min\{ x \mid g(x, y) = 0$ und für alle $v < x$ ist $g(v, y)$ definiert$\}$, wobei $min\emptyset =$ undefiniert.

Herbst 2000 I Aufgabe 2

Seien $A, B \subseteq N_0$ rekursiv aufzählbar. Beweisen Sie die folgenden Behauptungen:

Teilaufgabe 1

$A \cup B$ ist rekursiv aufzählbar.

Teilaufgabe 2

$A \times B$ ist rekursiv aufzählbar.

✓ Lösungsvorschlag

Seien $A, B \subseteq N_0$ rekursiv aufzählbar, d.h.

$A = \emptyset$ oder es gibt eine totale, surjektive und berechenbare Funktion $f: N_0 \to A$ und

$B = \emptyset$ oder es gibt eine totale, surjektive und berechenbare Funktion $g: N_0 \to B$.

Im Fall $A = \emptyset$ oder $B = \emptyset$ fertig. Sonst:

1. Definiere Funktion $h: N_0 \to A \cup B$ mit $h(2n) = f(n)$ und $h(2n + 1) = g(n)$ für alle n. Diese ist wiederum total, berechenbar und surjektiv.
2. Es ist bekannt, dass die Abbildung

$$c(x,y) = \binom{x+y+1}{2} + x$$

bijektiv N^2 auf N abbildet mit berechenbaren Umkehrfunktionen p und q, wobei $p(c(x, y)) = x$ und $q(c(x, y)) = y$.

Die Funktion $h: N_0 \to N_0^2$ mit $h(x) = (f(p(x)), g(q(x)))$ ist total, berechenbar und surjektiv. (In einer Klausur muss man selbstverständlich den Beweis genau ausführen, aber das sollte nicht schwer fallen.)

Frühjahr 2001 I Aufgabe 3

Beim Beweis der folgenden Aufgaben ist jeweils das Schema der primitiven Rekursion mit geeigneten primitiv rekursiven Funktionen $g: N^n \to N$ und $h: N^{n+2} \to N$ anzuwenden.

(N bezeichnet dabei die Menge der natürlichen Zahlen einschließlich 0.)

Teilaufgabe 1

Zeigen Sie, dass die folgenden Funktionen primitiv rekursiv sind:
  iszero: $N \to N$, $iszero(0) = 1$, $iszero(x) = 0$ falls $x \neq 0$.
  even: $N \to N$, $even(x) = 1$ falls x gerade, $even(x) = 0$ falls x ungerade.
  case: $N^3 \to N$, $case(x, y, z) = y$ falls $x = 0$, $case(x, y, z) = z$ falls $x \neq 0$.

Teilaufgabe 2

Zeigen Sie:
Ist $f: N \to N$ primitiv rekursiv, dann ist auch $r: N^2 \to N$ mit $r(x,i) = f^i(x)$ primitiv rekursiv. Dabei bezeichnet f^0 die Identität und für $i > 0$ bezeichnet f^i die i-malige Hintereinanderausführung $f(\ldots f(x) \ldots)$ von f.

✓ Lösungsvorschlag zu Teilaufgabe 1

even und *case*: vgl. Frühjahr 1999 I Aufgabe 1

iszero = pr[1, 0] ergibt sich also durch das Schema der primitiven Rekursion angewandt auf die konstanten Funktionen 0 und 1. Das Schema entspricht hier nur einer Fallunterscheidung.

✓ Lösungsvorschlag zu Teilaufgabe 2

Wäre in der Aufgabenstellung nicht ausdrücklich die Verwendung des Schemas der primitiven Rekursion verlangt, so wäre auch folgendes eine akzeptable Lösung:

$r(x,i)$ ist primitiv rekursiv, weil LOOP-berechenbar mit folgendem LOOP-Programm:

```
x₀ := x;
LOOP i DO
x₀:=f(x₀);   (Für f gibt es ein LOOP-Programm, da es ja LOOP-berechenbar ist.)
OD
```

Die primitive Rekursion lässt sich auch direkt zeigen:

$r(x,0) = x = \Pi_1^2(x,0)$

$r(x,i+1) = f(r(x,i)) = f \bullet \Pi_1^2(x,r(x,i),i)$

Herbst 2001 I Aufgabe 4

Für die Simulation der Stapelalgebra mit WHILE-Programmen benötigt man eine Funktion *code*: $N^* \rightarrow N$, die endliche Folgen natürlicher Zahlen codiert. Sei durch *stapel* = $[x_1, ..., x_k]$ ein Stapel natürlicher Zahlen mit oberstem Element x_1 gegeben.

Teilaufgabe 1

Definieren Sie eine geeignete Funktion *code* und erläutern Sie *code*(*stapel*) (Hinweis: Eine Paarungsfunktion ist nützlich!).

Teilaufgabe 2

Berechnen Sie *code*([2,4]).

Teilaufgabe 3

Geben Sie WHILE-Programme an, die die Stapel-Operationen *empty*, *push*, *pop*, *top*, *isempty* implementieren.

✓ Lösungsvorschlag zu Teilaufgabe 1

(vgl. [SÖN, 120ff])

Verwendet wird die Paarungsfunktion $code\_h : N^2 \rightarrow N$ mit

$$code\_h(x,y) = \binom{x+y+1}{2} + x.$$

Diese ist bekanntlich bijektiv. Es existieren Funktion $e, f : N \rightarrow N$ mit

$e(code\_h(x,y)) = x$ und

$f(code\_h(x,y)) = y$.

Die Funktion *code_h* kann bekanntlich dazu verwendet, N^2 auf N abzubilden, also N^2 abzuzählen. Daraus kann nun die Funktion *code* der Aufgabe erzeugt werden durch $code : N^* \rightarrow N$ mit

$$code([x_1,...,x_k]) = code\_h(x_1, code\_h(x_2,...code\_h(x_k,0)...))$$

Diese Funktion ist als Verknüpfung bijektiver Funktionen wieder bijektiv. Es wird also die Paarungsfunktion *code_h* auf das erste Element der Folge und das Ergebnis der *code*-Funktion des Restes der Folge angewandt.

code_h ist primitiv rekursiv und damit WHILE-berechenbar. Damit ist auch *code* primitiv WHILE-berechenbar. Die primitive Rekursivität von *e* und *f* werden in [SÖN] gezeigt.

✓ Lösungsvorschlag zu Teilaufgabe 2

$code([2,4]) = code\_h(2, code\_h(4,0)) = code\_h(2, 14) = 138$

✓ Lösungsvorschlag zu Teilaufgabe 3

WHILE Programme:

- *empty*: $h := 0;$
- *push(x)*: $h := code(x, h);$
- *pop*: $h := f(h);$
- *top*: $x_0 := e(h);$
  Annahme: Rückgabewerte werden in x_0 geschrieben
- *isempty*: $x_0 :=$ TRUE;
  WHILE h != 0 DO $x_0 :=$ FALSE; OD

1.3 Programmiermethodik

Frühjahr 1990 Aufgabe 1

Gegeben sei ein endliches Alphabet A und eine ungeordnete, endliche, nichtzyklische Liste von K Paaren (n, t) für ein vorgegebenes $K \in N$, worin die n nichtleeren endlichen Zeichenreihen aus $A^* \setminus \{\varepsilon\}$ und die t natürlichen Zahlen aus N seien. In A^* steht die lexikographische Ordnung zur Verfügung, die zur Unterscheidung von der Ordnung $<$ in N mit $\sqsubset$ bezeichnet werde. Außerdem gelte für alle n in den Paaren der Liste: $|n| \leq L$ für ein vorgegebenes $L \in N$, wobei mit $|x|$ die Länge einer Zeichenreihe $x \in A^*$ bezeichnet wird.

Die Paare der Liste können als einfache Karteikarten in einer Telefondatei aufgefasst werden mit der Bedeutung:

n : Name
t : Telefonnummer.

Es wird vorausgesetzt, dass für verschiedene Paare (n_i, t_i) und (n_j, t_j) in der Liste gilt:

$n_i \neq n_j$ und $t_i \neq t_j$.

Teilaufgabe 1

Geben Sie Datenstrukturen durch Typ- und Identitätsvereinbarungen an, mit denen die folgenden Teilaufgaben bearbeitet werden können.

Teilaufgabe 2

Formulieren Sie einen Algorithmus, mit dessen Hilfe eine Zugriffsstruktur auf die Liste aufgebaut wird. Die Zugriffsstruktur soll es ermöglichen, zu einem Namen n mit der Komplexität $O(\log K)$

2.1
zu entscheiden, ob die Liste einen Eintrag zu n enthält, und

2.2
gegebenenfalls die zugehörige Telefonnummer anzugeben.

Teilaufgabe 3

Schreiben Sie eine Prozedur *zugriff* in PASCAL, die den unter Teilaufgabe 2 formulierten Algorithmus realisiert. (ohne Lösung)

Teilaufgabe 4

Schreiben Sie eine Prozedur *suche*, die mit Hilfe der unter Teilaufgabe 3 aufgebauten Zugriffsstruktur zu einem $n \in A^*$ feststellt, ob die Liste einen Eintrag zu n enthält, und gegebenenfalls die zugehörige Telefonnummer t ausgibt. Die Komplexität der Prozedur *suche* soll $O(\log K)$ sein.

✓ **Lösungsvorschlag zu Teilaufgabe 1**

(vgl. [DUD1, 511ff])

Datenstrukturen durch Typ- und Identitätsvereinbarungen (in Pascal):

```
const L = 20;
      const K = 3;
type  Karte = record
              name : string[L];
              tel  : integer
        end;
type  listenzeiger = ^liste;
      liste = record
              paar : Karte;
              next : listenzeiger;
        end;
var Feld : array [1..K] of Karte;
```

✓ **Lösungsvorschlag zu Teilaufgabe 2**

Algorithmus Sortieren:
- Entnimm das Element vom Listenanfang und trage es in ein Feld der Länge L ein.
- Entnimm das nächste Element aus der Liste, merke die Position i, an der es im Feld eingetragen werden soll (Element an Position $a[i-1]$ kleiner und an Position $a[i]$ größer); schiebe alle Elemente ab Position i um eine Position weiter nach hinten; trage dann das neue Element an der entsprechenden Position ein.
- Wiederhole Schritt 2 so lange, bis die Liste leer ist.

Algorithmus Suchen:
- Gehe in die Mitte des Feldes und vergleiche das dort stehende Element mit n:
  Ist es größer als n, wiederhole den Vorgang in der vorderen Hälfte.
  Ist es kleiner als n, wiederhole den Vorgang in der hinteren Hälfte.
- Wiederhole Schritt 1 so lange bis n gefunden wurde und gebe dann t dazu aus oder gibt 0 zurück, wenn das Element nicht vorhanden ist.

✓ **Lösungsvorschlag zu Teilaufgabe 3**

Hier möge der Leser selbst versuchen, den beschriebenen Algorithmus in ein Pascal-Programm zu verwandeln.

1.3 Programmiermethodik

✓ **Lösungsvorschlag zu Teilaufgabe 4**

```
function suche(n:string) : integer;
var    unten, oben, treffer, i : integer;
       bFlag : boolean;
begin
       bFlag:= false;
       unten:= 1; oben:= K;
       treffer:=0;
       while ((NOT bFlag) AND (unten<=oben)) do begin
              i:= (oben+unten) DIV 2;
              if (Feld[i].name=n)
              then begin
                             treffer:= i;
                             bFlag:= true;
                      end
              else   if (Feld[i].name<n)
                             then unten:= i+1
                             else oben:= i-1;
       end;
       if treffer=0
       then suche:= 0
       else suche:= Feld[treffer].tel;
end;
```

Frühjahr 1990 Aufgabe 3

Gegeben seien zwei ganze Zahlen p und q mit $0 < q < p$ und eine wie folgt definierte rekursive Rechenvorschrift f für ganze Zahlen $z \in Z$.

$$f(z) := \begin{cases} f(f(z-p)) & \text{für } z \geq 100 \\ z + q & \text{für } z < 100 \end{cases}$$

Beweisen Sie, dass die Rechenvorschrift für alle $z \in Z$ terminiert und somit eine Funktion $f: Z \to Z$ definiert.

Hinweis: Betrachten Sie für $z \geq 100$ die durch $f(z)$ veranlassten rekursiven Aufrufe $f(z_i)$ von f und zeigen Sie, dass für alle i gilt: $z_i < z$.

✓ **Lösungsvorschlag**

Beweis durch Induktion über den Aufrufparameter z.
1. Fall: $z < 100$
   Berechnung terminiert offensichtlich.

2. Fall: $z \geq 100$

Nach i-facher Rekursion gelangt man zum ersten Mal auf einen Rekursionswert < 100, wobei $i = \left\lfloor \dfrac{z-100}{p} \right\rfloor + 1$, denn es ist $f(z) := f^{i+1}(z-ip) = f^i(z-ip+q)$.

Fall 1:
Falls das Argument während der ganzen Aufrufe nicht ≥ 100 wird, also im Fall $z - i(p-q) < 100$, lautet das Ergebnis: $f(z) = z - ip + (i+1)q$.

Fall 2:
Andernfalls sei $n := \min\{n \in N : z - ip + nq \geq 100\}$. Es ist $n \leq i$, sonst Fall 1 wegen der Bedingung $q < p$. Dann ist $f^{i+1}(z-ip) = f^{i+1-n}(z-ip+nq)$ mit $z-ip+nq \geq 100$ und $z - ip + (n-1)q < 100$. Nun gilt aber: $z - ip + nq < z$, da $p > q$. Nach Induktionsvoraussetzung terminiert die Berechnung von f also für $z - ip + nq$ und damit auch für z.

$$f^{i+1-n}(z-ip+nq) = f^{i-n+2}(z-(i+1)p+nq) = f^{i-n+1}(z-(i+1)p+(n+1)q)$$

Herbst 1990 Aufgabe 3

Durch die Funktionsvereinbarung

```
function h(m,n:nat)nat:
if m=0 then n else 2*h(m-1,n) endif
```

ist eine Funktion $h: N_0^2 \to N_0$, definiert.

Beweisen Sie

Teilaufgabe 1

durch Berechnungsinduktion

Teilaufgabe 2

durch Parameterinduktion (nach m)

dass für alle $m, n \in N_0$ gilt: $\qquad h(m, 2 \cdot n) = 2 \cdot h(m, n)$

✓ Lösungsvorschlag zu Teilaufgabe 1

$$h(n,m) = \begin{cases} n & \text{für } n = 0 \\ 2 \cdot h(m-1, n) & \text{sonst} \end{cases}$$

Berechnungsinduktion:
$m = 0$:
  s.u. bei Lösungsvorschlag zu Teilaufgabe 2
$m > 0$:
Beh.:
$$h(m,2n) = h^m(0,2n) = 2^m \cdot 2n = 2^{m+1} n$$
$$2 \cdot h(m,n) = 2 \cdot h^m(0,n) = 2 \cdot 2^m \cdot n = 2^{m+1} n$$
Beweis durch Induktion über n:
Induktionsanfang $n = 0$:
  $h(m,2n) = h(m,0) = 0$
  $2 \cdot h(m,0) = 0$
Induktionsvoraussetzung:
  $h(m,2n) = 2 \cdot h(m,n)$
Induktionsschritt $n \to n+1$:
  $h(m,2(n+1)) = 2^m \cdot 2 \cdot (n+1)$
  $2 \cdot h(m,n+1) = 2 \cdot 2^m \cdot (n+1)$

✓ **Lösungsvorschlag zu Teilaufgabe 2**

Induktionsanfang $m = 0$:
  $h(0,2n) = 2n$
  $2h(0,n) = 2n$
Induktionsvoraussetzung:
  $h(m,2n) = 2h(m,n)$
Induktionsschritt $m \to m+1$:
  $h(m+1,2n) = 2h(m,2n) = 4h(m,n)$
  $2h(m+1,n) = 4h(m,n)$

Herbst 1990 Aufgabe 4

Durch die Funktionsvereinbarung

```
function f(n:nat)nat:

if n≤2 then n else 2*f(n-1)+f(n-3) endif
```

ist eine Funktion $f: N_0 \to N_0$ definiert.

Teilaufgabe 1

Beweisen Sie, dass f für alle $n \in N_0$ terminiert!

Teilaufgabe 2

Die Funktion $g: N_0^4 \to N_0$ sei gegeben durch

$$g(n,x,y,z) = x \cdot f(n+2) + y \cdot f(n+1) + z \cdot f(n).$$

Beweisen Sie

$$g(n,x,y,z) = \begin{cases} 2 \cdot x + y & \text{falls } n = 0 \\ g(n-1, 2 \cdot x + y, z, x) & \text{falls } n > 0 \end{cases}$$

Teilaufgabe 3

Entwickeln Sie mit Hilfe von 2. zunächst einen repetitiv rekursiven Algorithmus zur Berechnung von $g(n, x, y, z)$ für gegebene $n, x, y, z \in N_0$ und daraus einen iterativen Algorithmus zur Berechnung von $f(n)$ für gegebenes $n \in N_0$!

Hinweis:
Formulieren Sie die Algorithmen in einer Programmiersprache wie PASCAL, MODULA o.ä. oder in einem "Pseudocode", wie er in obiger Funktionsvereinbarung verwendet ist!

✓ Lösungsvorschlag zu Teilaufgabe 1

Induktiver Terminierungsbeweis:

$$f(n) = \begin{cases} n & n \leq 2 \\ 2 \cdot f(n-1) + f(n-3) & \text{sonst} \end{cases}$$

Induktionsanfang
$n = 0$: $f(n) = 0$
$n = 1$: $f(n) = 1$
$n = 2$: $f(n) = 2$
Induktionsvoraussetzung:
$f(n)$ terminiert
Induktionsschritt $n \to n+1$:
$f(n+1) = 2 f(n) + f(n-2)$ terminiert wegen Induktionsvoraussetzung und da mit $f(n)$ auch $f(n-2)$ terminiert.

✓ Lösungsvorschlag zu Teilaufgabe 2

L: $g(n, x, y, z) = x f(n+2) + y f(n+1) + z f(n)$

Behauptung:

R: $g(n,x,y,z) = \begin{cases} 2x + y & n = 0 \\ g(n-1, 2x+y, z, x) & n > 0 \end{cases}$

Beweis:
$n = 0$:
  L: $xf(2) + yf(1) + zf(0) = 2x + y$
  R: $g(0, x, y, z) = 2x + y$
$n = 1$:
  L: $xf(3) + yf(2) + zf(1) = x(2f(2) + f(0)) + yf(2) + zf(1) = 4x + 2y + z$
  R: $g(1, x, y, z) = g(0, 2x+y, z, x) = 2(2x + y) + z = 4x + 2y + z$
$n \to n + 1$:
  L: $g(n + 1, x, y, z) = xf(n+3) + yf(n+2) + zf(n+1)$
  $= x(2f(n + 2) + f(n)) + yf(n + 2) + zf(n + 1)$
  $= 2xf(n + 2) + xf(n) + yf(n + 2) + zf(n + 1)$
  R: $g(n + 1, x, y, z) = g(n, 2x + y, z, x) = (2x + y)f(n + 2) + zf(n + 1) + xf(n)$
  $= 2xf(n + 2) + xf(n) + yf(n + 2) + zf(n + 1)$

✓ **Lösungsvorschlag zu Teilaufgabe 3**

```
if n = 0    then 2x+y
            else g(n-1,2x+y,z,x)

fct g (n,x,y,z: nat) nat:
    while n > 0 do
        n = n-1, a = x, x = 2x+y, y = z, z = a od;
    return 2x+y;


fct h (n : nat) nat:
    var x,y,z : nat;
    x = 0; y = 0; z = 1;
    while n > 0 do
        n = n-1, a = x, x = 2x+y, y = z, z = a od;
    return 2x+y;
```

Herbst 1991 Aufgabe 3

Hinweis:
Verwenden Sie zur Beschreibung der in dieser Aufgabe zu entwickelnden Algorithmen eine Syntax, wie sie in höheren Programmiersprachen wie PASCAL, MODULA o.ä. üblich ist.
Für die Menge *bbchar* aller Binärbäume über einer Grundmenge char von Zeichen seien als Grundoperationen verfügbar:

empty: → *bbchar*	*empty* = leerer Binärbaum
isempty: *bbchar* → *boolean*	*isempty(b)* = *true* ⇔ *b* ist leer
root: *bbchar* → *char*	*root(b)* = Wurzel von *b*, falls *b* ≠ *empty*
left: *bbchar* → *bbchar*	*left(b)* = linker Unterbaum von *b*, falls *b* ≠ *empty*
right: *bbchar* → *bbchar*	*right(b)* = rechter Ub von *b*, falls *b* ≠ *empty*

(Für *b* = *empty* ist *root(b)*, *left(b)*, *right(b)* jeweils undefiniert.)

Teilaufgabe 1

Definieren Sie mit Hilfe dieser Grundoperationen rekursiv die folgenden weiteren Operationen (wobei diese Definitionen gegebenenfalls auf weitere geeignet definierte Operationen abgestützt werden können):

1.1
bbgleich: *bbchar* x *bbchar* → *boolean* $\qquad$ *bbgleich*(b_1, b_2) = *true* ⇔ b_1 und b_2 sind gleich,

1.2
istord: *bbchar* → *boolean* $\qquad$ *istord*(*b*) = *true* ⇔ *b* ist geordnet (sortiert)

1.3
istvoll: *bbchar* → *boolean* $\qquad$ *istvoll*(*b*) = *true* ⇔ *b* ist vollständig

Teilaufgabe 2

Die Operation *enthalten*: *bbchar* x *char* → *boolean* mit

$\qquad$ *enthalten* (*b,x*) = *true* ⇔ *x* ist als Knoten in *b* enthalten

kann rekursiv wie folgt definiert werden:

```
enthalten(b,x) = if isempty(b)
                 then false
                 else x =   root(b) v
                            enthalten(left(b),x) v
                            enthalten(right(b),x)
                 endif
```
Geben Sie – unter Verwendung einer geeignet gewählten Datenstruktur *keller* (für Kellerspeicher) – einen iterativen Algorithmus an, der *enthalten*(*b, x*) für gegebene *b* und *x* berechnet!

Teilaufgabe 3

Unter der Voraussetzung, dass *b* geordnet (sortiert) ist, lässt sich enthalten linear rekursiv definieren.

Geben Sie diese Definition und einen entsprechenden iterativen Algorithmus (ohne Verwendung eines Kellers) zur Berechnung an!

Teilaufgabe 4

Binärbäume seien nun in üblicher Weise durch Geflechte realisiert, in PASCAL-Notation etwa:

```
TYPE   bbchar = ↑bbelem;
       bbelem = RECORD
              wurzel : char;
              lub : bbchar; (* linker Unterbaum *)
              rub : bbchar  (* rechter Unterbaum *)
       END;
```

Geben Sie Algorithmen zur Realisierung der Operationen *isempty*, *root* und *left* gemäß dieser Darstellung an!

Teilaufgabe 5

Geben Sie einen Algorithmus an, der den Binärbaum

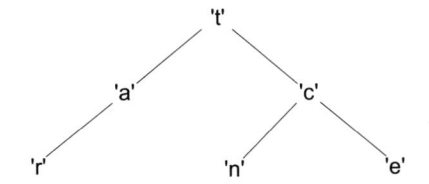

in der Darstellung von Teilaufgabe 4 erzeugt!

Geben Sie dazu zunächst einen Algorithmus für die Operation

compose: *char* x *bbchar* x *bbchar* → *bbchar*,
compose (x, b_1, b_2) = Binärbaum mit Wurzel x, linkem Unterbaum b_1 und rechtem Unterbaum b_2

an und verwenden Sie diesen zum Aufbau des Binärbaums!

✓ Lösungsvorschlag zu Teilaufgabe 1

(Implementierung in Pascal)

```pascal
function bbgleich(b1,b2:bbchar) : boolean;
var bFlag : boolean;
begin
      bFlag:= true;
      if ((isempty(b1) AND (NOT isempty(b2))) OR
            (isempty(b2) AND (NOT isempty(b1))) )
      then bFlag:= false;
      if (bFlag AND (NOT isempty(b1)) AND (NOT isempty(b2)))
      do begin
            if (root(b1)=root(b2))
            then begin
              bFlag:= bFlag AND bbgleich(left(b1),left(b2));
              bFlag:= bFlag AND bbgleich(right(b1),right(b2));
            end
            else bFlag:=false;
      end;
      bbgleich:= bFlag;
end;
function istord(b:bbchar) : boolean;
var bFlag : boolean;
begin
      bFlag:= true;
      if (NOT isempty(b)) then
      begin
            if ( NOT isempty(left(b)) )
            then begin
                  if ( root(left(b))<root(b) )
                  then bFlag:=bFlag AND istord(left(b))
                  else bFlag:=false;
                  end
            else bFlag:=true;
            if ( bFlag AND (NOT isempty(right(b))) )
            then begin
              if ( root(right(b))>root(b) )
              then bFlag:=bFlag AND istord(right(b))
              else bFlag:=false;
              end;
      end;
      istord:= bFlag;
end;
```

1.3 Programmiermethodik

```
function istvoll(b:bbchar) : boolean;
var bFlag : boolean;
begin
      if(isempty(b) OR (isempty(left(b)) AND
         isempty(right(b))))
      then bFlag:= true
      else  if (isempty(left(b)) OR isempty(right(b)))
            then bFlag:= false
            else bFlag:= (istvoll(left(b)) AND
                         istvoll(right(b)));
      istvoll:= bFlag;
end;
```

✓ Lösungsvorschlag zu Teilaufgabe 2

Datenstruktur Keller:

```
const n = 250;                   (* Wert beliebig = stack size *)
(* Keller als globale Variable anlegen *)
type Keller = array [1..n] of char;
var pKeller : ^Keller;           (* Kellerzeiger, zeigt auf
                                    unterstes Element im Keller *)
new(pKeller);                    (* Zeiger anlegen *)
(* Binärbaum in Keller umwandeln,
inorder-Durchlauf vgl. [DUD1, 62] *)
function bbcharToKeller(b:bbchar):pKeller;
var pKeller2 : ^Keller;          (* Kopie erstellen *)
begin
      new(pKeller2);
      pKeller2 := pKeller;
      if (NOT isempty(b))
      then begin
            (* linker Teilbaum *)
            bbcharToKeller(left(b));
            (* Inhalt zuweisen *)
            pKeller2^ :=root(b);
            (* Stack-Zeiger weitersetzen *)
            pKeller2 := pKeller2+1;
            (* rechter Teilbaum *)
            bbcharToKeller(right(b));
      end;
      bbcharToKeller := pKeller2;
end;
```

```
function enthalten(b:bbchar,x:char) : boolean;
var   bFlag : boolean;
      pKeller3 : ^Keller;
begin
      bFlag := false;
      new(pKeller3);
      pKeller3 := bbcharToKeller(b);
      while ((NOT bFlag) AND (pKeller <= pKeller3)) do
      begin
            if pKeller3^ = x
            then bFlag := true
            else pKeller3 := pKeller3 - 1;
      end;
      enthalten:= bFlag;
end;
```

> **Lineare Rekursion und weitere Rekursionsarten:**
> Lineare Rekursion bedeutet, dass in jedem Zweig des Programms höchstens ein rekursiver Aufruf der zu berechnenden Funktion vorkommt.
> Daneben gibt es repetitive Rekursion (rekursiver Aufruf steht ganz außen), kaskadenartige Rekursion (zwei oder mehr Aufrufe kommen vor), vernestete Rekursion (Aufrufe ineinander verschachtelt), verschränkte Rekursion.

✓ Lösungsvorschlag zu Teilaufgabe 3

Linear rekursive Definition von *enthalten (b, x)*:

```
function enthalten(b:bbchar,x:char) : boolean;
var bFlag : boolean;
begin
      bFlag:= false;
      while ((NOT bFlag) AND (NOT isempty(b))) do begin
            if (root(b) = x)
            then bFlag:= true
            else  if (root(b)<x)
                  then enthalten(right(b))
                  else enthalten(left(b));
      end;
      enthalten:= bFlag;
end;
```

1.3 Programmiermethodik

Iterativer Algorithmus von *enthalten (b, x)*:

```
function enthalten(b:bbchar,x:char) : boolean;
var    bFlag : boolean;
       bcopy : bbchar; (* damit Orginal nicht gelöscht wird *)
begin
bcopy:= b;
       bFlag:= false;
       while ((NOT isempty(bcopy)) AND (bFlag=false))
       do begin
              if (root(bcopy)=x)
              then bFlag:= true;
              else if (root(bcopy)   x)
                   then bcopy:= right(bcopy);
                   else bcopy:= left(bcopy);
       end;
       enthalten:= bFlag;
end;
```

✓ Lösungsvorschlag zu Teilaufgabe 4

```
function isempty(b:bbchar) : boolean;
var bFlag : boolean;
begin
       bFlag:= false;
       if ((b.wurzel=`´) AND (b.lub=NIL) AND (b.rub=NIL))
       then bFlag:= true;
       isempty:= bFlag;
end;
function root(b:bbchar) : char;
var c : char;
begin
       if (NOT isempty(b)) then c:= b.wurzel else c:=`´;
       root:= c;
end;
function left(b:bbchar) : bbchar;
var bb : bbchar;
begin
       if (b.lub<>NIL) then bb:= b.lub else bb:= NIL;
       left:= bb;
end;
```

✓ **Lösungsvorschlag zu Teilaufgabe 5**

```
var testbaum : array [1..6] of bbchar;
function compose(x: char; b1,b2 : bbchar) : bbchar;
var test : bbchar;
begin
      new(test);
      test^.wurzel := x;
      test^.lub := b1;
      test^.rub := b2;
      compose:= test;
end;
begin
      testbaum[1] := compose('r', NIL, NIL);
      testbaum[2] := compose('a', testbaum[1], NIL);
      testbaum[3] := compose('n', NIL, NIL);
      testbaum[4] := compose('e', NIL, NIL);
      testbaum[5] := compose('c', testbaum[3], testbaum[4]);
      testbaum[6] := compose('t', testbaum[2], testbaum[5]);
end.
```

Herbst 1991 Aufgabe 4

Durch die Funktionsvereinbarung

```
function f(x,y,z:nat)nat:
```

if x=y **then** z **else** f(x,y+1,(y+1)*z) **endif**

ist eine Funktion $f: N_0^3 \to N_0$ gegeben.

Teilaufgabe 1

Bestimmen Sie den Wert von $f(4, 0, 2)$!

Teilaufgabe 2

Beweisen Sie: $f(x, y, z)$ terminiert für alle $x, y, z \in N_0$ mit $x \geq y$!

✓ **Lösungsvorschlag zu Teilaufgabe 1**

$f(4, 0, 2) = f(4, 1, 2) = f(4, 2, 4) = f(4, 3, 12) = f(4, 4, 48) = 48$

1.3 Programmiermethodik

✓ **Lösungsvorschlag zu Teilaufgabe 2**

Fall 1 ($x = y$):
  trivial
Fall 2 ($x > y$):
  Sobald $x = y$ sind die Berechnungen beendet. y wird in jedem Funktionsaufruf inkrementiert, x bleibt gleich. Somit terminiert der Algorithmus nach $x - y + 1$ Schritten.
  Formell beweist man die Terminierung einer rekursiven Funktion durch Angabe einer Abstiegsfunktion, hier z.B.

$$h(x,y,z) = \begin{cases} x-y & \text{falls } x \geq y \\ 0 & \text{sonst} \end{cases}$$

Offensichtlich gilt $h(x, y, z) \geq 0$ für alle $x, y, z \in N$.
Im Fall $x = y$ terminiert die Berechnung und es ist nichts zu tun.
Im Fall $x > y$ gilt $x - y = h(x, y, z) > h(x, y + 1, (y + 1) * z) = x - y - 1$.
(ACHTUNG : Echt größer ist entscheidend. „$\geq$" reicht NICHT!)
Daher terminiert $f(x, y, z)$ für alle $x \geq y$.

Frühjahr 1993 Aufgabe 3

Teilaufgabe 1

Eine Objektart ist durch eine Trägermenge und einen Satz Operationen definiert. Wie entsteht die Trägermenge bei einer Verbundart und welche Operationen sind darauf definiert? Verwenden Sie als Beispiel

```
mode datum = (    int[1..31] tag,
                  int[1..12] monat,
                  int[1900..1999] jahr)
```

Teilaufgabe 2

Definieren Sie die Objektart der binären Bäume als rekursive Verbundart! Mit welchem Konzept realisiert man rekursive Verbundarten in den gängigen Programmiersprachen (PASCAL, C)?

Teilaufgabe 3

Beschreiben Sie eine Technik zur Umwandlung beliebiger Bäume in binäre! Zeigen Sie durch eine Plausibilitätsbetrachtung, dass das Durchlaufen des Baumes in Prä-Ordnung von dieser Umwandlung nicht berührt wird!

Teilaufgabe 4

Welche Konstruktionsvorschrift liegt den Artvarianten zugrunde? Erläutern Sie Ihre Antwort an einem geeigneten Beispiel! Zeigen Sie, dass die unmittelbare Verwendung des zugrundeliegenden mathematischen Konzeptes eine statische Typprüfung nicht zulässt! (ohne Lösung)

✓ Lösungsvorschlag zu Teilaufgabe 1

Trägermenge und Operationen:
> Der neue Wertebereich ist das kartesische Produkt der Wertebereiche der einzelnen Datentypen; also hier:
> $\{1, ..., 31\} \times \{1, ..., 12\} \times \{1900, ..., 1999\} =$
> $= \{(t, m, j) \mid 1 \leq t \leq 31, 1 \leq m \leq 12, 1900 \leq j \leq 1999\}$
> Dies ist unter Berücksichtigung geeigneter Rechenstrukturen isomorph zu $Z_{31} \times Z_{12} \times Z_{100}$.

Initialisierung:
```
var Datum1 : datum;
Datum1.tag   := 30;
Datum1.monat := 6;
Datum1.jahr  := 1971;
```
Selektion (= Zugriff auf eine Komponente des records):
```
<Recordvariable>.<Selektor>
```
z.B.: Datum1.monat

Auf jeder Komponente sind weiterhin die darauf verfügbaren Operationen definiert, die (durch Hintereinanderausführung) organisiert werden können.

✓ Lösungsvorschlag zu Teilaufgabe 2

Baum als rekursive Verbundart (vgl. [DUD1, 61]):

```
type  knoten = record
              anzahlKinder : 1..n;
              s₁,...,sₙ    : ↑ knoten;
              inhalt       : <irgendein Datentyp>;
      end;
```

Binärbäume:

```
type  bintree = ^tree_elem;
              tree_elem = record
              LUB    : ^bintree;
              RUB    : ^bintree;
              inhalt : <irgendein Datentyp>;
      end;
```

Konzept: Zeiger/Pointer (vgl. [DUD1, 780])

> **Allgemeine Bäume und Binärbäume:** (vgl. [LIP, 271f])
> Speicherung allgemeiner Bäume:
> – verkettet in drei parallelen Feldern
>   INFO [k]   enthält den Informationsteil des Knotens
>   NACH [k]   enthält den Index des ersten Nachfolgers von k
>   BRUDER [k] enthält den Index des nächsten Bruders von k
> – einem Zeiger auf WURZEL
> – einem Zeiger auf FREI
> Binärbäume sind **kein** Spezialfall allgemeiner Bäume, sondern eigenständige Objekte. Die beiden grundlegenden Unterschiede sind:
> – Ein Binärbaum BB kann leer sein, nicht aber ein allgemeiner Baum AB
> – Wenn ein Knoten k nur einen Nachfolger besitzt, erhalten wir bei Binärbäumen unterschiedliche Bäume in Abhängigkeit davon, ob es sich um einen linken oder einen rechten Nachfolger handelt. Bei allgemeinen Bäumen wird ein solcher Unterschied nicht gemacht.

✓ Lösungsvorschlag zu Teilaufgabe 3

Wir können jedem gegebenen allgemeinen Baum AB eindeutig einen Binärbaum BB zuordnen. Dabei sind die Knoten des Binärbaums identisch mit denen des allgemeinen Baumes und die Wurzel bleibt ebenfalls erhalten. Für jeden Knoten K des Binärbaums BB wird der erste Nachfolger von K in AB als linker Nachfolger in BB gewählt. Als rechter Nachfolger wird der nächste Bruder von K gewählt.

(Falls ein allgemeiner Baum und der zugehörige Binärbaum verkettet gespeichert wurden, ist das Ergebnis bis auf die Namen der verwendeten linearen Felder identisch. Den Feldern NACH und BRUDER beim allgemeinen Baum entsprechen die Felder LINKS und RECHTS beim zugehörigen Binärbaum.)

Beispiele:

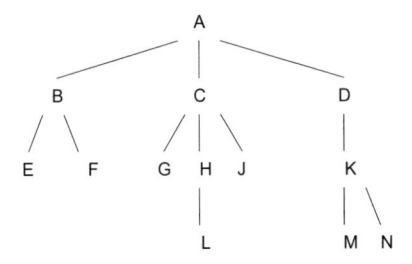

```
              A
         /    |    \
        B     C     D
       / \  / | \   |
      E  F G  H  J  K
             |    / \
             L   M   N
```

```
        A
       /
      B
    /   \
   E     C
    \   / \
     F G   D
        \  /
         H K
        /\ /\
       L J M
            \
             N
```

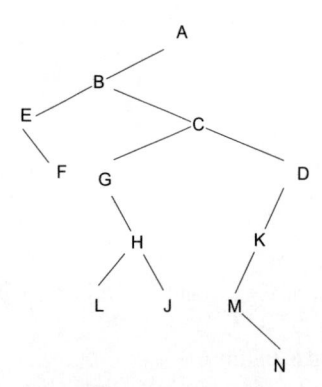

Behauptung:
Das Durchlaufen des Baumes in Präordnung wird von dieser Umwandlung nicht berührt.
Plausibilitätsbetrachtung (Präordnung: Knoten – links - rechts):
Das Durchlaufen des Baumes in Präordnung bedeutet anschaulich – wenn man die graphische Darstellung des Baumes vor Augen hat -, dass zunächst der Ast ganz links bis zum Ende verfolgt wird, dann ab demjenigen Knoten, der sich möglichst weit unten befindet und der einen noch nicht besuchten Sohn hat, der rechte Ast in analoger Weise abgeschritten wird usw.
Wenn der Baum durch die 3 Felder INFO, NACH und BRUDER dargestellt ist, bedeutet das Durchlaufen des Baumes in Präordnung anschaulich, dass beginnend mit der Wurzel zunächst die Folge der Nachfolger notiert wird; ist kein Nachfolger mehr vorhanden, geht man so lange rückwärts bis man zu einem Knoten kommt, der einen Bruder besitzt, um von hier aus die Nachfolgerkette abzuschreiten. Gleichgültig ob die Spalten nun NACH und BRUDER oder LINKS und RECHTS heißen, die Reihenfolge der Knoten bleibt dieselbe.

Frühjahr 1993 Aufgabe 4

Betrachten Sie folgende Spezifikation eines abstrakten Datentyps:

$$
\begin{aligned}
&init: &&\rightarrow type \\
&add: \quad &&type \times nat \quad \rightarrow type \\
&remove: &&type \quad \rightarrow type \\
&is\_empty: &&type \quad \rightarrow boolean \\
&first: &&type \quad \rightarrow nat \\
&is\_empty\,(init) &&= true \\
&is\_empty\,(add\,(t, n)) &&= false \\
&first\,(add\,(init, n)) &&= n \\
&remove\,(add\,(init, n)) &&= init \\
&first\,(add\,(add\,(t, n), m)) &&= first\,(add\,(t, n)) \\
&remove\,(add\,(add\,(t, n), m)) &&= add\,(remove\,(add\,(t, n)), m)
\end{aligned}
$$

Teilaufgabe 1

Erläutern Sie unter Verwendung dieses Beispiels, was die wesentliche Idee der algebraischen Spezifikation ist!

Teilaufgabe 2

Die angegebene Spezifikation definiert einen in der Informatik häufig anzutreffenden Datentyp. Welcher Datentyp ist das? Begründung!

Teilaufgabe 3

Das angegebene Gleichungssystem induziert auf der Termalgebra eine Kongruenzrelation. Geben Sie deren formale Definition an!

Teilaufgabe 4

Zeigen Sie, dass es in jeder der durch 3. definierten Kongruenzklassen genau einen Term gibt, der entweder die Operation `remove` überhaupt nicht oder nur in der Form *remove(init)* enthält!

✓ Lösungsvorschlag zu Teilaufgabe 1

Die wesentliche Idee der algebraischen Spezifikation:
eine genaue Festlegung der Aufgabenstellung, d.h. Erfassung der im Anwendungsgebiet relevanten Grundbegriffe, Strukturen und Zusammenhänge (Systemanalyse), Erfassung und Festlegung der Problemstellung (Anforderungsdefinition) und Erfassung etwaiger Nebenbedingungen [BR1, 86].
Der für die Spezifikation benötigte Aufwand zahlt sich in der Regel durch die Verringerung des Aufwands bei der eigentlichen Programmierung um ein Vielfaches aus.
Für umfangreichere Aufgabenstellungen umfasst die Spezifikation häufig eine genauere Beschreibung der im Anwendungsgebiet auftretenden Sorten und Funktionen als Basis für die Beschreibung der eigentlich zu erstellenden Programme. Dabei werden die Rechenstrukturen durch Angabe der Funktionalität und geltenden Gleichungen axiomatisch beschrieben.

✓ Lösungsvorschlag zu Teilaufgabe 2

Datentyp: (geordnete) Schlange mit Elementen aus N
Begründung (vgl. [DUD1, 620]):
„Eine Folge heißt Schlange, wenn Elemente nur am Ende eingefügt und am Anfang entfernt werden dürfen. [...] und es gibt zwei Zugriffsoperationen, von denen die eine ein Element aus T stets an das Ende der Folge anfügt und die andere stets das erste Element der Folge entfernt und als Ergebnis liefert." Genau dies wird durch die Regeln für *first* und *remove* erzwungen. Diese sog. Schlangen kann man sich z.B. als verkettete Listen implementiert vorstellen.

✓ Lösungsvorschlag zu Teilaufgabe 3

Kongruenzrelation (vgl. [BR1, 20]):
„Allgemein heißt eine Äquivalenzrelation eine Kongruenzrelation bzgl. einer gegeben Menge von Abbildungen, wenn für alle betrachteten Abbildungen f aus der Äquivalenz der Argumente die Äquivalenz der Funktionswerte folgt.
Formal: $\quad a_1 \sim b_1, \ldots, a_n \sim b_n$ impliziert $f(a_1, \ldots, a_n) \sim f(b_1, \ldots, b_n)$"
Also: Führt man auf zwei Schlangen dieselben Funktionen aus und erhält man dadurch identische Ergebnisse, so erhält man zwei kongruente Schlangen.
Formal: Seien s, t zwei Elemente der Sorte *type*. $s \sim t \Leftrightarrow norm(s) = norm(t)$, wobei $norm(s)$ eine Abbildung ist, die s durch Anwendung der Regeln in Normalform überführt. Ein Element der Sorte *type* sei in Normalform, wenn es nur durch *init* und *add* dargestellt wird oder *remove* nur in Verbindung mit *remove(init)* vorkommt.

✓ Lösungsvorschlag zu Teilaufgabe 4

Bemerkung:
Oben angeführte Abbildung *norm(s)* gibt genau diesen einen Term aus der Kongruenzklasse von s aus, der *remove* gar nicht oder nur in der Form *remove(init)* enthält.
Beweis:
Es gibt einen. Denn angenommen, *remove* käme nicht nur in der Form *remove(init)* vor. Dann kommt es in der Form *remove(add(...))* vor, denn alle anderen Kombinationen haben nicht den richtigen Typ. Hierfür gibt es aber eine Regel, die sowohl *remove* als auch *add* entfernt. Das dadurch entstandene Element ist in derselben Kongruenzklasse und enthält ein *remove* weniger. Dies kann man solange fortsetzen, bis alle Vorkommen von *remove(add(...))* eliminiert wurden.
Es gibt nicht mehr als einen. Angenommen, es gäbe zwei verschiedene solche Ausdrücke. Da beide Ausdrücke aber bereits in Normalform vorliegen, liegen sie in verschiedenen Kongruenzklassen. Widerspruch!

Herbst 1993 Aufgabe 3

Gegeben sei eine Funktion $G: N_0 \to N_0$ mit $G(x) \leq x$ für alle $x \in N_0$.

Durch die Funktionsvereinbarung

```
function F(x:nat)nat:

if x mod 2 = 0 then G(x) else F(F(x-1)) endif
```

ist eine Funktion $F: N_0 \to N_0$ definiert.

Teilaufgabe 1

1.1
Beweisen Sie: $F(x)$ terminiert für alle $x \in N_0$.

1.3 Programmiermethodik

1.2
Beweisen Sie: Falls $G(x) = x$ für alle $x \in N_0$, so gilt $F(F(x)) = F(x)$ für alle $x \in N_0$.

Teilaufgabe 2

Die Funktion $F^*: N_0 \times N_0 \to N_0$ sei wie folgt definiert:

$$F^*(x,y) = \begin{cases} x & \text{falls } y = 0 \\ F^*(F(x), y-1) & \text{sonst} \end{cases}$$

2.1
Beweisen Sie: Für alle $x \in N_0$ gilt $F(x) = F^*(x,1)$.

2.2
Geben Sie eine repetitiv rekursive Funktionsvereinbarung für F^* an (die sich nicht auf F abstützt), und entwickeln Sie daraus durch Entrekursivierung und Spezialisierung (gemäß Teilaufgabe 2.1) einen iterativen Algorithmus zur Berechnung von F.

✓ Lösungsvorschlag zu Teilaufgabe 1

1.1
Für gerade x terminiert F sofort.
Für ungerade x gilt:
$F(F(x-1)) = F(G(x-1))$, da in diesem Fall $x - 1$ gerade und $G(x-1) \le x-1 < x$, d.h. die Parameter der aufeinanderfolgenden Aufrufe bilden eine streng monoton fallende Folge.

1.2
x gerade: $F(F(x)) = F(G(x)) = F(x)$
x ungerade: $F(F(x)) = F(F(F(x-1))) = F(F(G(x-1))) = F(F(x-1)) = F(x)$

✓ Lösungsvorschlag zu Teilaufgabe 2

$F^*(x,2) = F^*(F(x),1) = F^*(F(F(x)),0) = F^2(x)$

2.1
$F^*(x,1) = F^*(F(x),0) = F(x)$

2.2
Wir entwickeln die repetitiv rekursive Funktionsvereinbarung schrittweise:

```
F*(x,y)     =   if y=0 then x else F*(F(x), y-1)
            =   if y=0 then x
                else if x mod 2=0 then F*(G(x),y-1)
                     else F*(F(G(x-1)),y-1)
            =   if y=0 then x
                else if x mod 2=0 then F*(G(x),y-1)
                     else F*(G(x-1),y) ;
NR: F*(F(G(x-1)),y-1) = F^{y-1}(F(G(x-1))) = F*(G(x-1),y)
```

wie man leicht durch Induktion erkennt.

Terminierung:

Summe der Parameter absteigend und durch Null beschränkt:

$G(x) + y - 1 \bullet x + y - 1 < x + y$
$G(x - 1) + y \bullet x + y - 1 < x + y$

Iterativer Algorithmus für $F^*(x,y)$:

```
x̄ := x;  ȳ := y;
while  ȳ ≠ 0  do    if 2| x̄  then  x̄ := G(x̄); ȳ := ȳ -1;
                    else  x̄ :=G(x̄ -1); od;
```

Daraus ergibt sich der iterative Algorithmus für $F(x)$:

```
x̄ := x;  ȳ := 1;
while ...  (s.o. Algorithmus für F*(x,y))
```

Herbst 1993 Aufgabe 4

Gegeben seien folgende Produktionsregeln (in Backus-Naur-Form) für die Syntaxdefinition von Gleitpunktzahlen (über dem Alphabet $\{+,-,.,E,0,1,2,3,4,5,6,7,8,9\}$):

<Gleitpunktzahl> → <Vorzeichen><nichtnegative Zahl>|<nichtnegative Zahl>
<nichtnegative Zahl> → <Mantisse><Exponent>
<Mantisse> → <Ziffernfolge>.<Ziffer><Ziffernfolge>
<Exponent> → E<ganze Zahl>| ε
<ganze Zahl> → <Vorzeichen><Ziffer><Ziffernfolge>|<Ziffer><Ziffernfolge>
<Ziffernfolge> → <Ziffer><Ziffernfolge>| ε
<Vorzeichen> → + | -
<Ziffer> → 0 | 1 | 2 | 3 | 4 | 5 | 6 | 7 | 8 | 9

Teilaufgabe 1

Geben Sie für die Gleitpunktzahl `4.538E-2` den Syntaxbaum gemäß dieser Definition an!

Teilaufgabe 2

Geben Sie einen Syntaxanalyse-Algorithmus nach der Methode des rekursiven Abstiegs („recursive descent") an, der feststellt, ob eine vorgelegte Zeichenreihe eine Gleitpunktzahl gemäß dieser Definition ist!

✓ Lösungsvorschlag zu Teilaufgabe 1

```
                        <Gleitpunktzahl>
                              |
                        <nichtnegativeZahl>
                       /                  \
                <Mantisse>              <Exponent>
           /    |    |    \            /    |    \
   <Ziffernfolge> . <Ziffer> <Ziffernfolge>  E  <ganze Zahl>
      /    \           |       /    \         /    |    \
 <Ziffer><Ziffernfolge> 5  <Ziffer><Ziffernfolge> <Vorzeichen><Ziffer><Ziffernfolge>
    |        |                |       /    \           |         |         |
    4        e                3  <Ziffer><Ziffernfolge> -         2         e
                                    |        |
                                    8        e
```

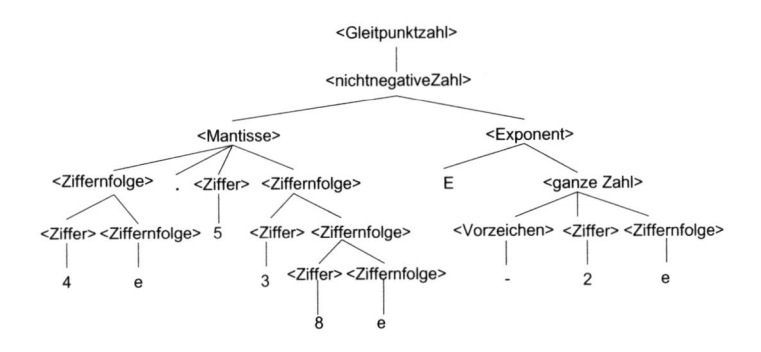

✓ Lösungsvorschlag zu Teilaufgabe 2

Syntaxanalyse-Algorithmus (vgl. [DUD2, 651], [DUD1, 707ff]):

„Wenn man einen Parser von Hand programmiert, so wird häufig die Technik des rekursiven Abstiegs verwendet: Dabei geht man aus von der kontextfreien Grammatik der Programmiersprache." Jeder Regel der Grammatik wird eine Prozedur zu geordnet, die den Ableitungsschritt rückwärts nachvollzieht. Dabei wird z.B. ein Syntaxbaum für das zu erkennende Wort aufgebaut, in dem die erkannten Zeichen der rechten Regelseite als Token in einen Teilbaum mit Wurzel linker Regelseite eingehängt werden. Alternativ können auch erkannte Zeichen durch die linke Regelseite ersetzt werden.

Für Terminalzeichen besteht der Rumpf der Prozedur nur aus einem `read_scanner`-Befehl (d.h. der Scanner soll das nächste Token lesen). Handelt es sich dagegen um ein Nichtterminalzeichen, dann besteht der Rumpf aus einer Fallunterscheidung; jeder Zweig dieser Fallunterscheidung entspricht hierbei genau einer Regel für dieses Nichtterminalzeichen. Die Anweisung in jedem Zweig ist eine Folge von Aufrufen von denjenigen Prozeduren, die den Symbolen der rechten Seite der Regeln entsprechen.

```
procedure E;
begin read_scanner end;
procedure point;
begin read_scanner end;
procedure plus;
begin read_scanner end;
procedure minus;
begin read_scanner end;
procedure null;                ...    procedure neun;
begin read_scanner end;               begin read_scanner end;
```

```
procedure gleitpunktzahl;
begin
      case ... of
            ...: begin
                    vorzeichen;
                    nichtnegativeZahl;
                 end;
            ...: nichtnegativeZahl;
      end;
end;
procedure nichtnegativeZahl;
begin
      mantisse;
      exponent;
end;
procedure mantisse;
begin
      ziffernfolge;
      point;
      ziffer;
      ziffernfolge;
end;
procedure exponent;
begin
      case ... of
            ...: begin
                    E;
                    ganzeZahl;
                 end;
            ...: ;
      end;
end;
usw.
```

Frühjahr 1994 Aufgabe 3

Teilaufgabe 1

Erläutern Sie die auf Floyd und Hoare zurückgehende Verifikationsmethode. (In Ihrer Antwort müssen mindestens die Begriffe Zusicherung, schwächste Vorbedingung und Prädikattransformation vorkommen.)

Teilaufgabe 2

Betrachten Sie folgendes Programmfragment mit der Nachbedingung $a = n^3$:

```
a:=0; b:=1; c:=0;
WHILE c<6*n DO
    a := a + b;
    c := c + 6;
    b := b + c;
END;
```

Geben Sie die Schleifeninvariante an, und beweisen Sie diese durch Induktion. Beweisen Sie als zweites die Nachbedingung. Was fehlt dann noch für eine vollständige Verifikation?

✓ Lösungsvorschlag zu Teilaufgabe 1

Die Verifikationsmethode nach Floyd und Hoare kann verwendet werden, um die Korrektheit von Algorithmen zu zeigen.

Die Programmanweisungen werden dabei durch Zusicherungen in Form sog. Hoarescher Tripel angereichert: $\{P\}\ S\ \{Q\}$, wobei S eine Anweisung und P und Q gewisse prädikatenlogische Aussagen sind. Die bedeutet: Gilt vor Anweisung S die Bedingung P, so gilt nach Ausführung von S die Zusicherung P. Aufgrund logischer Ableitungen können die Prädikate auch transformiert werden, insbesondere abgeschwächt oder verstärkt.

Man überlegt sich, unter welchen Umständen das gewünschte Ergebnis erzielt werden soll und wählt dabei die schwächste Vorbedingung, d.h. die Bedingung mit den geringsten Einschränkungen.

Für die Ableitung der Prädikate gibt es gewisse Regeln, z.B.

$$\frac{\{P\}S1\{Q\} \quad \{Q\}S2\{R\}}{\{P\}S1; S2\{R\}}$$

für die sequentielle Komposition. Daneben gibt es das Zuweisungsaxiom, skip und abort-Axiome, eine Regel für die bedingte Anweisung, die Wiederholungs-Anweisung und die Abschwächung.

Häufig benötigt man für den Beweis der Korrektheit bei Schleifen eine Schleifeninvariante als Zusicherung.

✓ Lösungsvorschlag zu Teilaufgabe 2

Behauptung:

$\{\ a = (c/6)^3\ \wedge\ b = 3(c/6)^2 + 3(c/6) + 1\ \}$ ist Schleifeninvariante

Beweis:

$n = 0$:

 $\{ a = (c/6)^3 \wedge b = 3(c/6)^2 + 3(c/6) + 1 \}$ gilt zu Beginn,
 denn $0 = (0/6)^3 \wedge 1 = 3*0 + 3*0 + 1$

$n \to n+1$:

 Vor Durchlaufen der Schleife gelte die Invariante $\{ a = (c/6)^3 \wedge b = 3(c/6)^2 + 3(c/6) + 1 \}$
 $a := a + b$;
 $\qquad \{ a = (c/6)^3 + 3(c/6)^2 + 3(c/6) + 1 = (c/6 + 1)^3 \wedge b = 3(c/6)^2 + 3(c/6) + 1 \}$
 $c := c + 6$;
 $\qquad \{ a = (c/6)^3 \wedge b = 3(c/6 - 1)^2 + 3(c/6 - 1) + 1 \}$
 $\qquad \{ a = (c/6)^3 \wedge b + c = 3(c/6)^2 + 3(c/6) + 1 \}$
 $b := b + c$;
 $\qquad \{ a = (c/6)^3 \wedge b = 3(c/6)^2 + 3(c/6) + 1 \}$

Also gilt die Invariant auch nach Durchlaufen der Schleife.

Das Programm endet, wenn $c = 6n$ ist, also $a = n^3$.

Dies zeigt nur die partielle Korrektheit des Programms. Für eine vollständige Verifikation fehlt der Nachweis der Terminierung.

Frühjahr 1994 Aufgabe 4

Teilaufgabe 1

Welches sind die drei wichtigsten Teilaufgaben, die ein Codegenerator in *jedem Fall zu* lösen hat? (Hinweis: Die Optimierung gehört nicht dazu.) Beschreiben Sie diese Aufgaben.

Teilaufgabe 2

Generieren Sie Maschinencode zu den beiden folgenden C-Anweisungen.

```
x = a/(b+c) - d*(e+f);

a[i][j] = b[i][k] * c[k][j];
```

Gehen Sie dabei von einer Zielmaschine mit drei universell verwendbaren Registern aus.

Teilaufgabe 3

Erläutern Sie die folgenden Parameterübergabemechanismen:
Call-by-value, Call–by-reference, Call-by-name und Copy-Restore.

Teilaufgabe 4

Beim Aufruf einer Prozedur muss eine Umgebungsbeschreibung angelegt werden (activation record). Welche Information muss diese Beschreibung bei pascalähnlichen Sprachen enthalten? Inwiefern vereinfacht sie sich bei Sprachen, die keine geschachtelten Prozedurdeklarationen zulassen?

1.3 Programmiermethodik

✓ Lösungsvorschlag zu Teilaufgabe 1

Codegenerator (vgl. [DUD1, 135f]):
„Der Teil eines Übersetzers, der nach erfolgter Analyse aus einer internen Darstellung das Zielprogramm erzeugt." [...] Man unterscheidet zwischen syntaktischer Analyse, semantischer Analyse und Codeerzeugung. Muss man den Übersetzer an verschiedene Plattformen und Zielsprachen anpassen, erweist sich dies als Vorteil.

Lexikalische Analyse:
Bindeglied zwischen dem Quellprogramm und dem eigentlichen Übersetzer; das Quellprogramm (= Folge von Zeichen) wird in eine Folge von sog. Token ($\cong$ Terminalzeichen) übersetzt. [DUD2, 364]

Syntaktische Analyse:
hat die Funktion, ein Quellprogramm, dargestellt als Folge von Token (diese Folge wird durch die lexikalische Analyse geliefert), in einen Ableitungsbaum zu übertragen. Gleichzeitig wird untersucht, ob das Quellprogramm syntaktisch korrekt ist, also der zugrundeliegenden Grammatik entspricht. [DUD2, 650]

Semantische Analyse:
erfüllt vorwiegend zwei Aufgaben [DUD2, 593]:
– Überprüfung des Ableitungsbaumes auf Fehler
– Vorbereitung der Codeerzeugung (Verwendung von Symboltabellen)

Codeerzeugung:
Übersetzung eines Programms in Maschinensprache [DUD1, 135].

✓ Lösungsvorschlag zu Teilaufgabe 2

Maschinencode zu x=a/(b+c)-d*(e+f)
In der MI würde das Programm folgendermaßen lauten:

```
MOVE  B    I b, R1       --kopiere b nach R1
MOVE  B    I c, R2       --kopiere c nach R2
ADD   B    R1, R2, R1    --addiere Inhalt von R1 zu R2,
                         --Ergebnis in R1
MOVE  B    I a, R2
DIV   B    R2, R1, R1    --R1 = a/(b+c)
MOVE  B    I e, R2
MOVE  B    I f, R3
ADD   B    R2, R3, R2
MOVE  B    I d, R3
MULT  B    R2, R3, R2    --R2 = d*(e+f)
SUB   B    R1, R2, R1    --das Ergebnis steht nun in R1
```

Maschinencode zu a[i][j] = b[i][k]*c[k][j]

Wir gehen bei unserer Lösung davon aus, dass a, b und c Felder folgender Größe sind:
a[0 ... m-1][0 ... n-1]
b[0 ... m-1][0 ... p-1]
c[0 ... p-1][0 ... n-1].
Wenn in a die Startadresse des Feldes a[][] gespeichert ist, so kann man bei linearisierter Speicherung eines mehrdimensionalen Feldes auf a[i][j] zugreifen in Speicherzelle a+(i*n+j)*LOP (length of operand).

```
MOVE  W I k, R3           --R3 = k
MOVE  W I i, R2           --R2 = i
MOVE  W I p, R1           --R1 = p
MULT  W R1, R2, R2        --R2 = p*i
ADD   W R2, R3, R2        --R2 = p*i + k
MOVEA b, R1
MOVE  W !R1/R2/, R1       --R1 = b[i][k]
MOVE  W I n, R2           --R2 = n
MULT  W R2, R3, R3        --R3 = k*n
MOVE  W I j, R2           --R2 = j
ADD   W R3, R2, R3        --R3 = k*n + j
MOVEA c, R2
MOVE  W !R2/R3/, R3       --R3 = c[k][j]
MULT  W R1, R3, R3        --R3 = b[i][k]* c[k][j]
MOVE  W I i, R1           --R1 = I
MOVE  W I n, R2           --R2 = n
MULT  W R1, R2, R2        --R2 = i*n
MOVE  W I j, R1           --R1 = j
ADD   W R2, R1, R2        --R2 = i*n + j
MOVEA a, R1
MOVE  W R3, !R1/R2/       --fertig.
```

✓ Lösungsvorschlag zu Teilaufgabe 3

Parameterübergabemechanismen (vgl. [DUD2, 477] u.a.):

Call-by-value [DUD1, 122f]:

Übergabeart für Parameter einer Prozedur, bei der beim Proceduraufruf nur der Wert des aktuellen Parameters übergeben wird, nicht jedoch der Name oder die Adresse, unter welcher der Ausdruck im Speicher steht. Es werden bei der Parameterübergabe folgende Operationen nacheinander durchgeführt:
- Innerhalb des Prozedurrumpfes wird eine lokale Variable mit dem Namen und Typ des entsprechenden formalen Parameters vereinbart.
- Der aktuelle Parameter wird ausgewertet (dieser kann ein Ausdruck sein) und das Ergebnis der neuen lokalen Variablen zugewiesen.

Wird der formale Parameter im Prozedurrumpf verwendet, so ist damit immer die lokale Variable gemeint. Veränderungen von Wertparametern haben daher auf die aktuellen Parameter keine Auswirkungen. [...] Die Übergabe mit call-by-value verhindert unerwünschte Seiteneffekte. Sie sollte gegenüber anderen Übergabearten bevorzugt werden, insbesondere bei Funktionen.

Call-by-reference [DUD1, 122]:

Gängige Parameterübergabe in imperativen Programmiersprachen, wobei die Prozedur unmittelbar mit den aktuellen Parametern arbeiten und nicht nur auf Kopien der Werte. Wird für einen Parameter in einer Prozedur diese Übergabeart angewendet, so wird beim Prozeduraufruf die Adresse des aktuellen Parameters, unter welcher der Ausdruck im Speicher steht, übergeben. Es werden folgende Operationen durchgeführt:
- Zunächst wird innerhalb des Prozedurrumpfes eine lokale Variable mit dem Namen des formalen Parameters und vom Typ „Zeiger auf den Parametertyp" vereinbart.
- Anschließend wird der aktuelle Parameter ausgewertet (dieser kann ein Ausdruck sein), und die Speicheradresse des Ergebnisses wird der neuen Zeigervariablen zugewiesen.

Wird der formale Parameter im Prozedurrumpf verwendet, so wird dieser immer ersetzt durch die Speicheradesse (bei Zuweisungen) bzw. den Wert an der Speicheradresse (in Ausdrücken). Veränderungen von Referenzparametern haben daher Auswirkungen auf die übergebenen aktuellen Parameter. Diese sog. Seiteneffekte sind bei Prozeduren erwünscht und zum Teil notwendig. Referenzparameter muss man durch einen speziellen Zusatz als solche kenntlich machen.

Call-by-name [DUD1, 121]:

Beim Aufruf der Prozedur wird nur der Text des aktuellen Parameters übergeben. Dies bedeutet, dass jede Verwendung des formalen Parameters im Prozedurrumpf durch den aktuellen Parameter textuell ersetzt wird. Der Parameter wird nicht nur einmal beim Prozeduraufruf ausgewertet, sondern jedes Mal bei Benutzung des formalen Parameters im Prozedurrumpf. [...] Im Falle eines Namenskonflikts werden alle lokalen Variablen umbenannt.

Copy restore:

Beim Aufruf einer Prozedur wird eine Kopie der Variable angelegt, mit welcher gearbeitet wird. Nach dem Beenden der Prozedur wird der aktuelle Wert wieder zurückgeschrieben und die Kopie gelöscht. Kurzzeitig existiert diese Variable also zweimal an zwei physikalisch verschiedenen Speicherplätzen.

✓ Lösungsvorschlag zu Teilaufgabe 4

Nach [BR1, 418]

Beim Sprung in ein Unterprogramm müssen Rücksprungadresse und Parameter übergeben werden. Dies kann geschehen über Abspeichern in bestimmten Registern, in bestimmten Speicherzellen oder durch Ablegen im Keller. (vgl. MI-Befehle CALL und RET zum Sichern bzw. wiederherstellen des PC, sowie PUSHR und POPR zur Sicherung der Register)

Herbst 1994 Aufgabe 3

Sei *int* die Menge der ganzen Zahlen und *sequ int* die Menge aller endlichen Folgen ganzer Zahlen. Für *sequ int* seien als Grundoperationen verfügbar:

empty: → *sequ int*
empty = leere Folge

isempty: *sequ int* → *boolean*
isempty(s) = *true* ⇔ s ist leer

first: *sequ int* → *int*
first: $(s_1, ..., s_n) \to s_1$

rest: *sequ int* → *sequ int*
rest: $(s_1, s_2, ..., s_n) \to (s_2, ..., s_n)$

prefix: *int* x *sequ int* → *sequ int*
prefix: $(x, (s_1, ..., s_n)) \to (x, s_1, ..., s_n)$

(Für s = *empty* sind *first(s)* und *rest(s)* nicht definiert.)

S_3 sei die Menge aller Folgen aus *sequ int* mit einer durch 3 teilbaren Anzahl von Komponenten.

Teilaufgabe 1

Geben Sie (unter ausschließlicher Verwendung der genannten Grundoperationen) rekursive Funktionsvereinbarungen an für Funktionen *last*, *lead*, *postfix*, *conc* mit folgender Bedeutung (*last(s)* und *lead(s)* sind nur für s ≠ *empty* definiert):

last: *sequ int* → *int*
last: $(s_1, ..., s_n) \to s_n$

lead: *sequ int* → *sequ int*
lead: $(s_1, ..., s_{n-1}, s_n) \to (s_1, ..., s_{n-1})$

postfix: *sequ int* x *int* → *sequ int*
postfix: $((s_1, ..., s_n), x) \to (s_1, ..., s_n, x)$

conc: *sequ int* x *sequ int* → *sequ int*
conc: $((s_1, ..., s_n)(t_1, ..., t_m)) \to (s_1, ..., s_n, t_1, ..., t_m)$

Teilaufgabe 2

Gegeben sei die Funktion *vorn* durch die Funktionsvereinbarung

```
function vorn(s:sequ int)sequ int:
      (* definiert nur für s ∈ S₃ *)
      if isempty(s) then s
      else prefix(first(s),vorn(rest(lead(s)))) endif
```

Beweisen Sie: Für $s \in S_3$ ist *vorn*(s) das "vordere Drittel von s", d.h. für $s = (s_1, ..., s_{3k})$, $k \in N_0$, ist $vorn(s) = (s_1, ..., s_k)$.

Teilaufgabe 3

Geben Sie analog zur Funktion *vorn* aus Teilaufgabe 2 eine rekursive Funktionsvereinbarung für eine Funktion *hinten* an, die nur die genannten Grundoperationen und Funktionen aus Teilaufgabe 1 verwendet und die für $s \in S_3$ das hintere Drittel von s berechnet (d.h. $hinten(s) = (s_{2k+1}, ..., s_{3k})$ für $s = (s_1, ..., s_{3k})$, $k \in N_0$).

Teilaufgabe 4

Geben Sie eine rekursive Funktionsvereinbarung für eine Funktion *mitte* an, die außer den genannten Grundoperationen und den Funktionen aus Teilaufgabe 1 ausschließlich die Funktion *vorn* aus Teilaufgabe 2 verwenden darf und die für $s \in S_3$ das mittlere Drittel von s berechnet (d.h. $mitte(s) = (s_{k+1}, ..., s_{2k})$ für $s = (s_1, ..., s_{3k})$, $k \in N_0$).

Teilaufgabe 5

Die rekursive Funktionsvereinbarung von *vorn* in Teilaufgabe 2 soll in systematischer Weise in einen iterativen Algorithmus (mit gleicher Wirkung) überführt werden (der ebenfalls nur die angegebenen Grundoperationen und Funktionen, aus Teilaufgabe 1 verwendet). Betten Sie dazu *vorn* in einen geeigneten allgemeinen repetitiv rekursiven Algorithmus ein, und entrekursivieren und spezialisieren Sie diesen zu dem gesuchten iterativen Algorithmus.

Teilaufgabe 6

Objekte aus *sequ int* können in Programmiersprachen wie PASCAL, MODULA o.ä. als lineare Listen realisiert werden. Geben Sie (in einer derartigen Programmiersprache) entsprechende Typvereinbarungen und Algorithmen zur Realisierung der angegebenen Grundoperationen an.

Teilaufgabe 7

Geben Sie (in PASCAL, MODULA o.ä.) einen iterativen Algorithmus *laenge* an, der unter Verwendung der Realisierungen der Grundoperationen gemäß Teilaufgabe 6 die Anzahl der Komponenten einer als lineare Liste realisierten Folge aus *sequ int* berechnet.

✓ Lösungsvorschlag zu Teilaufgabe 1

```
function last(s:sequint)int:
            if isempty(rest(s)) then s
            else last(rest(s));
function lead(s:sequint)sequint:
            if isempty(rest(s)) then empty
            else prefix(first(s),lead(rest(s)));
function postfix(s:sequint,x:int)sequint:
            if isempty(rest(s)) then prefix(x,rest(s))
            else prefix(first(s),postfix(rest(s),x));
function conc(s:sequint,t:sequint)sequint:
            if isempty(rest(t)) then postfix(s,first(t))
            else conc(postfix(s,first(t)),rest(t));
```
oder:
```
function conc(s:sequint,t:sequint)sequint:
            if isempty(s) then t
            else prefix(first(s),conc(rest(s),t));
```

✓ Lösungsvorschlag zu Teilaufgabe 2

Beweis durch vollständige Induktion:
$k = 0$:
  $s = empty$; $vorn(empty) = empty$
$k \to k+1$:
  zu zeigen: $vorn(s_1,\ldots,s_{3k},s_{3k+1},s_{3k+2},s_{3k+3}) = (s_1,\ldots,s_k,s_{k+1})$
  $vorn(s_1,\ldots,s_{3(k+1)}) = prefix(first(s_1,\ldots,s_{3(k+1)}),vorn(rest(lead(lead(s_1,\ldots,s_{3(k+1)}))))) =$
  $= prefix(s_1,vorn(s_2,\ldots,s_{3k+1})) =$ (nach Induktionsvoraussetzung)
  $= prefix(s_1,(s_2,\ldots,s_{k+1})) = (s_1,\ldots,s_{k+1})$

✓ Lösungsvorschlag zu Teilaufgabe 3

```
function hinten(s:sequint)sequint:
      if isempty(s) then s
      else postfix(hinten(lead(rest(rest(s)))),last(s)); endif
```

✓ Lösungsvorschlag zu Teilaufgabe 4

```
function mitte(s:sequint)sequint:
      if isempty(s) then s
      else prefix(  last(vorn(rest(rest(lead(s))))),
                    mitte(rest(rest(lead(s)))) ) ;
      endif
```

✓ Lösungsvorschlag zu Teilaufgabe 5

```
function vorn(s:sequint)sequint:
      if isempty(s) then s
      else prefix(first(s),vorn(rest(lead(lead(s)))))
      endif
```

Repetitiv rekursiver Algorithmus:
Funktionsaufruf ist ganz außen, die Argumente müssen entsprechend verändert werden.

```
f(empty,t)= t
f(s,t) = f(rest(lead(lead(s))),prefix(first(s),t))
vorn(s) = f(s,empty)
```

Entrekursivierung:

```
function vorn(s:sequint)sequint:
      var t:sequint;
            while (not isempty(s)) do
                  t:= prefix(first(s),t);
                  s:= rest(lead(lead(s))); od;
      return t;
```

✓ Lösungsvorschlag zu Teilaufgabe 6

Realisierung durch lineare Listen in Pascal:

```
program H94_3;
uses crt;
type  ps = ^sequint;
      sequint = record
            inhalt : integer;
            next : ps
      end;

function empty : ps;
var t : ps;
begin
      new(t);
      empty:= t;
end;
```

```
function isempty(s:sequint) : boolean;
var bFlag : boolean;
begin
      if s.next = NIL
      then bFlag:= true
      else bFlag:= false;
      isempty:= bFlag;
end;

function first(s:sequint) : integer;
var i : integer;
begin
      if s.next = NIL
      then i:= -1        (* bel. Wert fuer Fehler definieren *)
      else i:= s.inhalt;
      first:= i;
end;

function rest(s:sequint) : ps;
var t : sequint;
begin
      t:= s;
      t.inhalt:= t.next^.inhalt;
      t.next:= t.next^.next;
      rest:= @t;
end;

function prefix (x:integer; s:sequint) : ps;
var t : sequint;
begin
      t.inhalt:= x;
      t.next:= @s;
      prefix:= @t;
end;
```

✓ Lösungsvorschlag zu Teilaufgabe 7

```
function laenge (s:sequint) : integer;
var    i : integer;
       t : sequint;
begin
      i:= 0; t:= s;
      while (t.next <> NIL) do begin
             i:= i+1;
             t.next:= t.next^.next;
      end;
      laenge:= i;
end;
```

Herbst 1994 Aufgabe 4

Durch die Funktionsvereinbarung

    function f(x,y,z:nat)nat:

        if x=y+1 **then** z+y

        else f(x+y+1,2*(y+1),z+y+1) **endif**

ist eine Funktion $f: N_0^3 \to N_0$ definiert.

Teilaufgabe 1

Bestimmen Sie $f(6, 0, 1)$.

Teilaufgabe 2

Beweisen Sie: $f(x, y, z)$ terminiert für alle $x, y, z \in N_0$ mit $x > y$.

Teilaufgabe 3

Beweisen Sie, dass für alle $x, y, z \in N_0$ mit $x > y$ gilt:
$f(x, y, z)$ ist genau dann eine gerade Zahl, wenn $x + z$ ungerade ist.

✓ Lösungsvorschlag zu Teilaufgabe 1

$f(6, 0, 1) = f(7, 2, 2) = f(10, 6, 5) = f(17, 14, 12) = f(32, 30, 27) = f(63, 62, 58) = 120$

✓ Lösungsvorschlag zu Teilaufgabe 2

Terminierungsbeweis:
Abstiegsfunktion (nach Definition): $h(x, y, z) = x - y > 0$, falls $x > y$.
Für die Parameter des rekursiven Aufrufs gilt:
$h(x + y + 1, 2(y + 1), z + y + 1) = x + y + 1 - 2y - 2 = x - y - 1 < x - y$.
f terminiert für $h(x, y, z) = 1$.
h steigt pro Aufruf um 1 ab $\Rightarrow f$ terminiert für alle (x, y, z) mit $x > y$.

✓ Lösungsvorschlag zu Teilaufgabe 3

Schritt 1:
  Sei die Bedingung gleich erfüllt, dann lautet das Ergebnis $z + y = z + x - 1$, d.h. wenn $x + z$ ungerade ist das Ergebnis gerade und umgekehrt.

Schritt 2:
  f muss mehrmals aufgerufen werden (Beweis mit Induktion):
  Seien x_n, y_n, z_n die Folgen der Aufrufparameter.
  Es gelte $z_n + y_n$ gerade, genau dann, wenn $z_n + y_n$ gerade sind.
  $n \to n + 1$: y ist immer gerade, da $y_{n+1} = 2*(y_n + 1)$
  Da $z_{n+1} = z_n + y_n + 1$, wechselt z bei jedem Funktionsaufruf die Eigenschaft gerade/ungerade, analog für x. Somit wechseln **beide** Terme $z_{n+1} + y_{n+1}$ und $z_{n+1} + y_{n+1}$ das Vorzeichen. Die Aussage gilt also auch bei $n + 1$ Aufrufen.

Frühjahr 1995 Aufgabe 2

NAT bezeichne den abstrakten Datentyp mit der Sorte *nat* der natürlichen Zahlen (einschließlich 0) und den üblichen Operationen auf *nat*. Der abstrakte Datentyp VEKTOR sei wie folgt definiert:

```
abstract type VEKTOR
uses NAT   (* Alles, was NAT enthält, darf verwendet werden *)
sorts vektor, Index      (* Die Sorten von VEKTOR *)
functions   null: → vektor,
            proj: vektor x index → nat,
            succ: vektor x index → vektor
axioms ∀ x ∈ vektor ∀ i,j ∈ index:
            proj(null,i) = 0,
            proj(succ(x,i),i) = proj(x,i) + 1,
            proj(succ(x,i),j) = proj(x,j)  für i≠j
endoftype
```

Teilaufgabe 1

Die Funktion $f : nat \times index \to vektor$ sei gegeben durch die Funktionsvereinbarung

```
function f(k:nat,i:index) vektor:
    if k=0 then null else succ(f(k-1,i),i) endif
```

Beweisen Sie unter Verwendung der Axiome von VEKTOR, dass für alle $k \in nat$ und $i, j \in index$ gilt:

1.1
$proj(f(k,i),i) = k$

1.2
$proj(f(k,i),j) = 0$ für $i \neq j$

Teilaufgabe 2

Geben Sie in Analogie zur Funktion *f* in Teilaufgabe 1 eine rekursive Funktionsvereinbarung für eine Funktion $g : vektor \times nat \times index \to vektor$ an, für die für alle $k \in nat$ und $i, j \in index$ gilt:

2.1
$proj(g(x,k,i), i) = proj(x,i) + k$

2.2
$proj(g(x,k,i), j) = proj(x,j)$ für $i \neq j$

Beweisen Sie 2.1 und 2.2 für Ihre Lösung.

Teilaufgabe 3

Für ein fest vorgegebenes $n \in N$ sei nun
  $index = \{i \mid i \in N \text{ und } 1 \leq i \leq n\}$ und
  $vektor = \{(x_1,...,x_n) \mid x_i \in N_0 \text{ für } 1 \leq i \leq n\}$.
Die Funktionen *null*, *proj* und *succ* seien gegeben durch
  $null = (0,0, ...,0)$ ("Nullvektor"),
  $proj((x_1,...,x_n),i) = x_i$,
  $succ((x_1,...,x_n),i) = (x_1,...,x_{i-1},x_i+1, x_{i+1},...,x_n)$

3.1
Zeigen Sie, dass die so definierten Funktionen die Axiome von VEKTOR erfüllen.

3.2

Objekte der Sorte *vektor* können in höheren Programmiersprachen als Reihungen der Länge n realisiert werden (Typbezeichnung etwa `array[1..n] of nat`). Geben Sie (in der Notation einer derartigen Programmiersprache) Algorithmen zur Realisierung der Funktionen *null*, *proj* und *succ* an.

3.3

Geben Sie (in einer Notation wie in Teilaufgabe 3.2 einen Algorithmus an, der für $(x_1, ..., x_n)$, $(y_1, ..., y_n) \in$ *vektor* den "Summenvektor" $(x_1 + y_1, ..., x_n + y_n)$ berechnet und dabei nur die Funktionen *null*, *proj* und *succ* verwendet. Erläutern Sie die wesentlichen Schritte des Algorithmus durch geeignete Kommentare.

✓ Lösungsvorschlag zu Teilaufgabe 1

$$f(k,i) = \begin{cases} null & k = 0 \\ succ(f(k-1,i),i) & sonst \end{cases}$$

Falls $k = 0$ klar: $proj(f(0,i), j) = proj(null, j) = 0$ für alle j.

Falls $k > 0$:

1.1

$proj(f(k,i),i) = proj(succ(f(k-1,i),i),i) = proj(f(k-1,i),i) + 1 = k - 1 + 1 = k$
nach Induktionsvoraussetzung.

1.2

Für $i \neq j$

$proj(f(k,i), j) = proj(succ(f(k-1,i),i), j) = proj(f(k-1,i), j) = 0$

✓ Lösungsvorschlag zu Teilaufgabe 2

g erhöht x um k in der i-ten Komponente

```
function g(x:vektor,k:nat,i:index)vektor:
        if k=0 then x else succ(g(x,k-1,i),i) endif
```
2.1

Behauptung: $proj(g(x,k,i),i) = proj(x,i) + k$

$k = 0$: $proj(g(x,0,i),i) = proj(x,i)$

$k \to k+1$: $proj(g(x,k+1,i),i) = proj(succ(g(x,k,i),i),i) = proj(g(x,k,i),i) + 1 =$
     $= proj(x,i) + k + 1$

2.2

Behauptung: $\quad proj(g(x,k,i), j) = proj(x, j)$

$k = 0$: $\qquad proj(g(x,0,i), j) = proj(x, j)$

$k \to k+1$: $\quad proj(g(x,k+1,i), j) = proj(succ(g(x,k,i),i), j) = proj(g(x,k,i), j) =$
$\qquad\qquad = proj(x, j)$

✓ Lösungsvorschlag zu Teilaufgabe 3

3.1

Behauptung: $\quad$ null, proj, succ erfüllen die Axiome von VEKTOR

Beweis:

$proj(null, i) = proj((0,0,...,0), i) = 0$

$proj(succ((x_1,...,x_n),i),i) = proj((x_1,...,x_{i-1},x_i+1,x_{i+1},...,x_n),i) = x_i + 1 = proj((x_1,...,x_n),i) + 1$

$proj(succ((x_1,...,x_n),i), j) = proj((x_1,...,x_{i-1},x_i+1,x_{i+1},...,x_n), j) = x_j = proj((x_1,...,x_n), j)$
$$\text{für } i \neq j$$

3.2

```
const n = 3;
type  pvektor = ^vektor;
      vektor = array [1..n] of integer;
type  index = integer;
var   summenvektor : vektor;
function null: pvektor;
var   i : integer;
      pv : pvektor;
begin
      new(pv);
      for i:=1 to n do pv^[i]:= 0;
      null:= pv;
end;
function proj(x:vektor; i:index):integer;
begin
      proj:= x[i];
end;
function succ(x:vektor;i:index):pvektor;
begin
      x[i]:= x[i]+1;   succ:= @x;
end;
```

3.3
```
function summe(x:vektor; y:vektor):pvektor;
var    i : integer;
       z,h : vektor;
begin
       z:= null^; h:= x;
       for i:=1 to n do begin
       (* fuer jede Komponente von x bzw. y ausfuehren *)
              while proj(z,i)< proj(y,i) do
              (* wiederhole bis die gerade betrachtete
              Komponente von z gleich derjenigen von y  *)
              begin
                     x:= succ(x,i)^;    (* x:= x+y *)
                     z:= succ(z,i)^;    (* z:= y   *)
              end;
       end;
       z:= x;   (* in z steht die Summe *)
       x:= h;   (* bekommt alten Wert zurueck *)
       summe:= @z;
end;
(* Fehlerfälle, z.B. dass die zu addierenden Vektoren ver-
schiedene Länge haben könnten, wurden nicht berücksichtigt. *)
```

Frühjahr 1995 Aufgabe 3

Durch die Funktionsvereinbarung

```
function f(x,y,z:nat)nat:
       if z = 0 then x+y
       else   if y = 0 then 1
              else f(f(x,y-1,z),x,z-1) endif
       endif
```

ist eine Funktion $f: N_0^3 \to N_0$ definiert. Ferner sei die Funktion $g: N_0 \times N_0 \to N_0$ mit

$$g(x,y) = \sum_{k=0}^{y} x^k$$

gegeben.

Teilaufgabe 1

Bestimmen Sie $f(3, 4, 1)$.

Teilaufgabe 2

Beweisen Sie: $f(x, y, z)$ terminiert für alle $x, y, z \in N_0$. (ohne Lösung)

Teilaufgabe 3

Geben Sie (in der Notation einer höheren Programmiersprache) unter Verwendung eines Kellers als zusätzlicher "Hilfs"-Datenstruktur einen iterativen Algorithmus an, der $f(x, y, z)$ für beliebige $x, y, z \in N_0$ berechnet. Erläutern Sie Idee und wesentliche Schritte Ihrer Lösung.

Teilaufgabe 4

Beweisen Sie, dass für alle $x, y \in N_0$ gilt: $f(x, y, 2) = g(x, y)$.

Teilaufgabe 5

Beweisen Sie, dass die Funktion g sich unter ausschließlicher Verwendung von Addition und Multiplikation (auf N_0) sowie primitiver Rekursion definieren lässt.

✓ Lösungsvorschlag zu Teilaufgabe 1

$f(3,4,1) = f(f(3,3,1),3,0) = f(3,3,1) + 3 = f(f(3,2,1),3,0) + 3 = f(3,2,1) + 6 =$
$f(f(3,1,1),3,0) + 6 = f(3,3,1) + 9 = f(f(3,0,1),3,0) + 9 = f(3,0,1) + 12 = 13$

✓ Lösungsvorschlag zu Teilaufgabe 3

Die Lösung wurde in Java und Pascal angegeben. In einer Klausur genügt eine Sprache, wobei wohl Java zunehmend an Bedeutung gewinnen wird. Dafür sollte unbedingt noch ausführlicher kommentiert werden.

Umsetzung mit Java:

```java
/* zunächst Kellerhilfsstruktur */
public class Cstack
{
    final static int MAX_STACK_SIZE = 1000;
    protected int    m_nCounter;
    protected int[]  m_AElement;
    public CStack()
    {
        m_nCounter = 0;
        m_AElement = new int[MAX_STACK_SIZE];
        for (int i = 0; i < MAX_STACK_SIZE; i++)
            m_AElement[i] = -1;
    }
```

```
public void Push(int value)
{
      if( !(m_nCounter == MAX_STACK_SIZE) ){
            m_AElement[m_nCounter] = value;
            m_nCounter++;
      }
}
public int Pop()
{
      int nValue = -1;
      if( !(m_nCounter < 1)) {
            m_nCounter--;
            nValue = m_AElement[m_nCounter];
            m_AElement[m_nCounter] = -1;
      }
      return nValue;
}
/***********************************************************
Hier die eigentliche Funktion. Die Parameter der rekur-
siven Aufrufe werden geeignet übereinander geschrieben.
Die Auswertungen der inneren rekursiven Aufrufe stehen
oben. Das Ergebnis stehe zum Schluss als letzte Auswer-
tung oben auf dem sonst leeren Keller.
***********************************************************/
public int function(int x, int y, int z)
{
      Push(z); Push(y); Push(x);
      while (m_nCounter != 1)
      {
            x = Pop(); y = Pop(); z = Pop();
            if (z == 0) Push(x+y);
            else
            {
                  if(y == 0) Push(1);
                  else
                  {
                        Push(z-1);Push(x);
                        Push(z);Push(y-1);Push(x);
                  }
            }
      }
      return m_AElement[0];
}
} \\End of Class
```

Umsetzung mit Pascal:

```
program f95_3;
uses crt;
function f2 (x,y,z:integer):integer;
var    keller:array[1..100] of integer;
       kp:integer;
procedure pop(var k,i:integer);
begin
      i:=keller[k];
      k:=k-1;
end;
procedure push(var k:integer; i:integer);
      begin
             k:=k+1;
             keller[k]:=i;
      end;
begin
      kp:=0;
      push(kp,z); push(kp,y); push(kp,x);
      repeat
             pop(kp,x); pop(kp,y); pop(kp,z);
             if z=0
             then push(kp,x+y)
             else  if y=0
                   then push(kp,1)
                   else begin
                          push(kp,z-1); push(kp,x); push(kp,z);
                          push(kp,y-1); push(kp,x)
                        end;
      until kp=1;
      f2:=keller[1];
end;
```

✓ Lösungsvorschlag zu Teilaufgabe 4

„Null hoch Null" sei als 1 definiert! (In manchen mathematischen Lehrbüchern wird dies anders gehandhabt. Dort ist 0^0 nicht definiert.)

$$f(0, y, 2) = f(f(0, y-1, 2), 0, 1) = 1 = 0^0 + 0 = g(0, y)$$

Sei also jetzt x ungleich Null. Dann erfolgt der Beweis durch Induktion nach y:
$y = 0$:
$\quad f(x, 0, 2) = 1 = g(x, 0)$

$y \to y+1$:

$f(x, y+1, 2) = f(f(x, y, 2), x, 1) =$

[wegen $f(x, y, 1) = f(f(x, y-1, 1), x, 0) = x + f(x, y-1, 1) = xy + 1$]

$= f(x, y, 2) \, x + 1 = g(x, y) \, x + 1 = \sum_{k=0}^{y}(x^k x) + 1 = \sum_{k=0}^{y+1} x^k = g(x, y+1)$

✓ Lösungsvorschlag zu Teilaufgabe 5

Definition von *primitv rekursiv* siehe in Kapitel 1 Herbst 1990 Aufgabe 6, zur Schreibweise siehe Herbst 1990 Aufgabe 5.

g als primitiv rekursive Funktion:

$g(x, 0) = succ(zero^{(0)}()) = 1$
$g(x, n+1) = g(x, n) + x^{n+1} = h(x, n, g(x, n))$ für $h = add \circ [\Pi_1^3, pot \circ [\Pi_1^3, succ \circ \Pi_2^3]]$

pot lässt sich unter Verwendung der Multiplikation primitiv rekursiv erzeugen durch

$pot(x, y) = pr[s, t]$ mit $s \equiv succ(zero^{(0)})$ (für den Fall: $pot(x, 0) = 1$) und
$t \equiv mult \circ [\Pi_1^3, \Pi_3^3]]$ (für den Fall: $pot(x, y+1) = x \cdot pot(x, y)$)

Somit ist $g = pr[p, h]$ mit $p \equiv succ(zero^{(0)})$ und $h \equiv add \circ [\Pi_1^3, pot \circ [\Pi_1^3, succ \circ \Pi_2^3]]$.

Frühjahr 1996 Aufgabe 5

Erklären und vergleichen Sie die Aufrufprinzipien „call by value" und „call by reference"!

✓ Lösungsvorschlag

Vergleiche Lösungsvorschlag zu Herbst 1996 Aufgabe 1.

1.3 Programmiermethodik

Herbst 1996 Aufgabe 1

Gegeben sei folgendes Pascal-Programm:

```
program Parametertest;
var n: integer;
var a: array[1.2] of integer:
procedure update( x,y integer);
var n: integer;
begin
     n:= 1; z:= x+n; Y:= x*y;
end;
begin
     n:=1; a[1]:=2; a[2]:=7;
     update(n,a[n]);
end.
```

Geben Sie für die folgenden Parameterübergabetechniken jeweils an, welche Werte die Variablen n, a[1] und a[2] am Ende der Programmausführung haben.

Teilaufgabe 1

call-by-value

Teilaufgabe 2

call-by-reference

Teilaufgabe 3

call-by-name

✓ Lösungsvorschlag zu Teilaufgabe 1

Zur Erläuterung der Parameterübergabemechanismen siehe Frühjahr 1994 Aufgabe 4 Teilaufgabe 3.

call-by-value:
Nur die lokalen Variablen werden verändert, somit bleiben die Werte von n und a[1] und a[2] erhalten.
Also: n=1, a[1]=2 und a[2]=7

✓ Lösungsvorschlag zu Teilaufgabe 2

call-by-reference:
Die Referenzparameter werden jetzt durch lokale Variablen repräsentiert, die auf die aktuellen Parameter verweisen. Man arbeitet also mit den Variablen des aufrufenden Programms (über Zeiger). Das Programmstück, das den Prozeduraufruf ersetzt, lautet nun:

```
var    x,y : integer;
begin
       x:=n; y:=a[n];
       var i:integer;
       begin n:=1;
             x↑:=x↑+n;
             y↑:=x↑*y↑;
       end;
end;
```
Für die gefragten Werte ergibt sich: n = 2, a[1] = 4, a[2] = 7

✓ Lösungsvorschlag zu Teilaufgabe 3

call-by-name:
(wegen des Namenskonflikts „n" wird die lokale Variable in n1 umbenannt)
```
var n1 : integer;
begin
      n1 := 1;
      n := n + n1;
      a[n] := n * a[n];
end;
```
Somit erhält man: n = 2, a[1] = 2, a[2] = 14

Herbst 1996 Aufgabe 2

Gegeben sei eine Funktion $d : N_\bot \times N_\bot \to N_\bot$, die wie folgt definiert ist:

$$d(x,y) = \begin{cases} \bot & \text{falls } x = \bot \text{ oder } y = \bot \\ 1 & \text{falls ein } z \text{ existiert mit } z \cdot y = x \\ 0 & \text{sonst} \end{cases}$$

Teilaufgabe 1

Beschreiben Sie informell (Stichworte), welche Funktion durch d dargestellt wird.

Teilaufgabe 2

Schreiben Sie eine rekursive Funktion, welche die Funktion d berechnet! Die Funktionen DIV (Division) und MOD (modulo) dürfen nicht verwendet werden.

Teilaufgabe 3

Stellen Sie das zu Ihrer Funktion gehörende Funktional Θ auf. Geben Sie dabei auch die Funktionalität von Θ an.

Teilaufgabe 4

Zeigen Sie, dass d ein Fixpunkt des Funktionals Θ ist, d.h. dass Ihr Programm eine Implementierung von d ist.

✓ Lösungsvorschlag zu Teilaufgabe 1

Die Funktion gibt „undefiniert" zurück, falls eines der beiden Argumente undefiniert ist; sie gibt 1 zurück, falls x teilbar durch y ist; sie gibt 0 zurück, falls x nicht teilbar durch y ist.

✓ Lösungsvorschlag zu Teilaufgabe 2

```
boolean function d (unsigned int x, unsigned int y)
{
    if (x== undefined || y== undefined) return;
    else if (x==0) return 1;
    else if (x!=0 && y==0) return 0;
    else if (x-y > 0) return d(x-y,y);
    else return 0;
}
```

✓ Lösungsvorschlag zu Teilaufgabe 3

Funktional Θ mit Funktionalität $(N_\bot \times N_\bot \to N_\bot) \to (N_\bot \times N_\bot \to N_\bot)$:

$$\Theta[d](x,y) = \begin{cases} \bot & \text{für } x = \bot \text{ oder } y = \bot \\ 1 & \text{für } x = 0 \land y \neq \bot \\ 0 & \text{für } 0 < x < y \lor 0 = y < x \\ d(x-y, y) & \text{für } x > y > 0 \land x \neq \bot \land y \neq \bot \end{cases}$$

✓ **Lösungsvorschlag zu Teilaufgabe 4**

Behauptung: $\Theta[d] = d$
Beweis:
    Sei $x = \bot$ oder $y = \bot$. Dann ist $d(x, y) = \bot = \Theta[d](x, y)$.
    $x \neq y$ und $x, y \neq \bot$:
    Fall $x = y : d(x, y) = 1 = \Theta[d](x, y)$
    Fall $x < y : x = 0 : d(x, y) = 1 = \Theta[d](x, y)$ sonst $d(x, y) = 0 = \Theta[d](x, y)$
    Fall $x > y = 0 : d(x, y) = 0 = \Theta[d](x, y)$, denn es existiert kein z mit $z \cdot 0 > 0$.
    Fall $x > y > 0 : d(x, y) = d(x-y, y) = \Theta[d](x, y)$

Herbst 1996 Aufgabe 3

Programmieren Sie in Modula oder Pascal die folgenden Datentypen, Funktionen und Prozeduren:

Teilaufgabe 1

Definieren Sie rekursiv den Typ *Tree* der binären Bäume, deren Knoten ganze Zahlen enthalten.

Teilaufgabe 2

Programmieren Sie eine Funktion *is_in*, die einen binären Baum *t* aus Teilaufgabe 1 und eine ganze Zahl *n* als Eingabeparameter nimmt und einen boole'schen Wert als Ergebnis liefert, so dass *is_in* (*t*, *n*) den Wert TRUE liefert genau dann, wenn *n* in *t* vorkommt.

Teilaufgabe 3

Schreiben Sie eine rekursive Funktion *schachtelung*:

```
PROCEDURE schachtelung (x:REAL;ug,og:REAL;eps:REAL):REAL;
```

die näherungsweise die Wurzel einer reellen Zahl nach der Methode der Intervallschachtelung berechnet, d.h. *x* ist die Zahl, deren Wurzel berechnet werden soll, *ug* und *og* sind die Unter- bzw. Obergrenze des gerade betrachteten Intervalls, *eps* ist die Genauigkeit, mit der die Wurzel berechnet werden soll. Die Rekursion soll abgebrochen werden, falls $|m^2 - x| <$ *eps*. Dabei sei m der Mittelwert des Intervalls [ug ... og]. Die Funktion wird aufgerufen mittels `schachtelung(x,0.0,x,eps)`.

Der Absolutbetrag kann mit Hilfe einer Funktion `ABS(x)` berechnet werden.

1.3 Programmiermethodik

✓ Lösungsvorschlag zu Teilaufgabe 1

```
type  binbaum = ^b_element;
      b_element = record
              LUB     : binbaum;
              RUB     : binbaum;
              inhalt  : integer;
           end;
var   x, ug, og, eps : real;
      b_test : binbaum;
      elem1, elem2, elem3, elem4,
      elem5, elem6, elem7 : b_element;
```

✓ Lösungsvorschlag zu Teilaufgabe 2

```
function is_in (t: binbaum; n:integer) : boolean;
var bFlag : boolean;
begin
      bFlag:= false;
      if (t^.inhalt = n)
      then bFlag:= true
      else begin
            if (t^.LUB<>NIL)
            then bFlag:= is_in(t^.LUB,n);
            if (t^.RUB<>NIL)
            then bFlag:= is_in(t^.RUB,n);
         end;
      is_in:= bFlag;
end;
```

✓ Lösungsvorschlag zu Teilaufgabe 3

```
function schachtelung(x,ug,og,eps:real) : real;
var m,s : real;
begin
      m:=(og-ug)/2 + ug;
      if (ABS(m*m-x)<eps)
      then s:= m
      else if ((m*m-x)>0)
            then s:= schachtelung(x,ug,m,eps)
            else s:= schachtelung(x,m,og,eps);
      schachtelung:= s;
end;
```

Frühjahr 1997 Aufgabe 4

Eine der grundlegenden Aufgabenstellungen der Algorithmik ist die Identifizierung und Klassifikation von Problemen, für die es effiziente Entscheidungsalgorithmen bzw. effiziente Verifikationsalgorithmen gibt. Die entsprechenden Problemklassen werden mit *P* bzw. *NP* bezeichnet.

Teilaufgabe 1

Geben Sie Definitionen für die Klassen *P* und *NP* an und erläutern Sie diese an Beispielen.

Teilaufgabe 2

Erläutern Sie, in welchem Sinne die o.g. Klassen "robust" gegenüber definitorischen Variationen sind. (ohne Lösung)

Teilaufgabe 3

Was versteht man unter der *P*- vs. *NP*-Problematik?

Teilaufgabe 4

Beschreiben Sie das Reduktionskonzept innerhalb der Klasse *NP* an einem Beispiel.

Teilaufgabe 5

Was sind und welche Bedeutung haben *NP*-vollständige Probleme? Erläutern Sie diese Begriffsbildung und geben Sie Beispiele für solche Probleme an.

Teilaufgabe 6

Betrachten Sie das Problem, bei dem man danach fragt, ob eine vorgelegte aussagenlogische Formel eine Tautologie ist, d.h. ob sie unter allen Belegungen der in ihr vorkommenden Aussagenvariablen mit Wahrheitswerten "wahr" bzw. "falsch" den Wert "wahr" annimmt. Diskutieren Sie den Status dieses Problems in Bezug auf die Problemklassen *P* und *NP*.

✓ Lösungsvorschlag zu Teilaufgabe 1

Definition und Beispiele (vgl. *NP* & *P* [HOP, 335–339, 378–381], *NP*-hart [HOP, 339], *NP*-vollständig [HOP, 339–359] oder [SÖN, 151–165]), vollständige Probleme für *P* [HOP, 363–365]:

Sei $f: N \to N$ eine Funktion. Die Klasse **TIME(f(n))** besteht aus allen Sprachen A, für die es eine deterministische Turing-Maschine M gibt, mit $A = T(M)$ und $time_M(x) \leq f(|x|)$.

Hierbei bedeutet $time_M: \Sigma^* \to N$ die Anzahl der Rechenschritte von M bei Eingabe x.

1.3 Programmiermethodik

Die Komplexitätsklasse P ist wie folgt definiert:
$P = \{ A \mid$ es gibt eine Turing-Maschine M und ein Polynom p mit $T(M) = A$ und $\text{time}_M(x) \leq p(|x|) \}$
$= \bigcup_{p \text{ Polynom}} \text{TIME}(p(n))$

Für nichtdeterministische Turing-Maschinen M sei

$$ntime_M(x) = \begin{cases} 0 & x \notin T(M) \\ \min[\text{Länge einer akzeptierenden Rechnung von M auf x}] & x \in T(M) \end{cases}$$

Sei $f : N \to N$ eine Funktion. Die Klasse **NTIME (f (n))** besteht aus allen Sprachen A, für die es eine **nicht**deterministische Mehrband-Turing-Maschine M gibt mit $A = T(M)$ und $ntime_M(x) \leq f(|x|)$.

Ferner definieren wir: $\mathbf{NP} = \bigcup_{p \text{ Polynom}} NTIME(p(n))$.

Beispiele:

- *P*: Ist ein bestimmter Zyklus ein Hamilton-Zyklus, d.h. taucht jeder Knoten genau einmal auf und sind Startpunkt und Endpunkt identisch?
- *NP*: Gibt es in einem gegebenen gerichteten oder ungerichteten Graphen einen Hamilton-Zyklus, d.h. „hat der Graph einen Zyklus, in dem jeder Knoten des Graphs genau einmal auftaucht und der am Startpunkt wieder endet?"

✓ Lösungsvorschlag zu Teilaufgabe 3

Bisher konnte weder $P = NP$ noch $P \neq NP$ bewiesen werden.

Falls $P \neq NP$, so ist *NP*-vollst. $\cap P = \emptyset$.

Gelingt es, ein *NP*-vollständiges Problem durch einen Algorithmus in polynomialer Zeit zu lösen, dann gilt $P = NP$. Gibt es auch nur ein Problem Q in *NP*, das nicht in *P* ist, so können *NP*-vollst. Probleme nicht in *P* sein.

✓ Lösungsvorschlag zu Teilaufgabe 4

Reduktionskonzept (vgl. [HOP, 336f]):

Seien L und L' Sprachen.

L' ist in polynomieller Zeit reduzierbar auf L, wenn es eine TM gibt, die für jede Eingabe x in polynomieller Zeit eine Ausgabe y produziert, die genau dann in L ist, wenn x in L' ist.

(Eine Sprache L' auf L reduzieren bedeutet, eine totale Abbildung g aufzustellen, so dass alle Zeichenketten x genau dann in L' sind, wenn $g(x)$ in L ist. Dabei muss g in polynomialer Zeit berechenbar sein.) Beispiele finden sich in der angegebenen Literatur.

✓ Lösungsvorschlag zu Teilaufgabe 5

NP-vollständig [BR2, 313]:

Es ist möglich Probleme zu finden, die in *NP* sind und auf die sich jedes Problem in *NP* effizient (d.h. in polynomialer Zeit) reduzieren lässt. Diese heissen *NP*-vollständig.

Zu dieser Klasse gehören viele natürliche Probleme, die nicht in polynomieller Laufzeit lösbar sind, wie zum Beispiel (vgl. [SÖN, 163ff]):

- 3KNF-SAT
- Clique
- Knotenüberdeckung
- Rucksack
- Partition
- Bin Packing
- Gerichteter Hamilton-Kreis
- Ungerichteter Hamilton-Kreis
- Travelling Salesman
- Färbbarkeit

✓ Lösungsvorschlag zu Teilaufgabe 6

Das Erfüllbarkeitsproblem (d.h. zu entscheiden, ob ein bestimmter Boole'scher Ausdruck erfüllbar ist, d.h. ob es eine Zuweisung von Nullen und Einsen an die Variablen gibt, die dem Ausdruck den Wert Eins gibt) ist *NP*-vollständig.

Ob eine aussagenlogische Formel eine Tautologie ist, kann nur festgestellt werden, indem man prüft, ob sie für **alle** Belegungen den Wert Eins liefert.

Somit gibt es zwei Möglichkeiten:

- Eine nichtdeterministische TM schafft es in polynomialer Zeit alle Kombinationen quasi gleichzeitig zu testen, somit liegt dieses Problem in *NP* (vgl. [DUD2, 448] und [DUD1, 476]).
- Eine nichtdeterministische TM sucht sich einen Fall, für den die Formel nicht erfüllt ist. Dann entspräche das Problem jetzt dem Erfüllbarkeitsproblem (= SAT) und liegt somit in *NP*.

Herbst 1997 Aufgabe 1

Gegeben sei die Rechenstruktur NAT mit der Signatur:

$$\Sigma = (S_{NAT}, F_{NAT}) \text{ mit } S_{NAT} = \{bool, nat\} \text{ und } F_{NAT} = \{zero, succ, pred\}$$

Den beiden Sorten seien die folgenden Trägermengen zugeordnet:

$$bool^{NAT} = B^\perp := B \cup \{\perp\}, nat^{NAT} = N^\perp := N \cup \{\perp\}$$

Dabei ist $N = \{0, 1, 2, ...\}$ die Menge der natürlichen Zahlen und $B = \{TRUE, FALSE\}$ die Menge der Boolschen Werte. Das Symbol $\perp$ steht für „undefiniert".

Die Spezifikationen der den Funktionssymbolen *zero*, *succ* und *pred* zugeordneten strikten Funktionen lauten:

1.3 Programmiermethodik

$zero^{NAT}$: $\quad\quad\quad\quad\quad \to N^{\perp}$; $\quad\quad zero^{NAT} = 0$;
$succ^{NAT}$: $\quad\quad N^{\perp} \quad \to N^{\perp}$; $\quad\quad succ^{NAT}(x) = x + 1$;
$pred^{NAT}$: $\quad\quad N^{\perp} \quad \to N^{\perp}$; $\quad\quad pred^{NAT}(x) = x - 1$, falls $x \geq 1$ und
$\quad\quad\quad\quad\quad\quad\quad\quad\quad\quad\quad\quad\quad\quad\quad pred^{NAT}(0) = \perp$;

Im Folgenden nehmen wir an, dass jede natürliche Zahl durch einen Grundterm dargestellt ist, der nur aus den Konstruktoren *zero* und *succ* besteht.

Teilaufgabe 1

Geben Sie ein Termersetzungssystem an, das die Funktion pred auf die Konstruktoren *zero* und *succ* zurückführt!

Teilaufgabe 2

Nun sollen die strikten Funktionen *add* und *sub* mit den Spezifikationen

add^{NAT}: $\quad N^{\perp} \times N^{\perp} \to N^{\perp}$; $\quad\quad add^{NAT}(x, y) = x + y$
sub^{NAT}: $\quad N^{\perp} \times N^{\perp} \to N^{\perp}$; $\quad\quad sub^{NAT}(x, y) = x - y$ falls $x \geq y$
$\quad\quad\quad\quad\quad\quad\quad\quad\quad\quad\quad\quad\quad\quad sub^{NAT}(x, y) = \perp$ falls $x < y$

zu F^{NAT} hinzugefügt werden ($x, y \neq \perp$). Geben Sie Termersetzungssysteme an, die *add* bzw. *sub* durch *zero*, *succ* und *pred* darstellen.

Teilaufgabe 3

Stellen Sie analog zur Teilaufgabe 2 je ein Termersetzungssystem für die folgenden, ebenfalls strikten Funktionen auf (mit $x, y \neq \perp$):

$mult^{NAT}$: $\quad N^{\perp} \times N^{\perp} \to N^{\perp}$; $\quad\quad mult^{NAT}(x, y) = x * y$
div^{NAT}: $\quad N^{\perp} \times N^{\perp} \to N^{\perp}$; $\quad\quad div^{NAT}(x, y) = x / y$ falls $y > 0$
$\quad\quad\quad\quad\quad\quad\quad\quad\quad\quad\quad\quad\quad\quad div^{NAT}(x, 0) = \perp$

Sie dürfen dabei auch die Funktionen *add*, *sub* aus Teilaufgabe 2 verwenden.

Wir betrachten nun den seit dem Altertum bekannten Euklidschen Algorithmus in der Notation einer imperativen Programmiersprache (*a,b* seien von der Sorte nat)

```
(*) while a≠b do
        while a<b do b:=b-c od
        (a,b):=(b,a)
    od
```

Teilaufgabe 4

Stellen Sie einen exemplarischen Ablauf des Algorithmus für die Variablenbelegung $a = 32$, $b = 18$ als Folge von Zuständen des Variablenraumes dar.

Teilaufgabe 5

Der Algorithmus soll nun mit Hilfe der Zusicherungsmethode nach Floyd und Hoare verifiziert werden. Geben Sie für beide while-Schleifen geeignete Invarianten an, und beweisen Sie damit die Korrektheit des Algorithmus.

Hinweis:
Gehen Sie von der Zusicherung $\{P \wedge a = mg \wedge b = ng \wedge n,m \text{ teilerfremd}\}$ mit $P = a > 0 \wedge b > 0$ vor Beginn der ersten while-Anweisung aus.

Teilaufgabe 6

Formulieren Sie den Euklidischen Algorithmus rekursiv in einer beliebigen Notation.

Teilaufgabe 7

Geben Sie ein Termersetzungssystem auf der Rechenstruktur NAT für den Euklidischen Algorithmus an. Sie dürfen dabei alle in den Teilaufgaben 1 mit 3 auf NAT eingeführten Funktionen und Hilfsfunktionen verwenden.

Teilaufgabe 8

Beweisen Sie die Terminierung der beiden while-Schleifen in unserer ursprünglichen Formulierung (*) des Euklidischen Algorithmus.

✓ Lösungsvorschlag zu Teilaufgabe 1

$pred(succ(n)) = n \qquad pred(zero) = \bot$

✓ Lösungsvorschlag zu Teilaufgabe 2

$add\ (zero, b) = b \qquad add\ (succ\ (a), b) = succ\ (add\ (a, b))$
$sub\ (a, zero) = a \qquad sub\ (a, b) = pred\ (sub\ (a, pred\ (b)))$
$sub\ (zero, zero) = zero \qquad sub\ (zero, b) = \bot$

✓ Lösungsvorschlag zu Teilaufgabe 3

$mult\ (a, succ\ (b)) = add\ (a, mult(a, b))$
$mult\ (succ\ (a), b) = add\ (b, mult\ (a, b))$
$mult\ (zero, zero) = zero$
$div\ (a, zero) = \bot \qquad div\ (zero, b) = zero$
$div\ (a, b) = succ\ (div\ (sub\ (a, b), b))$

✓ Lösungsvorschlag zu Teilaufgabe 4

Ablauf des Euklidschen Algorithmus für $a = 32$ und $b = 18$:

A	32	18	18	14	14	4	4	4	4	2	2
B	18	32	14	18	4	14	10	6	2	4	2

✓ Lösungsvorschlag zu Teilaufgabe 5

Verifikation nach Floyd und Hoare: $\qquad P = a > 0 \wedge b > 0$

Sei $g := ggT(a,b)$. g ändert sich also nie; a, b ändern sich im Laufe des Programmablaufs.

Idee: Es bleibt immer erhalten, dass (für $a = mg$ und $b = ng$) m und n teilerfremd sind.

Invariante also $\quad \{P \wedge a = mg \wedge b = ng \wedge n, m \text{ teilerfremd}\}$.

$\{P \wedge a = mg \wedge b = ng \wedge n, m \text{ teilerfremd}\}$

```
while a ≠ b
do
```
$\qquad \{P \wedge a \neq b, \exists m,n : a = mg \wedge b = ng \wedge n, m \text{ teilerfremd}\}$

```
    while a<b
    do
```
$\qquad \{P \wedge a < b, \exists m,n : a = mg \wedge b = ng \wedge n, m \text{ teilerfremd} \wedge m < n\}$

```
        b:=b-a
```
$\qquad \{P \wedge a = mg \wedge b = (n-m)g \wedge n - m, m \text{ teilerfremd}\}$

```
    od
    (a,b) := (b,a)
```
$\{P \wedge a \leq b, \exists m,n : a = mg \wedge b = ng \wedge n, m \text{ teilerfremd}\}$

```
od
```

$\qquad \{P \wedge a = b, \exists m,n : a = mg \wedge b = ng \wedge n, m \text{ teilerfremd}\}$

und damit ist am Ende $n = m = 1$ und damit $a = b = g$.

✓ Lösungsvorschlag zu Teilaufgabe 6

```
function euklid(a,b:nat)nat:
    if a=b then a
    else  if a<b then euklid(a,b-a)
          else euklid(b,a);
```

✓ Lösungsvorschlag zu Teilaufgabe 7

$euklid\,(a, a) = a$
$euklid\,(a, b) = euklid^*\,(notgg\,(a, b), a, b)$
$euklid^*\,(true, a, b) = euklid\,(a, sub\,(b, a))$
$euklid^*\,(false, a, b) = euklid\,(b, a)$
$notgg\,(a, a) = false$
$notgg\,(zero, zero) = false$
$notgg\,(zero, b) = true$
$notgg\,(a, zero) = false$
$notgg\,(a, b) = notgg\,(pred\,(a), pred\,(b))$

Die folgenden beiden Regeln müssen nicht angegeben werden, vereinfachen aber die Abarbeitung des Terms:

$euklid\,(mult\,(a, n), mult\,(b, n)) = mult\,(euklid\,(a, b), n)$
$euklid\,(mult\,(n, a), mult\,(n, b)) = mult\,(euklid\,(a, b), n)$.

✓ Lösungsvorschlag zu Teilaufgabe 8

Zur Terminierung für WHILE-Schleife `while C do P od` konstruieren wir einen ganzzahligen Ausdruck E und zeigen:

- Die Invariante folgt aus der Vorbedingung.
- Ist $E \leq 0$ und gilt die Invariante, so gilt die Schleifenbedingung C nicht mehr.
- Gelten Invariante und Schleifenbedingung, so wird E durch die Schleifenanweisung echt kleiner und die Invariante bleibt erhalten.

Für die innere Schleife wählen wir $E(a,b) = b - a$. Aus der Schleifenvorbedingung folgt offensichtlich die Invariante $\{P \wedge a = mg \wedge b = ng \wedge n, m \text{ teilerfremd}\}$. Ist $b - a \leq 0$, so ist $a \geq b$ (Schleifenabbruch-Bedingung). Sei nun $b - a = i$ für eine natürliche Zahl i. Durch die Anweisung im inneren der Schleife ist am Ende $b - a = i - a < i$, falls $a \neq 0$. Also terminiert die innere Schleife. Der Fall $a = 0$ kann nicht zugelassen werden und ist wohl per Definition nicht zu betrachten!!

Für die äußere Schleife wähle $E(a,b) = b - a$. Ist $E(a, b) = 0$, so ist $a = b$ und die Schleifenbedingung ist nicht mehr erfüllt. Gelten nun Schleifenbedingung, Invariante und $E(a,b) = b - a = i$. Wir müssen nun eine Fallunterscheidung durchführen:

Fall 1: $a < i$. b lässt sich darstellen als $b = k \cdot a + s$, wobei $0 \leq s < a$. Nach dem Durchlaufen der inneren Schleife ist $b = s$, und der erneute Aufruf erfolgt mit den Werten (s, a). Hierfür ist aber $E(s, a) = a - s \leq a < i$.

Fall 2: $a = i$. Dann ist $b = 2 \cdot i$ und der nächste Aufruf erfolgt mit (i, i), was zur unmittelbaren Terminierung führt.

Fall 3: $a > i$. Dann $b = a + i$ und der nächste Aufruf erfolgt mit $(b - a, a) = (i, a)$. Stellen wir nun a dar als $a = n \cdot i + t$, wobei $0 \le t < i$, dann ist $E(i, a) = (n-1) \cdot i + t$. Sei dies nun per Definition $E(i, a) = k$. Falls nun $i \le k$, dann bekommen wir die Terminierung durch den betrachteten Fall 1 oder 2. Bleibt zu überlegen: Was passiert, wenn $i > k$? Dann muss in obiger Darstellung von $E(i, a)$ das $n = 1$ gewesen sein, sonst wäre $E(i, a)$ sicher größer k. Gehen wir nun einen Schleifendurchlauf zurück. a hatte die Form $a = i + t$ und b damit die Form $b = 2 \cdot i + t$. Damit ist $E(i, a) = a - i = t < i$.

Da in jedem der Fälle entweder E echt kleiner wird, oder es unmittelbar zur Terminierung kommt, terminiert die WHILE-Schleife.

Herbst 1997 Aufgabe 2

Gegeben sei die rekursive Rechenstruktur

$\quad$ *Liste* = *Leer* | (*Float*, *Liste*)

der Listen über reellen Gleitpunktzahlen mit den Funktionen
- *head*: *Liste* → *Float*
- *tail*: *Liste* → *Liste*
- *mklist*: *Float* x *Liste* → *Liste*

Für diese Funktionen gelten folgende Spezifikationen:
- *head* (x) und *tail* (x) sind partiell nur für nicht-leere Listen definiert, und
  head (x) ist das erste Element der Liste x,
  tail (x) ist die um das erste Element verkürzte Liste x.
- *mklist* (r, x) ist total und liefert die Liste, die durch Voransetzen des Elements r vor die Liste x entsteht.

Die Rechenstruktur *Liste* soll nun um die folgenden Funktionen erweitert werden:
- *length* : *Liste* → *Int* mit der Spezifikation: *length* (x) ist total und liefert die Anzahl der Elemente in der Liste x.
- *proj*: *Int* x *Liste* → *Float* mit der Spezifikation: *proj* (n, x) ist partiell nur für nicht-leere Listen x sowie für n mit $1 \le n \le length(x)$ definiert und liefert das n-te Element der Liste x.
- *part*: *Int* x *Int* x *Liste* → *Liste* mit der Spezifikation: *part* (m, n, x) ist partiell nur für nicht-leere Listen x sowie für m und n mit $1 \le m \le n \le length(x)$ definiert und liefert die Teilliste von x vom m-ten bis zum n-ten Element einschließlich.

Teilaufgabe 1

Programmieren Sie die drei Funktionen *length*, *proj* und *part* rekursiv unter Abstützung auf die primitiven Rechenstrukturen *Int* und *Bool* sowie auf die oben angegebene Rechenstruktur *Liste*.

Teilaufgabe 2

Beweisen Sie für das von Ihnen für die Funktion *part* angegebene Programm,

2.1
dass es für alle zulässigen Parameter terminiert und

2.2
dass es die Spezifikation für die Funktion *part* erfüllt.

✓ Lösungsvorschlag zu Teilaufgabe 1

```
function length(x:liste)int:
    if x==leer then 0
    else length(tail(x))+1;
function proj(n:int,x:liste)float:
    if n==1 then head(x)
    else proj(n-1,tail(x));
function part(m:int,n:int,x:liste)liste:
    if(1 ≤ m && m ≤ n && n ≤ length(x))
    then  if m==1
          then begin
                if n==1
                then mklist(head(x),Leer)
                else mklist(head(x),part(1,n-1,tail(x)))
               end
          else part(m-1,n-1,tail(x));
    (* else undefined; *)
```

✓ Lösungsvorschlag zu Teilaufgabe 2

2.1
Terminierungsbeweis:
Abstiegsfunktion $h(m, n, x) = m + n$
Für $m = 1$:
  $h(1, n-1, tail(x)) = 1 + n - 1 < h(1, n, x)$
Für $m > 1$:
  $h(m-1, n-1, tail(x)) = m - 1 + n - 1 < m + n = h(m, n, x)$
  h wird also mit den Parametern der rekursiven Aufrufe echt kleiner.

2.2
Erfüllungsbeweis:
mit Funktional (vgl. [BR1, Kapitel 4.3.1]) analog zur Lösung von Herbst 1996 Aufgabe 2

Herbst 1998 I Aufgabe 3

Gegeben sei die folgende Spezifikation der natürlichen Zahlen

```
NAT =       based_on    BOOL
            sorts       nat
            ops         0: nat
                        s: nat → nat
                        p: nat → nat
                        +: nat x nat → nat
                        zero: nat → bool
axioms      nat generated_by 0, s
            p(0) = 0
            p(s(x)) = x
            0+y = y
            s(x)+y = s(x+y)
            zero(0) = True
            zero(s(x)) = False
```

Dabei bedeutet **based_on** BOOL, dass NAT auf einer geeigneten Spezifikation von BOOL aufbaut. Die Aussage nat **generated_by** 0,s drückt aus, dass alle Elemente aus nat als Terme der Form s(s(..(0)..)) dargestellt werden können.

Teilaufgabe 1

Nun soll die Spezifikation NAT in einer funktionalen Programmiersprache Ihrer Wahl implementiert werden, wobei natürliche Zahlen als Bitlisten, das heißt als Sequenzen Boolscher Werte vom Typ [bool] dargestellt werden sollen. Programmieren Sie die dazu nötigen Funktionen.

Teilaufgabe 2

Geben Sie die Abstraktionsfunktion phi: [bool] → Nat an, die jede Bitliste, die sich mit Hilfe Ihrer Implementierung erzeugen lässt, auf die dazugehörige natürliche Zahl abbildet. Mit Nat ist dabei die Sorte gemeint, die in der von Ihnen gewählten Programmiersprache die natürlichen Zahlen bzw. eine geeignete Obermenge davon implementiert.

✓ Lösungsvorschlag zu Teilaufgabe 1

```
data nat = [Bool]
[0] :: nat              (indicating that [0] is a nat)
s :: nat -> nat
s(n) =      if n==[0]
            then [1]
            else 1:n
```

```
p :: nat -> nat
p(n)   =    if length n==1
            then [0]
            else tail(n)
+ :: (nat,nat) -> nat
+(n1,n2) =  if n1==[0]
            then n2
            else  if n2==[0]
                  then n1
                  else n1++n2
zero :: nat -> bool
zero(n) =   if n==[0]
            then True
            else False
```

✓ **Lösungsvorschlag zu Teilaufgabe 2**

```
phi :: nat -> Int
phi(n)  =   if n==[0] then 0
            else  if n==[1] then 1
                  else 1+phi(p(n))
```

Herbst 1998 II Aufgabe 5

Teilaufgabe 1

Stellen Sie sich vor, Sie starten für jede der folgenden Teilaufgaben den SCHEME-Interpreter erneut und geben die folgenden Ausdrücke ein. Geben Sie für jede Teilaufgabe das Ergebnis der Auswertung des letzten Ausdrucks an.

1.1
(define zwei 2)
(define drei 3)
(define eins 8)
(define plus +)
(define kleiner <)
(kleiner eins (plus zwei drei))

1.2
(cons 'a (cons 'b (cons (cdr (cons (cons 'd 1)(cons 'c 2))) '())))

1.3
(define (rek a)
(cond ((= a 0) 5)
((= a 5) (* 2 (rek (– a 5))))
(else (lamda (x) (rek (– x 5))))))
((rek (rek 5)) (rek 5))

Teilaufgabe 2

Definieren Sie in einer funktionalen Sprache Ihrer Wahl eine Funktion, die das Skalarprodukt zweier Vektoren berechnet, die in rechtwinkligen Koordinaten gegeben sind. Die Vektoren sollen als Listen repräsentiert sein. Sie können davon ausgehen, dass Ihre Funktion nur mit Vektoren aufgerufen wird, die gleich lang sind.

Beispiel in SCHEME: (skalarprodukt '(1 2 3) '(2 2 2)) liefert 12.

Bemerkung: Auch wenn man mit SCHEME nicht vertraut ist, lässt sich diese Aufgabe lösen. SCHEME ist ein LISP-Dialekt und [DUD2, 368ff] bietet Hilfe zu LISP an.

✓ Lösungsvorschlag zu Teilaufgabe 1

1.1

false, da (< 8 5) zu false auswertet.

1.2

Paare werden durch Punktnotation dargestellt als (a . b). Der linke Teil des Paares wird als „car", der rechte als „cdr" bezeichnet. Will man aus zwei Objekten ein neues Paar bilden, so leistet dies „cons". Das Hochkomma „ ' " steht als Abkürzung für „quote".

(a . (b . ((c . 2))))

1.3

Zunächst wird rek 5 ausgewertet und liefert 10 aus (* 2 5).

Dann bleibt als Ausdruck (rek 10) 10, welches ergibt (lambda (x) rek (– x 5)) 10. 10 wird anstelle des formalen Parameters x eingesetzt. Also ergibt sich rek 5. Und als endgültige Ausgabe 10.

✓ Lösungsvorschlag zu Teilaufgabe 2

Skalarprodukt in Gofer:

```
Skalarprodukt :: ([Int],[Int]) -> Int
Skalarprodukt(a,b) =
     if a==[] then 0
     else(head(a)*head(b)+Skalarprodukt(tail(a),tail(b)))
```

Herbst 1998 II Aufgabe 6

Ein geordneter binärer Baum ist entweder ein leerer Baum oder besteht aus einer Wurzel und zwei binären Bäumen als als linkem und rechtem Unterbaum. Dabei sind die Knoten des Baums so geordnet, dass für alle Knoten v' im linken Unterbaum und für alle Knoten v'' im rechten Unterbaum von Knoten v gilt: $v' \leq v \leq v''$.

In SCHEME werden Bäume durch Listen kodiert. Der folgende Baum

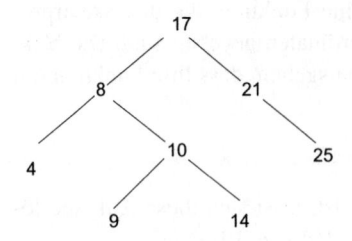

hat die Listendarstellung:

```
`(17 (8 (4 () ())
        (10 (9 () ())
            (14 () ())))
     (21 ()
         (25 () ())))
```

Teilaufgabe 1

Definieren Sie in einer funktionalen Sprache Ihrer Wahl die folgenden Funktionen:

1.1

`root` liefert den Wert an der Wurzel des Baumes.

1.2

`left-branch` liefert den linken Teilbaum der Wurzel.

1.3

`right-branch` liefert den rechten Teilbaum der Wurzel.

1.4

`make-tree` bildet aus einer Wurzel und zwei Bäumen einen neuen Baum.

1.5

Der leere Baum sei als leere Liste definiert. Definieren Sie die Funktion `empty-tree?`, die abfragt, ob ein Baum leer ist.

Teilaufgabe 2

Definieren Sie die Funktion contains?, die als Argumente einen binären Baum und ein Element nimmt und überprüft, ob das Element im Baum enthalten ist.

Teilaufgabe 3

Definieren Sie die Funktion insert, die als Argumente einen binären Baum und ein Element nimmt und das Element an der richtigen Stelle im Baum einsortiert.

✓ Lösungsvorschlag zu Teilaufgabe 1

Funktionen in Gofer:

Darstellung des angegebenen Baumes in Gofer analog zu der in Scheme:

```
*17 8 4 . . *10 9 . . *21 . 25 . .
```

Auch möglich wäre z.B.

```
(4:8:(9:10:14)):17:(^:21:25)
```

Es wird nicht verlangt, dass man Bäume durch Listen kodieren muss! Warum also nicht folgendermaßen:

```
data Tree = EmptyTree | Node(Int,Tree,Tree)
root :: Tree -> Int
root(Node(x,xl,xr)) = x
leftbranch :: Tree -> Tree
leftbranch(Node(x,xl,xr)) = xl
rightbranch :: Tree -> Tree
rightbranch(Node(x,xl,xr)) = xr
make_tree :: (Int,Tree,Tree) -> Tree
make_tree(i,x1,x2) = Node(i,x1,x2)
empty_tree :: Tree -> Bool
empty_tree(EmptyTree) = True
empty_tree(Node(x,xl,xr)) = False
```

✓ Lösungsvorschlag zu Teilaufgabe 2

```
contains? :: (Tree,Int) -> Bool
contains?(EmptyTree,i) = False
contains?(Node(x,x1,x2),i)=
      if x == i then True
      else (contains?(xl,i)|| contains?(xr,i))
```

✓ **Lösungsvorschlag zu Teilaufgabe 3**

```
insert :: (Tree,Int) -> Tree
insert(EmptyTree,i) = make_tree(i,EmptyTree,EmptyTree)
insert(Node(x,xl,xr),i) =
     if i<x then Node(x,insert(xl,i),xr)
     else Node(x,xl,insert(xr,i))
```

Herbst 1998 II Aufgabe 7

Für Ihr örtliches Rathaus sollen Sie eine Datenbank entwerfen, die personenbezogene Daten zu jedem Einwohner Ihrer Stadt speichert. Zu jedem Einwohner und jeder Einwohnerin werden die personenbezogenen Daten gespeichert, die auf seinem bzw. ihrem Personalausweis vermerkt sind. Dies sind eine 9-stellige Personalausweisnummer, Vor- und Nachname der Person, Geburtsdatum, Geburtsort, Staatsangehörigkeit, Ablaufdatum der Gültigkeit, Wohnort, Augenfarbe und Größe.

Teilaufgabe 1

Definieren Sie mit den Mitteln einer beliebigen imperativen Programmiersprache (z.B. C) zunächst einen geeigneten Datentyp pers_Daten, der die oben genannten Informationen aufnehmen soll. Sie können dabei davon ausgehen, dass kein Orts- oder Personenname länger als 40 Zeichen ist.

Teilaufgabe 2

Sie wollen die Personen nun in Stadtteilkarteien zusammenstellen. Ein Stadtteil besteht aus einer konstanten maximalen Anzahl von Einwohnern. Definieren Sie mit den Mitteln der gewählten Programmiersprache zunächst eine Konstante MAXANZAHL mit dem Wert 12000. Legen Sie anschließend einen Datentyp stadtteil fest, der eine feste, vorher bekannte Anzahl von Einwohnern, nämlich MAXANZAHL, vom Typ pers_Daten aufnehmen soll.

✓ **Lösungsvorschlag zu Teilaufgabe 1**

Pascal-Notation vgl. [DUD2, 480ff]

Datentyp für personenbezogene Daten:

```
type  datum = record
           tag    : 1..31;
           monat  : 1..12;
           jahr   : integer;
      end;
type  color = (blau, braun, gruen);
```

1.3 Programmiermethodik

```
type  pers_Daten = record
            AusweisNr    : array [1..9] of char;
            Vorname      : string[40];
            Nachname     : String[40];
            GebDatum     : datum;
            GebOrt       : string[40];
            Staatsang    : string[40];
            AblaufDat    : datum;
            Wohnort      : string[40];
            Augenfarbe   : color;
            Groesse      : integer;
      end;
```

✓ **Lösungsvorschlag zu Teilaufgabe 2**

```
const MAXANZAHL = 12000;
type  stadtteil = array [1..MAXANZAHL] of pers_Daten;
```

Frühjahr 1999 II Aufgabe 3

Programmieren Sie in einer imperativen Programmiersprache Ihrer Wahl nach folgenden Angaben:

Schreiben Sie eine Funktion *Tag*, die bestimmt, der wievielte Tag nach dem letzten Februartag eines Jahres zwischen 1900 und 2099 Ostersonntag ist. Dies lässt sich nach dem folgenden Verfahren ermitteln:

- q sei das Ergebnis der ganzzahligen Division der Jahreszahl j (1900 < j < 2099) durch 4.
- a sei der Rest der ganzzahligen Division von j durch 19.
- b sei der Rest der ganzzahligen Division von (204 – 11 · a) durch 30. Falls b = 28 oder b = 29 ist, so ist mit b = 27 bzw. b = 28 weiterzurechnen.
- c sei der Rest der ganzzahligen Division von ($j + q + b - 13$) durch 7.

Das Ergebnis ist dann $28 + b - c$.

Schreiben Sie ein Programm, das eine natürliche Zahl j mit 1900 < j < 2099 einliest, nach Überprüfung auf korrekte Eingabe mit Hilfe der Funktion *Tag* und einer Prozedur *Datum* das Datum des Ostersonntags des Jahres bestimmt und das Ergebnis ausgibt. Das Datum sei dabei in der Prozedur dargestellt durch zwei Ausgabeparameter t und m (z.B. t = 7 und m = 3 für den 7. März).

✓ **Lösungsvorschlag**

```
program f99_3;
uses crt;
var   j : integer;
type  date = record
                  tag     : 1..31;
```

```
                        monat  : 1..12
                end;
var     testdate        : date;
        anzahl          : integer;

function tag(jahr:integer) : integer;
var q,a,b,c : integer;
begin
        q:= j DIV 4; a:= j MOD 19; b:= (204-11*a) MOD 30;
        case b of
                28: b:= 27;
                29: b:= 28;
        end;
        c:= (j+q+b-13) MOD 7;
        tag:= 28+b-c;
end;

procedure datum(jahr:integer);
begin
        if (anzahl<32)
        then begin
                        testdate.monat:=3;
                        testdate.tag:=anzahl;
                end
        else begin
                        testdate.monat:=4;
                        testdate.tag:=anzahl-31;
                end;
end;

begin
        writeln('Gib eine Jahreszahl ein!');
        readln(j);
        if ((j<1901) OR (j>2098))
        then writeln('Keine gültige Jahreszahl!')
        else begin
                        anzahl:= tag(j);
                        writeln(anzahl);
                        datum(j);
                        writeln('Tag   : ',testdate.tag);
                        writeln('Monat: ',testdate.monat);
                end;
        readln;
end.
```

Frühjahr 1999 II Aufgabe 4

Ein Firmengebäude hat 140 Räume. Es gibt ein Verzeichnis aller Räume, in dem für jeden Raum folgende Angaben gemacht werden:
- Raumkennung, bestehend aus einem Zeichen (z.B. ‚E' für Erdgeschoss, ‚K' für Keller) und einer natürlichen Zahl,
- Größe in Quadratmetern (als REAL-Zahl),
- Angabe, ob der Raum einen Telefonanschluss hat,
- maximale Anzahl der Personen, die in diesem Raum arbeiten können (Null, wenn es sich um einen Lagerraum handelt),
- aktuelle Anzahl der Personen, die in diesem Raum arbeiten.

Programmieren Sie in einer imperativen Programmiersprache Ihrer Wahl nach folgenden Angaben:

Teilaufgabe 1

Geben Sie geeignete Datenstrukturen **Raum** und **Raumverzeichnis** an.

Teilaufgabe 2

Geben Sie eine Prozedur an, die das Raumverzeichnis verändert, wenn einem neuen Mitarbeiter ein Raum zugeteilt wird, wobei man in einem Parameter angeben kann, ob man einen Raum mit oder ohne Telefonanschluss haben will.

Beachten Sie dabei, dass die maximale Personenzahl pro Raum nicht überschritten wird. Der erste passende Raum kann gewählt werden. Sie können annehmen, dass ein solcher Raum vorhanden ist.

Teilaufgabe 3

Geben Sie eine Funktion an, die die Gesamtgröße aller Lagerräume in Quadratmetern ermittelt.

✓ **Lösungsvorschlag**

```
program f99_4;
uses crt;
type raum = record
                 kennung : (E,K);
                 nummer  : integer;
                 groesse : real;
                 telefon : boolean;
                 maxpers : integer;
                 aktpers : integer
             end;
var raumverzeichnis : array [1..140] of raum;
procedure aenderung(tel:boolean);
var    i : integer;
       treffer : integer;
begin
       treffer:= 0;
       i:= 1;
       repeat
            if ((raumverzeichnis[i].telefon = tel) AND
                (raumverzeichnis[i].maxpers >
                raumverzeichnis[i].aktpers))
                 then treffer:= i
                 else i:= i+1;
       until (treffer>0);
       raumverzeichnis[treffer].aktpers:=
            raumverzeichnis[treffer].aktpers+1;;
end;
function gesgroesse:real;
var    i    : integer;
       ges  : real;
begin
       ges:= 0;
       for i:= 1 to 140 do
       begin
            if (raumverzeichnis[i].maxpers = 0)
               then ges:= ges + raumverzeichnis[i].groesse;
       end;
       gesgroesse:= ges;
end;
begin (* Hauptprogramm *)
end.
```

Frühjahr 2000 I Einführung

Die Einführung zu dieser Aufgabe ist unter Frühjahr 2000 I Einführung im Kapitel „Grammatiken und Automaten" zu finden.

Frühjahr 2000 I Aufgabe 5

Es stehe ein Datentyp Komponente mit folgenden Operationen zur Verfügung:

> *istTitel* (*k* : *Komponente*) : *BOOLEAN*   liefert *TRUE* gdw. *k* ein Titel ist
> *istName* (*k* : *Komponente*) : *BOOLEAN*   liefert *TRUE* gdw. *k* ein Name ist
> *istAbsatz* (*k* : *Komponente*) : *BOOLEAN*   liefert *TRUE* gdw. *k* ein Absatz ist

Weiter stehe ein Datentyp Komponentenfolge mit folgenden Operationen zur Verfügung:

> *leer* (*f* : *Komponentenfolge*) : *BOOLEAN*
> liefert *TRUE* gdw. *f* die leere Komponentenfolge ist.
> *komponente*1 (*f* : *Komponentenfolge*) : *Komponente*
> liefert die erste Komponente in *f*; undefiniert, falls *f* leer ist.
> *rest* (*f* : *Komponentenfolge*) : *Komponentenfolge*
> liefert die Teilfolge von *f* ab der zweiten Komponente; undefiniert, falls *f* leer ist.

Teilaufgabe 1

Definieren Sie eine Funktionsprozedur *anzahlTitel_rek* (*f* : *Komponentenfolge*) : *INTEGER*, die die Anzahl der Titel in *f* rekursiv berechnet.

Teilaufgabe 2

Definieren Sie eine Funktionsprozedur *anzahlTitel_iter* (*f* : *Komponentenfolge*) : *INTEGER*, die die Anzahl der Titel in *f* iterativ berechnet.

Teilaufgabe 3

Elemente des Datentyps Komponentenfolge sollen als einseitig verkettete Listen mit Verbunden und Verbundzeigern repräsentiert werden. Geben Sie eine Definition des Datentyps Komponentenfolge für diese Repräsentation an. Definieren Sie dazu passende Funktionsprozeduren für die angegebenen drei Operationen auf dem Datentyp Komponentenfolge.

Teilaufgabe 4

Unabhängig von den obigen Vorgaben seien Datentypen *Titel*, *Name* und *Absatz* gegeben, mit denen die entsprechenden Komponenten eines Dokuments repräsentiert werden können.

Definieren Sie einen Datentyp *Bericht* und alle weiteren benötigten Datentypen, um die gesamte Dokumentstruktur von Dokumenten vom Typ *Bericht* repräsentieren zu können. Die Definitionen sollen soweit wie möglich der verbalen Definition des Dokumenttyps *Bericht* in der Einführung (siehe Frühjahr 2000 I im Teil zu Grammatiken und Automaten) entsprechen. Halten Sie sich dabei an die Konvention, dass Bezeichner von Typen mit Großbuchstaben anfangen und andere Bezeichner mit Kleinbuchstaben.

Sei *bericht* eine Variable des von Ihnen definierten Datentyps *Bericht*, deren Wert die Struktur des Beispieldokuments in der Einführung repräsentiert. Geben Sie einen Ausdruck an, mit dem auf den ersten Absatz des zweiten Kapitels zugegriffen wird.

✓ Lösungsvorschlag zu Teilaufgabe 1

```
anzahlTitel_rek(f:Komponentenfolge) : INTEGER
BEGIN
      IF leer(f) RETURN 0;
      ELSE RETURN anzahlTitel_rek(rest(f)) + 1;
END;
```

✓ Lösungsvorschlag zu Teilaufgabe 2

```
anzahlTitel_iter(f:Komponentenfolge) : INTEGER
BEGIN
      INTEGER anzahl := 0;
      WHILE NOT leer(f) DO BEGIN
            int( anzahl);
            f:= rest(f);
      END;
      RETURN anzahl;
END;
```

✓ Lösungsvorschlag zu Teilaufgabe 3

```
Komponentenfolge = RECORD
            k: Komponente
            next: Komponentenfolge
END;
leer(f:Komponentenfolge) : BOOLEAN
BEGIN
      RETURN (f.next == null);
END;
Komponente1(f:Komponentenfolge) : Komponente
BEGIN
      RETURN f.k;
END;
rest(f:Komponentenfolge) : Komponentenfolge
BEGIN
      RETURN f.next;
END;
```

Lösungsvorschlag zu Teilaufgabe 4

```
Bericht = RECORD
      berichtTitel:      Titel
      autorenliste:      Namenfolge
      zusammenfassung:   Absatz
      inhalt:            Kapitelfolge
END;
Kapitelfolge = RECORD
      kapTitel:   Titel
      absatz:     Absatzfolge
END;
```
(Alle Folgen seien analog zu oben definiert.)

Damit könnte man beispielsweise durch `bericht.inhalt.next.absatz` auf 2. Kapitel, 1. Absatz zugreifen.

Herbst 2000 I Aufgabe 1

Listen von Listen ganzer Zahlen kann man lexikalisch ordnen. Eine Liste $[x_1, ..., x_m]$ heißt lexikalisch kleiner als eine Liste $[y_1, ..., y_n]$, falls es ein i mit $0 \leq i \leq \min(m,n)$ so gibt, dass gilt:

$x_k = y_k$ für alle $k = 1, ..., i$ und entweder $i = m < n$ oder $x_{i+1} < y_{i+1}$.

Wählen Sie für die folgenden Teilaufgabe 1 bis 4 eine beliebige (jedoch für alle Teilaufgaben dieselbe) Programmiersprache.

Teilaufgabe 1

Geben Sie einen Datentyp für Listen von ganzen Zahlen und einen Datentyp für Listen von Listen von ganzen Zahlen an.

Teilaufgabe 2

Programmieren Sie den lexikalischen Vergleich *lex* auf Listen von ganzen Zahlen als eine Funktion oder Prozedur.

Teilaufgabe 3

Schreiben Sie eine Prozedur oder eine Funktion *lex_insert*, die eine Liste *l* von ganzen Zahlen in eine lexikalisch geordnete Liste *ll* von Listen von ganzen Zahlen an die korrekte Stelle einsortiert. Z.B. liefert die Anwendung von *lex_insert* auf die Argumente [1,3] und [[1,2], [1,7], [4]] die Liste [[1,2], [1,3], [1,7], [4]] als Ergebnis.

Teilaufgabe 4

Schreiben Sie eine Prozedur oder Funktion *insert_sort*, die eine Liste von Listen von Zahlen *ll* lexikalisch sortiert. Die Prozedur oder die Funktion soll *lex_insert* verwenden.

✓ **Lösungsvorschlag zu Teilaufgabe 1**

Die Lösung ist trotz Markierung der einzelnen Aufgabenteile als zusammengehöriges Programm zu lesen.

```
public class Int_List implements List{
      int              element;
      Int_List         next;
}
public class List_List implements List {
      Int_List     element;
      List_List    next;
      public List_List (Int_List e) {
            element = e;
      }
}
public class Programm {
```

✓ **Lösungsvorschlag zu Teilaufgabe 2**

```
public Int_List lex (Int_List a, Int_List b){
//lex liefert die lexikalisch größere Liste
            if (a.element == b.element) {
                  if (b.next.isEmpty()) return a;
                  else  if (a.next.isEmpty()) return b;
                        else lex(a.next, b.next);
            }
            else  if (a.element < b.element) return b;
                  else return a;
}
```

✓ **Lösungsvorschlag zu Teilaufgabe 3**

```
public List_List lex_insert (Int_List l, List_List ll){
      if (lex(l, ll.element).equals(l)) {
            if (!ll.next.isEmpty())
                  ll.next = lex_insert(l.ll.next);
            else ll.next = new List_List(l);
            return ll;
      }
```

1.3 Programmiermethodik

```
        else {
        //falls l kleiner oder gleich erster Liste in ll
            List_List erg = new List_List(l);
            erg.next = ll;
            return erg;
        }
}
```

✓ **Lösungsvorschlag zu Teilaufgabe 4**

```
public List_List insert_sort (List_List ll){
    List_List erg = new List_List(ll.element);
    while (!ll.next.isEmpty()) {
        erg = lex_insert(ll.next.element, erg);
        ll  = ll.next;
    }
    return erg;
}
}//End of Class Programm
```

Herbst 2000 I Aufgabe 4

Teilaufgabe 1

Erläutern Sie die auf Floyd und Hoare zurückgehende Verifikationsmethode. (In Ihrer Antwort müssen Sie mindestens die Begriffe von Zusicherung, Vor- und stärkste Nachbedingung erklären.)

Teilaufgabe 2

Betrachten Sie folgendes Programmfragment mit der Vorbedingung $V \equiv (s = 0 \,\&\, i = 0)$ und der Nachbedingung $N \equiv (s = (n+1) \cdot \frac{n}{2})$, wobei i, n und s ganze Zahlen sind.

```
while i<=n do
begin
    s:=s+i; i:=i+1
end.
```

2.1

Zeigen Sie, dass $i \leq n+1 \,\&\, s = (i-1) \cdot \frac{i}{2}$ eine Schleifeninvariante ist, und beweisen Sie, dass diese erhalten bleibt.

2.2

Beweisen Sie die Nachbedingung.

2.3

Terminiert das Programm immer? Beweisen Sie Ihre Antwort.

✓ Lösungsvorschlag zu Teilaufgabe 1

vgl. Frühjahr 1994 Aufgabe 3.

✓ Lösungsvorschlag zu Teilaufgabe 2

2.1

$$\{i \leq n+1 \,\&\, s = (i-1) \cdot \frac{i}{2}\}$$

```
while i <= n do begin
```

$$\{s + i = (i-1) \cdot \frac{i}{2} + i \,\&\, i \leq n\}$$

```
s: = s + i;
```

$$\{s = (i-1) \cdot \frac{i}{2} + i \,\&\, i \leq n\}$$

$$\{s = i \cdot \frac{i+1}{2} \,\&\, i+1 \leq n+1\}$$

```
i: = i + 1; end
```

$$\{i \leq n+1 \,\&\, s = (i-1) \cdot \frac{i}{2}\}$$

Die Schleifeninvariante bleibt also erhalten.

2.2

Wenn das Programm aus der Schleife springt, hat die Variable i, die ja immer nur um 1 erhöht wird, den Wert $n + 1$. Aus der Invariante ergibt sich dadurch die Nachbedingung $\{i = n+1 \,\&\, s = (i-1) \cdot \frac{i}{2}\} \Rightarrow \{i = n+1 \,\&\, s = n \cdot \frac{n+1}{2}\}$ und das ist bis auf Anwendung des Kommutativgesetzes die angegebene Nachbedingung.

2.3

Aus V folgt die Invariante wegen

$$\{s = 0 \,\&\, i = 0 \,\&\, 0 \leq n+1 \,\&\, 0 = 0 \cdot \frac{0}{2}\} \Rightarrow \{i \leq n+1 \,\&\, s = (i-1)\cdot\frac{i}{2}\}$$

Sei $E = n + 1 - i$. Ist $E = 0$, so ist die Schleifenbedingung nicht mehr erfüllt.
Sei nun $E = k > 0$ vor Durchlaufen der Schleife, und es gelte die Invariante.
Nach Durchlaufen der Schleife ist $E = k - 1$. Damit ist die Terminierung gezeigt.

Herbst 2000 II Aufgabe 3

Skizzieren Sie in Pseudocode die Implementierung einer Operation, die aus einer verketteten Liste die Elemente entfernt, die mehrfach vorkommen. Geben Sie die notwendigen Datenstrukturen an, wobei die verkettete Liste mit Zeigern (Pointern) implementiert werden soll.

✓ Lösungsvorschlag

```
public class LinkedList {
      Object      element;
      LinkedList next;        //Zeiger auf nächstes Element
      public LinkedList(Object e){
            element = e;
      }
      public boolean isempty() {
            if (next = NIL and element = NIL) return true;
            else return false;
      }
      //Methode is_in testet, ob Element e in Liste l vorkommt
      public boolean is_in(Object e, LinkedList l){
            if (l.isempty()) return false;
            else if (l.element == e) return true;
                  else return is_in(e, l.next);
      }
      //Methode append fügt Element e am Ende einer
      //nichtleeren Liste ein
      public LinkedList append(LinkedList l, Object e){
            //ans Ende der Liste gehen, dann einfügen
            while (! l.next.isempty()) {l = l.next;}
            l.next = new LinkedList(e);
      }
```

```
        public LinkedList remove_double(LinkedList l){
              if (l.isempty() or l.next.isempty()) return l;
              else LinkedList erg = new LinkedList(l.element);
              while (! l.next.isempty()) {
                    l = l.next;
                    if (! is_in(l.element, erg))
                          append(erg, l.element);
        }
}
```

Herbst 2000 II Aufgabe 4

In dieser Aufgabe werden in Pseudocode die Datenstruktur und Implementierung von bestimmten Operationen für binäre Bäume gegeben.

Teilaufgabe 1

Definieren Sie in Pseudocode die Datenstruktur für die Implementierung von binären Bäumen (BTree), wobei Blätter dadurch dargestellt werden, dass `left` und `right` den Wert `null` haben.

Teilaufgabe 2

Implementieren Sie eine Methode

  `void printInorder()`

für `BTree`, die den Baum in Infixdarstellung ausgibt.

Teilaufgabe 3

Geben Sie den Code an, der die Variable `t` mit Datentyp `BTree` mit einem Baum belegt, dessen Infixdarstellung 2+4·3 ist.

✓ Lösungsvorschlag

```
public class BTree {
      Object     node;
      BTree      right;
      BTree      left;
      public BTree(BTree l, Object n, BTree r){
            node = n;
            right = r;
            left = l;
      }
```

```
        public void printInorder() {
              System.out.println( toStringInorder());
        }
        public boolean isLeaf() {
              if (right = null and left = null) return true;
              else return false;
        }
        public String toStringInorder() {
              if (node = null) return "Keine Knotenbezeichnung";
              else if (isLeaf()) return node.toString();
              else if (right = null)
              return left.toStringInorder() + node.toString();
              else if (left = null)
              return node.toString() + right.toStringInorder();
              else return left.toStringInorder() +
              node.toString()+ right.toStringInorder();
        }
public makeExampleTree(){
      BTree t = new BTree(new BTree(null,2, null), "+",
            new BTree(new BTree(new BTree(null,3, null),"*",
            new BTree(null,4, null)));
      }
}
```

Herbst 2000 II Aufgabe 6

Diese Aufgabe bezieht sich auf das Sortierungsverfahren quicksort.

Teilaufgabe 1

Geben Sie Pseudocode für quicksort an.

Teilaufgabe 2

Simulieren Sie die Schritte von quicksort auf der Eingabe 4,2,1,3,8,5,0,6,7.

Teilaufgabe 3

Was ist das *worst-case*-Verhalten von quicksort?

Teilaufgabe 4

Für welche Eingaben zeigt quicksort das *worst-case*-Verhalten?

Teilaufgabe 5

Was ist das *average-case*-Verhalten von quicksort?

✓ Lösungsvorschlag zu Teilaufgabe 1

Bemerkung: Quicksort (Sortieren durch Trennen) ist eines von vielen bekannten Sortierverfahren, neben z.B. Insertsort (Sortieren durch Einsortieren), Selectsort (Sortieren durch Auswählen), Bubblesort (Sortieren, indem größere Elemente durch Vertauschen wie Luftblasen aufsteigen), Mergesort (Sortieren durch Aufteilen, Vorsortieren und Zusammenfügen) und Heapsort (Sortieren mit Hilfe von Auswahlbäumen). Für fast alle Algorithmen gilt eine Suchkomplexität von $O(n \cdot \log n)$. Es ist sicher eine gute Übung, die angegebene Aufgabe auch einmal für andere Suchalgorithmen durchzuführen.

```
public int[] quicksort (int[] a) {
      int n = a.length;          //n-1 ist größtes Feld
      if (n <= 1) return a;
      else {
            int x = a[0];        //statt a[0] auch beliebiges
                                 //anderes Pivotelement
            int[] kleiner = new int[n];
            int[] groesser = new int[n];
            int  k = 0; int  g = 0;
            for (i = 1; i<n; i++) {
                  if (x < a[i]) {
                        groesser[g] = a[i];
                        g++;
                  }
                  else {
                        kleiner[k] = a[i];
                        k++;
                  }
            }
      // Die Methode ohneLeer der Klasse array reduziere
      // ein array der Größe nach auf die tatsächlich einge-
      // tragenen Elemente, d.h. [3,4,?,?].ohneLeer() = [3,4]
      groesser = quicksort(groesser.ohneLeer());
      kleiner = quicksort(kleiner.ohneLeer());
      int[] res = new int[n];
      int m = kleiner.length();
      for (int j=0; j < m; j++){
            res[j] = kleiner[j];
      }
      res[m] = x;
```

```
            for (int j=0 ; j < groesser.length() ; j++){
                res[m+j+1]= groesser[j];
            }
            return res;
}
```

✓ Lösungsvorschlag zu Teilaufgabe 2

Es wurde eine intuitive Notation verwendet, bei der per Definition [[2, 3], 4] = [2, 3, 4] gelten soll.
```
quicksort([4,2,1,3,8,5,0,6,7]) =
[quicksort([2,1,3,0]),4,quicksort([8,5,6,7])] =
[quicksort([1,0]),2,quicksort([3]),4,quicksort([5,6,7]),8,
quicksort([])] =
[quicksort([0]),1,quicksort([]),2,3,4,quicksort([]),5,   quicksort([6,7]),8] =
[0,1,2,3,4,5,quicksort([]),6,quicksort([7]),8] =
[0,1,2,3,4,5,6,7,8]
```

✓ Lösungsvorschlag zu Teilaufgabe 3

Im schlimmsten Fall müssen wir $(n-1) + (n-2) + (n-3) + \ldots + 2 + 1 = n(n-1)/2$ Vergleiche durchführen.

✓ Lösungsvorschlag zu Teilaufgabe 4

Das worst-case-Verhalten zeigt sich bei `quicksort`, wenn man den Algorithmus auf eine bereits vorsortierte Liste anwendet.

✓ Lösungsvorschlag zu Teilaufgabe 5

Im Mittel benötigt `quicksort` nur $2 \cdot \ln(2) \cdot n \cdot \log(n) + O(n)$ viele Vergleiche.

Frühjahr 2001 I Aufgabe 4

Beweisen Sie mit Hilfe der Zusicherungsmethode, dass das folgende Programm bezüglich der eingefügten Zusicherungen partiell korrekt ist:

```
{n ≥ 0}
x := n; z := 1;
{x ≥ 0 ∧ z = 2^(n-x)}
WHILE x > 0 DO
    z := 2*z; x := x-1;
END;
{z = 2^n}
```

✓ **Lösungsvorschlag**

```
x:=n;  z:=1;

WHILE x>0 DO

z:=2*z;

x:=x-1;

END;
```

$\{n \bullet 0\}$

$\{z = 1 = 2^0 = 2^{n-x} \wedge x \bullet 0 \}$ Dies ist Schleifeninvariante.

$\{ z = 2^{n-x} \wedge x > 0 \} \Rightarrow \{2*z = 2^{n-x+1} \wedge x > 0 \}$

$\{z = 2^{n-x+1} \wedge x > 0 \}$

$\{ z = 2^{n-x} \wedge x > 0 \}$

$\{ z = 2^{n-x} \wedge x = 0\} \Rightarrow \{ z = 2^n \}$

Da in der Aufgabe nur partielle Korrektheit gefordert wird, muss die Terminierung nicht bewiesen werden.

Frühjahr 2001 I Aufgabe 5

Die folgenden Aufgaben können in Pascal, Modula-2, C, C++ oder Java gelöst werden.

Teilaufgabe 1

Definieren Sie einen Datentyp (oder eine Klasse) mit Namen „Bin Tree" zur Darstellung binärer Bäume mit ganzen Zahlen als Knotenmarkierungen.

Teilaufgabe 2

Ein binärer Baum t ist sortiert, wenn t leer ist, oder wenn seine Wurzel n größer als alle im linken Teilbaum l von t vorkommenden Knoten und kleiner gleich allen im rechten Teilbaum r von t vorkommenden Knoten ist und wenn l und r ebenfalls sortiert sind. Implementieren Sie eine Operation mit Namen „isSorted", die für einen gegebenen binären Baum feststellt, ob er sortiert ist.

Teilaufgabe 3

Implementieren Sie eine Operation mit Namen „insert", die eine ganze Zahl x so in einen binären Baum einfügt, dass dieser nach Ausführung der Operation wieder sortiert ist.

✓ **Lösungsvorschlag**

Vgl. auch Herbst 1996 Aufgabe3, Herbst 1998 II Aufgabe 6 und Herbst 2000 I Aufgabe 4!

1.3 Programmiermethodik

```java
public class BinTree{
      private int       node;
      private BinTree   left;
      private BinTree   right;
      public getNode() {return node;}
      public setNode(int n) {node = n;}
      public getRight() {return right;}
      public setRight(BinTree t) {right = t;}
      public getLeft()  {return left;}
      public setLeft(BinTree t) {left = t;}
      // Konstruktor
      public BinTree(int n){
           this.node = n;
      }
      // Teilaufgabe 2
      public boolean isSorted(BinTree t){
           if (t == null || (t.getLeft() == null &&
                           t.getRight() == null){
                return true;}
           else if (t.getLeft() == null){
                return (t.getNode() <= t.getRight().getNode()
                   && isSorted(t.getLeft()));}
           else if (t.getRight() == null){
                return (t.getNode() > t.getLeft().getNode()
                       && isSorted(t.getRight()));}
           else {
                return (t.getNode() <= t.getRight().getNode()
                      && t.getNode() > t.getLeft().getNode()
                      && isSorted(t.getLeft()) &&
                      isSorted(t.getRight()));
           }
      }
      // Teilaufgabe 3.
      // Aufgrund der Formulierung "wieder sortiert"
      // gehen wir davon aus, dass der als Parameter
      // angegebene Baum bereits sortiert ist.
      public BinTree insert(int n, BinTree t){
           if (t == null) {return new BinTree(n);}
           else {
                BinTree erg = new BinTree(t.getNode());
                if (n < t.getNode()){
                     erg.setRight(t.getRight());
                     erg.setLeft(insert(n,t.getLeft()));
                }
```

```
            else { //falls n ≥ t.getNode()
                erg.setLeft(t.getLeft());
                erg.setRight(insert(n,t.getRight()));
            }
            return erg;
        }
    }
}
```

Frühjahr 2001 II Aufgabe 1

Für eine nicht-leere Menge von Personen sei gegeben, wer mit wem
- eng verwandt,
- weitläufig verwandt,
- bekannt (aber nicht verwandt),
- weder verwandt noch bekannt

ist. Davon ausgehend sollen folgende Aufgaben gelöst werden:

Teilaufgabe 1

Für eine beliebige Person soll bestimmt werden, mit wie vielen anderen Personen sie eng verwandt ist.

Teilaufgabe 2

Es sollen diejenige(n) Person(en) mit den meisten Bekannten und weitläufig Verwandten bestimmt werden.

Teilaufgabe 3

Es soll festgestellt werden, ob es drei Personen gibt, die untereinander weder verwandt noch bekannt sind.

Geben Sie einen geeigneten Datentyp zur Darstellung der gegebenen Personenbeziehungen sowie Algorithmen zur Lösung der Teilaufgaben 1, 2 und 3 an.

✓ Lösungsvorschlag

Die Implementierung wird aus Platzgründen hier nur skizziert. Wir gehen davon aus, dass nur der momentane Kreis an Personen interessant ist und keine weiteren Personen dazukommen, sonst müsste man statt mit Arrays mit verketteten Listen arbeiten und diese jeweils mit einem Listen-Iterator durchlaufen.

Idee: Wir speichern alle Namen in einem Array und die Beziehungen in einer Matrix mit den selben Indizes wie der Array. Beziehungen werden dabei durch ‚v' = eng verwandt,

‚w' = weitläufig verwandt, ‚b' = bekannt, aber nicht verwandt, ‚k' = keine Beziehung eingetragen.

```java
public class Relation{
      private char[][]  beziehung;
      private String[]  namenindex;
      public Relation(String[] namen){
            namenindex = namen;
            int i = namen.length;
            beziehung = new char[i][i];
      }
      public setRel(String name1, String name2, char c){
            if (c!= 'v' || c!= 'w'|| c!= 'b' || c!= 'k')
      {System.out.println("Keine ordentliche Beziehung!");}
            else {
                  int i = indexOf(name1, namenindex);
                  int j = indexOf(name2, namenindex);
                  if (i==j)
                  {System.out.println("Gleiche Namen!");}
                  else {
                        beziehung[i][j] = c;
                        beziehung[j][i] = c;
                        // Man koennte auch nur eine
                        // Dreiecksmatrix anlegen!
                  }
            }
      }
      //* wieviel_in_bez erwartet als Parameter eine Person
      und einen gewünschten Beziehungsgrad und gibt die Anzahl
      der auf die angegebene Weise mit der Person in Beziehung
      stehenden Personen aus */
      public int wieviel_in_bez(String name, char c){
            // Prüfung auf richtige Buchstaben und richtigen
            // Namen weggelassen
            int i = indexOf( name, namenindex);
            int count = 0;
            for (int j=0; j < beziehung.length; j++){
                  if (beziehung[i][j] == c) c++;
            }
            return c;
      }
      public int wieviel_eng_verwandt(String name){
            return wieviel_in_bez(name,'v');
      }
}  //Rest analog
```

Nun sollte es nicht mehr schwierig sein, Teilaufgaben 2 und 3 zu lösen.

Frühjahr 2001 II Aufgabe 3

Durch den rekursiven Algorithmus
```
F ≡ function f(n,m:nat) nat:
        if n<m then n else f(n-m,m+1) endif
```
ist eine Funktion $f: N_0 \times N_0 \to N_0$ definiert.

Teilaufgabe 1

Bestimmen Sie den Wert von $f(31, 3)$.

Teilaufgabe 2

Beweisen Sie: Der Algorithmus F terminiert für alle $n, m \in N_0$.

Teilaufgabe 3

Geben Sie einen iterativen Algorithmus an, der $f(n, m)$ für beliebige $n, m \in N_0$ berechnet.

Teilaufgabe 4

Beweisen Sie: Zu jedem Paar $(n, m) \in N_0 \times N_0$ gibt es ein $k \in N_0$ mit

$k \cdot m \leq n$ und $2 \cdot f(n,m) + k^2 + k \cdot (2 \cdot m - 1) = 2 \cdot n$.

Teilaufgabe 5

Welche der folgenden Aussagen ist richtig?

5.1
Die Zeitkomplexität von F ist $O(n)$.

5.2
Die Zeitkomplexität von F ist $O(m)$.

5.3
Die Zeitkomplexität von F ist $O(n/m)$.

Begründen Sie Ihre Antworten.

Teilaufgabe 6

Ist die Funktion f primitiv-rekursiv? Begründen Sie Ihre Antwort.

✓ Lösungsvorschlag zu Teilaufgabe 1

$f(31, 3) = f(28, 4) = f(24, 5) = f(19, 6) = f(13, 7) = f(6, 8) = 6$

✓ Lösungsvorschlag zu Teilaufgabe 2

Zum Terminierungsbeweis geben wir eine Abstiegsfunktion an:

$$h(n,m) = \begin{cases} n & \text{falls } m \neq 0 \\ n+1 & \text{falls } m = 0 \end{cases}$$

Es ist $h(n, m) \bullet 0$ für alle $n, m \bullet 0$ und $h(n, m) > h(n - m, m + 1)$, denn

Fall 1: $m = 0 \Rightarrow m + 1 > 0$. $h(n, 0) = n + 1 > n = h(n, 1)$

Fall 2: $m > 0 \Rightarrow m + 1 > 0$. $h(n, m) = n > n - m = h(n - m, n + 1)$.

✓ Lösungsvorschlag zu Teilaufgabe 3

```
WHILE n>=m DO BEGIN
      n:= n-m; m:= m+1;
END;
return n;
```

✓ Lösungsvorschlag zu Teilaufgabe 4

Seien $n, m \in N_0$. Wähle k als Anzahl der Berechnungsschritte, d.h.

$$f(n, m) = n - \sum_{i=0}^{k-1}(m+i), \text{ wobei gilt:}$$

$$n - \sum_{i=0}^{k-1}(m+i) < m+k \quad \text{und} \quad n - \sum_{i=0}^{k-2}(m+i) \geq m+k$$

Es ist $f(n, m) \bullet 0$, also $n \geq \sum_{i=0}^{k-1}(m+i) = km + \sum_{i=0}^{k-1} i \geq km$.

$$2 \cdot f(n,m) + k^2 + k \cdot (2 \cdot m - 1) = 2 \cdot n - 2 \cdot k \cdot m - k \cdot (k-1) + k^2 + k \cdot (2 \cdot m - 1) = 2 \cdot n$$

✓ Lösungsvorschlag zu Teilaufgabe 5

In dieser Aufgabe geht es darum, oben angegebenes k abzuschätzen.

$k \cdot m \leq n$, also $k \leq \dfrac{n}{m}$. Diese obere Schranke kann man nicht verkleinern, denn

$f(n, n) = f(n - n, n + 1) = f(0, n + 1) = 0$ und $k = 1 = \dfrac{n}{n}$.

Die Zeitkomplexität ist also $O(n/m)$.

✓ Lösungsvorschlag zu Teilaufgabe 6

F ist primitv rekursiv, da LOOP-berechenbar. Wir wissen, *add*, *mult*, *sub*, *case* sind LOOP-berechenbar. Statt *case* schreiben wir *if then else* zwecks besserer Lesbarkeit.

Zunächst berechnen wir *lowdiv* (n, m) die größte ganze Zahl kleiner als n/m.

```
k:=0;
LOOP n DO
        if sub(mult(k,m),n)==0
        then    if sub(succ(n),mult(succ(k),m)) = 0
                then return k;
                else k:=k+1;
                endif;
        endif;
OD;
```
Nun können wir damit $f(n, m)$ berechnen:

```
LOOP lowdiv(n,m) DO
        if sub(n,m) ≥ 0 then n:=n-m; m:=m+1; endif;
OD; return n;
```

1.4 Logik

Herbst 1998 II Aufgabe 3

22 Vertreter aus sieben Staaten besuchen eine internationale Konferenz. Welche der folgenden Aussagen muss wahr sein? (Begründung)

Teilaufgabe 1

Sechs Staaten haben jeweils drei Vertreter und der siebte Staat hat vier Vertreter.

Teilaufgabe 2

Kein Staat hat mehr als vier Vertreter.

Teilaufgabe 3

Mindestens ein Staat hat vier oder mehr Vertreter.

Teilaufgabe 4

Kein Staat hat weniger als zwei Vertreter.

✓ Lösungsvorschlag zu Teilaufgabe 1

Nein, auch andere Möglichkeiten sind denkbar; z.B. 6 Staaten haben einen Vertreter, der siebte Staat hat 16 Vertreter.

✓ Lösungsvorschlag zu Teilaufgabe 2

Nein, s.o.

✓ Lösungsvorschlag zu Teilaufgabe 3

Ja, die Aussage ist die Negation von (und damit beweistechnisch äquivalent zu): „Kein Staat hat mehr als drei Vertreter"; angenommen jeder Staat hat nur drei Vertreter (=Maximum), dann wären dies insgesamt 21 Vertreter. Da aber 22 Vertreter bei der Konferenz sind, muss mindestens ein Staat vier Vertreter haben.

✓ Lösungsvorschlag zu Teilaufgabe 4

Nein, s.o.

Herbst 1998 II Aufgabe 4

Teilaufgabe 1 Aussagenlogik

1.1

Beweisen Sie: „$(A \to B) \leftrightarrow (\neg A \lor B)$" ist eine Tautologie.

1.2

Begründen Sie die Aussage: „Aus $\{F, G\}$ folgt H." ist äquvalent zu „$\{F, G, \neg H\}$ ist unerfüllbar".

1.3

Beweisen Sie mit dem Resolutionskalkül: „$\{\neg A \lor B, \neg B \lor C, A, \neg C\}$ ist unerfüllbar".

1.4

Beweisen Sie (unter Verwendung der Teilaufgaben 1.1, 1.2 und 1.3): „Aus $\{A \to B, B \to C\}$ folgt $\{A \to C\}$".

Teilaufgabe 2 Prädikatenlogik

Gegeben ist die folgende Formel: $F : ((\forall x \exists y P(x, y)) \to (\exists x \forall y P(x, y)))$

2.1

Ist F allgemeingültig?

2.2

Ist F erfüllbar?

2.3

Falls F ein Modell hat, geben Sie ein solches an.

✓ Lösungsvorschlag zu Teilaufgabe 1

1.1

Beweis mittels Wahrheitstafel:

A	B	$A \to B$	$\neg A$	$\neg A \vee B$
0	0	1	1	1
0	1	1	1	1
1	0	0	0	0
1	1	1	0	1

1.2

Beweis mittels Wahrheitstafel:

$\{F, G\}$	H	$\{F, G\} \to H$	$\{F, G, \neg H\}$	$\{F, G, \neg H\} = 0$
0	0	1	0	1
0	1	1	0	1
1	0	0	1	0
1	1	1	0	1
$\{F, G\}$	H	$\{F, G\} \to H$	$\{F, G, \neg H\}$	$\{F, G, \neg H\} = 0$

1.3

Beweis mittels Wahrheitstafel ist auch hier einfach möglich, es ist aber Resolutionskalkül verlangt:
$(\neg A \vee B) \wedge (\neg B \vee C) \wedge A \wedge \neg C =$
$[(\neg A \wedge \neg B) \vee (\neg A \wedge C) \vee (B \wedge \neg B) \vee (B \wedge C)] \wedge A \wedge \neg C =$
$[(\neg A \wedge \neg B \wedge A) \vee (\neg A \wedge C \wedge A) \vee (B \wedge C \wedge A)] \wedge \neg C =$
$B \wedge C \wedge A \wedge \neg C = \text{FALSE}$

1.4

Aus 1.3 folgt
$\text{TRUE} = \neg (\text{FALSE}) = \neg ((\neg A \vee B) \wedge (\neg B \vee C) \wedge A \wedge \neg C) =$
$= \neg ((\neg A \vee B) \wedge (\neg B \vee C)) \vee (\neg A \vee C) = (\text{wegen } 1.1)$
$= \neg \{A \to B, B \to C\} \vee (A \to C)$
$= \{A \to B, B \to C\} \to (A \to C)$

✓ Lösungsvorschlag zu Teilaufgabe 2

Wir können F wie folgt umformen:

$$\neg(\forall x \exists y\, P(x,y)) \vee (\exists x \forall y\, P(x,y)) = (\exists x \forall y\, \neg P(x,y)) \vee (\exists x \forall y\, P(x,y))$$

2.1

Ist F allgemeingültig?   NEIN

Gegenbeispiel: Sei $P(x, y)$ der Graph der Geraden $y = x$. Dann gibt es für jedes x ein y, so dass (x, y) ein Element des Graphen ist. Aber es gibt kein x, so dass für alle y der Punkt (x, y) ein Element des Graphen ist.

2.2

Ist F erfüllbar? JA

Beispiel: Sei $P(x, y)$ der Graph der Geraden $x = 5$. Gleichgültig, ob $\forall x \exists y\, P(x, y)$ erfüllt ist (aus Falschem folgt bekanntlich alles), es existiert ein x (nämlich $x = 5$) so dass für alle y (x, y) ein Element des Graphen der Relation ist.

2.3

Definition (Modell): Ein Modell für Aussage F ist eine Belegung der Variablen, in dem Fall wohl für $P(x, y)$, für die $F = TRUE$ gilt.

Man könnte sich für P z.B. die Aussage $x * y = 0$ vorstellen.

Herbst 2001 I Aufgabe 6

Sei F die Formel $(\neg (A \rightarrow B) \vee \neg (\neg A \vee C)) \wedge \neg A$

Teilaufgabe 1

Ist F erfüllbar?

Teilaufgabe 2

Ist F eine Tautologie?

✓ Lösungsvorschlag zu Teilaufgabe 1

Logisches Umformen ergibt $F = FALSE$ für alle Belegungen von A, B und C.

✓ Lösungsvorschlag zu Teilaufgabe 2

Eine Tautologie ist eine Aussage, die immer *TRUE* ergibt. Daher ist F keine Tautologie.

2 Datenbanksysteme, Betriebssysteme, Rechnernetze und Rechnerarchitektur

2.1 Datenbanksysteme

Frühjahr 1990 Aufgabe 6

Teilaufgabe 1

Wodurch sind Transaktionen charakterisiert?

Teilaufgabe 2

Mit welchen Techniken können Transaktionen realisiert werden?

✓ Lösungsvorschlag zu Teilaufgabe 1

Eigenschaften von Transaktionen [KEM, 269]:

- **Atomicity**: Diese Eigenschaft verlangt, dass eine Transaktion als kleinste, nicht mehr weiter zerlegbare Einheit behandelt wird, d.h. entweder werden alle Änderungen der Transaktion in der Datenbasis festgeschrieben oder gar keine. Man kann sich diese auch als „alles-oder-nichts" Prinzip merken.
- **Consistency**: Eine TA hinterlässt nach Beendigung einen konsistenten Datenbasiszustand. Andernfalls wird sie komplett (siehe Atomarität) zurückgesetzt. Zwischenzustände, die während der TA-Bearbeitung entstehen, dürfen inkonsistent sein, aber der resultierende Endzustand muss die im Schema definierten Konsistenz-Bedingungen erfüllen.
- **Isolation**: Diese Eigenschaft verlangt, dass nebenläufig ausgeführte TA sich nicht gegenseitig beeinflussen. Jede TA muss – logisch gesehen – so ausgeführt werden, als wäre sie die einzige TA, die während ihrer gesamten Ausführungszeit auf dem Datenbanksystem

aktiv ist. Mit anderen Worten, alle anderen parallel ausgeführten TA bzw. deren Effekte dürfen nicht sichtbar sein.
- **Durability** (Dauerhaftigkeit): Die Wirkung einer erfolgreich abgeschlossenen TA bleibt dauerhaft in der Datenbank erhalten. Die TA-Verwaltung muss sicherstellen, dass dies auch nach einem Systemfehler gewährleistet ist. Die einzige Möglichkeit, die Wirkungen einer einmal erfolgreich abgeschlossenen TA ganz oder teilweise aufzuheben, besteht darin eine andere sogenannte kompensierende TA auszuführen.

✓ **Lösungsvorschlag zu Teilaufgabe 2**

Techniken [KEM, 267ff]:

- **begin of transaction**: mit diesem Befehl wird der Beginn einer eine Transaktion darstellenden Befehlsfolge gekennzeichnet.
- **commit (work)**: hierdurch wird die Beendigung der TA eingeleitet. Alle Änderungen der Datenbasis werden – falls keine Konsistenzverletzungen oder andere Probleme aufgedeckt werden – durch diesen Befehl festgeschrieben, d.h. sie werden dauerhaft in die Datenbank eingebaut.
- **rollback (work)**: alle Änderungen sollen zurückgesetzt werden. Anders als der commit-Befehl muss das DBMS (Datenbank Management System) die erfolgreiche Ausführung eines rollback-Befehls immer garantieren können.
- **abort**: dieser Befehl führt zu einem Selbstabbruch der TA. Das Datenbanksystem muss sicherstellen, dass die Datenbasis wieder in den Zustand zurückgesetzt wird, der vor Beginn der TA-Ausführung existierte.
- **define savepoint**: hierdurch wird ein Sicherungspunkt definiert, auf den sich die (noch aktive) TA zurücksetzen lässt. Das DBMS muss sich dazu alle bis zu diesem Zeitpunkt ausgeführten Änderungen an der Datenbasis merken. Diese Änderungen dürfen aber noch nicht in der Datenbasis festgeschrieben werden, da die TA durch ein abort immer noch gänzlich aufgegeben werden kann.
- **backup transaction**: dieser Befehl dient dazu, die noch aktive TA auf den jüngsten – also den zuletzt angelegten – Sicherungspunkt zurückzusetzen.

Frühjahr 1990 Aufgabe 8

Teilaufgabe 1

Für welches konzeptuelle Datenbank-Schema sind Normalformen von Bedeutung? Wozu dienen sie?

Teilaufgabe 2

Welche Normalformen kennen Sie? Wie überführt man eine Normalform in eine andere?

Teilaufgabe 3

Aus welchen wesentlichen Komponenten sind im Allgemeinen Expertensysteme aufgebaut?

✓ Lösungsvorschlag zu Teilaufgabe 1

Normalformen sind für das Konzept der relationalen Datenbanken von Bedeutung. Sie dienen zur Bewertung der „Güte" eines Relationenschemas (Speicherung redundanter Information vermeiden, einfachere Bearbeitung von Datensätzen, ...).

vgl. Herbst 1990 Aufgabe 2 Teilaufgabe 1.1

✓ Lösungsvorschlag zu Teilaufgabe 2

Normalformen:
1. NF:
Eine Relation ist in der 1. NF, wenn alle ihre Domänen nur elementare Werte enthalten.
DBS, die auf diese Forderungen verzichten, heißen NF² (non first normal form).
2. NF:
- R ist in 1. NF
- Jedes Nichtschlüsselattribut ist voll funktional abhängig von jedem Schlüsselkandidaten.

Varianten:
- Codd: Jedes Nichtschlüsselattribut ist voll funktional abhängig vom Primärschlüssel.
- Kent: Alle Attribute im Komplement von SK sind voll funktional abhängig von SK.

3. NF:
- R ist in 2. NF
- R enthält keine transitiven Abhängigkeiten.

Variante:
Bei jeder nichttrivialen Abhängigkeit $\alpha \to B$ bei der α kein Superschlüssel ist („Schlüsselobermenge"), ist B ein Schlüsselkandidatenattribut.

BCNF:
Jeder Determinator ist Schlüsselkandidat.

Variante:
Jede nichttriviale Abhängigkeit muss vom Superschlüssel ausgehen.

Beispiel:

NF² und nicht 1.NF: R(A, B, C), wobei A, B oder C kein atomarer Eintrag ist.

1.NF: R(A, B, C) mit B $\to$ C, alle Einträge sind atomar.

2.NF: R(A, B, C) mit B $\to$ C.

3.NF: R(A, B, C) mit C $\to$ B und C ist kein Schlüsselkandidat.

BCNF: jetzt darf C $\to$ B auch nicht mehr gelten

Der Algorithmus zur Überführung einer Normalform in eine andere ist unter Frühjahr 1994 Lösungsvorschlag für Aufgabe 7 dargestellt.

✓ Lösungsvorschlag zu Teilaufgabe 3

Komponenten zum Aufbau von Expertensystemen [DUD1, 244f]:

Über die **Dialogkomponente** teilt ein Benutzer meist im Frage-Antwort-Muster dem System das zu lösende Problem mit. Die **Problemlösungskomponente** bearbeitet das Problem, indem sie in der **Wissensbasis** nach Lösungsmöglichkeiten sucht. Eine durch die Problemlösungskomponente gefundene Lösung wird in der **Erklärungskomponente** begründet, der Lösungsweg kommentiert und die Qualität und Verlässlichkeit der Lösung bewertet. Die **Wissensveränderungskomponente** unterstützt die erstmalige Erstellung und die fortlaufende Aktualisierung der Wissensbasis. Die Wissensbasis enthält das gesamte „Expertenwissen". Sie besteht mindestens aus *Fakten* und *Regeln*.

Herbst 1990 Aufgabe 2

Teilaufgabe 1

1.1
Datenorganisation ist auch mit algorithmischen Sprachen (Programmiersprachen) möglich. Nennen Sie Gründe, die für die Verwendung von Datenbanken sprechen!

1.2
Erklären Sie den Begriff der Integritätsbedingung an Hand eines selbstgewählten Beispieles!

1.3
Warum ist Datenredundanz ein Problem in Datenbanken?

Teilaufgabe 2

2.1
Mit welchen drei grundsätzlichen Operationen (Relationsoperationen) arbeiten Abfragesprachen von relationalen Datenbanken, um Informationen aus der Datenbank zu erhalten? Welche Funktionalität haben diese jeweils?

2.2
Betrachten Sie die Komplexitäten dieser Relationsoperationen! Berücksichtigen Sie auch eventuelle Fallunterscheidungen!

Teilaufgabe 3

3.1
Was ist der Sinn von Normalformen?

3.2
Welche Normalformen kennen Sie? Definieren Sie diese! Geben Sie jeweils ein Beispiel an, das die jeweilige Normalform erfüllt, höhere Normalformen aber nicht!

Teilaufgabe 4

Gegeben sind folgende Relationen:

Teile	Tname x Tfarbe x Tgewicht x T#
Lieferung	L# x T# x Anzahl
Lieferant	L# x Lname x Status x Stadt

Gesucht ist eine SQL-Abfrage, die folgendes erfüllt:
„Lieferanten mit Status, die Welle mit Teilenummer 5 liefern".

✓ Lösungsvorschlag zu Teilaufgabe 1

1.1

Gründe für die Verwendung von Datenbanken: [DUD1, 161]

Bisher:
- Programme für flüchtige Verarbeitung
- Files im Filesystem für persistente Ablage von Daten

Das führt zu Problemen, wenn:
- sehr viele Daten vorhanden sind (Effizienz)
- zwei Benutzer gleichzeitig dieselben Daten ändern (Serialisierung)
- zwei Änderungen auf zwei Dateien nur gemeinsam oder gar nicht für andere sichtbar sein sollen (Transaktion)
- Rücksetzen nach Systemabsturz (Recovery)
- Datenschutz (Views)

Probleme nach [KEM, 17–19]:
- Redundanz und Inkonsistenz (Informationen müssen oft mehrfach gespeichert werden, dann kann es zu Inkonsistenzen bei Änderungen kommen)
- beschränkte Zugriffsmöglichkeiten (schwierig, isoliert abgelegte Daten miteinander zu verknüpfen)
- Probleme des Mehrbenutzerbetriebes (Anomalien, bei gleichzeitigem unkontrolliertem Editieren derselben Datei durch zwei Benutzer)
- Verlust von Daten (keine Recoverykomponente)
- Integritätsverletzung (Einhaltung von Integritätsbedingugnen ist bei isolierter Speicherung der Informationseinheiten in verschiedenen Dateien schwierig)

- Sicherheitsprobleme (nicht alle Benutzer sollen Zugriff auf die gesamten gespeicherten Informationen haben, bzw. das Privileg haben diese zu ändern)
- hohe Entwicklungskosten (für die Entwicklung eines neuen Anwendungsprogrammes)

1.2

Man unterscheidet zwei Arten von Regeln: anwendungsspezifische oder strukturelle Regeln.

Regel 1:
Jede Relation muss einen Primärschlüssel besitzen.

Regel 2:
Falls die Relation R einen Fremdschlüssel F der Relation S enthält, so muss es zu jedem Tupel t aus R ein Tupel s aus S geben. → Referentielle Integrität
Dies dient dem Zweck, dass ein Join möglich ist.
Der Fremdschlüssel enthält somit die gleiche Anzahl von Attributen wie der Primärschlüssel der Relation, auf die der Fremdschlüssel verweist. Die Attribute haben auch jeweils dieselbe Bedeutung, obwohl sie oftmals umbenannt werden, um entweder Konflikte zu vermeiden oder den Attributen mnemonischere Namen zu geben.

Regel 3:
Der Primärschlüssel darf nicht NULL sein.

Beispiel zu Regel 2:

PROFESSOREN (PersNr, ...)

ASSISTENTEN (PersNr, ... , Boss, ...)

Hier ist das Attribut Boss Fremdschlüssel der Relation Assistenten und stimmt mit der PersNr eines Professors überein; das Attribut musste umbenannt werden, da auch Assistenten eine PersNr haben.

1.3

Datenredundanz ([KEM, 170f] „Updateanomalien"):

Existiert eine Information auf Grund eines schlechten Schemas mehrfach – also redundant – in einer Datenbank, dann kann es leicht geschehen, dass bei Änderungen Einträge übersehen werden. Selbst wenn man durch ein entsprechendes Programm sicherstellen kann, dass immer alle redundanten Einträge gleichzeitig abgeändert werden, gibt es dennoch zwei schwerwiegende Nachteile:

1. erhöhter Speicherbedarf wegen der redundant zu speichernden Information
2. Leistungseinbußen bei Änderungen, da mehrere Einträge abgeändert werden müssen

✓ Lösungsvorschlag zu Teilaufgabe 2

2.1
Projektion:
  Extrahieren von Spalten (Attribute A_i) der Argumentrelation R
  $\Pi_{A_i}(R): R \rightarrow R'$
Selektion :
  Auswahl derjenigen Tupel einer Relation, die das sogenannte Selektionsprädikat erfüllen, d.h die Menge aller Tupel v von R für die gilt: nach Substitution aller Attributnamen in F durch den entsprechenden Attributwert von v ist die dadurch entstehende Formel wahr.
  $\sigma_F(R): R \rightarrow R'$
Verbund (Join):
  Kreuzprodukt zweier Relationen R und S, darüber Selektion (mit Bedingung)
  $R \bowtie_{A \Theta B} S: (R,S) \rightarrow T$

2.2
Projektion: $O(n)$ bzw. $O(n^2) = O(\frac{1}{2} n (n-1))$ um Duplikate zu streichen
Selektion: $O(n)$
Join: $O(n \cdot m) \approx O(n^2)$

✓ Lösungsvorschlag zu Teilaufgabe 3

3.1
Vermeiden von Redundanz, da diese folgende Auswirkungen hat:
- Erhöhung des Speicherplatzes
- Delete Anomalie → Informationen verschwinden
- Insert Anomalie → bei falscher Wahl des Primärschlüssels ist kein Speichern möglich bzw. alle Attribute des Schlüssels müssen für das neue Tupel bekannt sein
- Update Anomalie → Änderungen müssen unbedingt in jedem betroffenen Tupel erfolgen

(Erläuterung der Anomalien vgl. Frühjahr 1999 II Aufgabe 1 Teilaufgabe 2)

3.2
Vgl. Frühjahr 1990 Aufgabe 8 Teilaufgabe 2

✓ Lösungsvorschlag zu Teilaufgabe 4

T# scheint Schlüssel in der Relation TEILE zu sein, da in LIEFERUNG Tname nicht mehr auftaucht. Somit lautet die Abfrage:
  SELECT L.Lname, L.L#
  FROM LIEFERANT L, LIEFERUNG F
  WHERE (L.Status = ‚ja') AND (L.L# = F.L#) AND (F.T# = 5);
Unklar ist, was „Status" bedeuten soll, deshalb ist auch folgende Abfrage möglich:
  SELECT Lname, L#, Status
  FROM LIEFERANT, LIEFERUNG
  WHERE (Lieferung.L# = Lieferant.L#) AND (Lieferung.T# = 5);

Herbst 1990 Aufgabe 3

Teilaufgabe 1

Geben Sie die allgemeine Architektur eines Expertensystems an und beschreiben Sie die Aufgaben der einzelnen Komponenten!

Teilaufgabe 2

2.1
Erläutern Sie die beiden grundlegenden Problemlösungsverfahren Breitensuche und Tiefensuche! Stellen Sie Vor- und Nachteile des jeweiligen Verfahrens gegenüber!

2.2
Wählen Sie ein geeignetes Beispiel und erklären Sie daran die beiden Verfahren!

Teilaufgabe 3

Erklären Sie den Mechanismus der Unifikation in Prolog allgemein und anhand eines selbstgewählten Beispiels!

✓ Lösungsvorschlag zu Teilaufgabe 1

Aufgaben der Komponenten: vgl. Frühjahr 1990 Aufgabe 8 Teilaufgabe 3

allgemeine Architektur eines Expertensystems vgl. [DUD1, 245]:

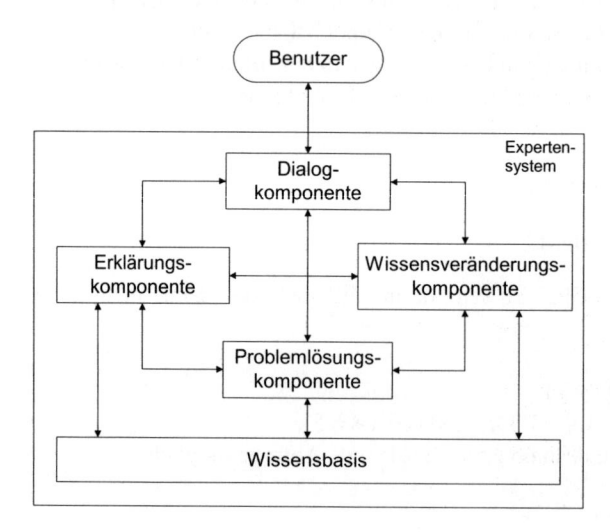

✓ Lösungsvorschlag zu Teilaufgabe 2

2.1

Beides sind Verfahren zum Durchlaufen eines Graphen, bei dem jeder Knoten genau einmal durchsucht wird.

Breitensuche (vgl. [DUD1, 108] „Breitendurchlauf"):

Man geht von einem Knoten, der gerade besucht wird, zuerst zu allen Nachbarknoten, bevor deren Nachbarn (bzw. bei gerichteten Bämen: Söhne) besucht werden.

Ordnung: $O\,(V+E)$, mit E Anzahl der Kanten, V Anzahl der Knoten

Tiefensuche (vgl. [DUD1, 733] „Tiefendurchlauf")

Von einem Knoten, der gerade besucht wird, geht man erst zu einem noch nicht besuchten Nachbarknoten und setzt dort den Algorithmus rekursiv fort.

Ordnung: $O\,(V+E)$, mit E Anzahl der Kanten, V Anzahl der Knoten

Vorteil bzw. Nachteil:

Dieser ergibt sich daraus, wie der Graph gespeichert ist. Ist die Datenstruktur ein Baum mit *verketteter Liste*, so ist die Tiefensuche einfacher zu implementieren, denn es gibt keinen Zeiger auf Geschwister sondern lediglich auf Kinder evtl. noch auf Eltern. Liegt jedoch die Datenstruktur *lineares Feld* zu Grunde (für Binärbaum) so fällt die Breitensuche leichter, da man das Array nur Schritt für Schritt durchläuft. Im letzteren Fall ist der Verwaltungsaufwand geringer, da keine Zeiger benötigt werden.

2.2

Das folgende Beispiel findet sich ebenfalls auf den oben genannten Seiten im Duden.

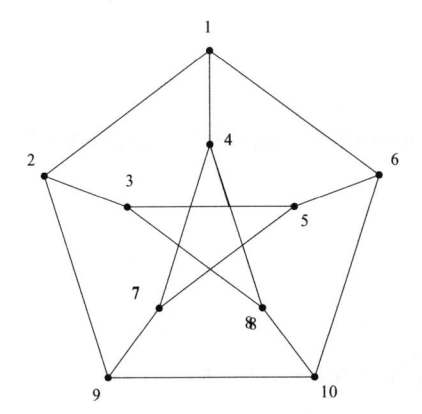

Eine mögliche Ausgabe des jeweiligen Algorithmus für den Graphen lautet

beim Breitendurchlauf: 1 2 4 6 9 3 7 8 5 10

beim Tiefendurchlauf: 1 2 9 10 6 5 3 8 4 7

✓ Lösungsvorschlag zu Teilaufgabe 3

Mechanismus der Unifikation in Prolog mit Beispiel (vgl. [DUD1, 553f])

Den Prozess, zwei Literale durch konsistente Ersetzung von Variablen durch andere Terme gleich zu machen, bezeichnet man als Unifikation. Das Ergebnis der Unifikation ist ein Unifikator, d.h. eine Abbildung

U: {Menge der Variablen} → {Menge der Terme},

die beschreibt, welche Variablen durch welche Terme ersetzt werden müssen.

Danach folgt ein Beispiel auf [DUD1, 554]:

Ein Unifikator U für die Terme
   datum (1, M, J) und datum (Tag, Monat, 1968)
lautet:
   U (Tag) = 1, U (M) = 4, U (Monat) = 4, U (J) = 1968.
Unifikatoren sind meist nicht eindeutig. Ein anderer Unifikator U' ist:
   U'(Tag) = 1 , U'(M) = Monat , U'(Monat) = Monat , U'(J) = 1968 .

Herbst 1991 Aufgabe 4

Teilaufgabe 1

Welche Eigenschaften muss eine Relation besitzen, damit sie die erste bzw. zweite bzw. dritte Normalform erfüllt?

Teilaufgabe 2

Das Bundesamt für Kfz-Wesen habe in einem ersten Entwurf folgende unnormalisierte Relationen aufgestellt, um Verkehrssünder zu registrieren.

   EIGENTÜMER (PKZ, NAME, ADR, AUTO)

   AUTO (KFZNR, TYP, FARBE, EINTRAG)

   EINTRAG (LFDNR, DATUM, ART, STRAFPUNKTE, FAHRER)

   FAHRER (PKZ, NAME, ADR, FÜHRERSCHEIN, FÜHRERSCHEINENTZUG)

   FÜHRERSCHEIN (FNR, ADATUM, KLASSE, AUSSTELLUNGSORT)

Die Primärschlüssel sind durch Unterstreichung kenntlich gemacht.

Man normalisiere diese Relationen, und überführe sie in die dritte Normalform, wobei folgende Semantik zu unterstellen ist:

- Jedes Auto kann nur einen Eigentümer, ein Eigentümer aber mehrere Autos haben.
- Ein Auto und ein Fahrer sind jeweils durch einen Eintrag betroffen. Pro Auto und pro Fahrer können mehrere verschiedene Einträge existieren, d.h. ein Fahrer kann sich Einträge mit verschiedenen Autos einhandeln. Die LFDNR wird in Bezug auf Auto geführt.
- Pro Fahrer sind verschiedene Führerscheine (auch Ersatzführerscheine) registriert.

✓ Lösungsvorschlag zu Teilaufgabe 1

vgl Herbst 1990 Aufgabe 2 Teilaufgabe 3.2

✓ Lösungsvorschlag zu Teilaufgabe 2

Unklar ist „Die LFDNR wird in Bezug auf AUTO geführt." Wird bei jedem Auto wieder mit Nr. 1 begonnen? Wir nehmen an, die laufendende Nummer sei eindeutig (z.B. wie die Steuernummer). Im Folgenden werden die einzelnen Relationen der Reihe nach untersucht:

EIGENTÜMER (PKZ, Name, Adr, Auto)

Alle Einträge müssen atomare Einträge sein.

Da jeder Eigentümer mehrere Autos besitzen kann, benötigt man für jedes Auto einen separaten Eintrag und zugleich muss „Auto" ein Teil des Primärschlüssels werden.

Damit ein Attribut einer Relation nicht denselben Namen trägt wie eine andere Relation, wird „Auto" umbenannt zu „KFZNR".

Der Einfachheit halber sei angenommen, dass sowohl „Name" als auch „Adr" atomare Einträge besitzen.

Somit ist die Relation in 1.NF aber noch nicht in 2.NF, da „Name" und „Adr" nur von einem Schlüsselteil (nämlich "PKZ") abhängig sind. Daraus ergeben sich zwei Relationen, die bereits in 3.NF sind:

1*)   PERSON (**PKZ**, Name, Adr)

2*)   AUTO_PERS (**KFZNR**, **PKZ**)

AUTO (KFZNR, Typ, Farbe, Eintrag)

Alle Einträge müssen atomare Einträge sein. „Eintrag" wird zu „LFDNR" umbenannt.

Da ein Auto mehrere Einträge haben kann, wird dieses Attribut aus der Relation entfernt. Es wird sich später zeigen, dass die Dekomposition dennoch verlustfrei ist.

Da AUTO denselben Primärschlüssel hat wie AUTO_PERS, lassen sich die beiden Relationen zu einer einzigen zusammenfassen:

2) AUTO (KFZNR, PKZ, Typ, Farbe)

EINTRAG (LFDNR, Datum, Art, Punkte, Fahrer)

Es erfolgt eine Umbenennung von „Fahrer" zu „PKZ".

Wir nehmen das zusätzliche Attribut „KFZNR" auf, da Auto und Fahrer zusammen durch einen Eintrag betroffen sind. Annahme: LFDNR ist eindeutig!

3)   EINTRAG (LFDNR, FNR, KFZNR, Datum, Art, Punkte)

FAHRER (PKZ, Name, Adr, Führerschein, F_Entzug)

Alle Einträge müssen atomare Einträge sein. „Führerschein" wird zu „FNR" umbenannt.

Da ein Fahrer mehrere Führerscheine besitzen kann, ist die Relation noch nicht in 2.NF.

Über die PKZ können der Name und die Adresse festgestellt werden.

Somit ergibt sich die folgende Relation in 3.NF:

4*)   FAHRER (FNR, PKZ, F_Entzug)

FÜHRERSCHEIN (FNR, A_Datum, Klasse, A_Ort)

Die Relation ist bereits in 3.NF. Der Führerschein muss allerdings noch mit dem Besitzer in Zusammenhang gebracht werden.

Zusammen mit Relation 4* ergibt sich also:

4**) FÜHRERSCHEIN (FNR, PKZ, A_Datum, Klasse, A_Ort, F_Entzug)

Da jemandem bei Führerscheinentzug alle Führerscheine entzogen werden, die er besitzt – nicht nur der eine, mit dem er ein Vergehen begangen hat –, lassen sich 1*) und 4**) noch geeigneter darstellen, wobei eine „Person" jetzt Eigentümer oder Fahrer sein kann:

1)   PERSON (PKZ, Name, Adr, F_Entzug)

4)   FÜHRERSCHEIN (FNR, PKZ, A_Datum, Klasse, A_Ort)

Insgesamt ergibt sich also:

PERSON (PKZ, Name, Adr, F_Entzug)

AUTO (KFZNR, PKZ, Typ, Farbe)

EINTRAG (LFDNR, FNR, KFZNR, Datum, Art, Punkte)

FÜHRERSCHEIN (FNR, PKZ, A_Datum, Klasse, A_Ort)

Unklar ist immer noch, ob noch eine transitive Abhängigkeit zwischen „EINTRAG.Art" und „EINTRAG.Punkte" besteht. Da in der Angabe dazu keine Aussagen gemacht werden, wurde darauf keine Rücksicht genommen.

Frühjahr 1993 Aufgabe 4

Teilaufgabe 1 Transaktionen

Welche vier grundlegenden Eigenschaften kennzeichnen eine Transaktion und was bedeuten diese Eigenschaften?

Teilaufgabe 2 SQL

Gegeben seien die folgenden Relationen:

    PERSONAL (PNR, NAME, GEHALT, BERUF, ANR)
    ABTEILUNG (ANR, NAME, ORT)

mit PNR Personalnummer und ANR Abteilungsnummer.

Folgende Operationen sind in SQL zu formulieren:

2.1
Gib mir die Namen der Angestellten, die in der Abteilung „Software" arbeiten!

2.2
Bestimme das Durchschnittsgehalt der Angestellten aus Abteilung „4711"!

2.3
Gib mir das höchste Gehalt aus jeder Berufsgruppe!

2.4
Referentielle Integritätsbedingungen: Jeder Angestellte muss in einer Abteilung arbeiten! (keine genaue Syntax)

Teilaufgabe 3 Codasyl

3.1
Geben Sie für obige beiden Relationen das Bachmann-Diagramm für den Codasyl-Set an! (ohne Lösung)

3.2
Erstellen Sie ein Ausprägungsdiagramm für folgende Einträge: „In der Abteilung 4711 arbeiten die Angestellten Müller und Meier."! (ohne Lösung)

Teilaufgabe 4 Normalformenlehre

Führen Sie nachfolgende Relation in die dritte Normalform über:

STUDENT	MATRNR	NAME	GEB	ADR	FBR	FBNAME	DEKAN
	9516570	HUBER	010148	XX	11	ING-WISS	WALTER
	9517058	MAIER	210849	YY	11	ING-WISS	WALTER
	9110457	BAUER	130548	XX	3	MEDIZIN	HILBERG

✓ **Lösungsvorschlag zu Teilaufgabe 1**

vgl. Frühjahr 1990 Aufgabe 6

✓ **Lösungsvorschlag zu Teilaufgabe 2**

2.1
SELECT   Personal.Name
FROM   Personal, Ateilung
WHERE   Abteilung.Name = ‚Software' AND
                Abteilung.Anr = Personal.Anr;
2.2
SELECT   AVG(Gehalt)
FROM   Personal
WHERE   Abteilung.Anr = 4711;
2.3
SELECT   MAX(Gehalt)
FROM   Personal
GROUP BY   Beruf;
2.4
DELETE FROM Peronal
WHERE   Anr = NULL;

✓ **Lösungsvorschlag zu Teilaufgabe 4**

Die Relation liegt bereits in der zweiten Normalform vor; eine mögliche Überführung in die dritte Normalform sieht folgendermaßen aus:

    STUDENT: S (MatrNr, Name, Geb, Adr, FBR)
    FACHBEREICH: F (FBR, FbName, Dekan)

Frühjahr 1994 Aufgabe 4

Gegeben seien die folgenden Attribute für Bücher, Entleiher und Autoren:

Signatur	Signatur eines Buches
Titel	Buchtitel
Gebiet	Fachgebiet des Buches
Art	Art des Buches, z.B. Einführungsbuch o.ä.
ErschOrt	Erscheinungsort
Matr	Matrikelnummer eines Entleihers
StudName	Name des Entleihers
StudGeb	Geburtsdatum des Entleihers
Sem	Semester des Entleihers
StudWohnort	Wohnort des Entleihers
StudFachr	Fachrichtung des Entleihers
AutNr	Nummer eines Autors
AutName	Name eines Autors
AutWohnort	Wohnort eines Autors
AutBuchHonorar	Honorar, welches ein Autor für ein Buch bekommt

Studenten können mehrere Bücher entliehen haben. Ein Autor kann mehrere Bücher geschrieben haben. Ein Buch kann mehrere Autoren haben, in diesem Fall bekommt jeder Autor ein eigenes autor- und buchspezifisches Honorar.

Welche funktionalen Abhängigkeiten gelten unter den obigen Attributen?

✓ Lösungsvorschlag

Da in der Angabe keine näheren Angaben gemacht werden, wird angenommen, dass die Signatur eines Buches gleichzeitig dessen Exemplarnummer festlegt.

Somit gelten die folgenden (nichttrivialen) Abhängigkeiten:

{Signatur} → {Titel,• Gebiet,• Art, ErschOrt}

{Matr} → {StudName, StudGeb, Sem, StudWohnort, StudFachr}

{AutNr} → {AutName,• AutWohnort}

(Signatur, AutNr) → {AutBuchHonorar}

Somit wäre für die Relation

R (Signatur, Titel, Gebiet, Art, ErschOrt, Matr, StudName, StudGeb, Sem, StudWohnort, StudFachr, AutNr, AutName, AutWohnort, AutBuchHonorar)

ein Schlüssel bestehend aus (Signatur, Matr, AutNr) möglich.

Frühjahr 1994 Aufgabe 5

Man betrachte das relationale Schema

R (Signatur, Titel, Gebiet, Art, ErschOrt, Matr, StudName, StudGeb, Sem, StudWohnort, StudFachr, AutNr, AutName, AutWohnort, AutBuchHonorar)

und die funktionalen Abhängigkeiten aus Aufgabe 4.

Ist die Dekomposition

R1 (Signatur, StudName, StudGeb, Sem, StudWohnort, StudFachr)
R2 (Signatur, Titel, Gebiet, Art, ErschOrt)
R3 (AutNr, AutName, AutWohnort)
R4 (Signatur, AutNr, AutBuchHonorar)

verlustfrei, d.h. hat sie die lossless-join-Eigenschaft? Man begründe die Antwort, z.B. durch Verwendung eines geeigneten Algorithmus'.

✓ Lösungsvorschlag

Verlustlosigkeit (lossless-join-Eigenschaft): (vgl. [KEM, 171]):
Die in der ursprünglichen Relationenausprägung R des Schemas *R* enthaltenen Informationen müssen aus den Ausprägungen R1, ..., Rn der neuen Relationenschemata *R*1, ..., *Rn* rekonstruierbar sein.

Die Dekomposition ist nicht verlustfrei:
Der Verlust entsteht dadurch, dass zwischen R1 und R2 kein Zusammenhang mehr besteht.
Gegenbeispiel:
    R1 (11, ...)   R2 (1, ...)
    R1 (12, ...)   R2 (2, ...)
Wird auf die beiden Relationen der *natural join* angewendet, so ergeben sich vier Einträge. Daraus kann nicht mehr erkannt werden, ob der Student mit Matrikelnummer 11 das Buch mit der Signatur 1 oder das Buch mit der Signatur 2 ausgeliehen hat (analog für den Studenten mit Matrikelnummer 12).

Frühjahr 1994 Aufgabe 6

Man betrachte das relationale Schema

R (Signatur, Titel, Gebiet, Art, ErschOrt, Matr, StudName, StudGeb, Sem, StudWohnort, StudFachr, AutNr, AutName, AutWohnort, AutBuchHonorar)

und die funktionalen Abhängigkeiten aus Aufgabe 4.

2.1 Datenbanksysteme

Ist die Dekomposition

R1 (Signatur, StudName, StudGeb, Sem, StudWohnort, StudFachr)
R2 (Signatur, Titel, Gebiet, Art, ErschOrt)
R3 (AutNr, AutName, AutWohnort)
R4 (Signatur, AutBuchHonorar)

abhängigkeitserhaltend? Man begründe die Antwort, z.B. durch Verwendung eines geeigneten Algorithmus'.

✓ Lösungsvorschlag

Abhängigkeitserhaltung (vgl. [KEM, 172]):
Die für R geltenden funktionalen Abhängigkeiten müssen auf die Schemata $R_1, ..., R_n$ übertragbar sein.

Die Dekompositon ist nicht abhängigkeitserhaltend, denn folgende Abhängigkeit aus Aufgabe 4 ist nicht mehr erfüllt: (Signatur, AutNr) → AutBuchHonorar.

Diese kann nicht erzeugt werden, da in R1 bis R4 keine einzige Abhängigkeit liegt, die auf AutBuchHonorar führt.

Frühjahr 1994 Aufgabe 7

Man betrachte das relationale Schema

R (Signatur, Titel, Gebiet, Art, ErschOrt, Matr, StudName, StudGeb, Sem, StudWohnort, StudFachr, AutNr, AutName, AutWohnort, AutBuchHonorar)

und die funktionalen Abhängigkeiten aus Aufgabe 4.

Man gebe eine abhängigkeitserhaltende und verlustfreie (lossless join) Dekomposition von R in 3. Normalform an. Man verwende einen geeigneten Algorithmus.

✓ Lösungsvorschlag

Algorithmus / Verfahren zur Herstellung der 3. Normalform (vgl. [KEM, 181]):
Der Synthesealgorithmus berechnet die Zerlegung auf der Basis der funktionalen Abhängigkeiten F wie folgt:
1. Bestimme die kanonische Überdeckung von F_c zu F.
Zur Wiederholung:
- Linksreduktion der funktionalen Abhängigkeiten
- Rechtsreduktion der funktionalen Abhängigkeiten
- Entfernung von funktionalen Abhängigkeiten der Form $\alpha \to \emptyset$
- Zusammenfassung von funktionalen Abhängigkeiten mit gleichen linken Seiten

2. Für jede funktionale Abhängigkeit $\alpha \to \beta \in F_c$:
- kreiere ein Relationsschema $R_a = \alpha \cup \beta$
- ordne R_a die funktionale Abhängigkeiten $F_a = \{ \alpha' \to \beta' \in F_c \mid \alpha \cup \beta \subseteq R_a \}$ zu

Falls eines der in Schritt 2 erzeugten Schemata R_a einen Kandidatenschlüssel von R bzgl. F_c enthält, sind wir fertig; sonst wähle einen Kandidatenschlüssel $\kappa \subseteq R$ aus und

3. definiere folgendes zusätzliches Schema:
- $R_\kappa := \kappa$
- $F_\kappa := \emptyset$

4. Eliminiere diejenigen Schemata R_a, die in einem anderen Relationenschema $R_{a'}$ enthalten sind, d.h. $R_a \subseteq R_{a'}$.

In Kürze:

- Aus den vier Abhängigkeiten erhält man die vier Relationen.
- Da keine der Relationen R1 bis R4 einen Schlüsselkandidaten vom ursprünglichen R (dies wäre (Signatur, Matr, AutNr)) enthält, ist das noch erforderlich.
- Es ist noch zu prüfen, ob es überflüssige Relationen gibt.

Somit erhält man:

R1 (<u>Matr</u>, StudName, StudGeb, Sem, StudWohnort, StudFachr)
R2 (<u>Signatur</u>, Titel, Gebiet, Art, ErschOrt)
R3 (<u>AutNr</u>, AutName, AutWohnort)
R4 (<u>Signatur</u>, <u>AutNr</u>, AutBuchHonorar)
R5 (<u>Signatur</u>, AutNr, <u>Matr</u>)

R5 erhält man mit dem angegebenen Algorithmus, obwohl hier die AutNr überflüssig ist, da bereits (AutNr, Signatur) ein Teil von R4 ist.

Frühjahr 1994 Aufgabe 8

Man betrachte das relationale Schema

R (Signatur, Titel, Gebiet, Art, ErschOrt, Matr, StudName, StudGeb, Sem, StudWohnort, StudFachr, AutNr, AutName, AutWohnort, AutBuchHonorar)

und die funktionalen Abhängigkeiten aus Aufgabe 4.

Man gebe eine Dekomposition von R in Boyce-Codd-Normalform an. Man verwende einen geeigneten Algorithmus. Ist die Dekomposition abhängigkeitserhaltend und verlustfrei (lossless join)?

✓ Lösungsvorschlag

Die Dekomposition aus Aufgabe 7 ist bereits in BCNF (Verfahren aus [KEM, 183]).

Der Algorithmus erzeugt immer eine verlustfreie Dekomposition; in diesem Fall erzeugt er auch eine abhängigkeitserhaltende Dekomposition, da das Ergebnis mit Aufgabe 7 übereinstimmt und dort Abhängigkeitserhaltung vorlag.

Frühjahr 1994 Aufgabe 9

Für die Attribute aus Aufgabe 4 gebe man SQL CREATE Anweisungen für ein sinnvolles Schema an, z.B. für die Dekomposition aus Aufgabe 7 oder aus Aufgabe 8.

✓ **Lösungsvorschlag**

SQL CREATE Anweisungen für Aufgabe 7:

```
CREATE TABLE R1
(Matr         CHAR NOT NULL,
 StudName     CHAR(30),
 StudGeb      CHAR(8),
 Sem          SMALLINT,
 StudWohnort  CHAR(30),
 StudFachr    CHAR(10),
 PRIMARY KEY (Matr));
```

→ analog für die anderen Relationen

Frühjahr 1994 Aufgabe 10

Unter Verwendung des Schemas aus Aufgabe 9 gebe man SQL-Anweisungen und Ausdrücke in der relationalen Algebra für die folgenden Anfragen an:

Teilaufgabe 1

Gesucht ist der Name des Studenten mit der Matrikelnummer 123456.

Teilaufgabe 2

Gesucht sind die Signaturen der Bücher, die der Student mit der Matrikelnummer 654321 ausgeliehen hat.

Teilaufgabe 3

Gesucht sind die Signaturen der Bücher, die der Student namens Albrecht ausgeliehen hat.

Teilaufgabe 4

Gesucht sind die Autornamen der Bücher, die der Student namens Albrecht ausgeliehen hat.

✓ Lösungsvorschlag zu Teilaufgabe 1

SELECT StudName
FROM R1
WHERE Matr = '123456';

$\Pi_{StudName} (\sigma_{Matr = 123456} R1)$

✓ Lösungsvorschlag zu Teilaufgabe 2

SELECT Signatur
FROM R5
WHERE Matr = '654321';

$\Pi_{Signatur} (\sigma_{Matr = 654321} R5)$

✓ Lösungsvorschlag zu Teilaufgabe 3

SELECT R5.Signatur
FROM R1, R5
WHERE   R1.StudName = 'Albrecht' AND
              R1.Matr = R5.Matr;

$\Pi_{Signatur} (R5 \bowtie (\sigma_{StudName=Albrecht} R1))$

✓ Lösungsvorschlag zu Teilaufgabe 4

SELECT R3.AutName
FROM R1, R3, R5
WHERE   R1.StudName = 'Albrecht'   AND
              R1.Matr = R5.Matr   AND
              R5.AutNr = R3.AutNr;

$\Pi_{AutName} R3 \bowtie (R5 \bowtie (\sigma_{StudName=Albrecht} R1)))$

Frühjahr 1996 Aufgabe 2

Eine Universitätsdatenbank soll folgende Daten verwalten.

- Studenten (Name, Matrikelnummer, Geburtsdatum, Adressen, Semesteranzahl, Studiengang, Fakultät, belegte Lehrveranstaltungen und deren Art)
- Lehrveranstaltungen (Anfangszeit, Semester, Art (Vorlesung, Seminar, Übung, Praktikum), Name, Anzahl der Hörer, Nummer im Vorlesungsverzeichnis, Anzahl Semesterwochenstunden, Dozent, Raum)

Teilaufgabe 1

Entwerfen Sie ein ER-Schema für diese Applikation! Berücksichtigen Sie dabei, dass eine Vorlesung in 2 Unterrichtseinheiten aufgeteilt werden kann (z.B. Mo 10.00 und Do 14.00). Begründen Sie Ihren Entwurf!

Teilaufgabe 2

Spezifizieren Sie für die Entity-Typen Attribute, und zeichnen Sie die Schlüsselattribute aus!

Teilaufgabe 3

Geben Sie ein relationales Datenbankschema an!

✓ Lösungsvorschlag zu Teilaufgabe 1

Ein ER-Schema könnte wie folgt aussehen:

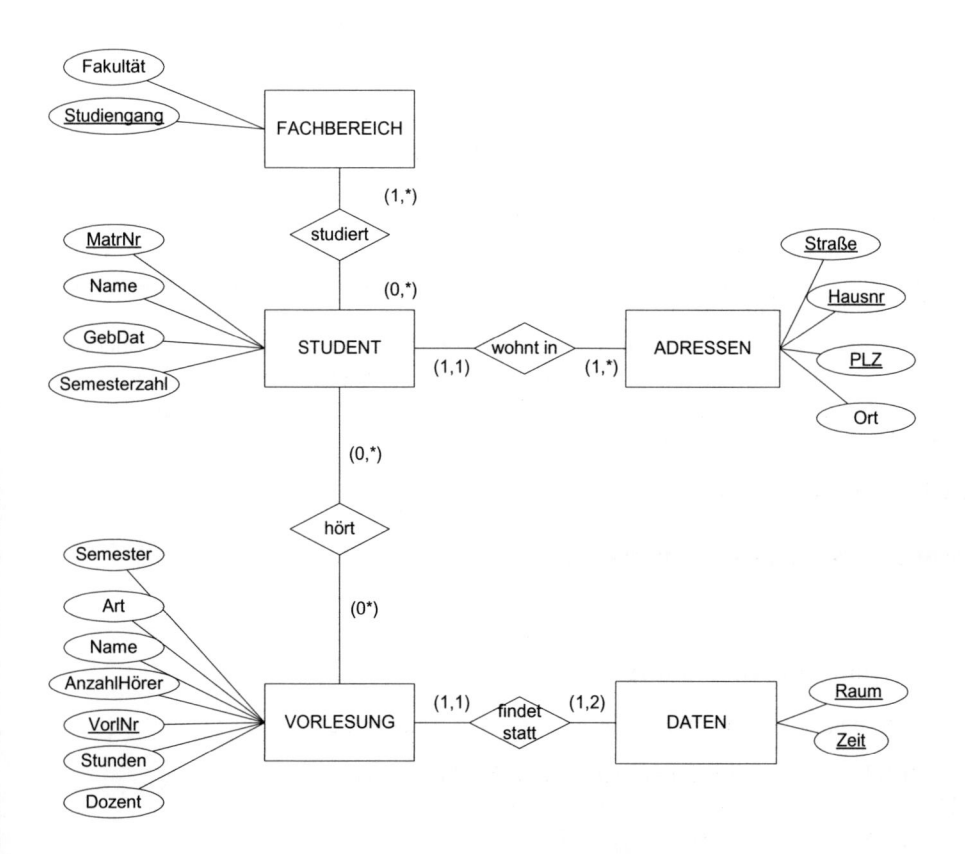

Begründung:
Diese Entitäten sind genau voneinander abgrenzbar; zwischen ihnen bestehen obige Abhängigkeiten.

Adressen haben eine übliche Form mit Strasse, Hausnummer, PLZ, Ort, evtl. sogar Land. Es können mehrere Studenten dieselbe Adresse haben. Sollte dort z.B. der Strassennamen geändert werden, so ist nur ein Update der Adressen-Tabelle nötig. Daher wurden Adressen zusammengefasst.

Ein Student als Person hat als eindeutiges Kennzeichen seine Matrikelnummer, einen Namen und ein Geb.Datum. Ebenso ist die Semesterzahl ein perönliches Kennzeichen. Diese ist nicht aus den Vorlesungen erschließbar, denn ein Student kann auch einmal ein Semester lang keine Vorlesungen hören.

Von vielen Studenten wird die gleiche Lehrveranstaltung besucht. Diese hat eine eindeutige Vorlesungsnummer, sowie eine eindeutige Art, einen Dozenten, läuft in einem Semester. Alternativ kann es auch sinnvoll sein, Dozenten als eigene Entität zu betrachten und über eine Relation „liest" mit Lehrveranstaltung zu verbinden. Hier gehen wir davon aus, dass nur der Name des Dozenten interessiert und nicht mehrere Dozenten eine Veranstaltung halten können.

Da eine Lehrveranstaltung zu mehreren Zeitpunkten laufen kann, aber Daten nicht doppelt gespeichert werden sollen, werden Daten als eigene Entität herausgenommen. Das Attribut Semester wird nicht zu Daten hinzugenommen, da sich die Daten nicht ändern von Semester zu Semester. Ebenso wird die Anzahl der Hörer nicht abhängig vom Zeitpunkt erfasst, sondern für die Vorlesung als Ganzes, was eher der Erfassungsrealität entsprechen dürfte. Selbiges gilt für die Anzahl an Stunden einer Lehrveranstaltung. Die Stunden könnten allerdings auch aus den Daten, wann die Lehrveranstaltung stattfindet, gewonnen werden. An dieser Stelle haben wir also eine geringe Redundanz, die aber für Überprüfungszwecke („Sind einer 4-stündigen Vorlesung auch wirklich 4 Stunden zugewiesen worden bei der Raumverteilung?") genutzt werden können.

Studiengang und Fakultät gehören zusammen. In unserem Schema erlauben wir Doppelstudenten, die in mehreren Studiengängen eingeschrieben sind. Daher brauchen wir Fachbereiche bzw. Studiengänge als eigene Entität. Denkbar ist z.B., dass bei dieser Entität auch Prüfungsanforderungen erfasst werden.

Andere Lösungen sind denkbar.

✓ Lösungsvorschlag zu Teilaufgabe 2

Schlüsselattribute und Spezifikation: s.o. im Bild.

✓ Lösungsvorschlag zu Teilaufgabe 3

relationales Datenbankschema (ohne Beachtung der Normalformen!):

STUDENT:	S (<u>MatNr</u>, Name, GebDat, Semester)
STUDzuFACH:	SF(<u>MatNr</u>, <u>Studiengang</u>)
FACHBEREICH:	F (<u>Studiengang</u>, Fakultät)
VORLESUNG:	V (<u>VorlNr</u>, Semester, Art, Name, AnzahlHörer, Stunden, Dozent)

DATEN: D (<u>Raum</u>, <u>Zeit</u>, VorlNr)
STUDinLEHR: SL (<u>MatNr</u>, <u>VorlNr</u>)
ADRvonSTUD: AS (<u>MatNr</u>, <u>Straße</u>, <u>PLZ</u>)
PLZVerz: PV(<u>PLZ</u>, Ort)

Herbst 1996 Aufgabe 4

Gegeben sei die folgende, in dritter Normalform vorliegende relationale Datenbank zur Modellierung des Gebrauchtwagenparks eines Autohändlers.

Modelle	mnr	hnr	typ	neupreis	ps
	1	1	Corsa	18.000	60
	2	1	Vectra	30.000	90
	3	1	Omega	40.000	110
	4	1	Astra	28.000	90
	5	2	Golf	30.000	90

Hersteller	hnr	hersteller
	1	Opel
	2	VW

Fahrzeuge	mnr	fgnr	baujahr	Preis
	1	H674	1992	13.000
	1	C634	1990	12.000
	2	D459	1992	22.000
	3	C634	1989	22.000
	1	H674	1992	13.000

Die Relation *Modelle* beinhaltet alle Fahrzeugtypen, die der Händler im Gebrauchtwagenprogramm führt. Die Modelle sind über das Attribut ‚mnr' über alle Hersteller hinweg eindeutig numeriert. ‚mnr' ist daher Primärschlüssel in der Relation *Modelle*. Über das Attribut ‚hnr' wird von *Modelle* auf die Relation *Hersteller* verwiesen. In der Relation *Fahrzeuge* werden alle tatsächlich beim Händler am Lager befindlichen Fahrzeuge geführt. Über ‚mnr' wird von Fahrzeuge auf Modelle verwiesen. Bei gegebener Modellnummer ist die vergebene Fahrgestellnummer (‚fgnr') eindeutig. Darum bilden ‚mnr' und ‚fgnr' zusammen den Primärschlüssel der Relation *Fahrzeuge*.

Formulieren Sie folgende Anfragen in jeweils drei der vier Anfragesprachen: relationale Algebra, relationaler Tupelkalkül, SQL und Quel.

Teilaufgabe 1

Bestimmen Sie alle Modelle mit mehr als 60 PS.

Teilaufgabe 2

Bestimmen Sie die Typen aller Modelle des Herstellers VW.

Teilaufgabe 3

Bestimmen Sie die Nummern aller Modelle des Herstellers Opel, von denen tatsächlich Fahrzeuge auf Lager sind.

Formulieren Sie folgende Anfragen nur in SQL.

Teilaufgabe 4

Bestimmen Sie die Namen der Hersteller, für deren sämtliche Modelle mindestens ein Fahrzeug im aktuellen Bestand vorhanden ist.

Teilaufgabe 5

Bestimmen Sie den Durchschnittspreis (Attribut ‚preis') der am Lager vorhandenen Opel-Fahrzeuge.

Teilaufgabe 6

Bestimmen Sie die jeweils durchschnittlichen Neupreise (Attribut ‚neupreis') aller geführten Modelle der verschiedenen Hersteller.

✓ Lösungsvorschlag zu Teilaufgabe 1

Die Lösungen werden in SQL, relationaler Algebra und dem relationalen Tupelkalkül gegeben.

```
SELECT      *
FROM        Modelle
WHERE       PS > 60;
```

$\sigma_{PS > 60}$ (Modelle)

$\{m \mid m \in \text{Modelle} \land m.ps > 60\}$

2.1 Datenbanksysteme

✓ Lösungsvorschlag zu Teilaufgabe 2

```
SELECT      DISTINCT type
FROM        Modelle, Hersteller
WHERE       hersteller = ‚VW' AND
            Hersteller.hnr = Modelle.hnr;
```

Π_{typ} (Modelle ⋈ ($\sigma_{hersteller=‚VW'}$ (Hersteller)))

{[m.typ] | m ∈ Modelle ∧ ∃ h ∈ Hersteller (h.hersteller = ‚VW')}

✓ Lösungsvorschlag zu Teilaufgabe 3

```
SELECT      DISTINCT mnr
FROM        Modelle, Hersteller, Fahrzeug
WHERE       Hersteller.hersteller = ‚Opel' AND
            Modelle.hnr = Hersteller.hnr AND
            Modelle.mnr = Fahrzeuge.mnr;
```

$\Pi_{m.mnr}$ ($\sigma_{m.hnr=h.hnr \wedge m.mnr=f.mnr \wedge hersteller=‚Opel'}$ (Modelle m x Hersteller h x Fahrzeuge f))

{[m.mnr] | m ∈ Modelle ∧ ∃ h ∈ Hersteller (m.hnr = h.hnr ∧ h.hersteller = ‚Opel'∧ ∃ f ∈ Fahrzeuge (m.mnr = f.mnr))}

✓ Lösungsvorschlag zu Teilaufgabe 4

```
SELECT      hersteller
FROM        Hersteller, Fahrzeuge, Modelle
WHERE       Hersteller.hnr = Modelle.hnr AND
            Modelle.mnr = Fahrzeuge.mnr
GROUP BY    hersteller
HAVING      COUNT (Modelle.mnr) = COUNT (DISTINCT Fahrzeuge.mnr);
```

✓ Lösungsvorschlag zu Teilaufgabe 5

```
SELECT      AVG (preis)
FROM        Hersteller, Fahrzeuge, Modelle
WHERE       Hersteller.hersteller = ‚Opel' AND
            Hersteller.hnr = Modelle.hnr AND
            Modelle.mnr = Fahrzeuge.mnr;
```

✓ Lösungsvorschlag zu Teilaufgabe 6

```
SELECT      AVG (neupreis) , hnr
FROM        Modelle
GROUP BY    hnr;
```

Herbst 1997 Aufgabe 3

Für ein Unternehmen soll eine Fertigungsdatenbank aufgebaut werden. Der Erhebungsprozess liefere folgenden Informationsbedarf:

Entity-Mengen:

- ABTEILUNG mit den Attributen ANR, ANAME, AORT, MNR
- PERSONAL mit den Attributen PNR, NAME, BERUF
- MASCHINEN mit den Attributen MANR, FABRIKAT, TYP, BEZ, LEISTUNG
  TEILE mit den Attributen TNR, BEZ, GEWICHT, FARBE, PREIS

Relationship-Mengen:

- ABT-PERS zwischen ABTEILUNG und PERSONAL
- SETZT-EIN zwischen ABTEILUNG und MASCHINEN
- KANN-BEDIENEN zwischen PERSONAL und MASCHINEN
- GEEIGNET-FÜR-DIE-HERSTELLUNG-VON zwischen MASCHINEN und TEILE
  PRODUKTION zwischen PERSONAL, TEILE und MASCHINEN mit den Attributen DATUM und MENGE

Dabei sollen folgende grundlegenden Integritätsbedingungen (in Form von erweiterten Kardinalitäts-Restriktionen) gelten:

- Zu einer Abteilung gehört immer mindestens ein Beschäftigter.
- Eine Person ist immer nur genau einer Abteilung zugeordnet.
- Eine Maschine kann, wenn überhaupt, nur von einer Abteilung eingesetzt werden.
- Alle anderen (Teil-)Beziehungen sind nicht weiter eingeschränkt.

Teilaufgabe 1

Zeichnen Sie zu dem obigen Szenario das zugehörige Entity-Relationship-Diagramm.

Teilaufgabe 2

Legen Sie die Schlüsselkandidaten fest, und zeichnen Sie diese in das ER-Diagramm ein! Ergänzen Sie die o.g. Integritätsbedingungen um weitere erweiterte Kardinalitäts-Restriktionen zur genauen Festlegung der Semantik der Miniwelt, und tragen Sie diese Informationen ebenfalls in das ER-Diagramm ein.

Teilaufgabe 3

Führen Sie die gefundene Informationsstruktur über in Datenstrukturen nach dem Relationenmodell! Geben Sie im Relationenschema die Primär- und Fremdschlüssel an.

✓ Lösungsvorschlag zu Teilaufgabe 1

[ER-Diagramm mit folgenden Entitäten und Beziehungen:]

- **ABTEILUNG** (Attribute: ANR, ANAME, AORT, MNR)
- **PERSONAL** (Attribute: PNR, NAME, BERUF)
- **MASCHINEN** (Attribute: MANR, BEZ, FABRIKAT, TYP, LEISTUNG)
- **TEILE** (Attribute: TNR, BEZ, PREIS, GEWICHT, FARBE)

Beziehungen:
- ABTEILUNG (1,1) — ABT-PERS (1,*) — PERSONAL
- ABTEILUNG (0,1) — setzt ein (1,*) — MASCHINEN
- PERSONAL (0,*) — kann bedienen (0,*) — MASCHINEN
- MASCHINEN (0,*) — geeignet für die Herstellung von (0,*) — TEILE
- PERSONAL (1,*) — PRODUKTION (0,*) — TEILE, mit Attributen DATUM, MENGE
- PRODUKTION (0,*) — TEILE

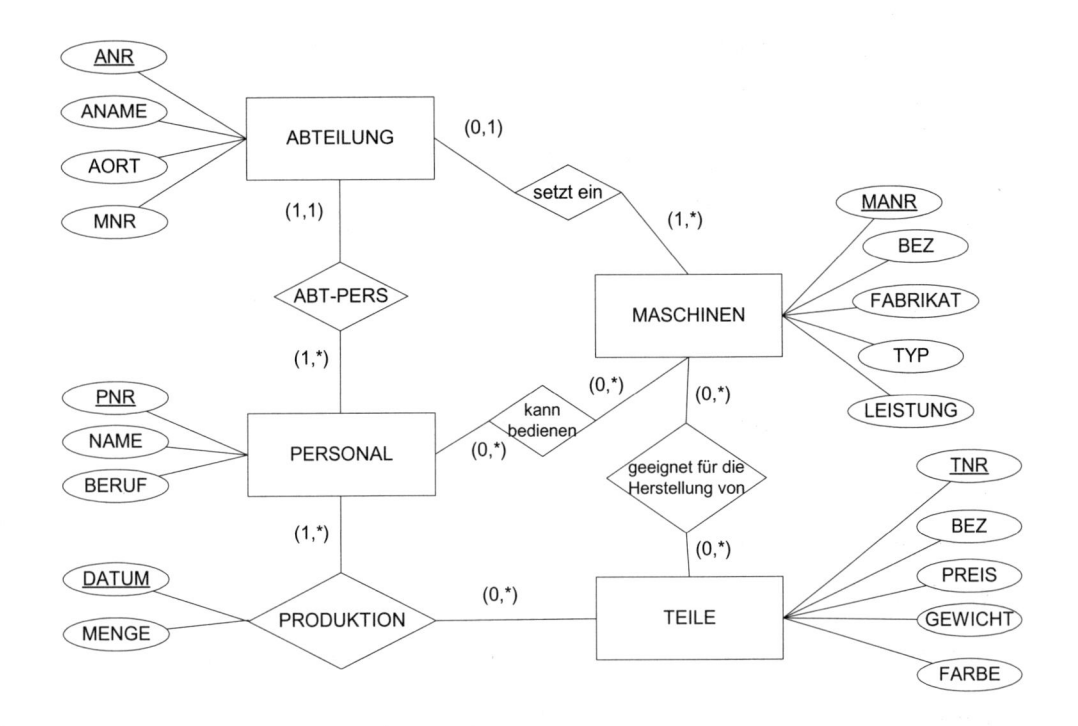

✓ Lösungsvorschlag zu Teilaufgabe 2

Schlüsselkandidaten: s.o.
Kardinalitätsrestriktionen: s.o.

✓ Lösungsvorschlag zu Teilaufgabe 3

ABTEILUNG: A (<u>Anr</u>, Aname, Aort, <u>Manr</u>)
MASCHINEN: M (<u>Manr</u>, Fabrikat, Typ, Bez, Leistung)
TEILE: T (<u>Tnr</u>, Bez, Gewicht, Farbe, Preis)
PERSONAL: P (<u>Pnr</u>, <u>Anr</u>, Name, Beruf)
PRODUKTION: PRO (<u>Datum</u>, Menge, <u>Pnr</u>, <u>Tnr</u>, <u>Manr</u>)
BEDIENEN: B (<u>PNr</u>, <u>MaNr</u>)
EIGNUNG: E (<u>MaNr</u>, <u>TNr</u>)

Herbst 1997 Aufgabe 4

Gegeben sei folgende Datenbank, die das Ausleihwesen einer Bibliothek unterstützt:

LESER:	L (<u>LSNR</u>, NAME, VORNAME, WOHNORT, GEB.DAT)
BUCH:	B (<u>ISBN</u>, TITEL, SEITENZAHL, VERLAG, ERSCHEINUNGS-JAHR, ANZAHL, EXEMPLARE)
VERLAG:	V (<u>VERLAG</u>, VERLAGSORT, ...)
EXEMPLAR:	E (<u>ISBN, EXPNR</u>, INVENTARNR, STANDORT)
AUSLEIHE:	A (<u>LSNR, ISBN, EXPNR</u>, DATUM)

Formulieren Sie folgende Anfragen mit SQL:

Teilaufgabe 1

Welche Leser haben Bücher ausgeliehen, die an ihrem Wohnort verlegt wurden?

Teilaufgabe 2

Von welchen Buchtiteln sind alle Exemplare ausgeliehen?

Teilaufgabe 3

In die LESER-Relation werden drei neue Leser(innen) gespeichert, deren Daten wie folgt lauten:

LSNR	NAME	VORNAME	WOHNORT	GEB.DAT
4711	Müller	Hugo	KL	11121955
4712	Maier	Maria	PS	05091900
4713	Meyer	Heike	unbekannt	unbekannt

✓ Lösungsvorschlag zu Teilaufgabe 1

```
SELECT    LSNR
FROM      L, B, V, A
WHERE     A.LSNR = L.LSNR            AND
          A.ISBN = B.ISBN            AND
          B.VERLAG = V.VERLAG        AND
          V.VERLAGSORT = L.WOHNORT;
```

✓ Lösungsvorschlag zu Teilaufgabe 2

```
SELECT     B.TITEL
FROM       B, A, E
WHERE      A.ISBN = E.ISBN AND A.ISBN = B.ISBN
GROUP BY   ISBN
HAVING     COUNT (E.EXPNR) = COUNT (A.EXPNR);
```

✓ **Lösungsvorschlag zu Teilaufgabe 3**

INSERT INTO L
VALUES (4711, `Müller`, `Hugo`, `KL`, 11121955);

INSERT INTO L
VALUES (4712, `Maier`, `Maria`, `PS`, 05091900);

INSERT INTO L
VALUES (4713, `Meyer`, `Heike`, NULL, NULL);

Herbst 1998 I Aufgabe 1

Gegeben sei folgendes Relationenschema

    R1 = (MATNR, VORNAME, NACHNAME, PLZ, STADT)
    R2 = (MATNR, VORLESUNG, ZEIT, NACHNAME)
    R3 = (VORLESUNG, RAUM, ZEIT, PROFESSOR)

Und die folgende Menge F von funktionalen Abhängigkeiten

    MATNR   → VORNAME, NACHNAME
    MATNR   → PLZ
    PLZ   → STADT
    VORLESUNG   → PROFESSOR
    VORLESUNG, ZEIT → RAUM
    PROFESSOR, ZEIT → VORLESUNG

Teilaufgabe 1

Nennen Sie jeweils alle möglichen Schlüssel von R1, R2 und R3.

Teilaufgabe 2

Geben Sie für R1, R2, R3 die schärfste Normalform (1NF, 2NF, 3NF, BCNF) an, die für die jeweilige Relation gilt. Begründen Sie gegebenenfalls, warum die nächstschärfere nicht erfüllt ist.

✓ **Lösungsvorschlag zu Teilaufgabe 1**

Schlüsselkandidaten:
    R1: { MatNr }
    R2: { Matr, Vorlesung, Zeit }
    R3: { Vorlesung, Zeit }, { Professor, Zeit }

✓ **Lösungsvorschlag zu Teilaufgabe 2**

Die Lösung erfolgt anhand der Definitionen in [KEM, 177ff]):
R1
1.NF: ist erfüllt, da alle Domänen nur atomare Attributwerte enthalten.
2.NF: ist erfüllt, da jedes Nichtschlüsselattribut (Vorname, Nachname, PLZ, Stadt) voll funktional abhängig von MatNr ist.
3.NF: ist **nicht** erfüllt, denn es gibt die transitive Abhängigkeit PLZ → Stadt (und PLZ und Stadt sind keine Schlüsselattribute).
R2
1.NF: ist erfüllt, da alle Domänen nur atomare Attributwerte enthalten.
2.NF: ist **nicht** erfüllt, da Nachname nicht voll funktional abhängig ist von Schlüssel, sondern nur von (Schlüssel)Teilmenge, nämlich MatNr.
R3
1.NF: ist erfüllt, da alle Domänen nur atomare Attributwerte enthalten.
2.NF: ist erfüllt; zunächst gilt es festzustellen, dass Professor nicht von Vorlesung UND Zeit abhängig ist, somit wäre die 2.NF nicht erfüllt – da aber Professor Teil eines Schlüsselkandidaten ist, gilt die 2.NF als erfüllt.
3.NF: ist erfüllt, denn Raum ist das einzige Nichtschlüsselattribut und die einzige nichttriviale Abhängigkeit, die auf Raum führt ((Vorlesung,Zeit) → Raum) geht von einem Superschlüssel aus.
BCNF: ist **nicht** erfüllt, da die funktionale Abhängigkeit Vorlesung → Professor gilt und Vorlesung kein Superschlüssel ist.

> **Definition „Superschlüssel":**
> In der Relation R ist $\alpha \subseteq R$ ein Superschlüssel, falls gilt: $\alpha \to R$ (es ist nichts darüber gesagt, ob α minimal).

Herbst 1998 I Aufgabe 2

In einem Betrieb soll ein neues Informationssystem eingerichtet werden. Bei der Voruntersuchung zeigt sich, dass in der Datenbasis zumindest die zwei Bereiche PERS für Personal und ABT für Abteilung einzurichten sind, wobei die folgenden Informationen zu verwalten sind:
    Abteilung: ANR, ANAME, AORT
    Personal: PNR, NAME, GEHALT, BERUF, ANR, VNR, ORT
Dabei steht ANR für Abteilungsnummer, PNR für Personalnummer und VNR für die Personalnummer des jeweiligen Vorgesetzten. Alle anderen Bezeichnungen sind selbsterklärend.

Zusätzlich wird festgestellt, dass die folgenden grundlegenden Integritätsbedingungen zu erfüllen sind:

- Zu einer Abteilung gehört immer mindestens ein Angestellter.
- Ein Angestellter ist immer nur genau einer Abteilung zugeordnet.
- Zu einem Angestellten gibt es maximal einen vorgesetzten Manager.
- Ein Vorgesetzter kann mehrere Angestellte verantwortlich betreuen.

Teilaufgabe 1

Modellieren Sie oben beschriebene Informationsstruktur mit Hilfe eines Entity-Relationship-Graphen. Tragen Sie darin auch die Integritätsbedingungen in geeigneter Weise ein.

Teilaufgabe 2

Transformieren Sie Ihr ER-Modell in Datenstrukturen nach dem Relationenmodell. Geben Sie in Ihrem Relationenschema die Primär- und Fremdschlüssel an.

Teilaufgabe 3

Formulieren Sie folgende Anfragen und Änderungsoperationen an Ihre Datenbank in der Sprache SQL:

3.1
Welche Angestellten aus der Abteilung „Einkauf" verdienen weniger als das durchschnittliche Gehalt aller Angestellten der Firma?

3.2
Welche Abteilungen in Frankfurt beschäftigen mehr als 10 Angestellte mit dem Beruf „Programmierer"?

3.3
In welchen Abteilungen (ANR, ANAME) verdienen die Angestellten im Durchschnitt weniger als 2500 DM?

3.4
Welche Abteilungen haben keine Angestellten?

3.5
Finde die Abteilungsnummern von Abteilungen in Darmstadt, in denen es Angestellte gibt, die weniger als 2000 DM verdienen.

3.6
Finde die Namen der Angestellten, die den gleichen Beruf und das gleiche Gehalt wie der Angestellte „Müller" haben.

3.7
In der Abteilung „Marketing" wird ein neuer Angestellter mit dem Namen „Meier" eingestellt. Er soll die Personalnummer 353 erhalten.

3.8
Lösche alle Abteilungen, die keine Angestellten haben.

✓ Lösungsvorschlag zu Teilaufgabe 1

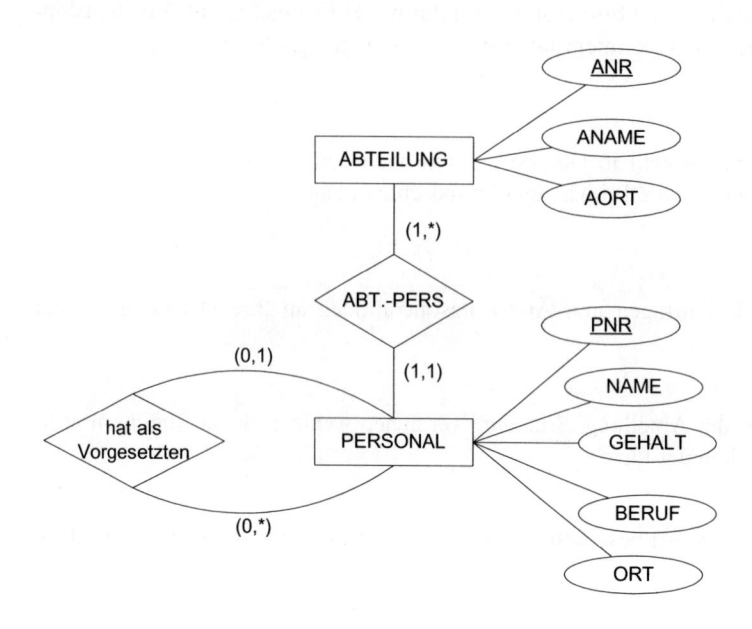

[ER-Diagramm: ABTEILUNG (ANR, ANAME, AORT) — (1,*) ABT.-PERS (1,1) — PERSONAL (PNR, NAME, GEHALT, BERUF, ORT); PERSONAL (0,1)/(0,*) „hat als Vorgesetzten"]

✓ Lösungsvorschlag zu Teilaufgabe 2

ABTEILUNG: A (ANR, ANAME, AORT)
PERSONAL: P (PNR, NAME, GEHALT, BERUF, ANR, VNR, ORT)

✓ Lösungsvorschlag zu Teilaufgabe 3

3.1
```
SELECT    PNR
FROM      A, P
WHERE     ANAME = 'Einkauf'      AND
          A.ANR = P.ANR          AND
          GEHALT <   (SELECT     AVG (GEHALT)
                      FROM       P);
```

3.2
```
SELECT    A.ANR
FROM      A, P
WHERE     AORT = 'Frankfurt'     AND
          A.ANR = P.ANR          AND
          P.BERUF = 'Programmierer'
GROUP BY  ANR
HAVING    COUNT (DISTINCT PNR) > 10;
```

3.3
```
SELECT      A.ANR, ANAME
FROM        A, P
WHERE       A.ANR = P.ANR
GROUP BY    ANR
HAVING      AVG (GEHALT) < 2500;
```

3.4
```
SELECT      A.ANR
FROM        A, P
WHERE       A.ANR = P.ANR
GROUP BY    ANR
HAVING      COUNT (PNR) = 0;
```

oder:
```
SELECT      ANR
FROM        A
WHERE       ANR NOT IN
            (SELECT DISTINCT ANR
             FROM P);
```

3.5
```
SELECT      ANR
FROM        A
WHERE       AORT = ‚Darmstadt' AND
            ANR IN ( SELECT    ANR
                     FROM      P
                     WHERE     GEHALT < 2000 );
```

oder:
```
SELECT      DISTINCT A.ANR
FROM        A, P
WHERE       A.ANR = P.ANR          AND
            AORT = ‚Darmstadt'     AND
            P.GEHALT < 2000;
```

3.6
```
SELECT      p2.NAME
FROM   P    p1, P p2
WHERE       p1.NAME = `Müller`     AND
            p1.BERUF = p2.BERUF    AND
            p1.GEHALT = p2.GEHALT;
```

3.7
INSERT INTO P
VALUES (353, 'Meier', NULL, NULL, NULL, NULL, NULL);

```
UPDATE      P
SET ANR     =       (SELECT     ANR
                    FROM        A
                    WHERE       ANAME = ‚Marketing')
WHERE       PNR = 353;
```

3.8
```
DELETE      FROM A
WHERE       A.ANR NOT IN (SELECT    DISTINCT ANR
                          FROM      P);
```

Herbst 1998 II Aufgabe 2

Teilaufgabe 1

Stellen Sie an einem selbstgewählten Beispiel den relationalen Normalisierungsvorgang bis hin zur dritten Normalform dar.

Teilaufgabe 2

Definieren Sie die wichtigsten relationalen Operatoren.

Teilaufgabe 3

Zeigen Sie an einem Beispiel, wie die Sprache SQL in eine Programmiersprache eingebettet wird.

✓ Lösungsvorschlag zu Teilaufgabe 1

Der Algorithmus zur Überführung einer Relation in die 3. Normalform ist unter Frühjahr 1994 Lösungsvorschlag für Aufgabe 7 dargestellt.

Beispiel:

NF^2:   STUDENT (<u>MatrNr</u>, Adresse, <u>Vorlesung</u>)

Kritik: Die Adresse ist nicht atomar.

1.NF: STUDENT (<u>MatrNr</u>, Straße, PLZ, Wohnort, <u>Vorlesung</u>)

Kritik: Aus der MatrNr folgt die Adresse.

2.NF: STUDENT (<u>MatrNr</u>, Straße, PLZ, Wohnort)

STUD_VORL (<u>MatrNr</u>, <u>Vorlesung</u>)

Kritik: Aus PLZ folgt der Wohnort.

3.NF: STUDENT (<u>MatrNr</u>, Straße, PLZ)

STUD_VORL (<u>MatrNr</u>, <u>Vorlesung</u>)

PLZ_ORT (<u>PLZ</u>, Wohnort)

Dieses Schema ist zugleich in BCNF.

✓ Lösungsvorschlag zu Teilaufgabe 2

Die wichtigsten relationalen Operatoren sind die Folgenden:
- Projektion $\Pi_A(R)$
- Selektion $\sigma_F(R)$
- Verbund (kartesisches Produkt mit Selektion) $R \bowtie S = \sigma_{A \theta B}(R \times S)$

Weitere:
- Durchschnitt $R \cap S$
- Vereinigung $R \cup S$
- Differenz $R \setminus S$
- Kartesisches Produkt $R \times S$
- Relationale Division [KEM, 92f] $R \div S$

(Erläuterung: Die relationale Division wird für Anfragen eingesezt, in denen eine Allquantifizierung vorkommt; z.B. Anfrage, in der die Matrikelnummer derjenigen Studenten gesucht wird, die alle vierstündigen Vorlesungen belegt haben)

Umbenennung [KEM, 85f] $\rho_{V1 \leftarrow V2}(R)$

(Erläuterung: Falls dieselbe Relation mehrfach in einer Abfrage verwendet wird, dann wird ein vollständige zusätzliche Kopie der Relation generiert; zumindest eine der Relationen muss jetzt umbenannt werden.)

✓ Lösungsvorschlag zu Teilaufgabe 3

SQL:
```
SELECT SUM (quantity)
FROM includes
WHERE iname = ‚Brie';
```
Relation:
includes (<u>ono</u>, <u>iname</u>, quantity)

Programm in C:

...
```
EXEC SQL BEGIN DECLARE SECTION
          int quant;
          char item[10];
EXEC SQL END DECLARE SECTION;
int sum;                ← nicht in Übergabeschnittstelle
                          sondern nur in reinem C-Code
EXEC SQL CONNECT        ← baut Verbindung zur Datenbank auf
EXEC SQL PREPARE incl_get FOR
     SELECT iname, quantity
     FROM includes;
EXEC SQL DECLARE cur CURSOR FOR incl_get;
EXEC SQL OPEN cur;
EXEC SQL WHENEVER NOT FOUND GOTO printsum;
     sum = 0;
     while (1)
     {
          EXEC SQL FETCH cur INTO :item, :quant;
          if (equalstrings(item, ‚Brie')) sum += quant;
     }
EXEC SQL CLOSE cur;
write („Amount of Brie ordered = "); write (sum);
...
EXEC SQL DISCONNECT;
```

Frühjahr 1999 I Aufgabe 2

Teilaufgabe 1

1.1 Relationales Datenmodell

Nennen und erläutern Sie kurz die drei grundlegenden relationalen Operatoren!
Erläutern Sie informal die Begriffe:
Schlüsselkandidat, Primärschlüssel, Fremdschlüssel und referentielle Integrität!

1.2 SQL-Anfragen

Für den Einkauf in einer Maschinenfabrik wird folgende Datenbank zur Verwaltung der Bestände verwendet:

LIEFERANT (<u>Name</u>, Firmensitz, Ansprechpartner)
TEIL (<u>Teil-Id</u>, Bezeichnung)
LIEFERUNG (<u>Lieferant-Id</u>, <u>Teil-Id</u>, Lieferdatum, Stückzahl)

2.1 Datenbanksysteme   235

Die Primärschlüssel der Relationen sind unterstrichen. Lieferant-Id in LIEFERUNG ist Fremdschlüssel zu Name in LIEFERANT. Teil-Id in LIEFERUNG ist Fremdschlüssel zu Teil-Id in TEIL.

Formulieren Sie die folgenden Datenbankoperationen in SQL.

- Welche Lieferanten haben ihren Firmensitz in Erlangen, Nürnberg oder Fürth?
- Wie sind die Bezeichnungen der Teile, bei denen eine Lieferung weniger als 10 Stück umfasste?
- Was bedeutet umgangssprachlich folgende Anfrage:
  SELECT   lf.name
  FROM   Lieferant lf, Lieferung lg, Teil t
  WHERE   lf.name = lg.Lieferant-Id   AND t.Teil-Id = lg.Teil-Id AND
            t.Bezeichnung = ‚Bolzen' AND lg.Stückzahl>1000

Teilaufgabe 2

2.1
Aus welchen Gründen wird eine Relation normalisiert?

2.2
Definieren Sie kurz Eigenschaften einer Relation in erster, zweiter und dritter Normalform?

2.3
Bringen Sie die folgende Relation

Verkäufe (<u>Anr</u>, Bezeichnung, Verkäufer (<u>Verkäufername</u>, Geburtstag, Geschäft, Geschäftsführer, Anzahl))

in die erste, zweite und dritte Normalform.

VER-	ANR	BEZ	Ver-	VNAME	GEBTAG	GESCH	GESCHF	ANZ
	4711	Video x		F. Meier	12.12.50	Tele2000	Maier	22
	4711	Video x		H. Müller	01.01.55	Tele2000	Maier	11
	4712	Radio y		F. Huber	10.10.60	Tele2000	Maier	5
	4712	Radio y		H. Anton	02.02.65	Tele2000	Maier	17
	4713	Monitor z		H. Nie	08.08.70	Compu100	Schmidt	23
	4713	Monitor z		F. Immer	09.09.75	Compu100	Schmidt	37

Teilaufgabe 3

3.1
Benennen und erläutern Sie die klassischen Eigenschaften, die von einer Datenbanktransaktion gefordert werden!

3.2
Im Datenbankbereich können 4 klassische Fehlerarten unterschieden werden.

Beschreiben Sie die Fehlerarten und die Recovery-Maßnahmen, die notwendig werden, um die Transaktionseigenschaften sicherzustellen.

3.3
Zur Sicherung der Transaktionseigenschaften muss das Datenbanksystem Protokollinformationen sammeln, die zur Wiederherstellung der Datenbank im Fehlerfall dienen. Die dabei verwendeten Protokollierungsverfahren werden in physische und logische Protokollierungsverfahren eingeteilt.

Charakterisieren Sie beide Verfahren kurz und beschreiben Sie die jeweiligen Vor- und Nachteile.

✓ Lösungsvorschlag zu Teilaufgabe 1

1.1
relationale Operatoren:
  vgl. Herbst 1990 Aufgabe 2 Teilaufgabe 2.1
Schlüsselkandidat:
  Jede Teilmenge der Attributmenge, die die Elemente eindeutig identifiziert, heißt Schlüssel. Schlüssel mit minimaler Anzahl an Attributen heißen Schlüsselkandidaten.
Primärschlüssel:
  Der tatsächlich gewählte Schlüsselkandidat heißt Primärschlüssel.
Fremdschlüssel:
  Attribute, die in einer anderen Relation Primärschlüssel sind
Referentielle Integrität:
  vgl. Herbst 1990 Aufgabe 2 Teilaufgabe 1.2

1.2

SELECT	Name
FROM	LIEFERANT
WHERE	Firmensitz IN (`Erlangen`, `Nürnberg`, `Fürth`);

SELECT	Bezeichnung
FROM	TEIL, LIEFERUNG
WHERE	TEIL.Teil-Id = LIEFERUNG.Teil-Id AND
	Stückzahl < 10;

Welches sind die Lieferantennamen, die mehr als 1000 Teile mit der Bezeichnung Bolzen geliefert haben?

✓ Lösungsvorschlag zu Teilaufgabe 2

2.1

vgl. Herbst 1990 Aufgabe 2 Teilaufgabe 3.1

2.2

vgl. Herbst 1990 Aufgabe 8 Teilaufgabe 2

2.3

Relation in **erster** Normalform: Es ist nichts zu ändern.

VERKÄUFE	ANR	BEZ	VNAME	GEBTAG	GESCH	GESCHF	ANZ
	4711	Video x	F. Meier	12.12.50	Tele2000	Maier	22
	4711	Video x	H.Müller	01.01.55	Tele2000	Maier	11
	4712	Radio y	F. Huber	10.10.60	Tele2000	Maier	5
	4712	Radio y	H. Anton	02.02.65	Tele2000	Maier	17
	4713	Monitor z	H. Nie	08.08.70	Compu100	Schmidt	23
	4713	Monitor z	F. Immer	09.09.75	Compu100	Schmidt	37

Relation in **zweiter** Normalform:
Dazu zerlegen wir wie folgt die gegebene Relation in mehrere Teilrelationen, so dass jedes Nichtschlüsselattribut voll funktional abhängig ist von jedem Kandidatenschlüssel.

ARTIKEL	ANR	BEZ
	4711	Video x
	4712	Radio y
	4713	Monitor z

VERKÄUFER	VNAME	GNAME	GFÜHRER	GEBDAT
	F. Meier	Tele 2000	Maier	12.12.50
	H. Müller	Tele 2000	Maier	01.01.55
	F. Huber	Tele 2000	Maier	10.10.60
	H. Anton	Tele 2000	Maier	02.02.65
	H. Nie	Compu 100	Schmidt	08.08.70
	F. Immer	Compu 100	Schmidt	09.09.75

VERKAUF	ANR	VNAME	ANZ
	4711	F. Meier	22
	4711	H. Müller	11
	4712	F. Huber	5
	4712	H. Anton	17
	4713	H. Nie	23
	4713	F. Immer	37

Relation in **dritter** Normalform:
Wie bei der Umformung in 2. NF zerlegen wir die Relation Verkäufer noch einmal, denn der Name des Geschäftsführers hängt noch vom Namen des Geschäfts ab. Alle anderen Relationen erfüllen die 3. NF bereits und bleiben bestehen.

VERKÄFER	VNAME	GNAME	GEBDAT
	F. Meier	Tele 2000	12.12.50
	H. Müller	Tele 2000	01.01.55
	F. Huber	Tele 2000	10.10.60
	H. Anton	Tele 2000	02.02.65
	H. Nie	Compu 100	08.08.70
	F. Immer	Compu 100	09.09.75

GESCHÄFT	GNAME	GFÜHRER
	Tele2000	Maier
	Compu 100	Schmidt

✓ Lösungsvorschlag zu Teilaufgabe 3

3.1

vgl. Frühjahr 1990 Aufgabe 6

3.2

Die ersten drei Fehler gehen auf die Fehlerklassifikation nach [KEM, 273ff] zurück:

1. lokaler Fehler in einer noch nicht festgeschrieben TA
   Ursachen: Fehler im Anwendungsprogramm, expliziter Abbruch, systemgesteuerter Abbruch
   Recovery: Alle Änderungen, die von dieser noch aktiven TA verursacht wurden, werden rückgängig gemacht (= lokales Undo).
2. Fehler mit Hauptspeicherverlust
   Ursache: Bei vielen Fehlern (z.B. Stromausfall) geht der Inhalt des Puffers verloren. Dadurch werden alle Änderungen an Daten vernichtet, die noch nicht auf den Hintergrundspeicher zurückgeschrieben wurden.
   Recovery: Globales Undo und globales Redo, mittels Zusatzinformationen aus einer sogenannten Log-Datei (Protokolldatei)
3. Fehler mit Hintergrundspeicherverlust
   Ursachen: Platte zerstört, Fehler in Systemprogrammen
   Recovery: Vorkehrungen treffen, um die Datenbasis nach einem derartigen Fehler wieder in den jüngsten konsistenten Zustand bringen zu können (Archivkopien).
4. Übermittlungsfehler
   Ursache: Daten an sich sind falsch oder Übertragungsfehler
   Recovery: noch einmal schicken lassen (bei Daten, die 100% richtig sein müssen)

3.3

Protokollierung (vgl. [KEM, 278–282]):

Struktur der Log-Einträge:
- LSN (log sequence number): eindeutige Kennnung des log-Eintrags
- Transaktionskennung TA der Transaktion, die die Änderung durchgeführt hat
- PageID: Kennung der Seite(n) auf der die Änderungsoperation vollzogen wurde
- PrevLSN: Zeiger auf vorhergehenden log-Eintrag

Logische Protokollierung (d.h. Angabe von Operationen):
- Redo-Information: gibt an, wie die Änderung nachvollzogen werden kann
- Undo-Information: beschreibt, wie die Änderung rückgängig gemacht werden kann

Physische Protokollierung:
- Dann wird für das Undo das sogenannte Before-Image und für das Redo das After-Image des Datenobjekts abgespeichert.
- LSN dient jetzt dazu, festzustellen, ob das Before- oder das After-Image in der materialisierten Datenbasis enthalten ist.

Vor- und Nachteile:
Bevor eine Änderungsoperation durchgeführt wird, muss der zugehörige log-Eintrag angelegt werden. Bei physischer P. muss man das Before-Image vor Ausführung der Änderungsoperation und das After-Image danach in den log-Rekord eintragen. Bei logischer P. kann man gleich beide Informationen – also redo und undo Code – in den log-Rekord eintragen.

Frühjahr 1999 II Aufgabe 1

Gegeben sei die folgende relationale Datenbank *Buch*, in der die Bücher und Autoren eines Verlages verwaltet werden. Jedes Buch hat eine eindeutige Nummer (*BNr*). Ein Buch kann von mehreren Autoren verfasst werden und wird einem bestimmten Gebiet zugeordnet. Jeder *Autor* ist durch seine Nummer (*Anr*) eindeutig bestimmt. Im Attribut *Fnr* werden die Bücher eines Autors fortlaufend durchnummeriert. Neben dem *Datum* werden die Anzahl der *Seiten* und der *Preis* eines Buches bei jeder *Auflage* neu festgelegt.

Bnr	Anr	Autor	Titel	Auflage	Gebiet	Fnr	Datum	Seiten	Preis
1	1	Lang	Datenbanksysteme	1	DBS	1	1996	448	68,-
1	2	Reiter	Datenbanksysteme	1	DBS	1	1996	448	68,-
2	1	Lang	OODB	1	DBS	2	1994	356	62,-
3	3	Dedos	Deductive Databases	1	DBS	1	1991	414	70,-
3	3	Dedos	Deductive Databases	2	DBS	1	1995	435	75,-
4	1	Lang	Programmierung in C	1	PRO	3	1998	267	58,-
5	3	Dedos	Logic Programming	1	PRO	2	1997	236	49,-
6	3	Dedos	Expertensysteme	1	KI	3	1999	567	87,-
2	1	Lang	OODB	2	DBS	2	1997	425	60,-
7	4	Meyer	Einführung in die Informatik	1	ALL	1	1993	347	36,-
8	5	Reiter	Informatik II	1	ALL	1	1993	198	15,-
8	5	Reiter	Informatik II	2	ALL	1	1996	210	21,-
8	5	Reiter	Informatik II	3	ALL	1	1997	233	23,-
9	5	Reiter	Lexikon Informatik	1	ALL	2	1996	896	136,-
9	4	Meyer	Lexikon Informatik	1	ALL	2	1996	896	136,-

Teilaufgabe 1

Beschreiben Sie kurz, welche Redundanzen (i) bei mehreren Auflagen und (ii) bei mehreren Autoren eines Buches in der Datenbank vorhanden sind.

Teilaufgabe 2

Welche Typen von Anomalien können bei diesem Relationenschema auftreten? Geben Sie jeweils ein Beispiel an.

Teilaufgabe 3

Geben Sie für obige Datenbank alle vollen funktionalen Abhängigkeiten an.

Teilaufgabe 4

Zeigen Sie an Hand eines Beispiels, dass die obige Datenbank die dritte Normalform verletzt.

Teilaufgabe 5

Überführen Sie das Schema in die dritte Normalform. Skizzieren Sie die resultierende Datenbank, indem Sie die Schlüsselwerte der Tupel in die neuen Tabellen eintragen.

Teilaufgabe 6

Geben Sie ein Entity-Relationship-Diagramm an, das die Struktur des neuen Schemas erkennen lässt. One-to-many Relationships werden als

dargestellt, bei many-to-many Relationships sind die Kanten ungerichtet.

Teilaufgabe 7

Geben Sie eine SQL-Anweisung für die Datenbank in dritter Normalform an, die eine Sicht auf das ursprüngliche Schema definiert.

Teilaufgabe 8

Erklären Sie kurz, welchen Nachteil Normalisierung allgemein für die Anfragebearbeitung hat.

✓ Lösungsvorschlag zu Teilaufgabe 1

Redundanzen bei mehreren Auflagen:
    Anr, Autor, Titel, Gebiet, FNr
    → Das Schema sollte in zwei Tabellen aufgeteilt werden (Angabe der BNr, Preis, Datum, Seiten zur jeweiligen Auflage genügt)

Redundanzen bei mehreren Autoren:
    Autor, Titel, Auflage, Gebiet, FNr, Datum, Seiten, Preis
    → Es würde die Angabe der BNr zur ANr genügen.

✓ Lösungsvorschlag zu Teilaufgabe 2

Update-Anomalie:
    Wird der Preis eines Buches geändert, so muss dies in jedem Tupel geschehen.

Insert-Anomalie:
   Wenn ein neues Buch aufgenommen wird, müssen BNr, Anr und Auflage bekannt sein.
Delete-Anomalie:
   Wenn das Tupel mit BNr 1 / Anr 1 gelöscht wird, muss auch das Tupel mit BNr 1 und Anr 2 verschwinden.

✓ Lösungsvorschlag zu Teilaufgabe 3

Anr → Autor
BNr → Titel
BNr → Gebiet
(BNr, Auflage) → Datum
(BNr, Auflage) → Seiten
(BNr, Auflage) → Preis
(BNr, ANr) → FNr

✓ Lösungsvorschlag zu Teilaufgabe 4

Definition:
   Jedes Nichtschlüsselattribut ist voll funktional abhängig von jedem Schlüsselkandidaten.
Gegenbeispiel:
   Autor ist nicht abhängig von komplettem Schlüssel, sondern nur von Anr.

✓ Lösungsvorschlag zu Teilaufgabe 5

BUCH (<u>BNr</u>, Titel, Gebiet)
VERFASSER (<u>ANr</u>, Autor)
EXEMPLAR (<u>BNr</u>, <u>Auflage</u>, Datum, Seiten, Preis)
WERKE (<u>BNr</u>, <u>ANr</u>, FNr)

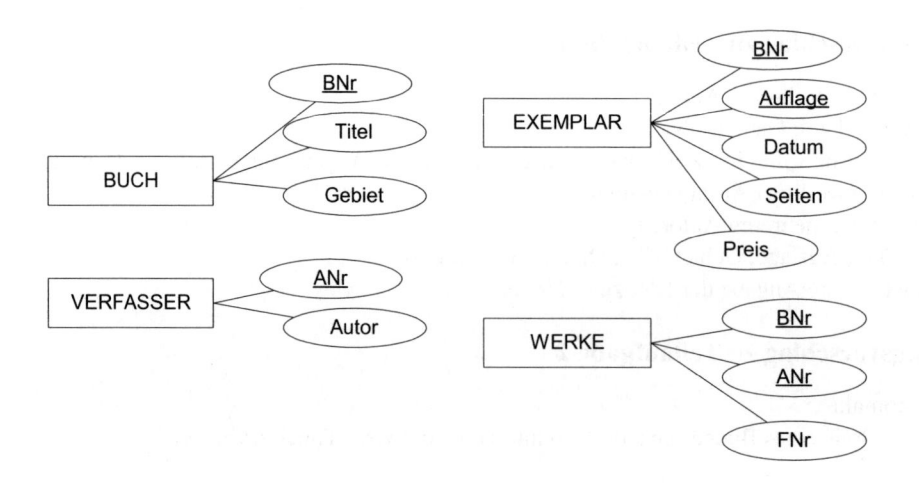

✓ Lösungsvorschlag zu Teilaufgabe 6

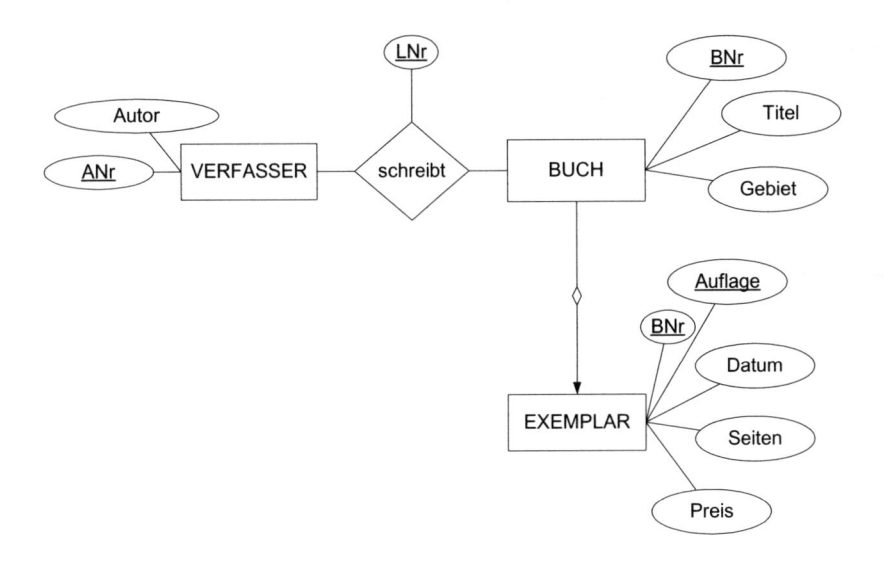

✓ Lösungsvorschlag zu Teilaufgabe 7

SELECT	BNr, ANr, Autor, Titel, Auflage, Gebiet, FNr, Datum, Seiten, Preis
FROM	Buch, Verfasser, Exemplar, Werke
WHERE	Verfasser.ANr = Werke.ANr AND Buch.BNr = Exemplar.BNr AND Buch.BNr = Werke.BNr;

✓ Lösungsvorschlag zu Teilaufgabe 8

Die Anfragebearbeitung wird komplexer, da die einzelnen Relationen miteinander verknüpft (JOIN) werden müssen.

Frühjahr 1999 II Aufgabe 2

Das folgende relationale Schema beschreibt eine Getränkedatenbank, in der das Angebot verschiedener Lokale verwaltet wird. Zu jeder Sorte, die eindeutig durch die Nummer (*Snr*) bestimmt ist, wird der Name des Herstellers (*Hname*), der Sortenname (*Sname*) sowie die kcal pro Liter (*kcal_liter*) gespeichert. Ferner besitzt ein Hersteller keine Sorten mit demselben Namen. Jedes Lokal hat einen Namen (*Lname*) und ist mit Postleitzahl (*PLZ*) und *Ort* in der Datenbank enthalten. Die Relation Angebot beschreibt, zu welchem *Preis* ein Lokal ein bestimmtes Getränk verkauft. Der Preis bezieht sich jeweils auf einen viertel Liter.

Sorte (<u>Snr</u>, Hname, Sname, kcal_liter)
Angebot (<u>Snr</u>, <u>Lnr</u>, Preis)
Lokal (<u>Lnr</u>, PLZ, Ort, Lname)

Teilaufgabe 1

Formulieren Sie die folgenden Anfragen in zwei der vier Anfragesprachen: *relationale Algebra, relationaler Tupelkalkül, SQL* und *Quel*. Bei der Verwendung von SQL oder Quel sind die Duplikate zu entfernen. Geben Sie DISTINCT bzw. UNIQUE für SQL bzw. Quel nur an, wenn Duplikate auftreten können.

1.1
Bestimme die Namen aller Sorten, die in Münchner Lokalen angeboten werden.

1.2
Gibt es Sortennamen, die von verschiedenen Herstellern verwendet werden? Geben Sie alle Daten der entsprechenden Sorten aus.

1.3
Bestimme die Namen der Sorten des Herstellers XYZ, die in keinem Lokal teurer als 5,- DM sind.

Teilaufgabe 2

Formulieren Sie die folgenden Anfragen in SQL. Verwenden Sie dabei die Aggregatfunktionen `avg`, `count`, `min` oder `max`.

2.1
Bestimme den durchschnittlichen Preis, zu dem die Sorte mit Nr. 27 in München angeboten wird.

2.2
Bestimme für jeden Hersteller den maximalen Gehalt an kcal pro Liter aller hergestellten Sorten.

2.3
Herr Schmidt sucht in seiner Umgebung (PLZ 80428) ein Lokal, bei dem der Preis für die Sorte mit Nr. 4 unter dem Münchener Durchschnittspreis für dieses Getränk liegt. Geben Sie eine Liste der entsprechenden Lokale aus.

✓ Lösungsvorschlag zu Teilaufgabe 1

Die Anfragen werden in SQL und relationaler Algebra dargestellt.

1.1
```
SELECT      DISTINCT Sname
FROM        Sorte, Angebot, Lokal
WHERE       Sorte.Snr = Angebot.Snr   AND
            Angebot.Lnr = Lokal.Lnr   AND
            Lokal.Ort = `München`;
```

Π_{Sname} ($\sigma_{Sorte.Snr = Angebot.Snr \wedge Angebot.Lnr = Lokal.Lnr \wedge Lokal.Ort = \text{`München`}}$
(Sorte x Angebot x Lokal))

1.2
```
SELECT      Snr, Hname, Sname, Kcal_liter
FROM        Sorte S1, Sorte S2
WHERE       S1.Sname = S2.Sname     AND
            S1.Hname <> S2.Hname;
```

$\Pi_{Snr,Hname,Sname,Kcal\_liter}$ ($\sigma_{\rho1.Sname = \rho2.Sname \wedge \rho1.Hname <> \rho2.Hname}$ ($\rho1$(Sorte) x $\rho2$(Sorte)))

1.3
```
SELECT      Sname
FROM        Sorte
WHERE       NOT EXISTS  (SELECT     *
                         FROM       Angebot, Lokal
                         WHERE      Hname = 'XYZ' AND
                                    Sorte.Snr = Angebot.Snr   AND
                                    Angebot.Lnr = Lokal.Lnr   AND
                                    Preis >= 5                       );
```

Π_{Sname} ($\sigma_{Hname = \text{`XYZ`}}$(Sorte)) -
Π_{Sname} ($\sigma_{Hname = \text{`XYZ`} \wedge Sorte.Snr = Angebot.Snr \wedge Angebot.Lnr = Lokal.Lnr \wedge Preis >= 5}$
(Sorte x Angebot x Lokal))

✓ Lösungsvorschlag zu Teilaufgabe 2

2.1
```
SELECT      AVG (Preis)
FROM        Angebot, Lokal
WHERE       Snr = 27          AND
            Ort = `München` AND
            Angebot.Lnr = Lokal.Lnr;
```

2.2
```
SELECT      Hname, MAX (Kcal_liter)
FROM        SORTE
GROUP BY    Hname;
```

2.3

```
SELECT    Lnr, Lname
FROM      Angebot, Lokal
WHERE     PLZ = 80428    AND
          Snr = 4  AND
          Preis    <    (SELECT    AVG (Preis)
                         FROM      Angebot, Lokal
                         WHERE     Snr = 4              AND
                                   Ort = `München` AND
                                   Angebot.Lnr = Lokal.Lnr);
```

Herbst 2001 I Aufgabe 1

Es soll eine Datenbank für ein Kino- und Film-Auskunftssystem für eine Stadt entworfen werden. Das System soll vergangene und zukünftige Spielpläne enthalten können.

Entity-Mengen:
- **Regisseure/Innen** mit den Attributen NAME, VORNAME, GEB-DATUM, VITA
- **Filme** mit dem Attribut TITEL
- **Schauspieler** mit denselben Attributen wie Regisseure/Innen aber zusätzlich mit dem künstlichen Schlüssel S# vom Typ **integer**
- **Kinos** mit den Attributen BEZEICHNUNG, STRASSE, HAUSNR, TELEFON-NR

Relationships:
- **spielt** Ein Schauspieler spielt in einem Film.
- **führt** Ein Regisseur führt Regie in einem Film.
- **läuft** Ein Film läuft in einem Kino.

Integritätsbedingungen:
Neben den offensichtlichen Integritätsbedingungen sollen folgende gelten:
- I1 In einem Film führt nur 1 Person Regie.
- I2 In einem Kino können mehrere Filme laufen, aber nur zu verschiedenen Zeiten (es gibt nur 1 Vorführraum).
- I3 TITEL, BEZEICHNUNG sowie die Kombination NAME, VORNAME sind eindeutig für Filme, Kinos bzw. Regisseure. Für Schauspieler sei die Kombination NAME, VORNAME, GEB-DATUM eindeutig.

Teilaufgabe 1 E/R Diagramm

1.1
Entwerfen Sie für die Datenbank ein E/R Diagramm entsprechend den obigen Spezifikationen und Integritätsbedingungen.

1.2
Geben Sie die Kardinalitäten für die Relationships an.

1.3
Geben Sie für jede Entität die Mengen der Schlüsselkandidaten an.

1.4
Geben Sie die Attribute der Relationships an.

1.5
Geben Sie mindestens zwei verschiedene Varianten für die Relationship **läuft** an, treffen Sie eine Modellierungsentscheidung und begründen Sie Ihre Entscheidung.

Teilaufgabe 2 Relationales Schema

Geben Sie zu dem entwickelten E/R Diagramm ein relationales Schema an und kennzeichnen Sie durch Unterstreichen die gewählten Primärschlüssel.

Teilaufgabe 3 SQL-Anfragen

Formulieren Sie für das relationale Schema die folgenden Anfragen bzw. Operationen in SQL:

3.1
Eine Liste aller Filmregisseure

3.2
In welchem Film spielt Meryll Streep?

3.3
NAME, GEB-DATUM und VITA des Regisseurs von „African Queen"

3.4
In welchem Film spielt Meryll Streep gemeinsam mit Robert Redford?

3.5
In welchem Kino mit Tel.Nr. läuft heute der Film „The Straight Story" und zu welcher Zeit?

3.6
Änderung des Spielplans des Kinos „Media Palast", so dass morgen um 22:15 Uhr der Film „The Straight Story" läuft

✓ Lösungsvorschlag zu Teilaufgabe 1

1.1 und 1.2 ER-Diagramm mit Kardinalitäten der Relationships:

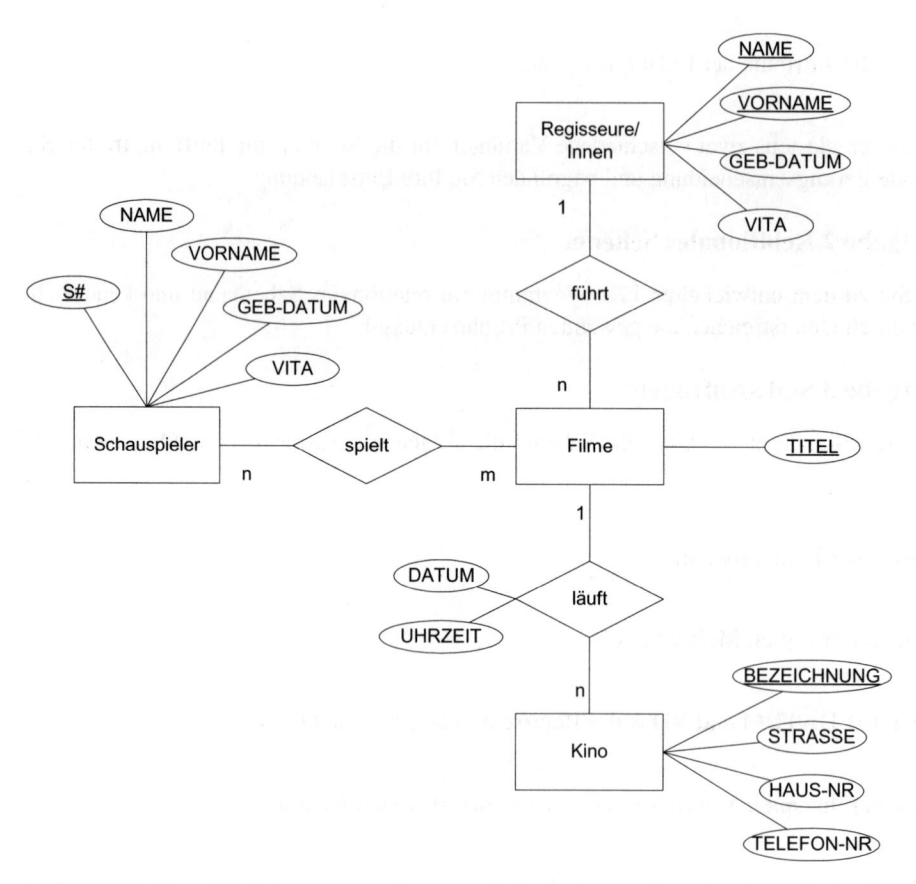

[ER-Diagramm: Entität **Regisseure/Innen** mit Attributen NAME, VORNAME, GEB-DATUM, VITA; verbunden über Relationship **führt** (1:n) mit Entität **Filme** (Attribut TITEL). Entität **Schauspieler** mit Attributen S#, NAME, VORNAME, GEB-DATUM, VITA; verbunden über Relationship **spielt** (n:m) mit **Filme**. **Filme** verbunden über Relationship **läuft** (1:n, Attribute DATUM, UHRZEIT) mit Entität **Kino** (Attribute BEZEICHNUNG, STRASSE, HAUS-NR, TELEFON-NR).]

1.3 Schlüsselkandidaten:

$S_{\text{Regisseure/Innen}} =$
   { (NAME, VORNAME),
   (NAME, VORNAME, GEB-DATUM),
   (NAME, VORNAME, GEB-DATUM, VITA) }

$S_{\text{Filme}} =$
   { (TITEL) }

$S_{\text{Schauspieler}} =$
   { (S#),
   (NAME, VORNAME, GEB-DATUM), (NAME, VORNAME, GEB-DATUM, S#) }

$S_{Kinos} =$
{ (BEZEICHNUNG),
(BEZEICHNUNG, HAUS-NR),
(BEZEICHNUNG, TEL-NR),
(BEZEICHNUNG, STRASSE),
(BEZEICHNUNG, HAUS-NR, TEL-NR),
(BEZEICHNUNG, HAUS-NR, STRASSE),
(BEZEICHNUNG, STRASSE, TEL-NR),
(BEZEICHNUNG, HAUS-NR, TEL-NR, STRASSE) }

1.4 Attribute der Relationships:

„führt" und „spielt" haben keine weiteren Attribute,
„läuft" hat DATUM und UHRZEIT

1.5

Eine **Alternative** ist aus der obigen Skizze ersichtlich. Eine andere wäre z.B. wie folgt möglich:

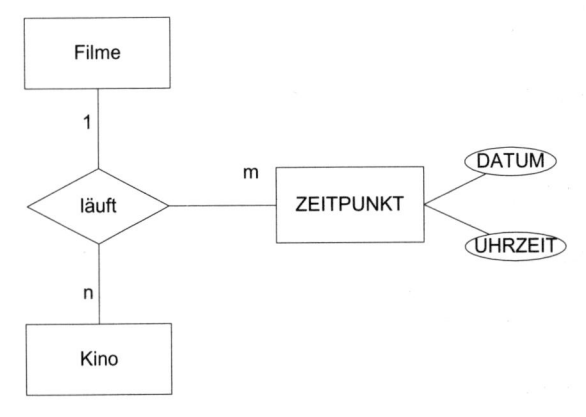

Bei dieser Variante wäre „läuft" eine dreistellige Relation ohne weitere Attribute. Die erste Variante entspricht aber am ehesten der Aufgabenstellung. Keine weitere Entity Menge muss eingeführt werden.

✓ Lösungsvorschlag zu Teilaufgabe 2

In manchen Büchern ist es üblich, beim relationalen Modell auch die Typen der Attribute anzugeben. Hier wird dies aus Gründen der Übersichtlichkeit weggelassen.

Regisseure/Innen	: {[NAME, VORNAME, GEB-DATUM, VITA]}
Film	: {[TITEL, Reg_NAME, Reg_VORNAME]}
Spielt	: {[schausp_#S, TITEL]}
Schauspieler	: {[S#, NAME, VORNAME, GEB-DATUM, VITA]}
Läuft	: {[Kino_BEZ, Film_TITEL, DATUM, UHRZEIT]}
Kino	: {[BEZEICHNUNG, STRASSE, HAUS-NR, TEL-NR]}

Die Relation „führt" und „Film" konnten zusammengefasst werden, weil sie den gleichen Schlüssel hatten. Bei „spielt" ist das zum Beispiel nicht möglich, da mehrere Schauspieler in einem Film spielen können.

✓ Lösungsvorschlag zu Teilaufgabe 3

3.1
Liste aller Filmregisseure:
```
SELECT    *
FROM      Regisseure/Innen ;
```

3.2
Filme mit Meryll Streep:
```
SELECT    s.Titel
FROM      Schauspieler akt, Spielt s
WHERE     akt.S# = s.schausp_S#  AND
          akt.NAME = 'Streep'    AND
          akt.VORNAME = 'Meryll';
```

3.3
Regisseur von "African Queen":
```
SELECT    r.NAME, r.GEB-DATUM, r.VITA
FROM      Regisseur r, Film f
WHERE     f.TITEL = 'African Queen'     AND
          f.reg_NAME = r.NAME           AND
          f.reg_VORNAME = r.VORNAME;
```

3.4
Filme von Meryll Streep und Robert Redford:
```
SELECT    s.TITEL
FROM      Schauspieler akt, Spielt s
WHERE     akt.NAME = 'Redford'      AND
          akt.VORNAME = 'Robert'    AND
          akt.S# = s.schausp_S   AND
          s.TITEL IN ( SELECT   t.TITEL
                       FROM     Schauspieler akt, Spielt t
                       WHERE    akt.NAME = 'Streep' AND
                                akt.VORNAME = 'Meryll'
                                AND akt.S# = t.schausp_S);
```

3.5
Wo läuft „The Straight Story":
```
SELECT    k.BEZEICHNUNG, k.TEL-NR, la.DATUM, la.UHRZEIT
FROM      Kino k, Läuft la
WHERE     la.film_TITEL = 'The Straight Story'    AND
          la.DATUM = $today                        AND
          la.kino_BEZ = k.BEZEICHNUNG;
```

3.6
Spielplan-Änderung:
```
UPDATE    Läuft
SET       film_TITEL = 'The Straight Story'
WHERE     DATUM = $tomorrow AND UHRZEIT = 22:15
```
Hierbei wird davon ausgegangen, dass "The Straight Story" in Film enthalten ist, sowie dass 22:15 im korrekten TIME-Format des DBMS ist, sowie $today und $tomorrow korrekte Variablennamen des DBMS für Datumsangaben von heute und morgen sind.

2.2 Betriebssysteme

Frühjahr 1990 Aufgabe 2

Geben Sie diejenigen der nachfolgend genannten Bedingungen (1) bis (17) an, die gleichzeitig erfüllt sein müssen, damit bei der Vergabe von Betriebsmitteln (BM) eine Verklemmung entstehen kann.

1. BM sind entziehbar
2. BM sind nicht entziehbar
3. BM-Zugriff wird nicht synchronisiert
4. BM-Zugriff erfolgt durch Synchronisationsprozess
5. BM sind zugriffsbeschränkt
6. BM sind gemeinsam verwendbar
7. Prozesse fordern BM in beliebiger Reihenfolge an
8. BM dürfen nicht aus mehreren unabhängig vergebbaren Einheiten bestehen
9. BM sind wiederverwendbar
10. BM sind nicht wiederverwendbar
11. Prozesse, die auf Zuteilung weiterer BM warten, geben bereits belegte BM nicht frei
12. Prozesse fordern BM schrittweise an
13. Prozesse fordern alle benötigten BM auf einmal an
14. Die maximalen BM-Forderungen sind bekannt
15. Die maximalen BM-Forderungen sind nicht bekannt
16. Die Auslastung des Systems ist hoch
17. Die Auslastung des Systems ist gering

✓ Lösungsvorschlag

Nach Coffman sind **vier Bedingungen für eine Verklemmung** notwendig (vgl. [TAN1, 109]):
Bedingung des **gegenseitigen Ausschlusses (mutual exclusion)**. Jedes Betriebsmittel ist entweder genau einem Prozess zugeordnet oder ist verfügbar (exklusive Nutzung).
Wartebedingung (hold and wait). Prozesse belegen bereits zugewiesene BM, während sie zusätzliche BM anfordern.
Bedingung der **Nichtentziehbarkeit (no preemption)**. Zuvor zugeordnete BM können einem Prozess nicht zwangsweise entzogen werden. Sie müssen explizit durch den Prozess freigegeben werden, der sie besitzt.
Bedingung der **geschlossenen Kette (circular wait)**. Es existiert eine geschlossene Kette von zwei oder mehr Prozessen; jeder von ihnen wartet auf ein BM, das durch den nächsten Prozess in der Kette gehalten wird.

2.2 Betriebssysteme

Dementsprechend sind die folgenden Bedingungen notwendig:
- gegenseitiger Ausschluss: Nr. 4
- Wartebedingung: Nr. 11
- Nichtentziehbarkeit: Nr. 2
- Geschlossene Kette: Nr. 7 und Nr. 12

Frühjahr 1990 Aufgabe 3

Gegeben seien zwei Betriebsmittel x und y mit zugehörigen Koordinationsvariablen (Semaphoren) sx und sy sowie zwei Prozesse $p1$ und $p2$ mit:

$p1$: begin
   SVC belegen (sx);
   SVC belegen (sy);
   <benutze x und y>;
   SVC freigeben (sy);
   SVC freigeben (sx);
end

$p2$: begin
   SVC belegen (sy);
   SVC belegen (sx);
   <benutze x und y>;
   SVC freigeben (sx);
   SVC freigeben (sy);
end

Zur Darstellung des Fortschrittes der beiden Prozesse diene das folgende Prozess-Zeit-Diagramm:

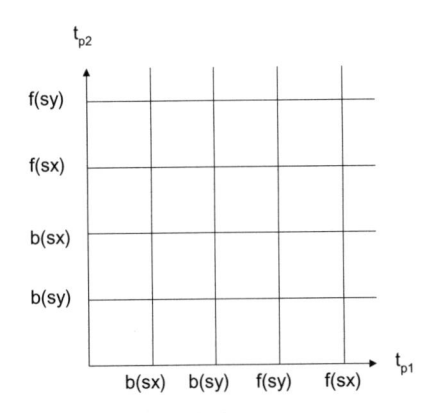

(Dabei gilt: b = belegen, f = freigeben)

Teilaufgabe 1

Schraffieren Sie (///) die nicht betretbaren Gebiete.

Teilaufgabe 2

Schraffieren Sie (\\\ ) die verklemmungsbedrohten Gebiete.

Teilaufgabe 3

Zeichnen Sie (---) einen Verlauf ein, der zur Verklemmung führt, und markieren Sie den Punkt der Verklemmung mit V.

Teilaufgabe 4

Zeichnen Sie (—) einen Verlauf ein, der die Verklemmungsmöglichkeit umgeht und beide Prozesse zu Ende führt.

Teilaufgabe 5

Ändern Sie das angegebene Programm $p2$ so ab, dass Verklemmung ausgeschlossen ist.

Teilaufgabe 6

Begründen Sie Ihre Lösung zu Teilaufgabe 3 mit Hilfe des zugehörigen Prozess-Zeit-Diagramms, in das Sie Einträge gemäß Teilaufgabe 1 und 2 machen.

✓ Lösungsvorschlag zu den Teilaufgaben 1, 2, 3 und 4

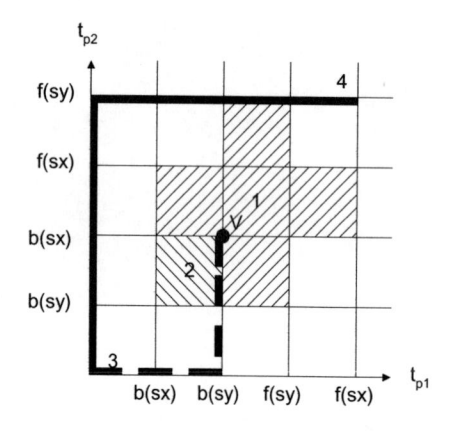

✓ Lösungsvorschlag zu Teilaufgabe 5

$p2$: begin
    SVC belegen (sx);
    SVC belegen (sy);
    < benutze x und y>;
    SVC freigeben (sy);
    SVC freigeben (sx);
    end;

2.2 Betriebssysteme

✓ **Lösungsvorschlag zu Teilaufgabe 6**

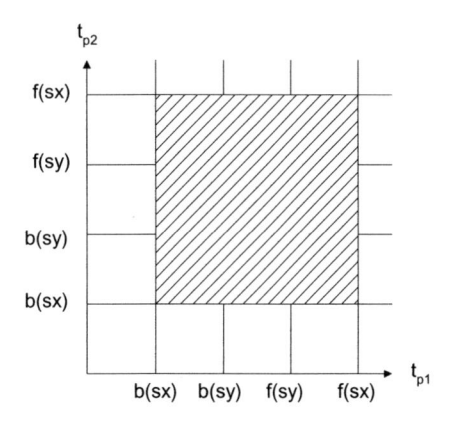

Frühjahr 1990 Aufgabe 4

Teilaufgabe 1

Das folgende Diagramm zeigt die Arbeitszustände eines Prozesses nebst Übergängen:

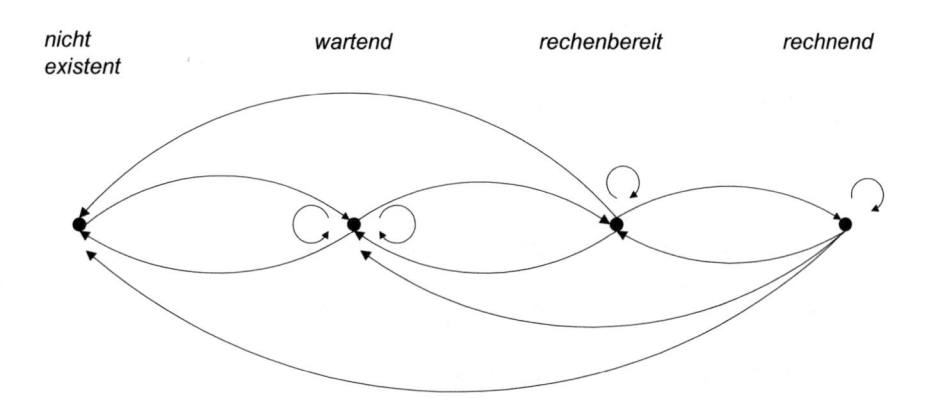

Beschriften Sie die Übergänge anhand folgender Liste von Diensten (p = Prozess, e = Ereignis):

(1) erzeugen (p)
(2) löschen (p)
(3) anhalten_bis_Ereignis (p,e)
(4) melden_Ereignis (p,c)
(5) Prozessorzuteilung (p)
(6) Prozessorentzug (p)

Teilaufgabe 2

Nennen Sie – über den Arbeitszustand hinaus – 5 weitere Bestandteile der Zustandsinformation (Status) eines Prozesses.

✓ Lösungsvorschlag zu Teilaufgabe 1

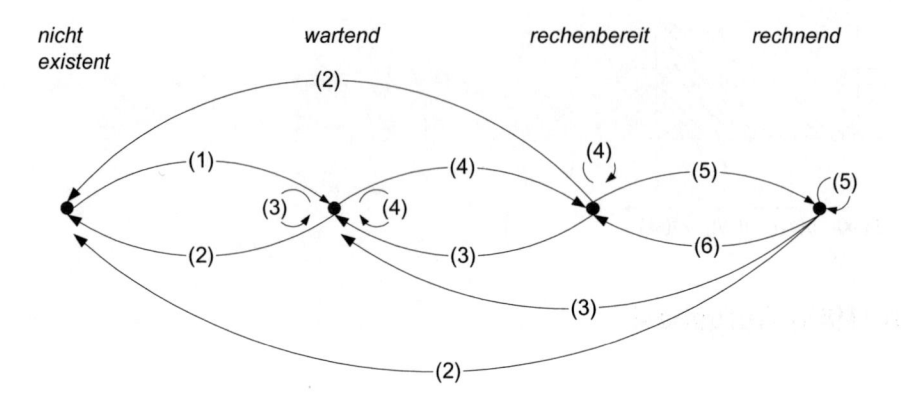

✓ Lösungsvorschlag zu Teilaufgabe 2

Def. Prozess nach [TAN1, 39]: Ausführbares Programm mit den aktuellen Werten des Programmzählers, der Register und Variablen.

Unter LINUX erhält man mit dem Befehl ps -eal eine Auflistung aller aktuell laufenden Prozesse und deren Zustandsinformation, wie z.B:

```
Flags        UID     PID     PPID    PRI     NI      Size
100100       0       114     1       0       0       808
100000       500     213     195     10      0       876
             RSS     WCHAN           STA     TTY     TIME
             288     1aca62          S       1       0:00
             364     0               R       p3      0:00
```

Fünf weitere Bestandteile der Zusatzinformation (Status) eines Prozesses sind:
- gesetzte Flags (nur noch aus historischen Gründen)
- UID (Benutzeridentifikation)
- PID (Prozess ID)
- PPID (Parent Prozess ID)
- Priorität
- Größe (in Seiten)
- Zeit (Startzeit)

Anmerkung: In UNIX gibt es noch ADDR (Wo liegt Prozess im Speicher?)

Herbst 1991 Aufgabe 1

Virtueller Speicher

In einem ‚Demand-Paging'-System sei die folgende Seitenreferenzfolge (von links nach rechts gelesen) zu bearbeiten:

0 1 2 3 0 1 4 0 1 2 3 4

Teilaufgabe 1

Ermitteln Sie, um wieviel Prozent die Zahl der Einlagerung bei Verwendung der Ersetzungsstrategie LRU (least recently used) höher liegt als bei einer optimalen Ersetzungsstrategie, und zwar bei Verwendung von

1.1
drei Kacheln,

1.2
vier Kacheln.

Teilaufgabe 2

Führen Sie die gleiche Untersuchung für die Strategie ‚Second Chance' durch!

✓ Lösungsvorschlag zu Teilaufgabe 1

Second Chance: vgl. Herbst 1994 Aufgabe 2 Teilaufgabe 1
Optimale Seitenersetzung und LRU: vgl. Herbst 1990 Aufgabe 1 Teilaufgabe 4

Verwendung von drei Kacheln:

Optimale Ersetzung	LRU	Second chance
0^4	0	0^0
$0^3\ 1^4$	1 0	$1^0\ 0^0$
$0^2\ 1^3\ 2^7$	2 1 0	$2^0\ 1^0\ 0^0$
$0^1\ 1^2\ 3^7$	3 2 1	$3^0\ 2^0\ 1^0$
$0^3\ 1^1\ 3^6$	0 3 2	$0^0\ 3^0\ 2^0$
$0^2\ 1^3\ 3^5$	1 0 3	$1^0\ 0^0\ 3^0$
$0^1\ 1^2\ 4^5$	4 1 0	$4^0\ 1^0\ 0^0$
$0^x\ 1^1\ 4^4$	0 4 1	$0^1\ 4^0\ 1^0$
$0^x\ 1^x\ 4^3$	1 0 4	$1^1\ 0^1\ 4^0$
$2^x\ 1^x\ 4^2$	2 1 0	$2^0\ 1^1\ 0^1$
$3^x\ 1^x\ 4^1$	3 2 1	$3^0\ 1^0\ 0^0$
$3^x\ 1^x\ 4^x$	4 3 2	$4^0\ 3^0\ 0^0$
7 Seitenfehler	10 Seitenfehler	10 Seitenfehler
100%	143%	143%

✓ **Lösungsvorschlag zu Teilaufgabe 2**

Verwendung von vier Kacheln:

Optimale Ersetzung	LRU	Second chance
0^4	0	0^0
$0^3\ 1^4$	1 0	$1^0\ 0^0$
$0^2\ 1^3\ 2^7$	2 1 0	$2^0\ 1^0\ 0^0$
$0^1\ 1^2\ 2^6\ 3^7$	3 2 1 0	$3^0\ 2^0\ 1^0\ 0^0$
$0^3\ 1^1\ 2^5\ 3^6$	0 3 2 1	$0^1\ 3^0\ 2^0\ 1^0$
$0^2\ 1^3\ 2^4\ 3^5$	1 0 3 2	$1^1\ 0^1\ 3^0\ 2^0$
$0^1\ 1^2\ 2^3\ 4^5$	4 1 0 3	$4^0\ 1^1\ 0^1\ 3^0$
$0^x\ 1^1\ 2^2\ 4^4$	0 4 1 3	$0^1\ 4^0\ 1^1\ 3^0$
$0^x\ 1^x\ 2^1\ 4^3$	1 0 4 3	$1^1\ 0^1\ 4^0\ 3^0$
$0^x\ 1^x\ 2^x\ 4^2$	2 1 0 4	$2^0\ 1^1\ 0^1\ 4^0$
$3^x\ 1^x\ 2^x\ 4^1$	3 2 1 0	$3^0\ 2^0\ 1^1\ 0^1$
$3^x\ 1^x\ 2^x\ 4^x$	4 3 2 1	$4^0\ 1^0\ 0^0\ 3^0$
6 Seitenfehler	8 Seitenfehler	8 Seitenfehler
100%	133%	133%

Herbst 1991 Aufgabe 2

Prozessorvergabestrategien

Gegeben sei ein System mit einer Bedienstation, die eine Reihe unabhängiger Aufträge zu bearbeiten hat, deren Bedienzeiten bekannt sind.

Teilaufgabe 1

Zeigen Sie, dass die Abarbeitung nach steigender Bedienzeitanforderung (shortest job first) die mittlere Verweilzeit minimiert, wenn sämtliche zu bearbeitenden Aufträge bereits beim Start des Systems vorhanden sind!

Teilaufgabe 2

Wie müsste die Zuordnungsstrategie geändert werden, damit (eventuell unter einschränkenden Annahmen) die mittlere Verweilzeit auch dann minimiert wird, wenn nicht alle Aufträge bereits beim Systemstart vorhanden sind, sondern teilweise erst danach in das System gelangen? Falls Sie einschränkende Annahmen machen, sind sie kurz zu diskutieren.

✓ Lösungsvorschlag zu Teilaufgabe 1

Zur Wiederholung:
Shortest-Job-First (vgl. [TAN1, 73f]):
Trifft ein neuer Auftrag im System ein, erfolgt ein Vergleich aller Restbedienzeiten; derjenige Auftrag mit der kürzesten Restbedienzeit wird als nächstes bearbeitet.

Diese Methode ist nachweislich optimal. Man betrachte die vier Aufträge mit den Laufzeiten a, b, c und d. Der erste Auftrag endet nach Zeit a, der zweite endet nach Zeit $a+b$ usw.

Der Mittelwert der Verweilzeit ist $(4a+3b+2c+d)/4$. Es ist klar, dass a mehr zum Mittelwert beiträgt als die anderen Zeiten. Daher sollte der kürzeste Auftrag mit a als erstes laufen, dann b, danach c und als längster d. Das gleiche Argument gilt auch für eine beliebige Anzahl von Aufträgen.

Allgemein:

Seien $t_1 \ldots t_n$ die Bedienzeiten für Job 1 ... n. Die mittlere Verweilzeit ergibt sich aus

$$t = 1/n \, (t_1 + (t_1+t_2) + (t_1+t_2+t_3) + \ldots + (n\,t_1 + (n-1)\,t_2 + \ldots + 2t_{n-1} + t_n)) = \frac{1}{n} \sum_{i=1}^{n} i \cdot t_{n+1-i}$$

Somit ist klar, dass t_1 (für $i = n$) am meisten zum Mittelwert beiträgt und es somit am Günstigsten ist, wenn t_1 den kleinsten Wert hat usw.

✓ Lösungsvorschlag zu Teilaufgabe 2

Änderung der Zuordnungsstrategie:

SRPT: Shortest remaining processing time = Strategie der kürzesten Restbedienzeiten

Begonnen wird gemäß dem shortest-job-first Verfahren. Trifft ein neuer Auftrag im System ein, erfolgt ein Vergleich aller Restbedienzeiten; derjenige Auftrag mit der kürzesten Restbedienzeit wird als nächstes bearbeitet.

Einschränkende Annahmen:

- Die Prozesse müssen unterbrechbar sein.
- Eine Verweilzeit-optimale Strategie erzeugt Ausführungsunterbrechungen höchstens in Ankunftszeitpunkten von Aufträgen.

Herbst 1991 Aufgabe 3

Betriebsmittelverwaltung

Ein Betriebssystem bestehe aus n Prozessen (nummeriert von 0 bis $n-1$) und m wiederverwendbaren Betriebsmitteltypen (nummeriert von 0 bis $m-1$). Zur Darstellung der Betriebsmittelgraphen sollen folgende Datenstrukturen verwendet werden:
- ein Vektor v mit m Komponenten, der im jeweiligen Zustand angibt, wieviele Exemplare jedes Betriebsmitteltyps noch frei verfügbar sind,
- eine (n,m)-Matrix, die im jeweiligen Zustand angibt, wieviele Exemplare eines jeden Betriebsmittels den einzelnen Prozessen zugeordnet sind,
- eine (n,m)-Matrix, die im jeweiligen Zustand angibt, wieviele Exemplare eines jeden Betriebsmittels von den einzelnen Prozessen angefordert, aber noch nicht zugeteilt sind, und
- einen Vektor ps von n Semaphoren, dessen i-te Komponente als privater Semaphor dem i-ten Prozess (zu seiner Blockierung bzw. Deblockierung) zugeordnet ist.

Das Betriebssystem stelle folgende Prozeduren zur Verfügung:
- P- und V-Operationen für Semaphore und
- Die Funktion *this_process*, die als Ergebnis die Nummer des aufrufenden Prozesses liefert.

Formulieren Sie unter diesen Voraussetzungen in einer geeigneten Programmiersprache folgende von den Prozessen gemeinsam benutzbaren Prozeduren (Beachten Sie, dass die obigen Datenstrukturen von den Prozessen **gemeinsam** benutzt werden!):

Teilaufgabe 1

Eine Prozedur *anfordern*, die von den Prozessen aufgerufen werden kann und als Parameter den Vektor der angeforderten Betriebsmittel besitzt. Falls die Anforderungen insgesamt erfüllbar sind, soll die entsprechende Zuteilung vorgenommen und zum aufrufenden Programm zurückgekehrt werden. Andernfalls sind die Anforderungen vorzumerken und der aufrufende Prozess zu blockieren.

Teilaufgabe 2

Eine Prozedur *freigeben*, die von den Prozessen aufgerufen werden kann und als Parameter den Vektor der freizugebenden Betriebsmittel besitzt. Ist für einen Betriebsmitteltyp die Angabe der freizugebenden Exemplare größer als die Zahl der an den aufrufenden Prozess zugeteilten, so werden lediglich die zugeteilten Exemplare freigegeben. Sind nach der Freigabe blockierte Prozesse vorhanden, deren Anforderungen nun abgedeckt werden können, so sollen (nach einer beliebigen Strategie) so lange Prozesse deblockiert werden, bis weitere Deblockierungen nicht mehr möglich sind.

Teilaufgabe 3

Eine Prozedur *prüfen*, die feststellt, ob partielle Veklemmungen vorliegen (Berücksichtigen Sie, daß diese Prozedur die Daten, auf denen die Prozeduren *freigeben* und *anfordern* operieren, nicht modifizieren darf!).

Teilaufgabe 4

Geben Sie die Anfangsbesetzung aller benutzten Semaphore an!

✓ Lösungsvorschlag

```
program h91_3;
uses crt;
const m = 10;
      n = 10;
type bmanf = array [1..m] of integer;
type semaphor = integer;
var  v : array [1..m] of integer;
     ps: array [1..n] of boolean;
     Z : array [1..n] of array [1..m] of integer;
     A : array [1..n] of array [1..m] of integer;
     mutex : semaphor;
     k,c : integer;         (* Zaehler *)
     dead : boolean;        (* Verklemmung liegt vor *)
function this_process:integer;   (* dummy *)
begin
     this_process := 5;
end;
procedure p_op(s:semaphor);    (* dummy *)
begin
end;
procedure v_op(s:semaphor);    (* dummy *)
begin
end;
procedure anfordern(bm:bmanf);
var  i,p : integer;
     bFlag : boolean;
begin
     p := this_process;
     bFlag:=true;
     p_op(mutex);
     while bFlag do
     begin
          for i:=1 to m do
```

```
                    if bm[i] > v[i] then bFlag:= false;
            end;
            if bFlag
            then begin
                    for i:=1 to m do
                    begin
                        Z[p][i] := bm[i]; (* Zuteilung vornehmen *)
                        v[i] := v[i] - bm[i]; (*verfuegbare BM anpassen*)
                    end;
                 end
            else begin
                    A[p][i] := bm[i];
                    (* Anforderungsmatrix aktualisieren*)
                    ps[p] := false; (* Prozess blockieren *)
                 end;
            v_op(mutex);
end;
procedure freigeben(bm:bmanf);
var i,j,p  : integer;
    bFlag : boolean;
begin
        p:= this_process;
        p_op(mutex);
        (* richtige Anzahl BM freigeben *)
        for i:=1 to m do
        begin
            if (bm[i]>Z[p][i])
            then begin
                    v[i]:= v[i]+Z[p][i];
                    Z[p][i]:=0;
                 end
            else begin
                    v[i]:= v[i]+bm[i];
                    Z[p][i]:= Z[p][i]-bm[i];
                 end;
        end;
        (* Prozesse deblockieren *)
        for j:=1 to n do
        begin
            bFlag:= true;
            if (ps[j]=false)
            then  begin
                    while bFlag do
                    begin
```

2.2 Betriebssysteme

```
                    for i:=1 to m do
                        if A[j][i]>v[i] then bFlag:= false;
                end;
                if bFlag=true
                then begin
                        ps[j]:=true;
                        for i:=1 to m do
                        begin
                                Z[j][i] := A[j][i];
                                (* Zuteilung vornehmen *)
                                v[i] := v[i] - A[j][i];
                                (* verfuegbare BM anpassen *)
                                A[j][i]:= 0;
                                (*Anforderungen zuruecknehmen*)
                        end;
                end;
            end;
      end;
      v_op(mutex);
end;
procedure pruefen;
var i,j : integer;
      bFlag : boolean;
begin
      p_op(mutex);
      (* Idee: es besteht keine Verklemmung,
      wenn es mindestens eine Spalte in A gibt,
      in der alle Komponenten kleiner oder gleich
      der entsprechenden Komponente in v sind *)
for j:=1 to n do
      begin
      bFlag:=true;
      for i:=1 to m do
            while (bFlag=true) do
            begin
                    if A[j][i]<=v[i]
                    then begin
                            if i=m
                            then  begin
                                    dead:=false;
                                    v_op(mutex);
                                    exit;
                            end;
                    end
```

```
                    else bFlag:=false;
            end;
        end;
        dead:= true;
        (* falls das Programm bis hier kommt,
        liegt eine Verklemmung vor *)
        v_op(mutex);
end;
begin
        (* Hauptprogramm *)
        (* Variablen geeignet vorbesetzen *)
        mutex := 1;
        for k:=1 to n do ps[k]:= true;
        for k:=1 to m do v[k]:= 1;    (* dummy *)
        for k:=1 to n do
            for c:=1 to m do A[k][c]:=0;
        for k:=1 to n do
            for c:=1 to m do Z[k][c]:=0;
        dead:= false;
end.
```

Frühjahr 1993 Aufgabe 1

Virtuelle Speicherverwaltung

Teilaufgabe 1

Als Verfahren zur Zuordnung von virtuellen Adressräumen zum realen Speicher sind Ihnen Segmentierung und Paging bekannt. Was haben diese Verfahren gemeinsam, und wo liegen die Unterschiede?

Teilaufgabe 2

Bei einem System mit Paging habe eine Seite die Länge k (Wörter). Die durchschnittliche Segmentlänge sei L. Für den Eintrag in die Seiten-Kachel-Tabelle sei jeweils ein Wort pro Seite erforderlich. Wie ist k zu wählen, um bei einer durchschnittlichen Segmentlänge L den durchschnittlichen Speicherverschnitt pro Segment zu minimieren? (ohne Lösung)

Teilaufgabe 3

Wie kommt es beim Paging zu Seitenflattern, und was kann man dagegen tun?

✓ Lösungsvorschlag zu Teilaufgabe 1

Segmentierung (vgl. [DUD1, 625]): Aufteilung des Speichers in logisch zusammengehörende, aber weitgehend unabhängige Blöcke variabler oder fester Größe (Segmente).

Paging (vgl. [DUD1, 677]): Pufferspeicher und Hintergrundspeicher sind in gleich große Speicherbereiche aufgeteilt. Die Bereiche des Pufferspeichers heißen Kacheln oder Seitenrahmen, die Bereiche des Hintergrundspeichers heißen Seiten.

Segmentierung (vgl. [MÄR, 141f])

„Der Einstieg in die Adressübersetzung erfolgt durch 48-Bit lange logische Adressen für Programmdaten oder -code. Jede logische Adresse besteht aus einem 16-Bit-SELEKTOR und einem 32-Bit-OFFSET."

Logische Adresse	Selector	Offset
	15 0	31 0

„Ein Selektor zeigt auf einen 8-Byte-Segmentdeskriptor in einer Deskriptortabelle, der ein Segment im linearen Adressraum des Prozessors verwaltet. Jede Deskriptortabelle enthält maximal 1024 Einträge." Segment Deskriptor:

Base	Flags	Limit
Access Rights	Base	
Base		
Limit		

„Ein Deskriptor enthält Beschreibungsinformation für ein Segment aus dem linearen Adressraum. Jedes Segment wird durch mindestens einen Deskriptor beschrieben."

„Das Granularitätsbit (FLAGS) gibt an, ob das LIMIT in Byte oder 4-KB-Einheiten zu interpretieren ist. Im ersten Fall ergeben sich Segmentlängen von maximal 1MB. Im zweiten Fall umfasst ein Segment bis zu 4GB."

Paging (vgl. [MÄR, 143])

„Durch die Segmentübersetzung wird jede logische 48-Bit-Adresse in eine lineare 32-Bit-Adresse umgesetzt. Die Interpretation der linearen Adresse hängt davon ab, ob im System auch Paging verwendet werden soll oder nicht" (PG-Bit im Control-Register CR0).

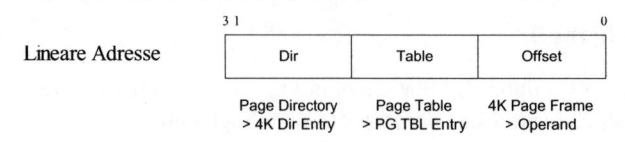

Lineare Adresse	Dir	Table	Offset
	Page Directory > 4K Dir Entry	Page Table > PG TBL Entry	4K Page Frame > Operand

„Die Pageübersetzung generiert aus der linearen Adresse eine 32-Bit lange physikalische Adresse. Bei deaktiviertem Paging wird die lineare Adresse ohne Zwischenschritt als physikalische Adresse im Hauptspeicher bzw. Cache interpretiert."

Gemeinsamkeiten:
- virtueller Speicher (Benutzersicht des Speichers und tatsächlicher physischer Speicher sind nicht identisch), d.h. eine MMU (memory managment unit) ist notwendig, meist Hardware-unterstützt
- Listen zur Verwaltung (Segmenttabelle oder Seitentabelle)
- physischer Speicher ist linear (Zellen durchnummeriert)
- einzelne Segmente bzw. Seiten können zugriffsgeschützt werden, während andere mehreren Programmen zur Verfügung stehen können

Unterschiede:
Paging
- linearer Benutzer-Adressraum
- alle Seiten haben gleiche Größe
- kein Verschieben nötig
- Verwaltung einfacher
- Verschnitt evtl. innerhalb der letzten benötigten Seite (internal fragmentation)

Segmentierung:
- zweidimensionaler Benutzer-Adressraum (Segmentnummer, Offset)
- Trennung von Prozess und Daten
- anpassungsfähig
- logisch unabhängige Adressräume
- Verschnitt kann entstehen (external fragmentation)

✓ Lösungsvorschlag zu Teilaufgabe 3

Die Menge aller derzeit vom Prozess benutzten Seiten heißt Arbeitsmenge oder Working-Set. Ist die gesamte Arbeitsmenge im Speicher, wird der Prozess nur wenige Seitenfehler erzeugen, solange er nicht in eine andere Phase der Ausführung übergeht. Ist der verfügbare Speicher zu klein, um alle Seiten der gesamten Arbeitsmenge aufzunehmen, wird der Prozess viele Seitenfehler generieren und sehr langsam laufen, da die Ausführung einer Instruktion typischerweise eine Mikrosekunde und das Lesen einer Seite von der Platte mehr als zehn Millisekunden dauert. [...] Ein Programm, das jeweils nach wenigen Instruktionen einen Seitenfehler erzeugt, befindet sich im Zustand flatternd oder thrashing.

Frühjahr 1993 Aufgabe 2

Synchronisationssysteme

Versetzen wir uns für diese Aufgabe in den Alltag einer Familie mit drei kleinen Kindern, die auch im Winter draußen spielen wollen. Damit sie sich nicht erkälten, braucht jedes Kind eine Mütze, ein Paar Handschuhe und einen Schal. Leider ist ihre Oma mit dem Stricken noch nicht so weit, so dass jedes Kind im Moment erst eines dieser drei Kleidungsstücke besitzt und zwar jedes ein anderes. Außerdem haben sie im Kleiderschrank noch eine alte Mütze, ein altes Paar Handschuhe und einen großen Schal gefunden.

Wenn nun ein Kind nach draußen will, braucht es noch zwei von den Sachen aus dem Schrank:

- entweder Schal und Mütze
- oder Mütze und Handschuhe
- oder Handschuhe und Schal

Teilaufgabe 1

Geben Sie eine Lösung dieses Problems an unter Verwendung von

- P/V-Semaphoren
- P/V$_{multiple}$-Semaphoren
- einem Petrinetz

Teilaufgabe 2

Diskutieren Sie, ob sich das von Ihnen angegebene Prozesssystem verklemmen kann! (Welches allgemeine Verfahren verwenden Sie dabei zur Verhinderung von Verklemmungen?)

✓ Lösungsvorschlag zu Teilaufgabe 1

Prozeduren jeweils entsprechend für die anderen Kinder!

P/V-Semaphore:

```
semaphor anziehen = 1;
    procedure handschuhkind(void)
    {
        spiele_im_haus();
        p(anziehen);
        if ((Mütze==1) && (Schal==1))
        {
        Mütze := 0;
            Schal := 0;
            v(anziehen);
```

```
            spiele_draussen();
            p(anziehen);
            Mütze:=1;
            Schal:=1;
            v(anziehen);
        }
        else v(anziehen);
    }
```

P/V$_{multiple}$-Semaphore:

```
semaphor M = 1; semaphor S = 1; semaphor H = 1;
procedure handschuhkind(void)
{
    spiele_im_haus();
    p(M);
    if (S==1)
    {
        p(S);
        spiele_draussen();
        v(S);
        v(M);
    }
    else v(M);
}
```

Petrinetz:

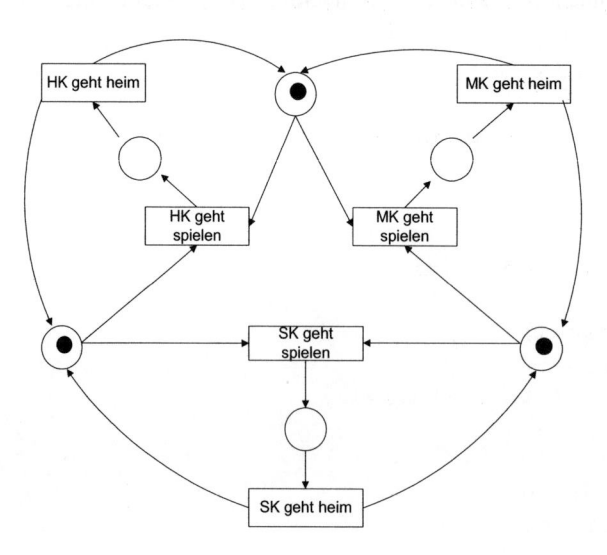

2.2 Betriebssysteme

✓ **Lösungsvorschlag zu Teilaufgabe 2**

Es ist keine Verklemmung möglich, da entweder im ersten Fall nur beide Kleidungsstücke oder keines genommen werden oder im zweiten Fall ein benötigtes Kleidungsstück sofort wieder freigegeben wird, falls das zweite Stück, das zum Spielen draußen notwendig ist, nicht zur Verfügung steht.

Auch beim Petrinetz kann keine Verklemmung auftreten, da die Transitionen nur dann schalten können, wenn zwei Token vorhanden sind; ist nur eines vorhanden, so steht es zur allgemeinen Verfügung, d.h. es kann nicht reserviert werden.

Frühjahr 1993 Aufgabe 3

Banker-Algorithmus

Gegeben sei ein System aus drei Prozessen P_1, P_2, P_3 und Betriebsmitteln B_1, B_2, B_3, B_4. Die Anzahl der vorhandenen Betriebsmittel ist festgelegt durch den Vektor:

$$V = (6, 7, 6, 4)$$

Die maximal benötigten Betriebsmittel der drei Prozesse sind gegeben durch die Matrix:

$$B = \begin{pmatrix} 1 & 5 & 3 & 2 \\ 2 & 3 & 3 & 1 \\ 4 & 5 & 2 & 4 \end{pmatrix}$$

Die folgenden Matrizen ergeben jeweils einen Status der zugeteilten Betriebsmittel:

$$Q_1 = \begin{pmatrix} 0 & 1 & 3 & 0 \\ 1 & 3 & 1 & 0 \\ 3 & 2 & 0 & 1 \end{pmatrix} \quad Q_2 = \begin{pmatrix} 1 & 4 & 1 & 0 \\ 1 & 3 & 3 & 1 \\ 4 & 0 & 2 & 4 \end{pmatrix} \quad Q_3 = \begin{pmatrix} 1 & 0 & 1 & 2 \\ 2 & 3 & 1 & 1 \\ 1 & 3 & 1 & 1 \end{pmatrix}$$

Teilaufgabe 1

Sind die Zustände Q_1, Q_2 und Q_3 realisierbar?

Teilaufgabe 2

Existieren für Q_1, Q_2 und Q_3 sichere Sequenzen?

Teilaufgabe 3

Es sei nun $V = (6, 7, 6, 5)$, d.h. von Betriebsmittel B_4 steht ein Exemplar mehr zur Verfügung. Wie ändern sich dadurch die Antworten auf die Teilaufgaben 1 und 2?

✓ **Lösungsvorschlag**

Banker-Algorithmus vgl. [TAN1, 115f] (für mehrfache BM [TAN1, 117f]).

Im Folgenden sind zwei Matrizen zu sehen:

Prozess	Bandstat.	Plotter	Drucker	Stanzer
A	3	0	1	1
B	0	1	0	0
C	1	1	1	0
D	1	1	0	1
E	0	0	0	0

Prozess	Bandstat.	Plotter	Drucker	Stanzer
A	1	1	0	0
B	0	1	1	2
C	3	1	0	0
D	0	0	1	0
E	2	1	1	0

$E = (6\ 3\ 4\ 2)$ $\qquad P = (5\ 3\ 2\ 2)$ $\qquad A = (1\ 0\ 2\ 0)$

Das linke Bild zeigt die aktuelle BM-Zuordnung zu den fünf Prozessen. Die Matrix auf der rechten Seite zeigt, wie viele BM jeder Prozess noch benötigt, um seine Aufgaben zu beenden. Jeder Prozess muss seinen Gesamtbedarf angeben, bevor er startet. Somit kann das System zu jedem Zeitpunkt die Matrix der rechten Seite berechnen.

Die drei Vektoren zeigen
    die vorhandenen BM E,
    die zugeordneten BM P und
    die verfügbaren BM A.

Der Algorithmus zur Prüfung eines sicheren Zustandes ist nun:
- Gesucht wird eine Zeile R, deren unerfüllte Anforderungen kleiner oder gleich A sind. Existiert keine derartige Reihe, so wird das System möglicherweise in eine Verklemmung geraten, denn kein Prozess kann bis zu seinem Ende laufen.

- Es wird angenommen, dass der Prozess der ausgewählten Zeile alle benötigten BM anfordert und terminiert. So wird er als beendet markiert und alle seine BM werden zu A addiert.
- Die obigen beiden Schritte werden so lange wiederholt, bis entweder alle Prozesse als beendet markiert sind oder bis eine Verklemmung eintritt. Sind alle Prozesse markiert, dann ist der Zustand sicher, andernfalls nicht.

✓ Lösungsvorschlag zu Teilaufgabe 1

Q_1 ist realisierbar, da $A = (2\ 1\ 2\ 3)$ und $P = (4\ 6\ 4\ 1)$

Q_2 ist nicht realisierbar, da $A = (0\ 0\ 0\ -1)$ und $P = (6\ 7\ 6\ 5)$,
d.h. B_4 ist bereits 5 mal vergeben, obwohl es nur 4 mal vorhanden ist

Q_3 ist realisierbar, da $A = (2\ 1\ 3\ 0)$ und $P = (4\ 6\ 3\ 4)$

✓ Lösungsvorschlag zu Teilaufgabe 2

Die Matrix der unerfüllten Anforderungen sieht für Q_1 folgendermaßen aus:

$$\begin{pmatrix} 1 & 4 & 0 & 2 \\ 1 & 0 & 2 & 1 \\ 1 & 3 & 2 & 3 \end{pmatrix}$$

In der zweiten Zeile ist jede Komponente kleiner als die entsprechende Komponente in A.

Nach dem Beenden von P_2 bleibt der folgende Zustand:

$$\begin{pmatrix} 0 & 1 & 3 & 0 \\ 0 & 0 & 0 & 0 \\ 3 & 2 & 0 & 1 \end{pmatrix}$$

und der Vektor $A = (3\ 4\ 3\ 3)$.

Sowohl P_1 als auch P_3 können beendet werden (Reihenfolge ist egal).

Die Matrix der unerfüllten Anforderungen sieht für Q_3 folgendermaßen aus:

$$\begin{pmatrix} 0 & 5 & 2 & 0 \\ 0 & 0 & 2 & 0 \\ 3 & 2 & 1 & 3 \end{pmatrix}$$

In der zweiten Zeile ist jede Komponente kleiner als die entsprechende Komponente in A.

Nach dem Beenden von P_2 bleibt der folgende Zustand:

$$\begin{pmatrix} 1 & 0 & 1 & 2 \\ 0 & 0 & 0 & 0 \\ 1 & 3 & 1 & 1 \end{pmatrix}$$

und der Vektor $A = (4\ 4\ 4\ 1)$.

P_1 kann jetzt nicht beendet werden, da er 5 mal B_2 benötigt, dieses aber nicht vorhanden ist und P_3 kann nicht beendet werden, da er 4 mal B_4 braucht, dieses aber nur noch einmal vorhanden ist.

✓ Lösungsvorschlag zu Teilaufgabe 3

Q_1: $P = (4\ 6\ 4\ 1)$ $A = (2\ 1\ 2\ 4)$

Q_2: $P = (6\ 7\ 6\ 5)$ $A = (0\ 0\ 0\ 0)$

Q_3: $P = (4\ 6\ 3\ 4)$ $A = (2\ 1\ 3\ 1)$

Alle Zustände sind realisierbar !

Für Q_1 ergibt sich dieselbe Sequenz wie gehabt.

Für Q_2 sieht die Matrix der unerfüllten Anforderungen folgendermaßen aus:

$$\begin{pmatrix} 0 & 1 & 2 & 2 \\ 1 & 0 & 0 & 0 \\ 0 & 5 & 0 & 0 \end{pmatrix}$$

Ohne weitere BM-Zuteilung kann keiner der drei Prozesse fertig werden (Verklemmung)!

Für Q_3 existiert immer noch keine sichere Sequenz, da nach Beendigung von P_2 der Vektor $A = (4\ 4\ 4\ 2)$ ist. P_1 bräuchte jedoch $(0\ 5\ 2\ 0)$. P_3 bräuchte jedoch $(3\ 3\ 1\ 3)$.

Frühjahr 1994 Aufgabe 1

Erläutern Sie den Begriff des Deadlock anhand eines Beispiels!

✓ Lösungsvorschlag

Definition (vgl. [DUD1, 462f]):

Ein Deadlock, einer der möglichen Konflikte bei der wechselseitigen Benutzung von Betriebsmitteln durch Prozesse lässt sich folgendermaßen charakterisieren: ein Prozess ist im

2.2 Betriebssysteme

Besitz eines Betriebsmittels *A* und benötigt im weiteren Verlauf das Betriebsmittel *B*, welches jedoch im Moment im Besitz eines anderen Prozesses ist. Letzterer benötigt seinerseits *A*, um seine Verarbeitung fortsetzen zu können. Ergebnis: Keiner der Prozesse kann weiterarbeiten.

Beispiel: vgl. Herbst 1997 Aufgabe 2 Teilaufgabe 1

Frühjahr 1994 Aufgabe 2

Gegeben sei ein Speicherbereich mit 1000 freien Speicherplätzen, welcher bei Adresse 10.000 beginnt. Es werden freie Speicherbereiche wie folgt angefordert und zurückgegeben:

- Zeitpunkt 1 : Anforderung 500 Plätze
- Zeitpunkt 2 : Anforderung 300 Plätze
- Zeitpunkt 3 : Anforderung 100 Plätze
- Zeitpunkt 4 : Rückgabe der ersten Anforderung
- Zeitpunkt 5 : Anforderung 70 Plätze
- Zeitpunkt 6 : Anforderung 430 Plätze
- Zeitpunkt 7 : Anforderung 100 Plätze

Wie sieht die Speicherbelegung zu jedem Zeitpunkt aus, falls die Speichervergabe nach der

Teilaufgabe 1

First-Fit-Methode

Teilaufgabe 2

Best-Fit-Methode

erfolgt? Sind alle Speicheranforderungen jeweils zu erfüllen? Es ist davon auszugehen, dass freie Speicherbereiche in einer Liste verkettet werden und ein zurückgegebener Block jeweils am Anfang dieser Liste eingekettet wird.

✓ Lösungsvorschlag

Definition von First Fit und Best Fit: vgl. Herbst 2001 I Aufgabe 4 Teilaufgabe 1

✓ Lösungsvorschlag zu Teilaufgabe 1

✓ Lösungsvorschlag zu Teilaufgabe 2

Best-Fit-Methode (die ersten vier Speicherbelegungen bleiben gleich)

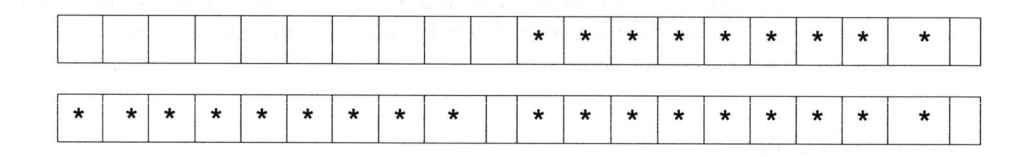

Die letzte Anforderung ist nicht zu erfüllen !!!

Herbst 1994 Aufgabe 1

Verklemmungen

Teilaufgabe 1

Wie lauten die vier notwendigen Bedingungen für Verklemmungen?

Teilaufgabe 2

Wie können Verklemmungen behoben werden (Kurze Erläuterung)?

Teilaufgabe 3

Gegeben sei ein Prozesssystem mit drei Prozessen.

Prozess 1 erzeugt Betriebsmittel vom Typ 2.

Die Betriebsmittel vom Typ 1 und 3 sind wiederverwendbar.

Anfangs sind an Betriebsmitteln vorhanden:

   BM 1 : 5   BM 2 : 3   BM 3 : 3

Die drei Prozesse haben folgende Operationen bereits ausgeführt:

   Anforderung P2: {(BM 1, 1)}
   Anforderung P3: {(BM 3, 3)}
   Zuteilung(P2);
   Zuteilung(P3);
   Anforderung P1: {(BM 1, 2), (BM 3, 1)}
   Anforderung P2: {(BM 3, 1)}
   Anforderung P3: {(BM 2, 4)}

Stellen Sie den augenblicklichen Zustand als Betriebsmittelgraph dar!

Teilaufgabe 4

Liegt eine Verklemmung vor? Kurze Begründung!

✓ Lösungsvorschlag zu Teilaufgabe 1

vgl. [TAN1, 108] und die Lösung zu Frühjahr 1990 Aufgabe 2.

✓ Lösungsvorschlag zu Teilaufgabe 2

Beheben von Verklemmungen: vgl. [TAN1, 122f]

Das System macht weiter nichts, als die Anforderungen und Freigaben von BM festzuhalten. Jedesmal wenn ein BM angefordert oder freigegeben wird, wird der BMGraph aktualisiert und auf Zyklen überprüft. Existiert ein Zyklus, wird einer der Prozesse des Zyklus eliminiert. Löst dies nicht die Verklemmung, so wird ein Prozess nach dem anderen eliminiert, bis der Zyklus aufgelöst ist.

Eine etwas rauhere Methode besteht darin, den BMGraphen durch eine periodische Überprüfung zu ersetzen, die nachsieht, ob irgendein Prozess für länger als beispielsweise eine Stunde blockiert ist. Solche Prozesse werden dann entfernt. [...]

✓ Lösungsvorschlag zu Teilaufgabe 3

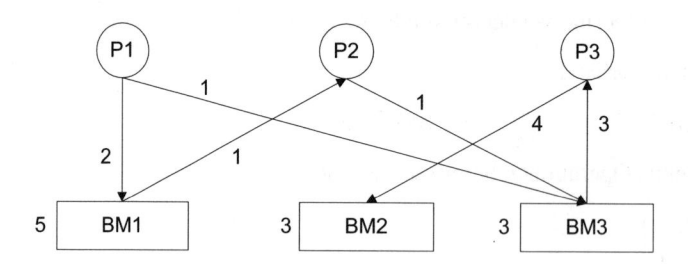

✓ Lösungsvorschlag zu Teilaufgabe 4

Liegt eine Verklemmung vor? JA

Begründung:
P3 fordert zu viele BM an (BM2 ist nicht viermal vorhanden); P1 würde an sich dieses BM produzieren, aber er braucht dazu BM3, wovon jedoch alle Exemplare P3 zugeteilt sind. Wegen der Bedingung der Nichtentziehbarkeit wird P3 die Exemplare von BM3 nicht freigeben und somit befindet sich das System in einer Verklemmungssituation.

Herbst 1994 Aufgabe 2

Arbeitsspeicherverwaltung

Teilaufgabe 1

Beschreiben Sie den Seitenaustauschalgorithmus SC (second chance)!

Teilaufgabe 2

Was enthält ein Segmentdeskriptor bei einem System, das nur Segmentierung und keine Seitenadressierung kennt und keinen Cache hat?

Teilaufgabe 3

Was versteht man unter Seitenflattern (Thrashing) und was sind die Folgen?

Teilaufgabe 4

Welche zusätzlichen Prozesszustände sind notwendig, um das Problem Thrashing zu lösen? Zeichnen Sie das erweiterte Prozess-Zustandsdiagramm!

✓ Lösungsvorschlag zu Teilaufgabe 1

Second chance Algorithmus: vgl. [TAN1, 192f]

SC ist eine FIFO Variation. Das BS verwaltet eine Liste aller augenblicklich im Speicher befindlichen Seiten. Die Seite am Kopf der Liste ist die älteste und die am Ende der Liste ist die neueste. Bei einem Seitenfehler wird die Seite am Kopf der Liste entfernt und die neue Seite am Ende der Liste angefügt. [...]

Die Idee von SC ist: zuerst wird die älteste Seite als mögliches „Opfer" untersucht. Ist das R-Bit (siehe Kommentar am Ende von Teilaufgabe 1) dieser Seite Null, wird die Seite direkt entfernt. Ist es Eins, wird es gelöscht und die Seite an das Ende der Liste eingereiht, so als wäre sie gerade im Speicher eingetroffen. Danach wird die Suche fortgesetzt. SC macht weiter nichts, als nach der ältesten Seite zu suchen, die nicht im vorangegangenen Zeitintervall angesprochen worden ist. Werden alle Seiten angesprochen, degeneriert SC zum reinen FIFO Algorithmus.

(technische Änderung: Implementierung als ringförmige Liste)

Die meisten Computer mit einem virtuellen Speicher verfügen über zwei Bits, die zu jeder Seite gehören. Eines davon ist das R- oder Referenzbit. Es wird durch die Hardware bei jedem Lesen oder Schreiben dieser Seite gesetzt.

✓ Lösungsvorschlag zu Teilaufgabe 2

Segmentdeskriptor:
  $l(s)$: die Länge des Segments s
  $a(s)$: die Anfangsadresse von b, wobei b ein zusammenhängender Bereich des Arbeitsspeichers der Länge $l(s)$ ist
  Speicherfunktion für Zugriffe auf Komponenten (s,i) von s:
  $\sigma(s) : I(s) \to A$, total und injektiv,
  $\forall i \in I(s) : \sigma(s)(i) = a(s) + i$

✓ Lösungsvorschlag zu Teilaufgabe 3

Seitenflattern: vgl. [TAN1, 196f] und Frühjahr 1993 Aufgabe 1 Teilaufgabe 3

Folgen:

- Der Prozess läuft sehr langsam.
- Die Prozessorbelastung ist höher.
- Der Verwaltungsaufwand ist höher (Interrupt auslösen, Seite einlagern, ...).

✓ Lösungsvorschlag zu Teilaufgabe 4

vgl. Frühjahr 1990 Aufgabe 4

Herbst 1994 Aufgabe 3

Periphere Geräte

Beschreiben Sie kurz die Funktionsweise sowie Vor- und Nachteile der folgenden Anschlussschemata für periphere Geräte!

Teilaufgabe 1

Integrierte Ausführung

Teilaufgabe 2

Abgesetzte Ausführung

Teilaufgabe 3

Selbständige Ausführung

✓ Lösungsvorschlag zu Teilaufgabe 1

(Vgl. [DUD1, 275ff] „Geräteverwaltung")
Funktionsweise:
    Alle externen Geräte sind direkt mit der Zentraleinheit verbunden.
    Wenn ein laufendes Programm eine Ausgabe drucken möche, dann überträgt die Zentraleinheit diese Ausgabe zeichenweise an den Drucker und wartet jeweils auf die Bestätigung, dass das Zeichen gedruckt worden ist.
    Das Gerät ist direkt in das System integriert, z.B. Steckkarten; „innerhalb des Gehäuses"
Vorteile:
    Schnellere Verarbeitung, wegen der kürzeren Wege (integrierter Bus: höher getaktet, Protokolle mit wenig Overhead).
Nachteile:
    Es gibt nur Platz für wenige und die Belastung der Systemressourcen ist hoch.

✓ Lösungsvorschlag zu Teilaufgabe 2

Funktionsweise:
  Es handelt sich um ein Gerät, das direkt an das System angeschlossen ist, aber sich extern befindet und über eine Schittstelle angesprochen wird.
Vorteile:
  modular (ab- und anstecken), standardisierte Schnittstellen
Nachteile:
  Steuerbefehle und -daten notwendig

✓ Lösungsvorschlag zu Teilaufgabe 3

Funktionsweise:
  Rechenanlegen besitzen mehrere EAProzessoren, sog. Kanäle, die der Zentraleinheit die Bedienung der externen Geräte abnehmen. Jeder Kanal ist eine selbständig arbeitende Rechenanlage, die mt der Zentraleinheit verbunden ist und von ihr mit Aufträgen versorgt wird. [..] Es gibt zwei verschiedene Sorten von Kanälen: Multiplexkanäle (versorgen gleichzeitig eine Gruppe von relativ langsamen Geräten) und Selektorkanäle (versorgen nur eines der angeschlossenen meist schnellen Geräte).
  Sie sind wie die Geräte aus Teilaufgabe 2 von der physikalischen Ausführung aber intelligenter, d.h. sie besitzen eigene Logik in Form von Controllern evtl. sogar Prozessoren
Vorteile:
  Das Gerät kann eigenständig Daten verarbeiten (Drucker: postscript-Schriftarten), muss nur Daten bekommen.
Nachteile:
  aufwendig, teuer
FAZIT:
1 > 2 > 3: Gerät übernimmt immer mehr selbst die Steuerung

Herbst 1994 Aufgabe 4

Prozesssystem / Synchronisation

Teilaufgabe 1

Implementieren Sie das Leser-Schreiber-Problem als Prozesssystem P, mit folgenden Eigenschaften:

Es gibt eine beschränkte Zahl von k Lesern, die alle gleichzeitig lesen dürfen. Es gibt eine beliebige Zahl von Schreibern. Ein Schreiber braucht exklusiven Zugriff zu den Daten. Sie können frei wählen, welches Synchronisationssystem Sie verwenden wollen, ebenso, ob die Schreiber Vorrang haben sollen oder nicht (bitte aber angeben).

Ihre Lösung darf sich nicht verklemmen und darf kein aktives Warten (busy wait) aufweisen.

Teilaufgabe 2

Beschreiben Sie das von Ihnen verwendete Synchronisationssystem!

✓ Lösungsvorschlag zu Teilaufgabe 1

Implementation des Leser-Schreiber-Problems:
vgl. [TAN1, 69] (mit Einschränkung auf *k* Leser)

```
typedef semaphore int;
/* mutex kontrolliert den Zugriff auf read_proc_ctr */
semaphore mutex = 1;
/* database kontrolliert Zugriff auf Datenbasis */
semaphore database = 1;
/* read_proc_ctr Anzahl der Prozesse, die lesen (möchten) */
int read_proc_ctr = 0;
/* beschränkte Zahl von k Lesern, ist mit geeignetem Wert zu
initialisieren; im Hauptprogramm ist zu testen, ob MAX noch
nicht überschritten ist, wenn reader() aufgerufen wird */
int MAX;
reader()
        {
                while (TRUE)
                {
                        down(mutex);
                        if (read_proc_cnt == MAX) up(mutex)
                        else
                        {
                                read_proc_ctr++;
                                if (rc == 1) down(database);
                                up(mutex);
                        }
                        read_data_base;
                        down(mutex);
                        read_proc_ctr--;
                        if (read_proc_ctr == 0) up(database);
                        up(mutex);
                        use_data_read();
                }
        }
writer()
        {
                while (TRUE)
                {
                        think_up_data();
```

```
                down(database);
                write_data_base();
                up(database);
        }
}
```

✓ **Lösungsvorschlag zu Teilaufgabe 2**

Synchronisation mit Semaphoren

Erläuterung von *down*( ) und *up*( ):

Die *down*-Operation auf einer Semaphorvariablen prüft, ob der Wert der Variablen bereits größer als Null ist. Ist dem so, erniedrigt sie den Wert (d.h. die Anzahl der gespeicherten Aufwecksignale) und fährt fort. Ist er Null, so wird der Prozess pausieren. Das Prüfen des Wertes, seine Aktualisierung und sein mögliches Pausieren erfolgt in einer atomaren Operation.

Die *up*-Operation erhöht den Wert der angesprochenen Semaphorvariablen. Wenn ein oder meherere Prozesse bezüglich dieser Semaphorvariablen pausieren, als Resultat einer früheren *down*-Operation, dann wählt das System einen von ihnen aus und gestattet die Operation *down* zu vollenden (ebenfalls atomar).

Für den Zugriff auf die Datenbank ruft der erste Leser *down* auf den Semaphor ‚database' auf. Nachfolgende Leser erhöhen lediglich den Zähler ‚read_proc_ctr'. Wenn Leser sie verlassen, erniedrigen sie den Zähler, und der letzte ruft *up* für den Semaphor auf, der einen pausierenden Schreiber (falls vorhanden) aktiviert.

Implizit steckt in der Lösung die Dominanz der Leser über die Schreiber. Wenn ein Schreiber auftritt, während verschiedene Leser sich in der Datenbank befinden, muss der Schreiber warten. Kommen neue Leser hinzu, so dass sich immer ein Leser in der Datenbank aufhält, so muss der Schreiber so lange warten, bis kein weiterer Leser mehr an ihr interessiert ist.

Frühjahr 1996 Aufgabe 1

Eine Prioritätswarteschlange kann als Heap implementiert werden.

Teilaufgabe 1

Geben Sie die Definition eines Heaps an, und vereinbaren Sie eine entsprechende Datenstruktur!

Teilaufgabe 2

Beschreiben Sie die Operationen

- access (Zugriff auf das Maximum)
- remove (Entfernen des Maximums)
- insert (Einfügen eines Elements)
- construct (Aufbau eines Heaps aus n Werten)

Teilaufgabe 3

Geben Sie die Komplexität der angegebenen Operationen an, und begründen Sie Ihre Angaben!

✓ Lösungsvorschlag zu Teilaufgabe 1

Definition von Heap (vgl. [DUD1, 297]):

Ein **binären** Baum mit der folgenden Eigenschaft heißt Heap (= Haufen):

Die Knoteninhalte sind so belegt, dass sich das größte Element jedes Teilbaums in dessen Wurzel befindet. Das größte Element der Folge steht dann in der Wurzel des Baumes.

Datenstruktur:

Heap kann sehr gut mit Feldern implementiert werden. Legt man die Knoteninhalte bei der Wurzel beginnend schichtweise hintereinander in einem Feld A ab, dann lautet die Heap-Eigenschaft:

Für $i \in \{2,3,...,n\}$ gilt: $A\ [i\ \text{DIV}\ 2] \geq A\ [i]$.

Von zentraler Bedeutung ist die Prozedur *absinken* (i,n : integer), die das i-te Element eines Feldes im Indexbereich von 1 bis n absinken lässt (nach hinten verschiebt).

✓ Lösungsvorschlag zu Teilaufgabe 2

ACCESS (Zugriff auf das Maximum):

Das Maximum steht immer an erster Stelle des Feldes: $max = A[1]$.

REMOVE (Entfernen des Maximums):

Das Maximum entfernen, dann an die erste Position im Feld das letzte Element schreiben und dieses so lange absinken lassen, bis die Heap-Eigenschaft wieder hergestellt ist.

INSERT (Einfügen eines Elements):

Das Element in das Feld schreiben und dieses dann so lange absinken lassen, bis die gewünschte Struktur wieder hergestellt ist

CONSTRUCT (Aufbau eines Heaps aus *n* Werten):

```
FOR i:=(n DIV 2) DOWNTO 1 DO sink(i,n);
```

✓ Lösungsvorschlag zu Teilaufgabe 3

Komplexitäten (vgl. [LIP, 263f]):

ACCESS: $O(1)$, da nur erstes Element „angefasst" werden muss.

REMOVE: $O(\log_2 n)$, da das erste Element entfernt werden muss (1 Schritt), das letzte Element nach vorne geschrieben (1 Schritt) und an die richtige Position gerückt werden muss (vgl. INSERT).

INSERT: $O(\log_2 n)$, da das Element immer nur mit dem Elternknoten verglichen werden muss, der Elternknoten wiederum mit seinem Elternknoten usw.

```
sink(i,n); j:=2i oder j:=2i+1; sink(j,n)
```

CONSTRUCT: $O(n \bullet \log_2 n)$, denn um die richtige Stelle eines neuen Elementes in einem Baum mit Heap-Eigenschaft zu bestimmen, benötigt man höchstens so viele Schritte, wie die Tiefe des Baumes beträgt (= $\log_2 n$ Vergleiche). Daher gilt für die Einfügung von *n* Elementen die genannte Komplexität.

Frühjahr 1996 Aufgabe 3

Teilaufgabe 1

Beschreiben Sie den Aufbau des UNIX-Filesystems!

Teilaufgabe 2

Welche Aufgabe kommt den Inodes zu?

Teilaufgabe 3

Was ist ein Link?

Teilaufgabe 4

Welche Tabellen werden durchlaufen, wenn durch einen Dateideskriptor auf ein File zugegriffen wird?

✓ Lösungsvorschlag zu Teilaufgabe 1

Aufbau des UNIX-Filesystems (vgl. [DUD1, 752]):

Dateien sind in UNIX als Zeichenfolgen organisiert und haben keine weitere Struktur. Bemerkenswert ist, dass auch Geräte zur Ein- und Ausgabe als Dateien angesehen werden, wodurch es für die Programme kein Unterschied ist, ob sie ihre Ergebnisse auf einen Bildschirm, an einen Drucker oder in eine Datei ausgeben. Geräte werden in UNIX als Spezialdateien bezeichnet. Neben den Normal- und Spezialdateien gibt es noch Directories: Dies sind Dateien, die Namen von anderen Dateien und Verweise auf diese enthalten. Durch dieses Konzept stellt sich das gesamte Dateisystem von UNIX als ein Baum dar.

Für jede Datei kann man festlegen, wer sie lesen, schreiben bzw. ausführen (bei Programmen) kann: nur ein Eigentümer, die Gruppe, in der er mitarbeitet, oder jeder Benutzer. Außerdem gibt es in jedem UNIX-System einen Systemverwalter („Super-User"), der eine Zugriffsberechtigung auf jede Datei hat.

✓ Lösungsvorschlag zu Teilaufgabe 2

Aufgabe der Inodes (vgl. [BAN, 90]):

Mit Inodes verwaltet das Dateisystem die Information zu den Dateien auf der Festplatte mithilfe von Pointern, die auf die Datenblöcke zeigen. Man unterscheidet direct blocks, single, double und selten auch triple indirekt blocks.

Die Inode enthält unter anderem Informationen wie:

Dateityp (reguläre Datei / Katalog / Gerätedatei), Besitzer, Gruppe, Schutzrechte, Anzahl der Links, Datum der Erzeugung, Datum des letzten Zugriffs, Datum der letzten Änderung, Zeiger auf die Datenblöcke

✓ Lösungsvorschlag zu Teilaufgabe 3

Ein Link, zu deutsch „Verknüpfung", ist ein Verzeichniseintrag auf eine **andere** Datei; dieser Eintrag enthält also selbst keine eigenen Daten. Man unterscheidet:

- Symbolische Links: diese enthalten Namensverweise. Dabei ist es unerheblich, ob die Zieldatei existiert, eine Datei oder ein Verzeichnis ist oder gar über Filesystemgrenzen hinweg referenziert.
- Hardlinks: Diese enthalten Inode Verweise. Ein Hardlink darf nur innerhalb eines Filesystems referenzieren und das Ziel darf auch kein Verzeichnis sein. Zudem sind alle Hardlinks eines Inodes gleichrangig, d.h. die Daten der Datei bleiben so lange bestehen, bis der letzte Link gelöscht wird.

2.2 Betriebssysteme

Beispiel [BAN, 92]:

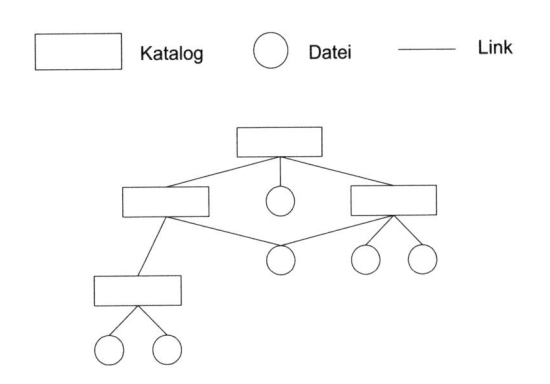

☐ Katalog   ○ Datei   —— Link

✓ Lösungsvorschlag zu Teilaufgabe 4

Zu durchlaufende Tabellen (vgl. [BAN, 90f]:

Jede Datei im System besitzt genau eine Inode. Ihre Nummer befindet sich im Katalogeintrag der entsprechenden Datei. Zwei oder noch mehr Kataloge dürfen Einträge mit derselben Inumber enthalten; die Katalogeinträge zeigen dann auf die gleiche Datei und werden als Links auf diese bezeichnet. Durch dieses Verfahren ist es für eine einzige Datei möglich, unter mehreren verschiedenen Pfadnamen bekannt zu sein. Ein Pfadname ist eine einfache Verbindung zwischen einem Namen und einer Inode, so dass eine Inode eine Menge unterschiedlicher Namen besitzen kann. Inodes sind die Dateibeschreibungen des Systems und Katalogeinträge erlauben dem Benutzer, eine bestimmte Datei mit einem Namen anzusprechen.

Beispiel [TAN1, 235]:   /usr/ast/mbox

1	
1	..
4	Bin
7	Dev
14	Lib
9	Etc
6	Usr
8	Tmp

Rechte
Größe
Zeiten
132

6	
1	..
19	Dick
30	Erik
51	Jim
26	Ast
45	Bal

Rechte
Größe
Zeiten
406

26	
6	..
64	Grants
92	Books
60	Mbox
81	Minix
17	Src

Frühjahr 1996 Aufgabe 5

Charakterisieren Sie

Teilaufgabe 1

eine Batch Transformation (ohne Lösung)

Teilaufgabe 2

eine ereignisgesteuerte Benutzeroberfläche

Teilaufgabe 3

eine Client-Server-Lösung!

✓ Lösungsvorschlag zu Teilaufgabe 2

Benutzeroberfläche (vgl. [DUD1, 80]):
Erscheinungsbild der Anwendungsprogramme und des Rechner-Dialogs auf dem Bildschirm. Sie setzt sich im Wesentlichen aus drei Komponenten zusammen:
- Präsentation (zur Darstellung der Daten)
- Interaktion (zur Bereitstellung von Dialogfunktionen und Festlegung der Anweisungen für Anwendungsprogramme)
- Kontrolle (zur Analyse der ein- und ausgehenden Daten, Ausführung der reinen Dialogbefehle, Aktivierung von Anwendungsprogrammen usw.)

ereignisgesteuerte Benutzeroberfläche:
Zum Beispiel durch Mausbewegung, Klick oder Tastendruck wird ein Ereignis (im herkömmlichen Sinne) ausgelöst. Der Dispatcher registriert das ankommende Ereignis und leitet dieses zu weiter unten liegenden Instanzen (Prozesse, Threads, Fenster, Komponenten von Fenstern, ...) weiter; dort kommt z.B. nur noch das Ereignis „Mausklick auf Position (X,Y)" an. Es existiert eine Warteschleife aller ankommenden Ereignisse, diese werden nur an diejenigen Komponenten weitergeleitet, die sich für dieses interessieren.

✓ Lösungsvorschlag zu Teilaufgabe 3

Der Server ist für die Datenhaltung zuständig, z.B. Datenbanken, Dateien. [Die zentrale Datenverwaltung erfolgt durch leistungsfähige Server. Dadurch wird eine höhere Datensicherheit erzielt. Alle Daten müssen nur einmal eingegeben werden. Sie stehen damit modulübergreifend zur Verfügung.]

Der Client ist zuständig für Verarbeitung, Interaktion, Anfragen, Visualisierung usw.

Der Client sendet Anfragen an den Server, bekommt konkrete Daten geliefert, die dann dem Anwender angezeigt und weiter verarbeitet werden können.

2.2 Betriebssysteme

Der Client beinhaltet die Logik; nur teilweise kann etwas Logik im Server implementiert sein (Skripte, Dienste, remote procedures), die aber physisch in der Nähe der Datenhaltung sind und dazu dienen Arbeitsabläufe zu vereinfachen, um den Netzwerkverkehr niedrig zu halten.

Client- und Server-Prozess können sich natürlich auf demselben Rechner befinden.

(vgl. [TAN1, 35]) Auftraggeber-Auftragnehmer-Modell

Ein Trend bei der Gestaltung moderner Betriebssysteme besteht aus der Verlagerung von möglichst viel Code in höhere Schichten, so dass nur ein minimaler Kern zurückbleibt. Der übliche Weg hierbei ist, die meisten Betriebssystemfunktionen in Benutzerprozessen zu implementieren. Wenn ein Benutzerprozess, jetzt genannt Auftraggeberprozess, einen Wunsch, wie beispielsweise das Lesen eines Dateiblocks, an das System hat, so sendet dieser eine Anforderung an den Auftragnehmerprozess. Dieser bearbeitet ihn und sendet die Antwort zurück.

Frühjahr 1996 Aufgabe 6

Folgende Tabelle gibt die IC-Fahrzeiten an:

Abfahrt	Ankunft	Zeit
KA	BAD	18 min
KA	MA	25 min
MA	MZ	46 min
MA	F	48 min
MZ	KO	49 min
MZ	F	51 min
F	MZ	51 min
F	KS	1:58 h
F	FD	1:05 h
KO	DO	1:36 h
FD	G	2:19 h
DO	H	1:32 h
DO	HB	1:47 h
H	HB	1:12 h
H	HH	1:14 h
HB	HH	53 min

Bestimmen Sie einen Weg von Karlsruhe nach Hamburg

Teilaufgabe 1

mit Tiefensuche

Teilaufgabe 2

mit Breitensuche

Teilaufgabe 3

mit Hill-Climbing-Suche

Teilaufgabe 4

mit Branch-and-Bound-Suche.

Vergleichen Sie die Fahrzeiten!

✓ Lösungsvorschlag

Weg von Karlsruhe nach Hamburg:

	BAD	DO	F	FD	G	H	HB	HH	KO	KS	MA	MZ
DO						92	107					
F				65					118			51
FD					139							
H							72	74				
HB								53				
KA	18									25		
KO		96										
MA			48									46
MZ			51					49				

2.2 Betriebssysteme

Ein zugehöriger Baum:

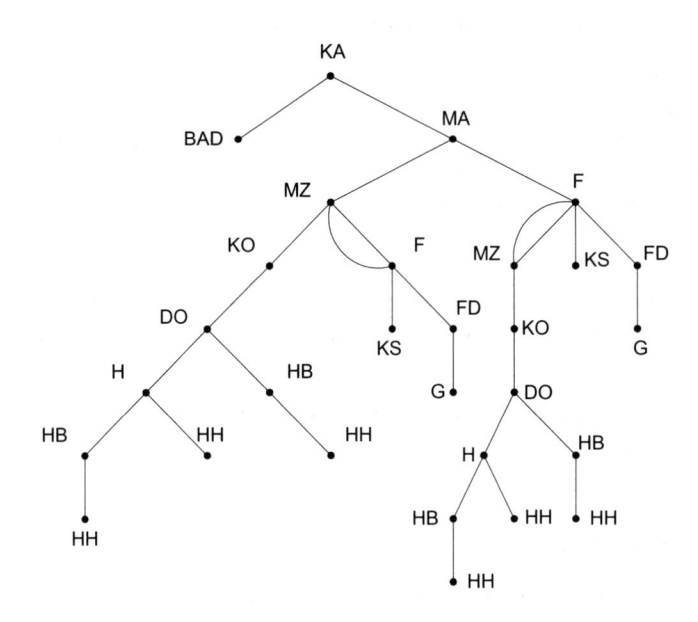

[Baum-Diagramm mit Wurzel KA, Verzweigungen zu BAD und MA; MA verzweigt zu MZ und F; weitere Knoten: KO, DO, H, HB, HH, F, MZ, KS, FD, G, KO, DO, HB, H, HB, HH, HH, HH]

✓ Lösungsvorschlag zu Teilaufgabe 1

Tiefensuche (vgl. [DUD1, 733] „Tiefendurchlauf"):

Von einem Knoten, der gerade besucht wird, geht man erst zu einem noch nicht besuchten Nachbarknoten und setzt dort den Algorithmus rekursiv fort. Der noch nicht besuchte Nachbarknoten sei hier immer der Sohn ganz links bzw. der nächste Nachbarknoten.

Entstandener Weg: KA >> MA >> MZ >> KO >> DO >> H >> HB >> HH

Fahrtzeit in Minuten: 433

✓ Lösungsvorschlag zu Teilaufgabe 2

Breitensuche (vgl. [DUD1, 108] „Breitendurchlauf"):

Man geht von einem Knoten, der gerade besucht wird, zuerst zu allen Nachbarknoten, bevor deren Nachbarn (bzw. bei gerichteten Bämen: Söhne) besucht werden.

Entstandener Weg: KA >> MA >> MZ >> KO >> DO >>H >> HH

Fahrzeit in Minuten: 382

✓ Lösungsvorschlag zu Teilaufgabe 3

Das Ablaufschema der Hill Climbing Suche sieht folgendermaßen aus:

1. Starte mit einem beliebigen Punkt (x,y).
2. Wähle einen Punkt in der Nachbarschaft.
3. Ist der zugehörige Wert größer, fahre mit diesem Punkt fort; ansonsten gehe zum Ausgangspunkt zurück und wähle einen neuen Punkt.
4. Wiederhole Schritt 2–3 bis keine Verbesserung gefunden wird.

Nachteil:
Man erreicht zwar irgendwann ein Optimum, aber es ist in den meisten Fällen nicht das globale Optimum. Das Hill-Climbing-Verfahren kann in den meisten Fällen nur eine unzureichende Lösung liefern.

Entstandener Weg: KA >> MA >> MZ >> KO >> DO >> H >> HB >> HH

Fahrzeit in Minuten: 433

✓ Lösungsvorschlag zu Teilaufgabe 4

Branch and Bound Suche (vgl. [DUD1, 104ff] „Branch-and-Bound-Verfahren"):

Methode zur Bestimmung der Lösung eines Problems, die aus dem Backtracking-Verfahren abgeleitet ist. Ein Optimierungsproblem wird dabei nach gewissen Regeln schrittweise in Teilprobleme zerlegt; diese bilden einen Baum. Jedem Knoten innerhalb des Baumes wird ein Wert zugeordnet, der eine Schranke für den Wert der Zielfunktion des Optimierungsproblems darstellt. Es werden nun zunächst diejenigen Zweige bearbeitet, die den größtmöglichen Zielfunktionswert erwarten lassen. Nach Bearbeitung eines Zweiges werden alle diejenigen Zweige desselben Teilbaums vom Gesamtbaum entfernt, deren Schranke unterhalb des bereits bekannten besten Wertes der Zielfunktion liegt.

Das bab-Verfahren liefert stets eine optimale Lösung; die Leistungsfähigkeit hängt entscheidend von der Geschwindigkeit und Genauigkeit ab, mit der die Schranken berechnet werden. Ist die Genauigkeit gering, müssen im schlimmsten Falle trotzdem alle Teilprobleme bearbeitet werden.

Entstandener Weg: KA >> MA >> MZ >> KO >> DO >> HB >> HH

Fahrzeit in Minuten: 376

Herbst 1997 Aufgabe 1

Virtuelle Speicherverwaltung

Teilaufgabe 1

Erklären Sie den Unterschied zwischen einer Maschinenadresse und einer virtuellen Adresse. Beschreiben Sie den Aufbau beider Adresstypen unter der Annahme von Segment-Seiten-Adressierung.

Teilaufgabe 2

Erklären Sie die Schritte zur Abbildung der virtuellen Adresse auf die zugehörige Maschinenadresse; insbesondere beschreiben Sie dabei auch den Aufbau der dazu notwendigen Datenstrukturen.

Teilaufgabe 3

Beschreiben Sie die Aktionen, die im Betriebssystem ablaufen, wenn der Prozess auf ein Datum zugreifen will, dessen Seite gerade aus dem Arbeitsspeicher ausgelagert ist (Hinweis: Seitefehlt-Alarm).

Teilaufgabe 4

Betrachtung von Seitenersetzungsstrategien:

4.1
Beschreiben Sie die Seitenersetzungsstrategien FIFO, LRU und LFU.

4.2
Ein Programm umfasse 5 Seiten, während die Kapazität des Arbeitsspeichers 2 Seiten betrage. Der Arbeitsspeicher sei zu Anfang leer. Zeigen Sie anhand der folgenden Seitenzugriffsreihenfolge jeweils das Verhalten von FIFO, LRU und LFU.

Wieviele Seitefehlt-Alarme werden für jede der Ersetzungsstrategien ausgelöst?

4.3
Wieviele Seitefehlt-Alarme würde eine optimale Ersetzungsstrategie auslösen? Begründen Sie Ihre Antwort, indem Sie Ihre Strategie kurz beschreiben. Warum ist diese Strategie in der Praxis nicht anwendbar?

4.4
Das Working-Set-Modell kann als formale Basis für Seitenersetzungsstrategien dienen. Definieren Sie den Begriff Working-Set, und geben Sie für die obige Zugriffsreihenfolge (siehe 4.2) den Inhalt des Working-Sets jeweils nach dem 3., 6. und 9. Speicherzugriff an (unter der Annahme, dass $\Delta = 3$ ist).

Teilaufgabe 5

Welches Zugriffsverhalten haben die folgenden Programmkonstrukte, und wie wirkt sich dieses jeweils auf die Segment-Seitenadressierung aus?

Goto, Iteration, Rekursion, Modularität

✓ Lösungsvorschlag zu Teilaufgabe 1

Maschinenadresse und virtuelle Adresse (vgl. auch [DUD1, 20, 22])

Die Maschinenadresse kennzeichnet „genau den [physikalischen] Aufenthaltsort des Operanden". Der Speicher besteht aus gleichartigen Zellen als Einheiten und hat die Struktur eines eindimensionalen Feldes, auf dessen Elemente über Adressen zugegriffen wird.

„Wenn ein Benutzer in einem virtuellen Speichersystem Objekte adressieren kann, die sich nicht im Hauptspeicher befinden, spricht man von virtueller Adressierung."

Der Programmadressraum wird also in logische Einheiten unterschiedlicher Länge, in sog. Segmente unterteilt. Diese Segmente besitzen eine maximale Grösse und werden durch einen Segmentdeskriptor beschrieben. Diese virtuell aufeinanderfolgenden Segmente können an ganz verschiedenen Maschinenadressen gespeichert werden. Manchmal werden die Segmente nochmals in Seiten unterteilt. Dann spricht man von Segment-Seitenadressierung.

virtuelle Adresse: Segment Seg^* – Seite S^* – Offset O^*

Verfahren: In der SegmentTabelle ist an der entsprechenden Stelle Seg^* nachzusehen. Dort befindet sich ein Zeiger auf die SeitenTabelle. Dort ist wiederum an der entsprechenden Stelle S^* nachzusehen. In dem jeweiligen SeitenDeskriptor finden sich die Informationen zur Speicherfunktion (Arbeitsspeicher oder Hauptspeicher) und das Offset ist aus der oben angegebenen Adresse O^* ersichtlich.

2.2 Betriebssysteme

[Diagramm: Segment-Tabellenregister, Segmenttabelle, Seiten-Kacheltabelle; virtuelle Adresse (Seg*, S*, O*) führt über zwei Additionen auf Adresse im Hauptspeicher (a_k, O*)]

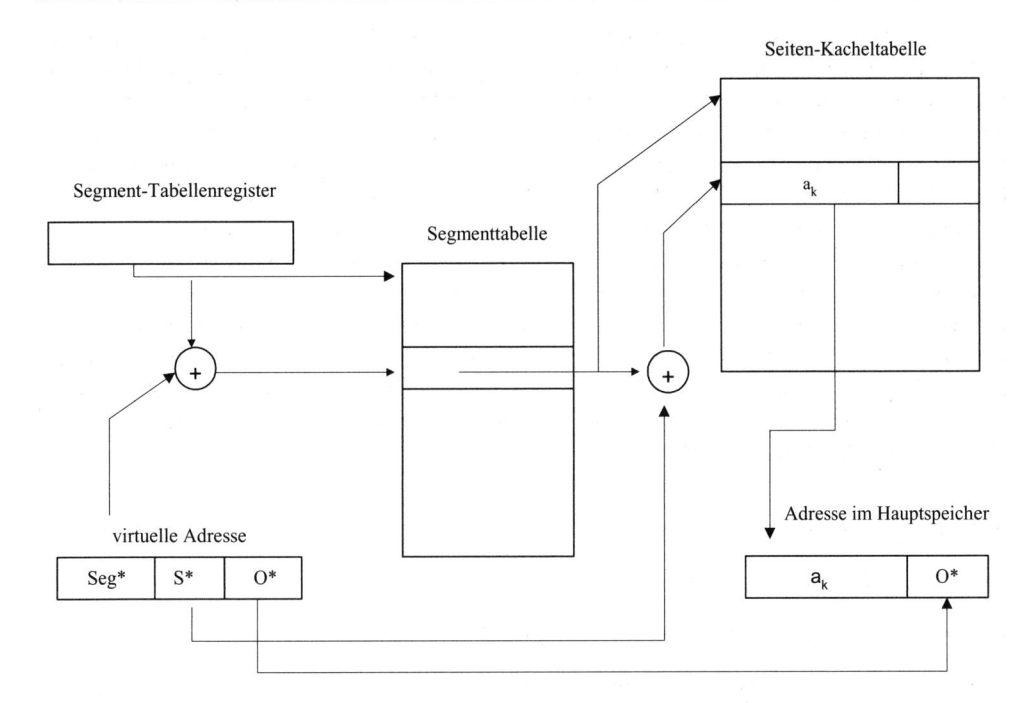

✓ Lösungsvorschlag zu Teilaufgabe 2

Abbildung: siehe Teilaufgabe 1

Datenstrukturen:

SegDesk: legt fest, ob Seg gebunden, Basisadresse, Flags, Grenzen, Zugriffsrechte, etc
SegTab: Zusammenfassung aller SegDesk

SeitenRahmenDesk: beschreibt Zustand eines Seitenrahmens
SeitenRahmenTab: Zusammenfassung aller SeitenRahmenDesk

SeitenDesk: Verweis auf SeitenRahmen, in dem die Seite realisiert ist; enthält auch Informationen zur Berechnung der Speicherfunktion in Abhängigkeit vom aktuellen Realisierungszustand
SeitenTab: Zusammenfassung aller SeitenDesk, die zu einem Segment gehören

BlockDesk: beschreibt Zustand eines Blocks im HS
BlockTab: Zusammenfassung aller BlockDesk

✓ Lösungsvorschlag zu Teilaufgabe 3

Seitefehlt-Alarm (vgl. [TAN1, 187])

Die MMU (memory management unit) erkennt, dass die Seite nicht eingelagert ist, und die CPU veranlasst eine Unterbrechung ins Betriebssystem. Diese Unterbrechung heißt Seitenfehler. [Dies ist eine interne Unterbrechung und bewirkt in jedem Fall eine Unterbrechungsbehandlung durch das BS. Dazu wird der aktuelle Rechnerkernzustand gewöhnlich in einem prozess-spezifischen Systemkeller abgespeichert und in einem Register des Rechnerkerns der Pegel dieses Kellers gespeichert.] Das Betriebssystem wählt einen wenig genutzten Seitenrahmen aus und schreibt seinen Inhalt auf die Platte zurück [Anm.: nur wenn er verändert wurde, sonst wird er einfach überschrieben. Was dabei zu tun ist, erfährt der Rechnerkern aus seinem im Arbeitsspeicher befindlichen Unterbrechungsvektor, dessen Anfangsadresse in einem Register des Rechnerkerns steht und aus weiteren Unterbrechungsinformationen, die während der Unterbrechung im prozessspezifischen Systemkeller im Anschluss an den Rechnerkernzustand gespeichert wurden.]. Das BS holt die gerade angesprochene Seite in den soeben freigewordenen Seitenrahmen, ändert die Tabelle und fährt mit der die Unterbrechung verursachenden Instruktion fort.

✓ Lösungsvorschlag zu Teilaufgabe 4

LRU: vgl. Herbst 1990 Aufgabe 1 Teilaufgabe 4

FIFO: vgl. Herbst 1990 Aufgabe 1 Teilaufgabe 4

LFU: (least frequently used) Es wird die Seite ersetzt, die am seltensten benutzt wurde.

FIFO	0	#	1	1	1	1	1	4	4	4	4	5	5	5
	1	#	#	#	#	2	2	2	2	3	3	3	3	4

LRU	0	#	1	1	1	1	1	1	2	2	2	5	5	5
	1	#	#	#	#	2	2	4	4	3	3	3	3	4

LFU	0	#	1	1	1	1	1	1	1	1	1	1	1	1
	1	#	#	#	#	2	2	4	2	3	3	5	5	4

FIFO: 6 Seitenfehler
LRU: 7 Seitenfehler
LFU: 7 Seitenfehler

Optimale Ersetzungsstrategie:

Der bestmögliche Seitenersetzungsalgorithmus ist leicht zu beschreiben, aber unmöglich zu implementieren. Zum Zeitpunkt des Seitenfehlers sind einige Seiten im Speicher. [...] **Jede Seite kann mit der Anzahl der Instruktionen versehen werden, die vergehen, bis die Seite zum ersten Mal angesprochen wird. Der optimale Seitenersetzungsalgorithmus ersetzt einfach die Seite mit dem höchsten Wert.** [...] Das einzige Problem dieses Algorithus ist, dass er nicht realisierbar ist. Zum Zeitpunkt des Seitenfehlers weiß das BS nicht, welche Seite als nächstes angesprochen wird. Nur wenn man ein Programm auf dem Simulator laufen lässt und alle angesprochenen Seiten vermerkt, ist es möglich, den optimalen Algorithmus für einen zweiten Lauf zu implementieren, indem man die Information über die angesprochenen Seiten des ersten Laufs verwendet. Auf diese Art kann man die Leistung eines realisierbaren Algorithmus' mit der des bestmöglichen vergleichen.

OPT	0	#	1	1	1	1	1	4	4	4	4	4	4	4
	1	#	#	#	#	2	2	2	2	3	3	5	5	5

OPT: 5 Seitenfehler

WORKING-SET-MODELL: Vgl. Herbst 1990 Aufgabe 1 Teilaufgabe 3

Working-Set-Prinzip:

Ein Prozess kann nur dann zur Ausführung gelangen, wenn sein Working-Set vollständig im AS realisiert ist. Seiten, die zum Working-Set aktiver Prozesse gehören, dürfen nicht verdrängt werden.

Nach dem 3. Schritt: {1}
Nach dem 6. Schritt: {1,2,4}
Nach dem 9. Schritt: {2,3}

✓ Lösungsvorschlag zu Teilaufgabe 5

Zugriffsverhalten der folgenden Programmkonstrukte, sowie Auswirkungen auf die Segment-Seiten-Adressierung:

- **Goto**:   globales Zugriffsverhalten
  Sprung an eine beliebige Adresse
- **Iteration**:   lokales Zugriffsverhalten
  Es wird immer wieder im gleichen Adressbereich gearbeitet, Ergebnisse müssen nicht zwischengespeichert werden.
- **Rekursion**:   lokales Zugriffsverhalten

Es wird immer wieder im gleichen Adressbereich gearbeitet, Ergebnisse müssen zwischengespeichert werden.
- **Modularität**: lokales Zugriffsverhalten
  Kurze eigenständige Programmstücke, die komplett ein- oder ausgelagert werden können. (abgrenzbare Einheiten)

Ein lokales Zugriffsverhalten verursacht weniger Seitenfehler, da die zuletzt benutzten Seiten und damit die sich im Hauptspeicher befindlichen Seiten wieder benötigt werden.

Herbst 1997 Aufgabe 2

Prozess-Synchronisation

Teilaufgabe 1

Charakterisieren Sie den Begriff der Verklemmung an Hand eines Betriebsmittelzuteilungsgraphen!

1.1
Welche Methoden kennen Sie zur Verklemmungsauflösung?

1.2
Welche Methoden kennen Sie zur Verklemmungsvermeidung?

Teilaufgabe 2

Implementieren Sie ein allgemeines, ganzzahliges Semaphor S mittels binärer Semaphore und einer integer-Variablen zusammen mit der P- und V-Operation für S (benutzen Sie dafür eine Pascal- oder C-ähnliche Programmiersprache).

Teilaufgabe 3

Entwickeln Sie mittels Semaphore Lösungen für folgende Varianten des Leser-Schreiber-Problems! Welche der nachfolgenden Varianten können zu unendlichem Warten führen? Begründen Sie kurz Ihre Antwort!

3.1
Jeweils nur ein Leser oder ein Schreiber ist zu einem Zeitpunkt erlaubt.

3.2
Jeweils nur ein Schreiber oder viele Leser sind zu einem Zeitpunkt erlaubt.

3.3
Jeweils nur ein Schreiber oder viele Leser sind zu einem Zeitpunkt erlaubt; Schreiber haben jeweils höhere Priorität.

3.4

Jeweils nur ein Schreiber oder viele Leser sind zu einem Zeitpunkt erlaubt; Schreiber haben jeweils höhere Priorität, jedoch nach Beendigung eines Schreibers werden die wartenden Leser berücksichtigt. (ohne Lösung)

Teilaufgabe 4

Erklären Sie, wie Semaphore und zugehörige Operationen im Betriebssystemkern realisiert werden können. Welche Voraussetzungen muss das Betriebssystem dabei erfüllen? Auf der Basis dieser Voraussetzungen skizzieren Sie einen Algorithmus zur Realisierung der P- und V-Operationen!

✓ Lösungsvorschlag zu Teilaufgabe 1

Betriebsmittelgraph:

Ein Knoten entspricht einer Klasse von BM; eine Kante (a,b) kommt immer dann zustande, wenn es einen Prozess gibt, der ein Exemplar der Klasse a belegt und gleichzeitig ein Exemplar der Klasse b anfordert.

Im Folgenden wird die Notation nach [TAN, 110ff] verwendet:

Betriebsmittel anfordern   ○ ⟶ □   Prozess   ○

Betriebsmittel belegen   □ ⟶ ○   BM   □

Eine Verklemmung kann nun wie folgt dargestellt werden:

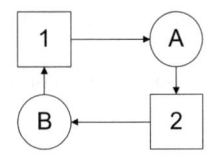

```
1 ⟶ A
↑   ↓
B ⟵ 2
```

1.1

Verklemmungsauflösung: vgl. Herbst 97 Aufgabe 1 Teilaufgabe 2

Allgemein:

- Beheben durch Unterbrechung (Mittels eines Hilfsspeichers wird der aktuelle Zustand gerettet und einige Prozesse verzögert, um diese später fortsetzen zu können.)
- Beheben durch Abbruch (Bei ununterbrechbaren BM ist die Unterbrechung ohne Informationsverlust unmöglich, dann müssen die Berechnungen abgebrochen werden.)
- Beheben durch teilweise Wiederholung (Es erfolgt eine gezielte Speicherung von Zuständen für die Prozesse sowie eine Speicherung aller Anfangszustände. Der Prozess, der abgebrochen wird, besitzt immer noch die BM, die er benutzt hat.)

1.2

Verklemmungsvermeidung:

Die Begriffe Vermeidung und Verhinderung werden im Deutschen unterschiedlich gebraucht. Wir gehen daher zurück auf die englischen Begriffe deadlock avoidance und deadlock prevention (vgl. Herbst 2001I Aufgabe 2 Teilaufgabe 3).

Deadlock avoidance

Grundlage ist der Begriff des sicheren Zustandes; Banker-Algorithmus [TAN1, 315] (vgl. Frühjahr 1993 Aufgabe 3)

Deadlock prevention

Allgemein: Man versucht, dass die Bedingungen für einen Deadlock von vorne herein nicht eintreten können. Dabei gibt es u.a. folgende Möglichkeiten:

- Keinen wechselseitigen Ausschluss durch gemeinsam benutzbare Betriebsmittel zulassen (read-only-Dateien, Spooling beim Drucker). Dies ist jedoch nicht für alle Betriebsmittel möglich.
- Kein hold and wait durch globale Betriebsmittel-Anforderung zulassen (alle BM werden mit einem Mal angefordert) oder wenigstens abschnittsweise Betriebsmittel-Anforderung fordern (kein Prozesssystem behält abschnittsübergreifend BM). Dies ist allerdings auch nicht immer möglich.
- Keine Ununterbrechbarkeit durch die Möglichkeit des Entzugs von Betriebsmitteln zulassen, was sich problematisch erweisen kann.
- Keine zyklische Wartebedingung zulassen durch geordnete BM-Nutzung (Prioritäten über die BM-Klassen einführen).

✓ Lösungsvorschlag zu Teilaufgabe 2

Implementierung eines allgemeinen, ganzzahligen Semaphors (vgl. [TAN1, 69])

✓ Lösungsvorschlag zu Teilaufgabe 3

Lösungen für Leser-Schreiber-Probleme (vgl. auch Herbst 1994 Aufgabe 4)

2.2 Betriebssysteme

```
typedef semaphore int;
semaphore mutex = 1;    /*kontrolliert Zugriff auf rc*/
semaphore db = 1;       /*kon. Zugriff auf Datenbasis*/
int rc = 0;             /*Anzahl der Personen,
                          die lesen möchten*/
reader(){
        while (true){
                P(mutex);           /* exkl. Zugriff auf db */
                rc++;               /* ein Leser mehr */
                if (rc==1)P(db);    /* falls erster Leser */
                V(mutex);           /* Zugriff auf rc frei */
                read_data_base();
                P(mutex);           /* exkl. Zugriff */
                rc--;               /* ein Leser weniger */
                if(rc==0)V(db);     /* falls letzter Leser */
                V(mutex);           /* rc freigeben */
                use_data_read();
        }}
writer(){
        while(true){
                think_up_data();
                P(db);              /* exkl. Zugriff */
                write_data_base();
                V(db);              /* exkl. Zugriff freigeben */
        }}
```

3.1

reader:

`while(true){P(db); read_data_base(); V(db); use_data_read();}`

writer: wie oben

Diese Variante kann nur dann zu unendlichem Warten für Schreiber und Leser führen, wenn entweder der Leser oder der Schreiber `read_data_base()` unendlich lange ausführt.

3.2

s.o. komplett angegebene Lösung

Abgesehen von dem Fall, dass einer der Leser oder der Schreiber `read_data_base()` unendlich lange ausführt, kann diese Variante zu unendlich langem Warten für einen Schreiber führen, wenn die Anzahl der Leser nie auf Null sinkt.

3.3

Ein startender Leser darf die Tür für nachkommende Leser öffnen. Falls ein Schreiber schreiben möchte, schliesst er die Tür für weitere Leser, hält sie aber für weitere Schreiber offen, bis der letzte Schreiber den wartenden Lesern das Weitermachen gestattet.

```
typedef semaphore int;
semaphore rmutex = 1;    /*kontrolliert Zugriff auf rc*/
semaphore wmutex = 1;    /*kontrolliert Zugriff auf wc*/
semaphore db = 1;        /*kon. Zugriff auf Datenbasis*/
semaphor read = 1;       /*darf sich Leser anstellen?*/
semaphor rx = 1;         /*stoppt Leser*/
int rc = 0;              /*Anzahl der Personen,
                           die lesen möchten*/
int wc = 0;              /*Anzahl der Personen,
                           die schreiben möchten*/
reader(){
     while (true){
          P(rx);
          P(read);              /* Will Schreiber noch? */
          P(rmutex);            /* exkl. Zugriff auf rc */
          rc++;                 /* ein Leser mehr */
          if (rc==1)P(db);      /* falls erster Leser */
          V(rmutex);            /* Zugriff auf rc frei */
          V(read);
          V(rx);
          read_data_base();
          P(rmutex);            /* exkl. Zugriff */
          rc--;                 /* ein Leser weniger */
          if(rc==0)V(db);       /* falls letzter Leser */
          V(rmutex);            /* rc freigeben */
          use_data_read();
     }}
writer(){
     while(true){
          think_up_data();
          P(wmutex);            /* exkl. Zugriff auf wc */
          wc++;                 /* ein Schreiber mehr */
          if (wc==1)P(read);    /* falls 1. Schreiber*/
          V(wmutex);            /* Zugriff auf wc frei */
          P(db);                /* exkl. Zugriff */
          write_data_base();
          V(db);                /* exkl. Zugriff freigeben */
          P(wmutex);            /* exkl. Zugriff */
          wc--;                 /* ein Leser weniger */
```

2.2 Betriebssysteme

```
            if(wc==0)V(read);  /* falls letzter Leser */
            V(wmutex);         /* rc freigeben */
    }}
```

Bei dieser Lösung können (außer in den oben genannten trivialen Fällen) Leser verhungern, wenn sich immer wieder ein Schreiber anstellt.

✓ Lösungsvorschlag zu Teilaufgabe 4

Realisierung von Semaphoren und zugehörigen Operationen im BS-Kern:

[TAN1, 52] Es ist wesentlich, Semaphore als unteilbare Operationen zu implementieren. Normalerweise werden sie als P- und V-Systemaufrufe implementiert, indem das BS kurzzeitig alle Unterbrechungen während des Testens, des Aktualisierens der Semaphorvariablen und ggf. des Pausierens des Prozesses sperrt.

Voraussetzungen:
Das Betriebssystem muss Unterbrechungen für diesen Zeitraum sperren können.

Algorithmus zur Realisierung der P- und V-Operationen (in Java):

```java
public synchronized void P() {
        while (count<=0) {
                try {
                        wait();
                }
                catch(InterruptException ex){}
        }
        --count;
}
public synchronized void V() {
        ++count;
        notify();
}
```

Herbst 1998 I Aufgabe 4

Seitenersetzungsstrategien

Der Prozess p arbeite mit einem virtuellen Speicher von fünf Seiten. Der Zugriff auf diese Seiten finde in der durch die folgende Seitenreferenzkette w gegebenen Reihenfolge statt:

$w = 0\ 1\ 2\ 3\ 0\ 1\ 4\ 0\ 1\ 2\ 3\ 4$.

Teilaufgabe 1

Für die Realisierug der Speicherfähigkeit des Prozesses p sollen zunächst drei Kacheln zur Verfügung stehen. Geben Sie für die beiden Ersetzungsstrategien LRU (least recently used) und FIFO (first in first out) jeweils die Entwicklung der Seiten-Kachel-Tabelle und die Anzahl der aufgetretenen Seitenfehler an. Markieren Sie jedes Auftreten eines Seitenfehlers!

Teilaufgabe 2

Beschreiben Sie kurz die (theoretisch) beste Seitenersetzungsstrategie. Warum ist diese Strategie nicht realisierbar?

Teilaufgabe 3

Erklären Sie den Begriff der Keller-(Stack-)Strategie und zeigen Sie, dass FIFO keine Kellerstrategie ist, indem Sie den Prozess p mit der angegebenen Seitenreferenzkette mit vier Kacheln realisieren.

✓ Lösungsvorschlag zu Teilaufgabe 1

Entwicklung der Seiten-Kachel-Tabelle mit drei Kacheln:

LRU: 10 Seitenfehler

Kachel	Seite												
0	NIL	0	0	0	3	3	3	4	4	4	2	2	2
1	NIL	NIL	1	1	1	0	0	0	0	0	0	3	3
2	NIL	NIL	NIL	2	2	2	1	1	1	1	1	1	4
Seiten-fehler		*	*	*	*	*	*	*			*	*	*

FIFO: 9 Seitenfehler

Kachel	Seite												
0	NIL	0	0	0	3	3	3	4	4	4	4	4	4
1	NIL	NIL	1	1	1	0	0	0	0	0	2	2	2
2	NIL	NIL	NIL	2	2	2	1	1	1	1	1	3	3
Seiten-fehler		*	*	*	*	*	*	*			*	*	

✓ Lösungsvorschlag zu Teilaufgabe 2

Optimale Seitenersetzung (vgl. [TAN1, 190f]):

Zum Zeitpunkt des Seitenfehlers sind einige Seiten im Speicher. Eine dieser Seiten wird durch die nächste Instruktion angesprochen. Andere Seiten mögen nicht vor 10, 100 oder vielleicht 1000 Instruktionen später angesprochen werden. Jede Seite kann mit der Anzahl der Instruktionen versehen werden, die vergehen, bis eine Seite zum ersten Mal angesprochen wird. Der optimale Algorithmus ersetzt einfach die Seite mit dem höchsten Wert.

Der Algorithmus ist jedoch nicht realisierbar, da das Betriebssystem zum Zeitpunkt des Seitenfehlers nicht weiß, welche Seite als nächstes angesprochen wird.

✓ Lösungsvorschlag zu Teilaufgabe 3

Keller-(Stack-)Strategie:

Die Kellerstrategien bilden eine Zusammenfassung von Ersetzungsstrategien, die durch eine spezielle Eigenschaft, die Teilmengen-Eigenschaft, charakterisiert sind.

Sei $M(m,w)$ die Menge an Seiten im Hauptspeicher bei Seitenrahmenkapazität m und Referenzkette w. Die obige Inklusionseigenschaft ist genau dann erfüllt, wenn

$$\forall m, w : M(m,w) \subseteq M(m+1,w)$$

mit Seitenrahmenkapazität m und Referenzkette w.

Entwicklung der Seiten-Kachel-Tabelle mit vier Kacheln:

FIFO: 10 Seitenfehler

Kachel	Seite											
0	NIL	0	0	0	0	0	0	4	4	4	4	3	3
1	NIL	NIL	1	1	1	1	1	1	0	0	0	0	4
2	NIL	NIL	NIL	2	2	2	2	2	2	1	1	1	1
3	NIL	NIL	NIL	NIL	3	3	3	3	3	3	2	2	2
Seiten-fehler		*	*	*	*			*	*	*	*	*	*

Das Problem ist auch als Belady´s Anomalie bekannt.

Herbst 1998 I Aufgabe 5

Gegeben sei folgende Prozedur:

```
PROCEDURE berechnen (x, y, z : IN INTEGER; a : OUT REAL);
VAR b, c, d : INTEGER;
BEGIN
      b := x + y; c := b * b; d := b -z; a := c / d;
END;
```

Diese Prozedur soll nun mit Hilfe eines deterministischen Prozesssystems

$$P = \{D, P, <^*, V, N\}$$

modelliert werden.

Teilaufgabe 1

Geben Sie die Menge der verwendeten Betriebsmittel (Speichervariablen) D und die Menge der benötigten Prozesse an. Die Prozesse aus P sollen dabei atomar sein (d.h. nur eine Rechenoperation ausführen).

Teilaufgabe 2

Geben Sie für jeden Prozess $p \in P$ die jeweilige Rechenfunktion R_p sowie seinen Vorbereich V_p und seinen Nachbereich N_p an.

Teilaufgabe 3

Aus Effizienzgründen sollen soviele Prozesse aus P wie möglich parallel ausgeführt werden können. Stellen Sie eine geeignete Vorrangrelation $<^*$ auf und zeichnen Sie den Vorranggraphen.

Teilaufgabe 4

Beweisen Sie, dass Ihr System determiniert ist. (ohne Lösung)

✓ Lösungsvorschlag zu Teilaufgabe 1

Verwendete Betriebsmittel: $D = \{a, b, c, d, x, y, z\}$
Menge der benötigten Prozesse: $P = \{p_1, p_2, p_3, p_4\}$

✓ Lösungsvorschlag zu Teilaufgabe 2

Rechenfunktion:	Vorbereich:	Nachbereich:
$R_{p1} : b := x + y;$	x, y	b
$R_{p2} : c := b * b;$	b	c
$R_{p3} : d := b - z;$	b, z	d
$R_{p4} : a := c / d;$	c, d	a

✓ Lösungsvorschlag zu Teilaufgabe 3

Die gesuchte Vorrangrelation ist die transitive Hülle von:

(p_1, p_2) wegen $N(p_1) \cap V(p_2) = \{b\}$
(p_1, p_3)
(p_2, p_4) usw.
(p_3, p_4)

Vorranggraph:

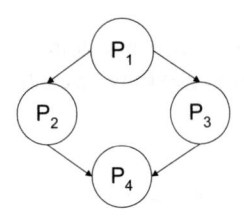

Herbst 1998 II Aufgabe 1

Teilaufgabe 1

1.1
Beschreiben Sie kurz die folgenden Prozessorvergabestrategien (Scheduling Algorithmen) sowie deren Vor- und Nachteile:

FCFS (first come first served), SJF (shortest job first) und RR (round robin)

1.2
Was versteht man unter Job-Scheduling (Longterm-Scheduling)?

1.3
Welche Aufgabe hat der Prozessumschalter (Dispatcher)?

Teilaufgabe 2

2.1
Erklären Sie die Begriffe „Seite" und „Kachel".

2.2
Wie ist eine logische (virtuelle) Adresse aufgebaut (nur reines Paging)? Skizzieren Sie den Abbildungsmechanismus von logischen auf physikalische Adressen.

2.3
Erklären Sie den Seitenaustauschalgorithmus LRU (least recently used).

2.4
Was versteht man unter Seitenflattern (Thrashing) und was kann man dagegen tun?

Teilaufgabe 3

3.1
Formulieren Sie umgangssprachlich in Stichpunkten die Schritte, die vom Kommandointerpreter eines Multi-User/Multi-Tasking Betriebssystems (wie etwa UNIX) zur Entgegennahme eines Kommandos durchgeführt werden.

3.2
Wie geht ein Kommandointerpreter vor, um ein Kommando „im Hintergrund" auszuführen?

✓ Lösungsvorschlag zu Teilaufgabe 1

1.1

FCFS:
Von allen Aufträgen in der Warteschlange wird demjenigen zuerst der Prozessor zugeteilt, der bereits am längsten wartet.
Vorteile:
faire Zuteilung
kein unendlich langes Warten
Nachteile:
Die durchschnittlichen Verweilzeiten sind ungünstig und wichtige Aufträge müssen u.U. warten, da keine Prioritäten gesetzt sind.

SJF (vgl. [TAN1, 73f]):
Algorithmus, der speziell für Stapelaufträge geeignet ist, deren Laufzeiten im Voraus bekannt sind. Befinden sich mehrere gleich wichtige Aufträge in der Warteschlange, sollte der Scheduler das SJF-Verfahren anwenden. Der kürzeste Auftrag läuft als erstes, bis hin zum längsten Auftrag an letzter Stelle.
Vorteil:
Die SJF-Methode ist nachweislich optimal, denn es ist klar, dass lange Aufträge mehr zum Mittelwert der Verweilzeit beitragen als die kürzeren.
Nachteile:
Das einzige Problem liegt in der Bestimmung des jeweils kürzesten lauffähigen Prozesses. Lange Aufträge müssen u.U. unendlich lang warten.

RR (vgl. [TAN1, 71]):
Jedem Prozess wird ein Zeitintervall, sein Quantum, zugewiesen, innerhalb dessen er laufen darf. Wenn der Prozess am Ende des Quantums noch läuft, wird die CPU entzogen und einem anderen Prozess zugewiesen. Natürlich wird die CPU auch dann umgeschaltet, wenn der Prozess vor dem Zeitscheibenende blockiert oder terminiert. Die Aufgabe des Schedulers liegt in der Bearbeitung einer Liste lauffähiger Prozesse. Ist das Quantum eines Prozesses abgelaufen, so wird er an das Ende der Liste eingereiht.
Die einzig interessierende Größe des Verfahrens ist das Quantum. Setzt man es zu klein an, verursacht man eine zu geringe Effizienz der CPU durch viele Kontextumschaltungen. Setzt man es zu groß an, verursacht man schlechte Antwortzeiten für kurze interaktive Anforderungen. RR mit sehr großem Quantum verhält sich wie FCFS. Ein Quantum um 100ms ist häufig ein vernünftiger Kompromiss.
Vorteile:
Einer der ältesten, einfachsten, gerechtesten und am häufigsten eingesetzten Algorithmen.
RR ist leicht zu implementieren.
Nachteil:
Schwierig ist die richtige bzw. optimale Bestimmung des Quantums, außerdem ergibt sich ein höherer Verwaltungsaufwand wegen Abbruch und Wechsel der Prozesse.

1.2
Job-Scheduling: (vgl. [DUD1, 563f] „Prozessorverwaltung")

Der Scheduler kontrolliert den Zugang von Aufträgen zur Rechenanlage und bestimmt die Bearbeitungsreihenfolge der bereits begonnenen Aufträge. Die Reihenfolge des Zugangs zur Rechenanlage und zum Prozessor wird durch Prioritäten festgelegt. Die Zuordnung von Prioritäten an jeden Auftrag erfolgt auf zwei verschiedene Arten durch den Scheduler:
- Zuordnung einer Prioriät zu jedem eingehenden Auftrag und Festlegung, welche Aufträge Zugang zur Rechenanlage erhalten sollen. [...]
- Zuordnung einer Priorität (die verschieden von der obigen sein kann) zu jedem Auftrag, der sich im Verarbeitungszustand befindet. [...]

1.3
Dispatcher (vgl. [DUD1, 564f]):

- Der Dispatcher regelt den Zugang der Aufträge zum Prozessor.
- Der Dispatcher führt die Zuteilung des Prozessors auf die einzelnen Aufträge nach den vom Scheduler vorgegebenen Grundsätzen effektiv durch, indem er immer den ersten Auftrag der Warteschlange, also den mit der höchsten Priorität, auf dem Prozessor zur Ausführung bringt.
- Die Aufgabe des Dispatchers ist es, die Übergänge zwischen den beiden Zuständen *rechnend* und *bereit* zu realisieren.
- Dazu stehen die beiden Operationen *Binden* und *Lösen* zur Verfügung, die vom Prozessor ausgeführt werden können.
- Der bzw. die Dispatcher definieren das Programm, das der jeweilige Prozessor ausführt.

✓ Lösungsvorschlag zu Teilaufgabe 2

2.1
Seite und Kachel (vgl. [TAN1, 186]):

Der virtuelle Adressraum ist in Einheiten unterteilt, sie werden Seiten genannt.

Die entsprechenden Einheiten des Hauptspeichers heißen Seitenrahmen oder Kacheln. Seiten und Seitenrahmen haben gleiche Grösse, z.B. 4 KB.

2.2
Aufbau einer virtuellen Adresse (vgl. [DUD1, 678]):

2.2 Betriebssysteme

Eine Adresse hat folgendes Format:

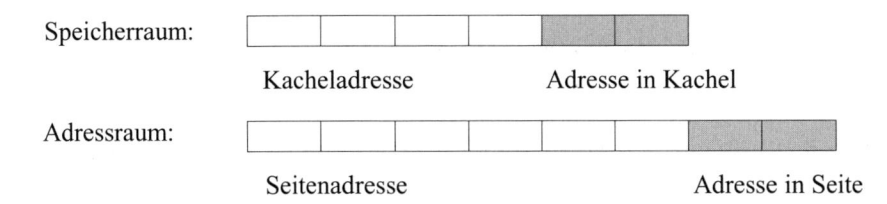

Speicherraum: | Kacheladresse | Adresse in Kachel |

Adressraum: | Seitenadresse | Adresse in Seite |

Verlangt der Benutzer Zugriff auf die (virtuelle) Speicherzelle $a = (a_s, a_i)$, wobei a_s die Adresse der Seite und a_i die Adresse der Speicherzelle innerhalb der Seite darstellt, so wird eine Seiten-Kacheltabelle zur Berechnung der physischen Adresse verwendet. Um die Adressumsetzungszeit zu verringern, wird gelegentlich auch noch ein spezieller Cache, der translation-lookaside buffer eingesetzt. Man unterscheidet man zwei Fälle:
- Die Seite a_s befindet sich im Pufferspeicher unter der Kacheladresse a_k. Die Adresse a wird ersetzt durch $a' = (a_k, a_i)$. Der Prozessor greift statt auf a auf a' zu.
- Die Seite a_s befindet sich nicht im Pufferspeicher (Seitenfehler). Zwischen Pufferspeicher und Hintergrundspeicher wird, falls der Pufferspeicher voll ist, ein Seitenwechsel vorgenommen.

Die Adressberechnung wird in folgender Abbildung skizziert:

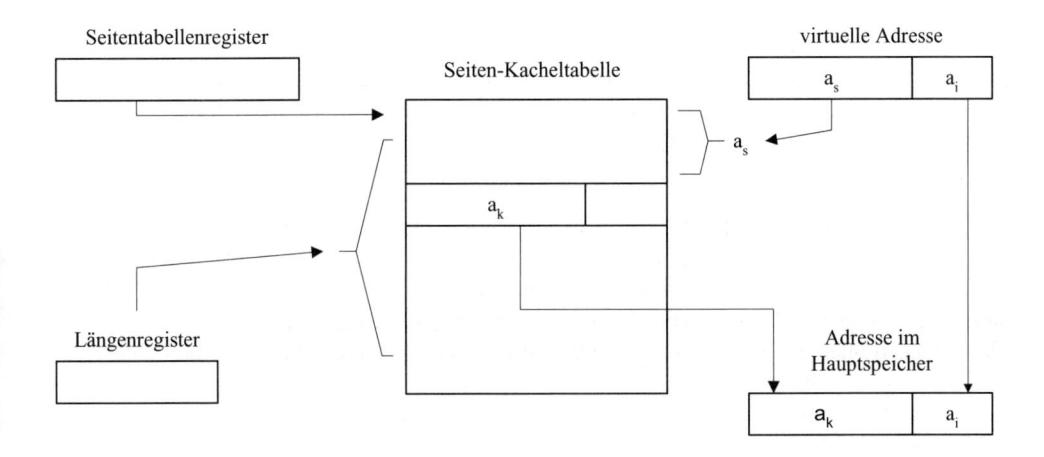

2.3
LRU (vgl. [TAN1, 193]): vgl. Herbst 1997 Aufgabe 1 Teilaufgabe 4.1

2.4
Thrashing (vgl. [TAN1, 196]): vgl. Frühjahr 1993 Aufgabe 3

Behebung:

- Viele Seitenersetzungssysteme versuchen, über die Arbeitsmenge eines jeden Prozesses Buch zu führen und dafür zu sorgen, dass sie im Speicher ist, ehe der Prozess anläuft (Working-Set-Modell). Werden die Seiten vor dem Start des Prozesses geladen, so nennt man dies Prepaging.
- Wenn die Gesamtgröße aller Arbeitsmengen der Prozesse im Speicher die des verfügbaren Speichers übertrifft, tritt thrashing ein. Es ist die Aufgabe des BS, dafür zu sorgen, dass die Summe aller Arbeitsmengen in den Speicher passt. Bei Bedarf muss es den Grad des Mehrprogrammbetriebs reduzieren (weniger lauffähige Prozesse).

✓ Lösungsvorschlag zu Teilaufgabe 3

3.1
Schritte zur Entgegennahme und Ausführung eines Kommandos:

(vgl. [TAN1, 13] und [BAN, 5]) Die wichtigsten Systemaufrufe zur Prozessverwaltung befassen sich mit der Erzeugung und Terminierung von Prozessen. Ein Prozess, genannt der Kommandointerpreter oder Shell, liest und interpretiert Kommandos von einer Datensichtstation, einem Terminal. Die Shell, nicht UNIX, startet solche Kommandos. Die Kommandos sind separate Programme, die dann unter der Kontrolle von UNIX ablaufen. Hat beispielsweise der Benutzer gerade ein Kommando eingegeben, mit der Aufforderung, ein Programm zu übersetzen, so muss die Shell nun einen neuen Prozess kreieren, der den Compiler aktiviert. Hat dieser Prozess die Übersetzung beendet, erfolgt ein Systemaufruf, der ihn terminiert. Die Shell zeigt am Ende einen weiteren Prompt an.

Was passiert genauer? (vgl. [BAN, 136]) Die Shell liest die Eingabezeile und trennt das Kommando von seinen Argumenten. Anschließend passiert etwas Bemerkenswertes: die Shell teilt sich in zwei identische Kopien, mit Hilfe eines Systemaufruf namens *fork*. Jede der beiden Kopien ist anschließend noch immer mit den gleichen Dateien verbunden und führt noch immer das gleiche Programm aus: der einzige Unterschied ist, dass jede Kopie feststellen kann, ob sie das Original oder die eigentliche Kopie ist. [...] Bezeichnen wir den ursprünglichen Prozess als Vater und den neuen Prozess als Sohn. Im Beispiel *echo* verliert der Vater sofort das Interesse an weiteren Vorgängen und teilt dem UNIX Kern mit, dass er abwarten möchte, bis dem Sohn etwas passiert – dies geschieht mit dem Systemaufruf *wait*. Der Sohn kontrolliert jetzt die weiteren Vorgänge. Noch gehorcht dieser Prozess dem Shell-Programm, aber nicht mehr lange. Mit dem Systemaufruf *exec* verlangt der Sohn vom UNIX Kern, dass er ein neues Programm ausführen möchte und übergibt dabei die Argumente für das neue Programm. Der Systemkern tritt dazwischen, gibt den Speicherbereich mit der Shell frei und lädt ein neues Programm für diesen Prozess. Der Prozess wird fortgesetzt mit dem neuen Programm. Dabei werden die Argumente übergeben. Das neue Programm gibt

2.2 Betriebssysteme

seine Argumente auf der Standard-Ausgabe aus, vermutlich auf dem Bildschirm. [...] *echo* führt schließlich den Systemaufruf *exit* aus – dadurch wird ein Prozess abgebrochen. Jetzt werden alle Datenverbindungen gelöst und der Prozess ins Jenseits befördert, in den zombie Zustand, bis sich dann sein Vater nach ihm erkundigt. Der Tod des Sohnes erfüllt die Bedingung des *wait* Systemaufrufs beim Vater; der Vater erfährt, welcher seiner Söhne gestorben ist und welchen Wert dieser Sohn dem *exit* Systemaufruf übergeben hat. Hat der Vater schließlich den *exit* Status des Sohnes erfahren, kann man den Geist zur Ruhe legen – die letzten Reste des Sohnes verschwinden dann für immer. Nachdem der Sohn verschwunden ist, der Vater wieder zur Eingabe auf und wartet auf ein weiteres Kommando.

3.2
Die Shell liefert in diesem Fall sofort eine neue Eingabeaufforderung und wartet das Ende des Sohns nicht ab. Wird ein Prozess im Hintergrund beendet, so verbleibt er im zombie Zustand bis die Shell schließlich einen wait Systemaufruf ausführt, um das Ende eines Kommandos im Vordergrund abzuwarten.

Frühjahr 1999 I Aufgabe 1

Teilaufgabe 1

Wann tritt ein Seitenfehler (page fault) auf?

Teilaufgabe 2

Beschreiben Sie die Aktionen, die das Betriebssystem nach Auftreten eines Seitenfehlers ausführen muss!

Teilaufgabe 3

Welche Kriterien sind bei der Auswahl einer Plattenspeicher-Zugriffsstrategie zu beachten?

Teilaufgabe 4

Was sind die wesentlichen Aufgaben eines Dateisystems?

Teilaufgabe 5

Erläutern Sie die folgenden Begriffe und ihren Zusammenhang an Hand eines der Betriebssysteme: UNIX, Windows oder NT
- Datei
- Katalog (Directory)
- Baumförmiger Namensraum
- Pfad in diesem Namensraum
- Partition

Teilaufgabe 6

Geben Sie einen Überblick über die wesentlichen Dateiattribute (in dem von Ihnen gewählten Betriebssystem). Wie werden diese Dateiattribute verwaltet und was ist jeweils ihre Funktion?

✓ Lösungsvorschlag zu Teilaufgabe 1

Ein Seitenfehler tritt auf, wenn der Benutzer Zugriff auf eine Speicherzelle verlangt, die sich nicht im Arbeitsspeicher befindet. Zwischen Arbeitsspeicher und Hintergrund-Speicher wird dann ein Seitenwechsel vorgenommen, falls der Arbeitsspeicher voll ist. Dazu erfolgt ein Wechsel in den BS-Kern. Die Register des aktuellen Prozesses werden gesichert (vgl. Aufgaben beim Dispatchen). Das BS muss ermitteln, welche Seite benötigt wird. Ein Seitenaustauschalgorithmus ermittelt die zu überschreibende Seite, falls kein Seitenrahmen mehr frei ist. Wurden an dieser Seite Änderungen vorgenommen, so müssen diese zurück auf den Plattenspeicher geschrieben werden. Die neue Seite wird an Stelle der alten in den Arbeitsspeicher geladen und die Seiten-Kachel-Tabelle aktualisiert und die Register wieder geladen. Nach der Rückkehr in den Benutzermodus kann weiter gearbeitet werden, wie wenn es keinen Seitenfehler gegeben hätte.

✓ Lösungsvorschlag zu Teilaufgabe 2

Aktionen des Betriebssystems (vgl. [TAN1, 187]):

- Die MMU erkennt, dass die Seite nicht eingelagert ist.
- Die CPU veranlasst eine Unterbrechung ins Betriebssystem.
- Das Betriebssystem wählt einen wenig genutzten Seitenrahmen aus und schreibt (bei Bedarf) seinen Inhalt auf die Platte zurück.
- Es holt die gerade angesprochene Seite in den soeben freigewordenen Seitenrahmen, ändert die Tabelle und fährt mit der die Unterbrechung verursachenden Instruktion fort.

✓ Lösungsvorschlag zu Teilaufgabe 3

Strategiekriterien können sein:

- die Größe der Sektoren, Blöcke, ...
- der Realisierungsaufwand von Positionsberechnungen
- der Fragmentierungszustand der Platte
- die Lese- und Schreibgeschwindigkeit

✓ Lösungsvorschlag zu Teilaufgabe 4

Grundlegende Aufgaben:
- Speicherung großer Informationsmengen mit den Operationen *anlegen*, *öffnen*, *schreiben*, *lesen*, *löschen* als einfachste Operationen auf Dateien

2.2 Betriebssysteme

- Es darf kein (nennenswerter) Datenverlust passieren, auch nicht bei einem Prozess-oder Systemabsturz.
- Ein nebenläufiger Zugriff durch mehrere Prozesse muss möglich sein.
- Für Multimedia-Anwendungen entstehen weitere Forderungen an ein Dateisystem, z.B. dass Daten in gleichmässiger Zugriffsgeschwindigkeit aus dem Speicher geholt werden.

Das Betriebssystem stellt spezielle Operationen bereit, um Dateien zu handhaben (Directories erzeugen und verändern, auflisten, Dateischutz, Standard-Ein-Ausgabe und ihre Umlenkung, Dateien und Kataloge entfernen, Dateien verlagern, ...).

✓ Lösungsvorschlag zu Teilaufgabe 5

Die Erläuterungen erfolgen anhand von UNIX.

Datei:

Sie enthält Informationen (Programme, Daten, ...).
Es gibt drei Arten: die reguläre Datei, das Directory oder die Gerätedatei.

Katalog: [TAN1, 228]

Zur Verwaltung der Dateien stellt das Dateisystem in der Regel Kataloge zur Verfügung, die in vielen Systemen selber Dateien sind. Ein Katalog enthält typischerweise eine Reihe von Einträgen, wobei jeder Eintrag einer Datei entspricht.

Ein UNIX-Katalogeintrag besteht nach [TAN1, 235] aus:
2 Bytes für Nummer des Inodes und 14 Bytes für Dateinamen

Baumförmiger Namensraum: [BAN, 13f]

Das UNIX Dateisystem erscheint als hierarchische Baumstruktur, in der jeder Knoten eine Datei enthält. Viele dieser Knoten enthalten Verzweigungen, die zu anderen Knoten des Baumes führen. In diesem Fall ist der Knoten ein Katalog. Sobald man sich in UNIX angemeldet hat, befindet man sich im home directory. Mit einer allgemeinen Hierarchie kann ein Benutzer so viele Kataloge haben, wie dies für die natürliche Anordnung der Dateien zu Gruppen erforderlich ist.

Wenn das Dateisystem in Form eines Baumes mit Katalogen organisiert ist, wird eine Methode benötigt, mit der Dateinamen spezifiziert werden. Zwei verschiedene Arten sind gebräuchlich:

Pfad in diesem Namensraum:

Bei der ersten Methode wird jeder Datei ein absoluter Pfadname gegeben, der den Pfad vom Root-Katalog bis zur Datei beschreibt (z.B: /usr/ast/mailbox). Eine andere Form des Namens wird durch den relativen Pfadnamen gegeben. Er wird in Verbindung mit dem Konzept des Arbeitskatalogs (working directory) verwendet. Ein Benutzer kann einen Katalog zum aktuellen Arbeitskatalog erklären; in diesem Fall werden alle Pfadnamen, die nicht mit dem root-

Katalog beginnen, relativ zum Arbeitskatalog gesehen. (z.B. wenn der aktuelle Katalog /usr/ast ist, kann die Datei mit dem absoluten Pfad /usr/ast/mailbox einfach über mailbox angesprochen werden)

Partition:

Sie ist die Aufteilung einer Festplatte in unabhängige Teilbereiche. Der Unterschied zu einer zweiten Festplatte besteht darin, dass Partitionen sich Lese-/Schreibköpfe teilen müssen.

✓ Lösungsvorschlag zu Teilaufgabe 6

Dateiattribute [BAN, 90]:

(1) Dateityp, (2) Besitzer, (3) Gruppe, (4) Schutzrechte (zum Beispiel: `-rwxr-xr-x`), (5) Anzahl der Links, (6) Datum der Erstellung, (6) Datum des letzten Zugriffs, (7) Datum der letzten Änderung, (8) Zeiger auf die Datenblöcke (9) Referenzzähler.

Verwaltung:

Dies wird bei den Dateibeschreibungen in den Inodes mitgespeichert; beim Erstellen einer Datei nach Vorgabemaske von BS erzeugt und kann mit dem Kommando `chmod` verändert werden.

Funktion:

Informationen für den Benutzer speichern sowie die Realisierung des Zugriffsschutzes.

Herbst 2001 I Aufgabe 2

Eine der wesentlichen Aufgaben eines Betriebssystems ist es, die vorhandenen Hardware- und Software-Betriebsmittel zu verwalten und für einen verklemmungsfreien Ablauf der einzelnen Prozesse zu sorgen.

Teilaufgabe 1 Betriebsmitteleinteilung

In welche Klassen können Betriebsmittel eingeteilt werden? Geben Sie für jede der genannten Betriebsmittelklassen ein Beispiel an.

Teilaufgabe 2 Bedingungen für Deadlocks

Bei der Zuteilung von Betriebsmitteln an Prozesse sollte das Auftreten von Deadlocks ausgeschlossen werden. Welche vier Bedingungen sind Voraussetzung für einen Deadlock? Bei welchen der oben genannten Betriebsmittelklassen können diese Bedingungen eintreten?

Teilaufgabe 3 Deadlock-Verhinderung und Deadlock-Vermeidung

Erklären Sie den Unterschied zwischen Deadlock-Verhinderung und Deadlock-Vermeidung, und nennen Sie jeweils ein Ihnen bekanntes Verfahren.

✓ Lösungsvorschlag zu Teilaufgabe 1

Betriebsmittel können wie folgt eingeteilt werden:
- **preemptiv** (= unterbrechbar)
  Beispiele: Speicher (damit auch Sekundärspeicher); CPU
- **nicht-preemptiv**
  Beispiel: Drucker

oder
- **exklusiv nutzbar**
  Beispiele: Keller als Zwischenspeicher; alle Betriebsmittel, deren Wert verändert wird, aber wohldefiniert für die nächste Nutzung zur Verfügung stehen soll
- **eingeschränkt parallel nutzbar**
  Beispiel: CPU
- **uneingeschränkt parallel nutzbar**
  Beispiel: ein Programm, das bei seiner Ausführung nicht verändert wird; ROM

oder:
- **wiederverwendbar**
  Beispiel: Hardwarekomponenten
- **einmal benutzbar**
  Beispiel: Nachricht eines Prozesses an einen anderen (nur *send* und *receive* zugelassen)

✓ Lösungsvorschlag zu Teilaufgabe 2

Bedingungen für Deadlocks vgl. Frühjahr 1990 Aufgabe 2

Diese Bedingungen können bei exklusiv benutzbaren, nicht-preemptiven Betriebsmitteln auftreten. Die Wiederverwendbarkeit spielt keine Rolle. Bei einmal benutzbaren kann nur ein Deadlock auch durch Wiederfreigeben der Ressource nicht behoben werden.

✓ Lösungsvorschlag zu Teilaufgabe 3

(Statt der deutschen Begriffe werden die englischen deadlock-prevention und deadlock-avoidance verwendet, da sie im englischen eindeutig sind, aber nicht eindeutig im Deutschen verwendet werden.)

vgl. Herbst 1997 Aufgabe 2

Deadlock-prevention: Es wird von vornherein versucht, Bedingungen für einen Deadlock auszuschließen. Beispiele: mutual exclusion beim Drucker vermeiden durch Einsatz von Spooling, so dass jetzt mehrere Prozesse Ausgaben auf den Drucker schreiben können; circular wait vermieden durch Nummerierung der Betriebsmittel, die dann nur entsprechend der

Nummerierung angefordert werden dürfen; no preemption vermeiden, indem man einmal belegte Betriebsmittel wieder entziehen kann

Deadlock-avoidance: Die Bedingungen werden grundsätzlich zugelassen, aber durch Auswerten weiterer Information wird darauf geachtet, dass es zu keinem Deadlock kommt. Die wichtigsten Algorithmen hierfür basieren auf dem Konzept von sicheren Zuständen. Ein bekanntes Verfahren ist der Bankiers-Algorithmus.

Herbst 2001 I Aufgabe 3

Gegeben sei ein Keller, in den Elemente der Klasse **Element** abgelegt werden können. Auf dem Keller seien zwei Methoden definiert: **füge_ein**, mit der ein Element der Klasse **Element** in den Keller eingefügt werden kann und **entnimm**, mit der ein Element aus dem Keller entnommen werden kann. Es können maximal **max** Elemente im Keller abgelegt werden.

Für die Benutzung des Kellers seien folgende Synchronisationsbedingungen gegeben:

- Die Methoden **füge_ein** und **entnimm** sind wechselseitig ausgeschlossen auszuführen.
- Die Methode **füge_ein** darf nur ausgeführt werden, wenn der Keller nicht voll ist, d.h. wenn die Anzahl der Elemente im Keller kleiner **max** ist.
- Die Methode **entnimm** darf nur ausgeführt werden, wenn der Keller nicht leer ist, d.h. wenn die Anzahl der Elemente im Keller größer 0 ist.

Teilaufgabe 1 Semaphore

Implementieren Sie die Klasse Keller so, dass die oben genannten Synchronisationsbedingungen durchgesetzt werden. Verwenden Sie zur Durchsetzung der Synchronisationsbedingungen ausschließlich Semaphore (gegeben durch die Klasse Semaphor). Achten Sie dabei auf die korrekte Initialisierung der verwendeten Semaphore.

Sie dürfen für Ihre Lösung folgende zwei Klassen als gegeben voraussetzen:

```
public class Semaphor {
      // Konstruktor
      public Semaphor (int init) {…}
            // Methoden
            public void prolog() {…}
            public void epilog() {…}
}
      public class Element {
            // Konstruktor
            public Element(...) {...}
            // Methoden
            ...
      }
}
```

2.2 Betriebssysteme

Teilaufgabe 2 Eigenschaften eines Semaphors

Nennen Sie die Eigenschaften eines Semaphors und erklären Sie seine Funktionsweise.

Teilaufgabe 3 Prozesszustandsgraph

Prozesse, die einen wie oben beschriebenen Puffer nutzen, können im Verlauf ihrer Lebenszeit unterschiedliche Zustände annehmen. Zeichnen Sie einen allgemeinen Prozesszustandsgraphen und markieren Sie die möglichen Übergänge aus Teilaufgabe 1 in diesem Graph.

✓ Lösungsvorschlag zu Teilaufgabe 1

Dies ist ein typisches Erzeuger-Verbraucher-Problem. Das Schema der eingesetzten Semaphore sollte man sich merken. Man achte hier auch auf die Reihenfolge, sonst kann es zu Verklemmungen kommen. Als Faustregel gilt: Erst „eigene" Semaphore (anzahl_frei, anzahl_voll), dann „gemeinsame" (wA) sperren.

```
public class Keller {
        private int      max;
        private int      stack_pointer;
        private Element[] kellerinhalt;
        private Semaphor anzahl_voll;
        private Semaphor anzahl_leer;
        private Semaphor wA;
        // Konstruktor
        Keller(int max) {
            this.max = max;
            this.kellerinhalt  = new Element[max];
            this.stack_pointer = 0;
            anzahl_voll = new Semaphor(max);
            anzahl_leer = new Semaphor(0);
            // wA = wechselseitiger Ausschluss
            wA = new Semaphor(1);
        }
        Keller() {   this.Keller(30);     }
        public void füge_ein(Element e) {
            anzahl_frei.prolog();
            wA.prolog();
            if (stack_pointer <= max )
                    { kellerinhalt[stack_pointer] = e;
                      stack_pointer ++; }
            else
                    { System.out.println
                      („Keller ist voll!"); }
            wA.epilog();
```

```
                anzahl_voll.epilog();
        }
        public Element entnimm() {
                anzahl.prolog();
                wA.prolog();
                if  (stack_pointer > 0) {
                        stack_pointer --;
                        return kellerinhalt[stack_pointer];}
                else { System.out.println
                        („Keller ist leer!"); }
                wA.epilog();
                anzahl_frei.epilog();
        }
}
```

✓ **Lösungsvorschlag zu Teilaufgabe 2**

Semaphore sind ein Konstrukt zur Realisierung von wechselseitigem Ausschluss und von Synchronisationsbedingungen, basierend auf Variablen, die atomar getestet und gesetzt werden können. Die Zahl, mit der die Semaphore initialisiert wird, wird einer solchen Variable zugewiesen. Prolog testet, ob die Variable • 0 ist. Falls nicht, wird sie um eins heruntergezählt. Epilog zählt wieder eins nach oben. Die Atomarität der Operationen ist dabei das Entscheidende.

✓ **Lösungsvorschlag zu Teilaufgabe 3**

Prozesszustandsgraph: vgl. Frühjahr 1990 Aufgabe 4

Herbst 2001 I Aufgabe 4

Teilaufgabe 1 First Fit und Best Fit

Beschreiben Sie die beiden Speicherverwaltungsstrategien First Fit und Best Fit und nennen Sie jeweils deren Vor- und Nachteile.

Teilaufgabe 2 SSF und SCAN

Beschreiben und bewerten Sie die beiden Plattenzugriffsstrategien SSF (shortest seek time first) und SCAN (Aufzugsstrategie). Welches Gütekriterium für Festplatten wird heutzutage meist angegeben und wie beurteilen Sie es?

✓ Lösungsvorschlag zu Teilaufgabe 1

First Fit:
    Der Speicher wird vom Beginn an untersucht. Der zuerst gefundene freie Bereich, der der Speicher-Anforderung genügt, wird belegt.

Best Fit:
    Es wird der freie Bereich belegt, der der Speicher-Anforderung am besten genügt, d.h. bei der am wenigsten Verschnitt entsteht.

	First Fit	Best Fit
Vorteile	geringer Verwaltungsaufwand, damit schneller	Es bleibt lange ein großer Freibereich, der auch einer großen Anforderung genügen kann
	insgesamt entstehender Verschnitt kleiner, da die entstehenden Lücken groß genug sind, um evtl. kleineren Anforderungen zu genügen	
	Es bleibt lange ein großer Freibereich, der auch einer großen Anforderung genügen kann	
Nachteile	Speicher wird nicht gleichmäßig belegt, höhere Belegungsdichte nahe dem Anfang	hoher Verwaltungsaufwand
	Verschnitt insgesamt immer noch unbefriedigend	hoher Verschnitt (viele kleine Freibereiche, die nicht mehr belegt werden können)
		ungleichmäßige Speicherauslastung

✓ Lösungsvorschlag zu Teilaufgabe 2

Die Zugriffszeit für Festplattenzugriffe setzt sich zusammen aus der *Suchzeit* (Zeit, bis der Lesekopf über der richtigen Spur platziert ist), der *Latenzzeit* (Zeit, bis durch Plattendrehung der richtige Sektor unter dem Lesekopf steht – in der Regel klein) und der *Übertragungszeit*. Da in der Regel mehrere Leseaufträge an die Festplatte gehen, sind gewisse Schedulingalgorithmen nötig. FCFS, SSF und SCAN sind die bekanntesten.

SSF:

    Um viele Bewegungen des Lesekopfes (über die Spuren hinweg) zu vermeiden, werden als erstes die Aufträge bearbeitet, die sich in der Nähe des Lesekopfes befinden, also Aufträge mit minimaler Suchzeit.

Vorteil:
: insgesamt geringe Bewegung des Kopfes

Nachteil:
: kann Aufträge verhungern lassen, insbesondere solche, die einen Zugriff auf Randgebiete erfordern

SCAN:

Vergleichbar mit einem Aufzug startet der Lesekopf an einem Ende und bearbeitet auf dem Weg zum anderen Ende alle Aufträge, die auf dem Weg liegen. Bei einer Variante kehrt er bei Erreichen des anderen Endes geradewegs zum Ausgangspunkt zurück, bei einer anderen verfährt er auf dem Weg zurück genauso wie auf dem Hinweg.

Vorteil:
: kein Verhungern

Nachteil:
: Bei vielen Zugriffen auf nahe beieinander liegende Spuren ist die Bewegung des Kopfes ineffektiv. (Daher prüft eine häufige Implementierung, ob in Bewegungsrichtung überhaupt noch Leseaufträge vorhanden sind und kehrt sofort um, falls nicht.)

2.3 Rechnernetze

Frühjahr 1990 Aufgabe 9

Teilaufgabe 1

Nennen Sie drei wichtige Fehlertypen, die bei der Datenübertragung in Rechnernetzen vorkommen und geben Sie Fehlerursachen dafür an.

Teilaufgabe 2

Nennen Sie für die Fehlertypen übliche Erkennungsmethoden und Auswege aus der Fehlersituation (recovery).

Teilaufgabe 3

Ethernet und *Token Ring* sind wichtige Beispiele von lokalen Netzen. Kennzeichnen Sie kurz die zugehörigen Medien-Zugriffsverfahren. Wie beurteilen Sie die Verfahren unter Last?

✓ Lösungsvorschlag zu Teilaufgabe 1

- Verlust: Sender schickt mehr bzw. schneller als Senke empfangen kann
- Lebenszeit ist abgelaufen
- Bitkippen: Veränderung durch Störquellen oder Einwirken Dritter
- Duplikate: Sender hat ACK des Empfängers noch nicht erhalten und sendet die Nachricht ein zweites Mal
- Änderung der Reihenfolge: einzelne Pakete werden über verschiedene Wege geleitet

✓ Lösungsvorschlag zu Teilaufgabe 2

Erkennungsmethoden nach [BOE, 254]: Prüfsumme und Sequenznummern

Auswege nach [DUD1, 583]: „CRC und ARQ"

- Neusynchronisation oder selbstsynchronisierende Verfahren (wie z.B. RS232)
- fehlererkennende Codes oder selbstkorrigierende Codes
- Versenden von Quittungen
- fortlaufende Nummerierung der Pakete / Datagramme

In der Praxis ensteht üblicherweise die Anforderung ein Paket noch einmal zu senden.

Auswege nach [BOE, 254]:
Reihenfolgeveränderte PDU's werden zwischengespeichert. Die Korrektur von verlorengegangenen PDU's geschieht durch ein Verfahren, das auf Quittungen, Zeitüberwachungen und Übertragungswiederholungen besteht. Ein zusätzlicher Schutz vor Pufferüberlauf auf Empfängerseite wird durch Einsetzen eines Fensterflusskontrollmechanismus' gegeben (siehe Frühjahr 1999 I Aufgabe 3 Teilaufgabe 6).

✓ Lösungsvorschlag zu Teilaufgabe 3

Ethernet: (auch [DUD1, 114])

Medien-Zugriffsverfahren: [PRO, 145]

Ethernet ist ein mit CSMA/CD-Protokoll betriebenes Netz (carrier sense multiple access with collision detection [Anmerkung: **1-persistent CSMA/CD**)]. Es ist als LAN mit Bus-Topologie konzipiert und verwendet einen sehr einfachen Algorithmus beim Mediumzugriff. Bevor eine Station mit dem Senden beginnt, prüft sie, ob bereits eine andere Station Signale auf das Medium gesendet hat. Falls ja, wartet die sendewillige Station bis zum Freiwerden und startet einen erneuten Versuch. Kommt es zu einer Kollision, so läßt sie eine zufällige Zeitspanne bis zum nächsten Versuch verstreichen.

Als Latenzzeit zwischen dem Freiwerden des Kanals und dem Sendebeginn sind 9.6 Mikrosekunden festgeschrieben. Die vorgeschriebene Wartezeit zwischen einer collision detection und einem erneuten Sendeversuch ist $i \cdot SlotTime$, wobei *SlotTime* die Zeit ist, die für die Übertragung von 64 Byte benötigt wird, und $0 < i < 2k$ mit $k = min(n,10)$ und n = die Nummer des Wiederholungsversuchs ist. Auf diese Weise wird versucht, solche Sendestationen zu bevorzugen, die bereits mehrmals erfolglos zu senden versucht haben. Jedoch bleibt der Medium-Zugriffs-Algorithmus nicht-deterministisch, d.h. eine sendewillige Station kann auf dem Kabelverkehr endlos lange warte müssen. Nach 16 fehlgeschlagenen Versuchen wird eine Fehlermeldung an den sendewilligen Teilnehmer übergeben und der Sendeversuch abgebrochen.

Technische Ausführung:

Eine in einzelne Rechner (stations) eingebaute Adapterkarte wird über ein sogenanntes AUI (attachment unit interface) Kabel mit einem Transceiver verbunden. Dieser setzt die Bitströme um, übernimmt carrier sensing und Kollisionserkennung. Der Controller deckt mindestens OSI Schicht 1 und 2 ab. Einzelne Bus-förmige Segmente können durch Kopplungselemente (Repeater, Hubs) zu Stern- und Baumstrukturen gekoppelt werden. Die Stationen konkurrieren beim Zugriff auf das Übertragungsmedium.

Eine sendewillige Station hört zunächst das Medium ab und sendet erst bei Stille. Dann hört sie weiterhin. Entdeckt eine Station eine Kollision, so sendet sie ein Jamming-Signal (JAM) damit alle Stationen die Kollision erkennen. Alle Sender schalten ab. Nach einer zufälligen Pausenzeit dürfen erneute Sendeversuche unternommen werden (non persistent CSMA) bzw. sobald das Medium frei ist, fängt die sendewillige Station mit dem Senden an (persistent CSMA).

2.3 Rechnernetze

Bemerkungen:
Im ungünstigsten Fall muss ein Signal die gesamte Übertragungstrecke zweimal durchlaufen, bevor eine Kollision erkannt wird (Kollisionsfenster). Bei geringer Netzlast (<50%) hat CSMA den Vorteil, dass jede sendewillige Station sofort senden kann; über 50% steigt die Kollisionshäufigkeit rapide an.

Vorteile:
Der Ausfall einer Station beeinträchtigt den Netzbetrieb nicht (passive Stationenkopplung) und die Stationsankopplung ist einfach, weitverbreitet und preiswert.

Nachteil:
Leistungseinbußen bei hoher Netzlast; keine garantierten Antwortzeiten; keine Sicherheit bei Beschädigung des Mediums.

Verfahren unter Last:
Grenzdurchsatz von 10 MBit/s; alle Teilnehmer an einem Strang müssen sich den Maximaldurchsatz teilen.

Token Ring: (auch [DUD1, 733])

Medien-Zugriffsverfahren [PRO, 118ff]:

Im Gegensatz zum Token-Bus wird ein Ring durch gerichtete Punkt-zu-Punkt-Verbindungen (physikalisches Medium) zwischen den Stationen derart realisiert, dass von Station zu Station nur jeweils ein Pfad vorhanden ist. Eine Rekonfiguration des Ringes ist jederzeit möglich. Sie erfolgt durch Umschalten der betroffenen Punkt-zu-Punkt-Verbindung und wird durch die ausscheidende Station selbst ausgelöst, indem sie eine Schleifenleitungsüberbrückung (lobe bypass) aktiviert oder deaktiviert. Die Station, die das Token besitzt, darf Rahmen auf den Ring senden. Die Rahmen werden von Station zu Station bitseriell übertragen. Jede Station empfängt die Bits und regeneriert sie, bevor sie zur nächsten Station weitersendet. Nur die im Rahmen adressierte Station kopiert den Rahmen während sie ihn weiterleitet. Erkennt eine Station die Zieladresse im passierenden Rahmen als ihre eigene Adresse wieder, so setzt sie das A-Bit im Rahmen auf 1; kann sie den Rahmen annehmen und vom Ring kopieren, ändert sie das C-bit auf 1. Schließlich trifft der Rahmen beim ursprüglichen Sender wieder ein, der ihn dann aus dem Ring entfernt. Jede Station darf das Token höchstens für die Dauer der Token-Haltezeit (THT) behalten. Ist die THT abgelaufen oder keine Nachricht mehr zu senden, baut die Station das Token wieder auf und gibt es auf den Ring aus. [...]

Vorteile:
garantiertes Antwortzeitverhalten; Priorisierung ermöglicht zügigere Übertragung wichtiger Nachrichten

Nachteil:
Eine Unterbrechung legt den ganzen Ring lahm.

Ethernet **und** ***Token Ring*** **unter Last (Zusammenfassung)**:

Zusammenfassend lässt sich feststellen, dass kollisionsbelastete Zugriffsverfahren einen bei weitem niedrigeren maximalen Durchsatz haben als Verfahren, die durch aufwendigere Protokolle Kollisionen vermeiden wollen. Die Token-Verfahren haben hierbei die besten Werte. Sie sind auch am stabilsten, wenn viele Rahmen gleichzeitg übertragen werden sollen (große Last). Die meisten Zugriffsverfahren verfügen über eine Prioritätenregelung, mit deren Hilfe wichtige Nachrichten unwichtigeren vorgezogen werden können.

Herbst 1990 Aufgabe 4

Teilaufgabe 1

Erläutern Sie kurz die Aufgaben der Schicht 3 des OSI-Referenzmodells!

Teilaufgabe 2

Beschreiben Sie kurz die verschiedenen Schicht 3 Protokolle!

Teilaufgabe 3

Nennen Sie die gängigsten Vermittlungsverfahren und erläutern Sie deren Wirkungsweise!

Teilaufgabe 4

Geben Sie Beispiele für Netze an, die mit den genannten Vermittlungsverfahren arbeiten!

Teilaufgabe 5

Diskutieren Sie Vor- und Nachteile der Verfahren und leiten Sie daraus sinnvolle Anwendungen (ohne Lösung) für sie ab!

Teilaufgabe 6

Erklären Sie die Begriffe „virtuelle Verbindung" und „Datagramm"!

✓ Lösungsvorschlag zu Teilaufgabe 1

Aufgaben der Schicht 3 ([DUD1, 182ff] „Datenübertragung" und [PRO, 45]):

Netzwerkschicht (network layer): Diese stellt Hilfsmittel bereit, um Daten zwischen Rechenanlagen austauschen zu können, auf denen Anwendungsprozesse ablaufen. Die Vermittlungsschicht verknüpft Teilstrecken eines Netzes vom Sendersystem zum Empfängersystem: Endsystem zu Endsystem Verbindung. Die Schicht 3 nimmt der Schicht 4 die Pfadschaltung über Transitnetze ab, kümmert sich damit um Vermittlung und Wegewahl vom Ursprung

2.3 Rechnernetze

zum Bestimmungsort und kennt netzglobalen Adressraum. Außerdem muss sie Probleme bewältigen, die heterogene Netze mit sich bringen, wenn z.B. Sender und Empfänger in verschiedenen Netzen liegen. Die Betreiber von Subnets fügen häufig eine Abrechnungsfunktion in Schicht 3 ein, um übertragene Pakete, Zahlen oder Bits in Rechnung stellen zu lassen.

✓ Lösungsvorschlag zu Teilaufgabe 2

Protokolle [DUD1, 582f]: IP und X.25:

Die verschiedenen Routingverfahren werden in Teilaufgabe 3 beschrieben.

IP arbeitet mittels Datagrammen, welche in jedem Paket eine vollständige Adressierung sowohl des Empfängers als auch des Absenders besitzen. Dadurch entfallen komplizierte Verbindungsauf– und –abbauprozeduren, wie sie beim X.25 Protokoll notwendig sind; allerdings werden die Datenpakete durch die langen Datagrammköpfe deutlich größer. Durch eingebaute Zähler wird verhindert, dass Datagramme im Fehlerfall ewig im Netz kreisen können. Zusätzlich gibt es eine Reihe von standardisierten Meldungen (ICMP), die für Fehlermeldungen, Abgleichen der Uhrzeit u.a. verwendet werden.

Der Header des IP-Protokolls hat folgende Form:

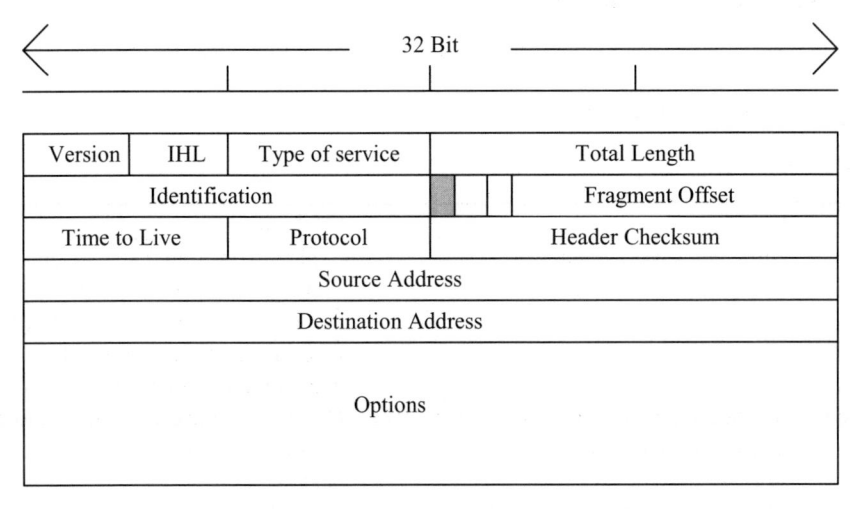

⟵——————— 32 Bit ———————⟶

Version	IHL	Type of service	Total Length	
Identification			Fragment Offset
Time to Live	Protocol		Header Checksum
Source Address			
Destination Address			
Options			

X.25 baut in der dritten Ebene (= Paketebene, Vermittlung und Multiplexing) meist auf X.25 level 2 (= HDLC LAP B) und X.25 level 1 (= X.21) auf. X.25 bietet als Dienste feste und geschaltete virtuelle Leitungen (mit und ohne End-To-End-Kontrolle) und Datagramm-Dienst an und unterstützt Flusssteuerung. Für Details siehe [PRO, 259]

✓ Lösungsvorschlag zu Teilaufgabe 3

Vermittlungsverfahren und ihre Wirkungsweise [PRO, 181ff]

Unterteilung in zwei Klassen: statisch und dynamisch
- Statisch: verwenden i.A. im Voraus berechnete statische Wegeleitungstabellen.
- Dynamisch: passen sich dem momentanen Zustand des Netzes an. Für die Wegewahl sind Veränderungen der Topologie oder die aktuelle Auslastung einer Leitung entscheidend. Für die Berücksichtigung des momentanen Netzzustandes ist ein Informationsaustausch zwischen den Knoten notwendig.

Es gibt drei Familien von adaptiven Routing Verfahren:
- Beim isolierten adaptiven Routing Verfahren verwendet der Knoten nur die ihm lokal verfügbaren Informationen (Zustand des benachbarten Knotens, Länge der Warteschlange, Ausfall eines Nachbarn). (Hot potato Verfahren)
- Beim zentralistischen adaptiven Routingverfahren werden die Informationen aus dem ganzen Netz zusammengetragen; der Knoten versucht dadurch eine optimale Entscheidung zu treffen.
- Verteiltes Routingverfahren: Kombination aus den beiden anderen

✓ Lösungsvorschlag zu Teilaufgabe 4

Dynamisch: Ethernet   Statisch: Token Ring, Token Bus, DQDB, FDDI

✓ Lösungsvorschlag zu Teilaufgabe 5

Vor- und Nachteile [PRO, 183]:

	Vorteil	Nachteil
statisch	einfacher Algorithmus	Schätzungen und Messungen des momentanen Datenverkehrs Änderungen der Topologie und Überlastungen einzelner Leitungen werden nicht berücksichtigt.
zentralistisch adaptiv	Informationen aus gesamten Netz werden zusammengetragen.	Die Verbreitung der Information vermindert die nutzbare Netzkapazität. Eine Information kann bereits veraltet sein, wenn sie in einem weit entfernten Teil des Netzes ankommt.
isoliert adaptiv	Der Knoten versucht das Paket oder Datagramm so schnell wie möglich wieder abzuschicken; die Knotenverweilzeit wird lokal minimiert.	Die netzglobale Transportzeit kann sich verlängern.

✓ Lösungsvorschlag zu Teilaufgabe 6

Virtuelle Verbindung [PRO, 258]:

Nur während des Initialaufbaus einer Verbindung wird die Zieladresse benötigt. Der Initialaufbau schafft zwischen der Quelle und der Senke eine virtuelle Verbindung, für die eine Verbindungskennung verwendet werden kann.

Datagramm [PRO, 37]:

Man bezeichnet die zu transportierenden Benutzerdatenblöcke als Datagramme.

Herbst 1997 Aufgabe 5

Charakterisieren Sie das Verhalten des Tokenring gegenüber dem Ethernet bei hoher bzw. niedriger Last. Für welche Einsatzbereiche und Situationen würden Sie den Tokenring gegenüber dem Ethernet vorziehen? In welchen Fällen würden Sie das Ethernet vorziehen? Begründen Sie und diskutieren Sie jeweils Ihre Wahl!

✓ Lösungsvorschlag

Token-Ring-Zugriffsverfahren: vgl. [DUD1, 733] und Frühjahr 90 Aufgabe 9

Ethernet Standard: vgl. [DUD1, 114]

In Kürze:
  beide Verfahren mit Sendekanalmithören
  Token-Ring mit controlled access
  Ethernet mit random access

Zusammenfassend lässt sich feststellen, dass kollisionsbelastete Zugriffsverfahren einen bei weitem niedrigeren maximalen Durchsatz haben als Verfahren, die durch aufwendigere Protokolle Kollisionen vermeiden wollen. Die Token-Verfahren haben hierbei die besten Werte. Sie sind auch am stabilsten, wenn viele Rahmen gleichzeitg übertragen werden sollen (große Last).

Vergleiche (vgl. [PRO, 140ff]) mit

  Fall 1 (1 von 100 Stationen sendet)
  Fall 2 (alle 100 sind ständig sendebereit)
  Rahmenübertragungszeit t_R

Token-Ring:

Netzumlaufzeit $t_{PD,R}$

Schnittstellenzeit $t_{interface,R}$ (Zeitintervall zwischen Tokenerhalt und Sendeentscheidung)

Fall 1: $$R_{MaX} = \frac{1}{t_R + t_{PD,R} + 100 \cdot t_{interface,R}}$$

Fall 2: $$R_{MaX} = \frac{1}{t_R + t_{PD,R}/100 + t_{interface,R}}$$

Ethernet:

Verschieben der Übertragung $t_{interframe}$

Senden des jamming-Signals t_{jam}

Anzahl Kollisionen pro erfolgeicher Übertragung $2e$

Zeit, die ein Signal von einem Ende des Busses zum anderen und zurück braucht t_{slot}

Fall 1: $$R_{MaX} = \frac{1}{t_R + t_{interframe}}$$

Fall 2: $$R_{MaX} = \frac{1}{t_R + t_{interframe} + (2e-1)(t_{slot} + t_{jam})}$$

Vorzug Token Ring:

bessere Leistung insbesondere bei kurzen Nachrichtenlängen

Vorzug Ethernet:

de-facto Standard im LAN-Bereich; für jede Anwendung bekommt man heute Adapter oder Konverter, die es ermöglichen, das Ethernet an die entsprechenden Bedürfnisse anzupassen. Jedoch ist CSMA/CD insbesondere bei höherer Netzlast nicht ideal.

Herbst 1998 II Aufgabe 3

ISO/OSI-Kommunikationsarchitektur

Kommunikationsnetze werden immer leistungsfähiger, größer und komplexer; gefordert wird von einer Systemarchitektur, dass sie universell verwendbar, flexibel anpassbar und beherrschbar ist.

Teilaufgabe 1

Nennen Sie die vier grundlegenden Strukturierungskonzepte, die diesen Forderungen beim gesamten Entwurf, bei der Implementierung und beim Betrieb Rechnung tragen. (ohne Lösung)

Teilaufgabe 2

Was verstehen Sie unter ISO/OSI-Schichtenmodell bzw. dem ISO/DIN-Basis-Referenzmodell für offene Kommunikation? Welche der oben besprochenen Strukturierungsprinzipien werden dabei benutzt? Welche Dienstleistung ist der Schicht 4 zugeordnet? (ohne Lösung)

Teilaufgabe 3

Entwerfen Sie zu dem unten gezeigten Netzausschnitt inkl. Anwendungsrechner die entsprechende funktionelle Struktur entsprechend dem ISO/DIN-Basisreferenzmodell bzw. Dem ISO/OSI-Schichtenmodell. Zeigen Sie den Weg auf, den die zwischen zwei Anwenderprozessen zu übertragende Nutzinformation durch die einzelnen Schichten nimmt. (ohne Lösung)

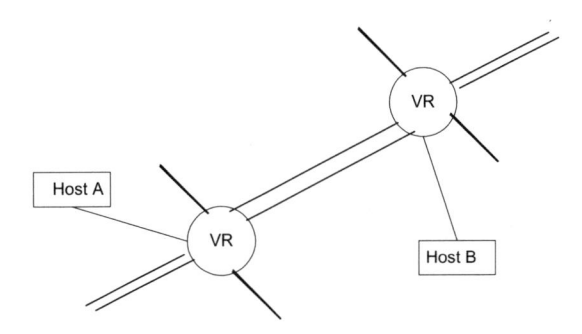

Netzmanagement

Unter dem Begriff Netzmanagement werden alle technischen und organisatorischen Vorkehrungen und Aktivitäten zum Management eines Kommunikationssystems zusammengefasst.

Teilaufgabe 4

Nennen Sie die unterschiedlichen Managementbereiche des funktionalen Modells. Beschreiben Sie weiterhin stichwortartig deren Aufgaben.

Teilaufgabe 5

Auf allen Komponenten des dargestellten Netzausschnitts laufen Managementprozesse ab! Welche Klassen von Managementprozessen unterscheiden wir beim sogenannten organisatorischen Modell?

Teilaufgabe 6

Wie sieht jetzt die Gesamtarchitektur für Anwender- **und** Managementkommunikation innerhalb des Netzausschnitts aus? (ohne Lösung)

✓ Lösungsvorschlag zu Teilaufgabe 1

Anhaltspunkt: Ein grundlegendes Prinzip ist die Schnittbildung. Man unterscheidet Systemschnitt, Dienstschnitt und Protokollschnitt.

✓ Lösungsvorschlag zu Teilaufgabe 4

Managementbereiche des funktionalen Modells (vgl. [PRO, 334f]):

Konfigurations-Management:
Basis für die Steuerung des Einsatzes der Funktionseinheiten des Systems, welche die System- bzw. Netzfunktion wirtschaftlich und sicher erbringen sollen.Es verwaltet die Beschreibung des Netzes mit all seinen Objekten.
Fehler-Management:
Erbringt Überwachungs-, Analyse- und Steuerfunktionen.
Leistungs-Management:
Übernimmt alle Mess-, Diagnose- und Steuerfunktionen, die dafür sorgen, dass das Netz bei einer akzeptablen Last möglichst viele Transportaufträge im Rahmen der verlangten Dienstgüte abwickelt.
Abrechnungs-Management:
Dient zur Erfassung der durch den Netzbetrieb entstehenden Kosten und zur Zuordnung der Kosten zu den Abrechnungskonten der Benutzer.
Sicherheits-Management:
Hat die Aufgabe, die Datensicherheit im Netz zu gewährleisten. Es dient zum Schutz gegen gewollte, unzulässige Einwirkungen auf das System und dessen Aufträge.

✓ Lösungsvorschlag zu Teilaufgabe 5

Organisatorisches Modell (vgl. [PRO, 355]):

Legt die Strukturierungsmöglichkeiten des Managements und seiner Objekte fest. Die Strukturierung kann hierarchisch oder symmetrisch-kooperativ sein.

Eine Teilmenge von Managementobjekten, die gemeinsam unter einem Aspekt verwaltet werden, heißt Domäne unter diesem Aspekt. Außerdem legt das Organisationsmodell noch die Rollenverteilung der einzelnen Objekte fest (Manager, Agent).

Das Organisationsmodell muss folgende Aufgaben unterstützen:
- Teilbereichsbildung nach verschiedenen Aspekten
- Verteilung von MOs auf Teilbereiche
- Zuordnung von Zuständigkeiten auf Teilbereiche
- Ändern von Rollen und Domänen

Frühjahr 1999 I Aufgabe 3

Teilaufgabe 1

Die Schicht 2 des ISO/OSI-Referenzmodells wird in lokalen Netzen in zwei Unterschichten unterteilt. Wie heißen die zwei Schichten?

Teilaufgabe 2

Warum ist es sinnvoll zwei Unterschichten zu haben?

Teilaufgabe 3

Welches sind die Standard-Dienste der einen, welches die Standard-Dienste der anderen Schicht?

Teilaufgabe 4

Bei der Übermittlung von Nachrichten können eine Reihe von Fehlern passieren, die zu einer Verfälschung des Inhalts oder gar zum Verlust der Gesamtnachricht führen. Um welche Fehler handelt es sich hierbei?

Teilaufgabe 5

Nachdem ein Übermittlungsfehler erkannt wird, wird die Korrektur normalerweise durch die Wiederholung der Nachricht erreicht. Welche Mechanismen kennen Sie, um die Wiederholung der Nachricht auszulösen? Beschreiben Sie kurz, wie die Mechanismen arbeiten.

Teilaufgabe 6

Wenn die Kommunikationszeiten in einem Netzwerk schwanken, kann es passieren, dass Nachrichten sich gegenseitig überholen. Welche Mechanismen kann man benutzen, um dieses Problem zu lösen? Erläutern Sie knapp die grundsätzlichen Prinzipien der Verfahren.

✓ Lösungsvorschlag zu Teilaufgabe 1

Schicht 2 wird in die **MAC-Teilschicht** und die **Sicherungsschicht** unterteilt.

✓ Lösungsvorschlag zu Teilaufgabe 2

Der Sinn liegt darin, dass sie eine gemeinsame Aufgabe – nämlich den Datenübertragungsdienst – aber unterschiedliche Teilaufgaben haben.

✓ Lösungsvorschlag zu Teilaufgabe 3

Aufgaben der MAC-Teilschicht:
- Zugriffsverfahren für den Zugriff auf das Netz

Aufgaben der Sicherungsschicht:
- Fehlerfreie Übertragung von Daten
- Rahmenbildung
- Fehlererkennung
- Flusskontrolle

✓ Lösungsvorschlag zu Teilaufgabe 4

Fehler (vgl. [PRO, 166ff]): Verlust, Verfälschung, Duplikate
(vgl. Frühjahr 1990 Aufgabe 9 Teilaufgabe 1)

✓ Lösungsvorschlag zu Teilaufgabe 5

Die Korrektur-Mechanismen basieren auf Quittungen und Zeitüberwachungen.

- Ablauf eines Timers beim Sender bei Stop-and-Wait-Protokollen:
  Beim Senden eines Paketes wird beim Sender ein Timer gesetzt, ist dieser abgelaufen bevor eine Bestätigung ACK des Empfängers gekommen ist, so wird das Paket nochmals gesendet
- „Go back n"-Befehl
  alle Rahmen ab dem Rahmen mit der Nummer n werden nochmals gesendet
- Protokolle mit selektiver Wiederholung
  Alle Pakete werden zwischengespeichert, ein verlorengegangenes oder fehlerhaftes wird mit Angabe dessen Nummer angefordert

✓ Lösungsvorschlag zu Teilaufgabe 6

Schiebefensterprotokolle mit Einführung von Sequenznummern:

Schiebefensterprotokolle können nur bei Vollduplex-Protokollen angewendet werden. Schickt der Sender einen Rahmen, so verzögert der Empfänger die Übertragung seines Rückmelderahmens so lange, bis seine Vermittlungsschicht das nächste Paket übermittelt. Die Rückmeldung wird dann einfach an den Datenrahmen angehängt (Piggybacking). Bei Schiebefensterprotokollen enthält jeder zu schickende Rahmen eine Folgenummer von 0 bis zu einem beliebigen Maximum. Der Sender führt eine ständige Liste von aufeinanderfolgenden Folgenummern, deren Länge der Anzahl der Rahmen entspricht, die er schicken darf. Der Empfänger hat ein Empfangsfenster, das dessen Größe der Anzahl der Rahmen entspricht, die er empfangen darf. Die Folgenummern im Sendefenster repräsentieren gesendete Rahmen, die noch nicht bestätigt worden sind. Kommt von der Vermittlungsschicht ein Paket, erhält es die nächsthöhere Folgenummer und die Obergrenze wird um Eins verschoben. Wenn eine Rückmeldung eintrifft, wird die untere Begrenzung des Fensters weitergerückt.

Die unbestätigten Rahmen werden aus dem Grund im Fenster gehalten, damit sie bei Verlust erneut übertragen werden können.

Pipeline-Verarbeitung:
Der Sender darf bis zu w Rahmen abschicken, bevor er blockiert ist. Bei sinnvoller Wahl von w kann der Sender für die Dauer der Übertragung ununterbrochen Rahmen abschicken ohne dass sein Fenster gefüllt wird.

2.4 Rechnerarchitektur

Frühjahr 1990 Aufgabe 1

Teilaufgabe 1

Welche zwei Arten von Unterbrechungen unterscheidet man auf Grund ihrer Auslösung? Erklären Sie diese und geben Sie jeweils drei Beispiele für jede Art an!

Teilaufgabe 2

In welcher Situation im Befehlszyklus (Mikroprogramm des Rechenkerns) wird abgefragt, ob ein Unterbrechungswunsch vorliegt? In welchem Fall wird dieser zurückgestellt? Für welche Unterbrechungsart kann er nicht zurückgestellt werden?

Teilaufgabe 3

Bei einer Unterbrechung wird außer dem Unterbrechungswunsch noch weitere Unterbrechungsinformation übertragen, die von der speziellen Unterbrechung abhängig ist. Auf welche Weise wird diese Information dem Betriebssystem übermittelt? Geben Sie die Unterbrechungsinformation für drei verschiedene Unterbrechungen Ihrer Wahl an!

✓ Lösungsvorschlag zu Teilaufgabe 1

Unterbrechungen nach [TAN1, 13, 86] (**vgl. [DUD1, 756f]**):

Hardware Unterbrechungen (interrupts)
    werden auch asynchrone Unterbrechungen genannt und von nebenläufigen Prozessen, externen Geräten oder Maschinenfehlern ausgelöst. Sie können zu beliebigen Zeitpunkten auftreten.
Beispiele:
    Unterbrechungssignale vom Zeitgeber (timer)
    Unterbrechungssignale der Platte (io)
    Unterbrechungssignale der Datensichtstation (tty = Terminal, vertikale Austastlücke)
    (MIMIX: clock_int, tty_int, lpr_int, disk_int)

Softwaregenerierte Unterbrechungen (traps)
    werden auch synchrone Unterbrechungen genannt und treten stets an der gleichen Stelle im Programm auf.

2.4 Rechnerarchitektur

Beispiele:
  Ausführung eines illegalen Befehls / Operationen
  Verwendung einer ungültigen Adresse
  Seitenfehler beim Paging

✓ Lösungsvorschlag zu Teilaufgabe 2

Befehlszyklus [DUD1, 756f]:

Holphase → Decodierphase → Ausfürungsphase → Unterbrechungsphase → ...→ Stop

Die Entscheidung, ob ein Unterbrechungswunsch zurückgestellt wird, trifft der Prozessor anhand eines weiteren gleich großen Registers (Maskenregister). Treffen mehrere unmaskierte Unterbrechungsanforderungen ein, bleibt es einer Auswahlstrategie des Prozessors überlassen, welche Unterbrechung akzeptiert wird.

Mit eigenen Worten:

Der Unterbrechungswunsch wird zurückgestellt, wenn ein bereits höherwertiger Interrupt ausgelöst wurde und bearbeitet wird.

Für höchstprioritäre Interrupts kann er nicht zurückgestellt werden.

✓ Lösungsvorschlag zu Teilaufgabe 3

Übermittlung an das Betriebssystem:

Die Startadresse (Unterbrechungsvektor) eines Unterbrechungsprogramms, die der Prozessor nach dem Typ des unterbrechenden Ereignisses selbst bestimmt oder die ihm durch das Ereignis mitgeteilt wird, wird in das Befehlszählregister geschrieben.

Anmerkung [TAN1, 43]:

Mit jeder EA-Geräteklasse ist ein Unterbrechungsvektor verbunden. Er enthält die Adresse für die Prozedur der Unterbrechungsbehandlung. Der Befehlszähler, das Programmstatuswort und ein oder mehrere Register werden auf den Stack durch die Unterbrechungshardware gespeichert. Der Computer verzweigt sodann zu der Adresse, die im Unterbrechungsvektor der Platte steht. Von da an erfolgt die Weiterbearbeitung nur noch in der Software.

Unterbrechungsinformationen werden folgendermaßen an das Betriebssystem übermittelt:
- synchron: die Unterbrechungsinformationen werden im Systemkeller des unterbrochenen Prozesses im Anschluss an den Rechnerkern abgelegt
- asynchron: sie werden an fest vereinbarten Stellen im Hauptspeicher abgelegt oder stehen in Registern der unterbrechenden Komponenten

Beispiele:
- arithmetischer Alarm: Alarmtyp (z.B. Division durch Null)
- Speicherschutzalarm: Art des Zugriffs (lesend/schreibend), die verwendete Speicheradresse
- Seitefehltalarm: vom Prozess verlangte Adresse, die zum Alarm führte

Frühjahr 1990 Aufgabe 7

Teilaufgabe 1

Skizzieren Sie die wesentlichen Charakteristiken der Rechnerarchitektur, die als *von-Neumann*-Rechner bekannt ist.

Teilaufgabe 2

Was versteht man unter dem *von Neumann'schen Flaschenhals*?

Teilaufgabe 3

Unter Speicherbesuchszahl versteht man die Anzahl der Arbeitsspeicherzugriffe pro Maschinenbefehl.
Wovon ist die Speicherbesuchszahl abhängig?
Was ist ein typischer mittlerer Wert? (ohne Lösung)
Gibt es eine obere Schranke? (ohne Lösung)

Teilaufgabe 4

Welche architekturellen Erweiterungen der von Neumann-Architektur kennen Sie, die den Flaschenhalseffekt abmildern?

✓ Lösungsvorschlag zu Teilaufgabe 1

vgl. [DUD1, 775f] oder [MÄR, 13ff]

2.4 Rechnerarchitektur

Logische und räumliche Unterteilung in folgende Rechnerteilwerke:

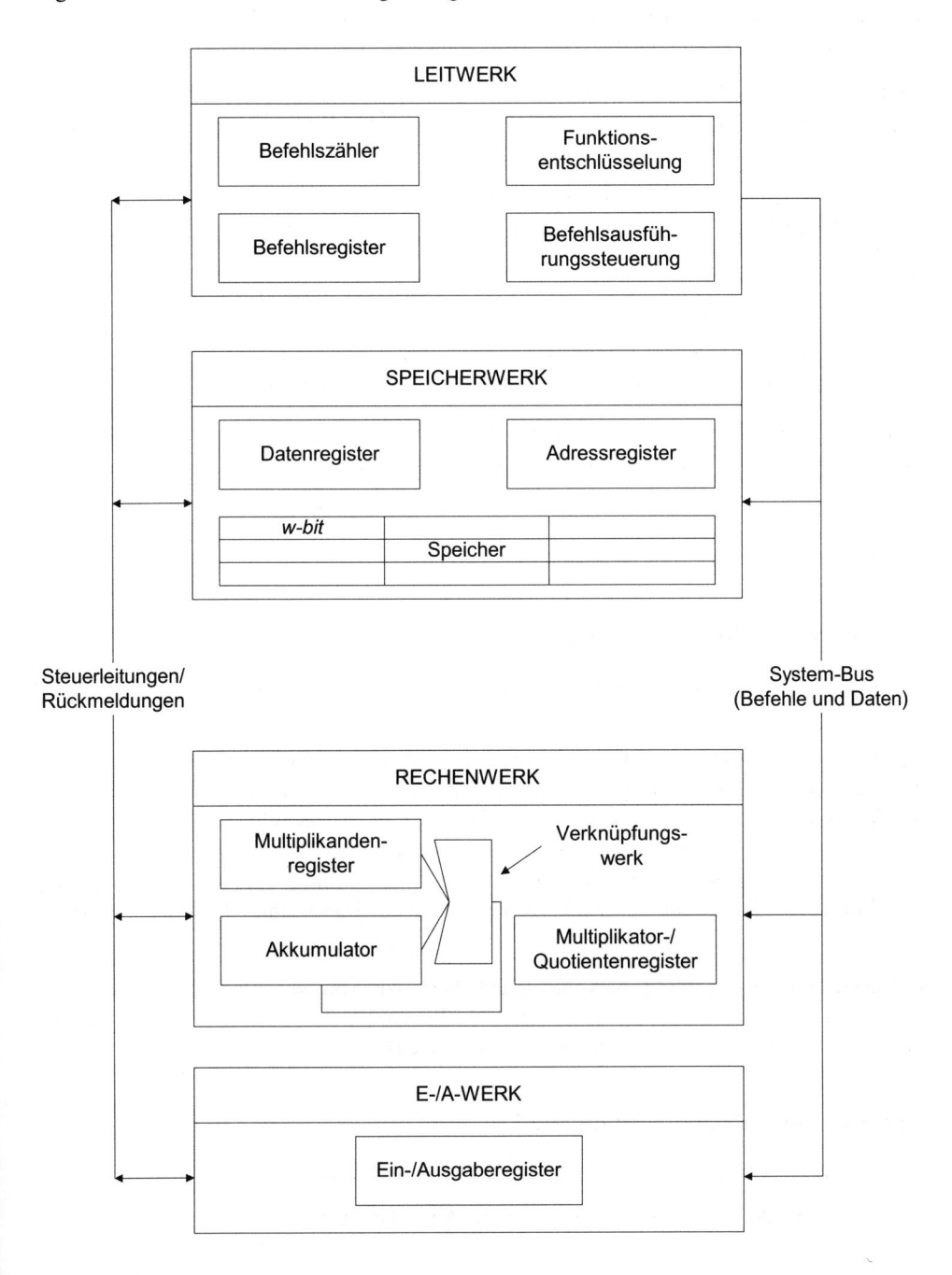

LEITWERK
- Befehlszähler
- Funktionsentschlüsselung
- Befehlsregister
- Befehlsausführungssteuerung

SPEICHERWERK
- Datenregister
- Adressregister
- Speicher (w-bit)

Steuerleitungen/Rückmeldungen

System-Bus (Befehle und Daten)

RECHENWERK
- Multiplikandenregister
- Verknüpfungswerk
- Akkumulator
- Multiplikator-/Quotientenregister

E-/A-WERK
- Ein-/Ausgaberegister

Ein **Speicherwerk** zur Abspeicherung von Programmen und Daten. Es enthält ein Daten- und Adressregister. Der Speicher ist in Speicherzellen eingeteilt. Jede Zelle hat eine Breite von w Bit (w ist die Wortlänge des Rechners).

Ein **Rechenwerk (ALU)** zur Ausführung arithmetischer, logischer und Shift-Operationen mit einem Verknüpfungswerk, einem Akkumulator- und mindestens einem weiteren Register (Multiplikandenregister). [...] Die Register sind w Bit breit.

Ein **Leitwerk (CU)** enthält neben dem Befehlsregister und dem Befehlszähler eine Einheit zur Befehlsentschlüsselung und eine Einheit zur Steuerung der Befehlsausführung.

Ein **Ein-/Ausgabewerk** zur Übernahme oder Übergabe von Programmen und Daten von/an Externspeichereinheiten.

Einen einzelnen **Bus**, der die Teilwerke des Rechners miteinander verbindet und bitparallel jeweils ein Befehls- oder Datenwort der Länge w Bit übertragen kann.

Daneben sind Steuerleitungen vorhanden, die für die Übertragung von Steuersignalen und Rückmeldungen zwischen dem Leitwerk und anderen Rechnerteilen benötigt werden.

→ Unabhängigkeit der Rechnerstruktur von der Problemstruktur [...]

→ einheitlicher Speicher für Programme und Daten [...]

✓ Lösungsvorschlag zu Teilaufgabe 2

In der Literatur wird der Begriff des von-Neumannschen-Flaschenhalses unterschiedlich gebraucht:

„Im von-Neumann-Rechner ist **ein** Leitwerk für die Steuerung, **ein** Rechenwerk für die Ausführung der Operationen, **ein** Speicherwerk für die Ablage von Programmen und Daten, **ein** Ein-/Ausgabewerk für die Ansteuerung von Peripheriegeräten und **ein** gemeinsamer Bus für die Übertragung von Daten und Befehlen verantwortlich. Der Befehlabarbeitungszyklus ist in drei nicht-überlappte Teilphasen unterteilt. Diese Eigenschaften, die die Rechenleistung beschränken, werden zusammen auch als von-Neumann-Flaschenhals bezeichnet." [MÄR, 16]

oder auch (nach Ansicht der Autorinnen üblicher): Als von-Neumannschen-Flaschenhals versteht man den einzelnen Datenpfad, auf dem dauernd Daten zwischen Steuer- und Rechenwerk und Speicher ausgetauscht werden (vgl. [DUD2, 714]).

✓ Lösungsvorschlag zu Teilaufgabe 3

Die Speicherbesuchszahl ist abhängig von x-Adress-Maschinen.

Sei v die Anzahl der Variablen und $o = v - 1$ die Anzahl der Operatoren.

2.4 Rechnerarchitektur

Dann ergibt sich die Anzahl der Hauptspeicherzugriffe folgendermaßen:

0–Adress-Maschine: $o + 2$
1–Adress-Maschine: $2 \cdot (o + 2 + [1, sp])$
2–Adress-Maschine: $3 \cdot (o + 1 + [1, sp])$
3-Adress-Maschine: $4 \cdot o$

✓ Lösungsvorschlag zu Teilaufgabe 4

In einer Rechnerarchitektur werden drei Ebenen unterschieden:

Leitwerksebene (Prozessor, Programm)
Rechenwerksebene (Befehlsausführung, ALU)
Wortebene (elementare Verarbeitungsstellen)

(Anmerkung:
In der ECS-Klassifikation erfolgt die Beschreibung mit Tripeln $t := (l, r, w)$.)

Architekturelle Erweiterungen nach [MÄR, 80f, 240]:

- **VLSI-Technologie**: mehr als 500 Gatter pro Chip
- **Phasenpipelining**: bezeichnet das Pipelining auf der Ebene des Befehlsabarbeitungszyklus eines Rechners ($w' > 0$)
- **Superskalararchitektur**: getrennte Busse für Befehle und Daten; bezeichnet den Grad des Pipelining mit Hilfe der Funktionseinheiten eines Rechenwerks ($r' > 0$)
- **Superrechner mit Vektorarchitektur** (Vektorregisterbänke)
- **VLIW-Architekturen**: packen mehrere Maschinenbefehle zur parallelen Ausführung in ein langes Befehlswort
- **Feldrechner**: einem Prozessor oder Leitwerk werden mehrere vollständige Rechenwerke zugeordnet
- **Speicherhierarchie** (mit Paging)

Herbst 1990 Aufgabe 1

Teilaufgabe 1

Beschreiben Sie die Verfahren der Segmentadressierung und der Seitenadressierung! Diskutieren Sie die durch diese Verfahren entstehenden Vorteile!

Teilaufgabe 2

Skizzieren Sie die Organisation des Adressraums bei der kombinierten Segment-Seiten-Adressierung! Beschreiben Sie, wie der Zugriff auf eine Adresse erfolgt!

Teilaufgabe 3

Beschreiben Sie das Working Set-Modell!

Teilaufgabe 4

Beschreiben Sie 4 Ihnen bekannte Seiten-Verdrängungsstrategien und stellen Sie diese bewertend gegenüber!

✓ Lösungsvorschlag zu Teilaufgabe 1

Segmentadressierung:

Alle Segmente liegen vollständig in zusammenängenden Arbeitsspeicherbereichen.

Sei A der Adressraum (des Arbeitsspeichers), also $A = \{0,1,...,kap-1\}$ (kap = Kapazität), $l(s)$ die Länge des Segments s, b ein zusammenhängender Bereich des AS der Länge $l(s)$ und $a(s)$ die Anfangsadresse von b. Für Zugriffe auf Komponenten (s, i) von s muss eine **Speicherfunktion** ausgewertet werden:

$\sigma(s) : I(s) \rightarrow A$, total und injektiv, $\forall i \in I(s) : \sigma(s)(i) = a(s) + i$

Verwaltung der Segmente:

SegErzeugen, SegAuflösen, SegVerschieben

Segment-Deskriptor, Segment-Tabelle, Freibereichs-Deskriptor, Freibereichs-Liste

Beispiele: Boundary-Tag-Verfahren, Buddy-Verfahren:

Vorteile:

Prozesse sind direkt adressierbar und liegen komplett im Arbeitsspeicher.

Seitenadressierung: (vgl. [DUD1, 677] „Speicherverwaltung")

Die Größe der speichernden Einheiten ist unabhängig von der Größe des Arbeitsspeichers.

Vorteile (TAN1 187f):

- Prozesse können alle ihre Dateien direkt adressieren. Jede Datei kann unabhängig von anderen wachsen und schrumpfen, wobei jedes Byte des Speichers durch das Paar (Segment, Relativadresse) adressiert wird.
- Seiten und Seitenrahmen haben alle die gleiche Größe. Der Transfer erfolgt immer in Einheiten von Seiten.
- Segmente können auch nur teilweise (d.h. nicht vollständig und nicht zusammenhängend) im Arbeitsspeicher realisiert sein

✓ Lösungsvorschlag zu Teilaufgabe 2

Zur Lösung dieser Aufgabe vergleiche auch die Lösung zu Herbst 1997 Aufgabe 1 Teilaufgabe 1. Dort ist eine noch detailliertere Skizze zu finden.

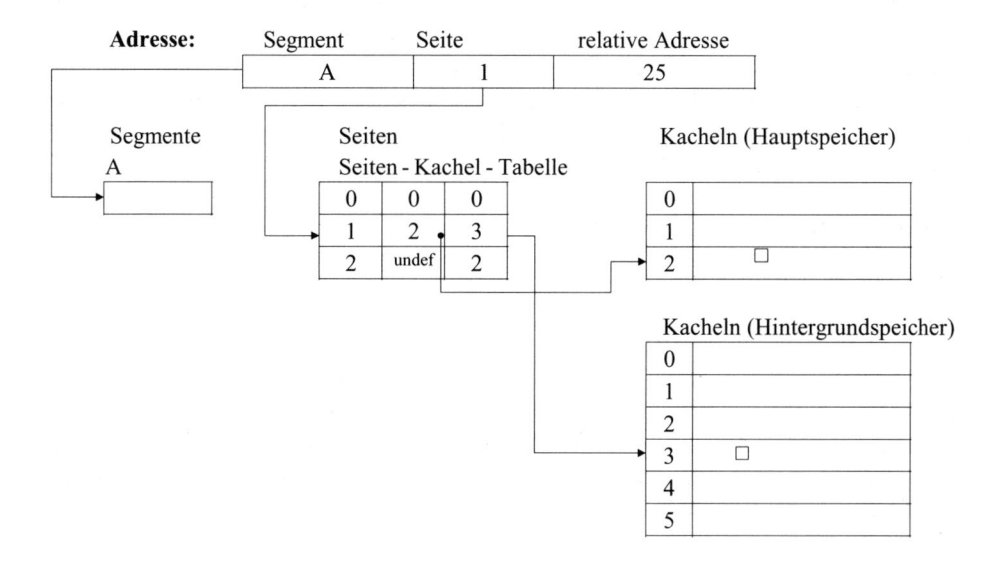

Adresse:	Segment	Seite	relative Adresse
	A	1	25

Segmente A

Seiten
Seiten - Kachel - Tabelle

0	0	0
1	2	3
2	undef	2

Kacheln (Hauptspeicher)

0	
1	
2	☐

Kacheln (Hintergrundspeicher)

0	
1	
2	
3	☐
4	
5	

✓ Lösungsvorschlag zu Teilaufgabe 3

Working Set-Modell (vgl. [TAN1, 196f])

Die Menge aller derzeit vom Prozess benutzten Seiten heißt Arbeitsmenge oder Working Set. Ist die gesamte Arbeitsmenge im Speicher, wird der Prozess nur wenige Seitenfehler erzeugen, solange er nicht in eine andere Phase der Ausführung übergeht. Ist der verfügbare Speicher zu klein, um alle Seiten der gesamten Arbeitsmenge aufzunehmen, wird der Prozess viele Seitenfehler generieren und sehr langsam laufen, da die Ausführung einer Instruktion typischerweise eine Mikrosekunde und das Lesen einer Seite von der Platte mehr als zehn Millisekunden dauert. Ein Programm, das jeweils nach wenigen Instruktionen einen Seitenfehler erzeugt, befindet sich im Zustand flatternd oder thrashing.

Viele Seitenersetzungssysteme versuchen, über die Arbeitsmenge eines jeden Prozesses Buch zu führen und dafür zu sorgen, dass sie im Speicher ist, ehe der Prozess läuft. Dieser Ansatz heißt Arbeitsmengen-Modell oder Working Set-Modell. Es wurde entworfen, um die Seitenfehlerrate wesentlich zu reduzieren.

Von Zeit zu Zeit wird die Menge der lauffähigen Prozesse geändert, und falls das Working Set-Modell verwendet wird, werden die Seiten der Arbeitsmenge des neuen, lauffähigen

Prozesses in den Speicher geladen. Es ist die Aufgabe des BS, dafür zu sorgen, dass die Summe aller Arbeitsmengen der lauffähigen Prozesse in den Speicher passt.

Zur Implementierung des Working Set-Modells benötigt das Betriebssystem Kenntnis darüber, welche Seiten zur Arbeitsmenge gehören. Der Aging Algorithmus ist eine Möglichkeit, diese Information festzuhalten. Jede Seite mit einem gesetzten Bit in seinen n höherwertigen Bits des Zählers wird als Element der Arbeitsmenge angesehen. Ist eine Seite innerhalb von n aufeinanderfolgenden Zeittakten nicht angesprochen worden, so wird sie aus der Arbeitsmenge herausgenommen. Der Parameter n muss für jedes System experimentell bestimmt werden, aber die Systemleistung ist normalerweise nicht besonders abhängig gegenüber Abweichungen vom exakten Wert.

✓ Lösungsvorschlag zu Teilaufgabe 4

Seitenverdrängungsstrategien (vgl. [TAN1, 190ff]):

Optimale Seitenersetzung (OPT):

Der bestmögliche Seitenersetzungsalgorithmus ist leicht zu beschreiben, aber unmöglich zu implementieren. Zum Zeitpunkt des Seitenfehlers sind einige Seiten im Speicher. [...] **Jede Seite kann mit der Anzahl der Instruktionen versehen werden, die vergehen, bis die Seite zum ersten Mal angesprochen wird. Der optimale Seitenersetzungsalgorithmus ersetzt einfach die Seite mit dem höchsten Wert.** [...] Zum Zeitpunkt des Seitenfehlers weiß das BS nicht, welche Seite als nächstes angespochen wird. Nur wenn man ein Programm auf dem Simulator laufen lässt und alle angesprochenen Seiten vermerkt, ist es möglich, den optimalen Algorithmus für einen zweiten Lauf zu implementieren, indem man die Information über die angesprochenen Seiten des ersten Laufs verwendet. Auf diese Art kann man die Leistung eines realisierbaren Algorithmus' mit der des bestmöglichen vergleichen.

LRU (Least-Recently-Used):

Wahrscheinlich werden von den letzten Instruktionen häufig angesprochene Seiten auch durch die nächsten Instruktionen häufig angesprochen u.u. (Lokalitätsprinzip, bei objektorientierter Programmierung nicht mehr!). Darauf basiert eine gute Approximation des optimalen Algorithmus': **Tritt ein Seitenfehler auf, wird die am längsten unbenutzte Seite entfernt.** Für die vollständige Realisierung muss eine verkettete Liste aller Seiten im Speicher geführt werden, mit der zuletzt genutzten Seite am Anfang und der am längsten ungenutzten Seite am Ende. Die Schwierigkeit dieses Verfahrens liegt darin begründet, dass nach jeder Seitenansprache die Liste aktualisiert werden muss. Eine Seite in der Liste zu finden, zu löschen und an den Anfang der Liste einzureihen, ist eine sehr zeitaufwendige Operation. Entweder benötigt man eine teure spezielle Hardware oder man muss eine kostengünstigere Approximation mittels Software finden.

FIFO (first in first out):

R Bit: wird durch die HW bei jedem Lesen oder Schreiben dieser Seite gesetzt
M Bit: wird durch die HW gesetzt, wenn in die Seite geschrieben wurde

Das BS verwaltet eine Liste aller augenblicklich im Speicher befindlichen Seiten, die Seite am Kopf der Liste ist die älteste und die am Ende der Liste ist die neueste. Bei einem Seitenfehler wird die Seite am Kopf der Liste entfernt und die neue Seite am Ende der Liste angefügt.

Eine einfache Modifikation vermeidet das Problem, dass eine häufig benutzte Seite entfernt wird, indem die **R (Referenz) und M (Modifikation) Bits der ältesten Seite inspiziert werden.** Gehört die Seite zur Klasse 0 (s.u.) wird sie eliminiert, andernfalls wird die nächstälteste Seite überprüft usw. Befindet sich keine Seite der Klasse 0 im Speicher, wird der Algorithmus bis zu dreimal wiederholt.

Eine andere Variation ist Second-Chance. Die Idee: Zuerst wird die älteste Seite als mögliches „Opfer" untersucht. Ist das R Bit dieser Seite 0, wird die Seite direkt entfernt. Ist das R Bit 1, wird es gelöscht und die Seite ans Ende der Liste eingereiht, so als wäre sie gerade im Speicher eingetroffen. Danach wird die Suche fortgesetzt. **Second-Chance macht weiter nichts als nach der ältesten Seite zu suchen, die nicht im vorangegangenen Zeitintervall angesprochen worden ist.** Werden alle Seiten angesprochen degeneriert Second-Chance zum reinen FIFO Algorithmus.

Der Vorteil von FIFO besteht im geringen Verwaltungsaufwand.

NRU:

Die R und M Bits können für einen einfachen Algorithmus verwendet werden: Wenn ein Prozess gestartet wird, werden beide Bits für alle Seiten durch das BS auf 0 gesetzt. Periodisch (bei jeder Unterbrechung durch den Zeitgeber) wird das R Bit gelöscht, damit die zuletzt angesprochenen Seiten von den anderen unterschieden werden können. Tritt ein Seitenfehler auf, inspiziert das BS alle Seiten und teilt sie in vier Kategorien anhand ihrer R und M Bits ein:

Klasse 0:   nicht angesprochen, nicht modifiziert
Klasse 1:   nicht angesprochen, modifiziert
Klasse 2:   angesprochen, nicht modifiziert
Klasse 3:   angesprochen, modifiziert

Not-Recently-Used entfernt eine zufällig ausgewählte Seite aus der niedrigsten nichtleeren Klasse. Der größte Vorteil des NRU ist, dass er leicht verständlich, effizient zu implementieren und eine Leistungsfähigkeit hat, die sicher nicht optimal aber oft ausreichend ist.

LFU (least frequently used):

Es wird diejenige Seite ersetzt, die am seltensten benutzt wurde.

Diese Methode hat den Nachteil, dass Seiten, die zu Beginn recht häufig genutzt wurden und danach nicht mehr, trotzdem noch sehr lang im Arbeitsspeicher stehen; erst wenn alle anderen Seiten häufiger benutzt wurden, wird erstere verdrängt.

Weitere Verdrängungsstrategien: **LIFO**, **MFU** und **MRU**

Herbst 1990 Aufgabe 5

Teilaufgabe 1

1.1
Beschreiben Sie die wesentlichen Prinzipien der von-Neumann-Maschine (architekturell, operationell)!

1.2
Geben Sie einen einfachen Leitwerkzyklus für die von-Neumann-Maschine an!

Teilaufgabe 2

Was versteht man unter „Mikroprogrammierung"? Erläutern Sie den Unterschied zwischen horizontaler und vertikaler Mikroprogrammierung! Welche Alternative zur Mikroprogrammierung gibt es?

Teilaufgabe 3

Diskutieren Sie zwei Erweiterungen der von-Neumann-Prinzipien, die zu einer Leistungssteigerung beitragen!

✓ Lösungsvorschlag zu Teilaufgabe 1

1.1

vgl. Frühjahr 1990 Aufgabe 7 oder [DUD1 775f]

1.2

Leitwerkzyklus nach [GIL, 36]: Starres Zweiphasenschema der Programmbearbeitung:

In der ersten Phase wird aufgrund der durch den Befehlszähler angezeigten Adresse ein Speicherzelleninhalt geholt und als Befehl interpretiert.

In der darauffolgenden Phase wird aufgrund der im Befehl gefundenen Adresse ein Speicherzelleninhalt geholt und ensprechend der durch den Befehl gegebenen Vorschrift verar-

2.4 Rechnerarchitektur

beitet, wobei angenommen wird, dass dieses Speicherobjekt ein Datum ist, welches typenmäßig den im Befehl getroffenen Voraussetzungen entspricht.

Befehlszyklus [DUD2, 87]: Holphase – Decodierphase – Ausführungsphase – Stop? – (je nachdem zurück zum Anfang oder Stop.)

✓ Lösungsvorschlag zu Teilaufgabe 2

Mikroprogrammierung (vgl. [DUD1, 406]):

Realisierung von Befehlen einer Maschinensprache innerhalb der Mikroprogrammeinheit des Steuerwerks durch eine Folge von Elementaroperationen.

Vertikale Mikroprogrammierung (vgl. [DUD1, 409]):

Wenn ein Mikrobefehl jeweils nur eine Mikrooperation auslöst, dann können mit den q Bits 2 hoch q verschiedenen Mikrooperationen codiert werden. In diesem Fall werden die Leitungen s zunächst in einen Schaltkreis geführt, der bis zu 2 hoch q Ausgänge besitzt; auf genau einem Ausgang erscheint in jedem Mikrobefehlszyklus eine 1, die genau eine Mikrooperation auslöst. [...]

Horizontale Mikroprogrammierung:

Jedem Bit s des Mikrobefehlswortes ist genau ein Steuersignal für eine Mikrooperation zugeordnet. Daher kann ein Mikrobefehl nur q verschiedene Mikrooperationen auslösen; diese können aber gleichzeitig ausgeführt werden. [...]

Alternativen: RISC-Architektur [MÄR, Kapitel 7]

Die Steuerung der Verarbeitungswerke des Prozessors muss in der Lage sein, Steuerungszustände zu modellieren und Nachfolgezustände in Abhängigkeit vom aktuellen Zustand und dem gerade ausgeführten Maschinenbefehl zu bestimmen und die benötigten Steuersignale zu aktivieren. Dieses tabellenartige Umsetzungsproblem kann entweder hardwaregesteuert oder durch ein Mikroprogrammwerk implementiert werden. Die CDC6600 ist ein Beispiel einer hardwaregesteuerten Rechnerarchitektur. Sie gilt als RISC-Vorläufer mit u.a. folgender Eigenschaft: einfacher, registerorientierter Drei-Adress-Befehlssatz mit modifizierter LOAD/STORE-Organisation.

✓ Lösungsvorschlag zu Teilaufgabe 3

Zwei Erweiterungen (vgl. [DUD1, 776]):
- Parallelverarbeitung hardwaremäßig unterstützen
    Vorteil: Leistungssteigerungen
    Nachteil: das Problem muss parallel lösbar sein
- eine andere als imperative Programmiersprache

Weitere Möglichkeiten: vgl. Frühjahr 1990 Aufgabe 7 Teilaufgabe 4

Frühjahr 1994 Aufgabe 3

Erläutern Sie den Begriff des von-Neumann-Rechners!

✓ Lösungsvorschlag

vgl. Frühjahr 1990 Aufgabe 7 oder [DUD1, 775f]

Frühjahr 1995 Aufgabe 1

Teilaufgabe 1

Drücken Sie durch eine Formel aus, wieviel Zeit benötigt wird, um ein Programm auf einem Rechner in Abhängigkeit der folgenden Größen abzuarbeiten:

- l mittlere Zykluslänge
- CPI Anzahl der Zyklen pro Maschineninstruktion (Cycles Per Instruction)
- IC mittlere Befehlszahl (Instruction Count)

Teilaufgabe 2

Welche Möglichkeiten gibt es für den Rechnerarchitekten einen Rechner zu entwickeln, der das Programm möglichst schnell abarbeitet? Welche dieser Möglichkeiten sind eher technologie-, welche eher architekturabhängig? Welche dieser Möglichkeiten lassen sich nur schlecht gleichzeitig verwirklichen?

Teilaufgabe 3

Für einen Mix aus Benchmarks wurden folgende Anteile verschiedener Instruktionsarten ermittelt:

Instruktion	Anteil	Rechner 1	Rechner 2
Integer-Operation	51%	2	1
Load / Store	30%	4	1
Branch	17%	2	1
Jump	2%	2	1

Die beiden letzten Spalten geben die Anzahl der Zyklen pro Instruktion für Rechner 1 bzw. Rechner 2 an. Die Taktfrequenz von Rechner 1 beträgt 20MHz und die Taktfrequenz von Rechner 2 beträgt 8MHz. Welcher Rechner ist schneller?

✓ Lösungsvorschlag zu Teilaufgabe 1

Formel zur Programmabarbeitung: $T = l * CPI * IC$

✓ Lösungsvorschlag zu Teilaufgabe 2

Möglichkeiten zur schnelleren Programmabarbeitung:
1. Adresspipelining (Überlappung von Adressen und Daten)
2. Burst-Modus (Übergabe der Anfangsadresse von aufeinanderfolgenden Speicheradressen)
3. Interleaved Memory (= Speicherverschränkung; Anordnung in physikalischen Speicherbänken)
4. Getrennte Busse für Daten und Befehle (Datenbus verbreitern)
5. Caches zwischen Prozessor und Hauptspeicher (Infos speichern, auf die häufig zugegriffen wird)
6. Speicherhierarchien
7. Speedup (Steigerung durch Parallelarbeit)
8. Verkürzung der Wege
9. Taktung sowohl des Prozessors als auch der Busse > Leistungsentwicklung steigt > wird allerdings warm und es gibt Leiterbahninterferenzen
10. Verwendung von speziellen Bausteinen (z.B. SRAM, DRAM, DDRAM) > teurer

Technologieabhängig: 8., 9., 10.
Architekturabhängig: 1., 2., 3., 4., 5., 6., 7.
Es lassen sich kaum gleichzeitig verwirklichen: 4. und 8. bzw. 7. und 8.

✓ Lösungsvorschlag zu Teilaufgabe 3

Rechner1: $T = \dfrac{2 \cdot 0.51 + 4 \cdot 0.30 + 2 \cdot 0.17 + 2 \cdot 0.02}{20 MHz} = 0.13 \mu s$

Rechner2: $T = \dfrac{0.51 + 0.30 + 0.17 + 0.02}{8 MHz} = 0.125 \mu s$

$\Rightarrow$ Rechner2 ist schneller.

Frühjahr 1995 Aufgabe 2

Betrachten Sie eine typische 6-stufige Befehlspipeline!

Teilaufgabe 1

Welche Funktion haben die einzelnen Pipelinestufen?

Teilaufgabe 2

Wie groß ist die Beschleunigung (Speed-up), die man erhält, wenn der Instruktionsstrom aus n Maschineninstruktionen besteht und keine Pipeline-Hemmnisse auftreten?

Teilaufgabe 3

Welche Beschleunigung erhält man für einen Instruktionsstrom der Länge n im Idealfall, wenn die Prozessorarchitektur m derartige Pipelines enthält, die nebenläufig betrieben werden können (Superskalarprozessor)?

Teilaufgabe 4

Nennen Sie (wenigstens) zwei Eigenschaften von Instruktionsströmen, die verhindern, dass dieser Idealfall eintreten kann! Erläutern Sie die Auswirkung dieser Eigenschaften anhand von Pipeline-Phasendiagrammen!

Teilaufgabe 5

Skizzieren Sie eine 4-stufige (arithmetische) Pipeline für die Gleitpunkt-Addition, und erläutern Sie die Funktion der einzelnen Stufen!

✓ Lösungsvorschlag zu Teilaufgabe 1

Vgl. [DUD1, 527]

Funktion der einzelnen Pipelinestufen:

- Holphase
- Dekodierphase
- Erhöhen des Befehlszählregisters
- Laden der Operanden
- Ausführungsphase
- Abspeichern des Ergebnisses

✓ Lösungsvorschlag zu Teilaufgabe 2

Speedup (ohne Pipelinehemmnisse):

$$S_n = \frac{T_1}{T_n}$$

S_n: Speedup, bei Benutzung von n Prozessoren oder Rechenwerken

T_1: Ausführungszeit der seriellen Algorithmusversion

T_n: Ausführung der parallelen Version auf n Prozessoren / Rechenwerken

Wobei für n Maschineninstruktionen $T_1 = t$ und $T_6 = \dfrac{t}{6} + \dfrac{5}{6}$ gilt.

Somit ist $S_n = \dfrac{6t}{t+5}$

✓ Lösungsvorschlag zu Teilaufgabe 3

Speedup beim Superskalarprozessor:

Das Rechnenwerk besteht aus mehreren unterschiedlichen Funktionseinheiten, die gleichzeitig Operationen ausführen können, wenn diese vorher entschlüsselt und auf die zuständigen Funktionseinheiten verteilt wurden. Wenn n FE vorhanden und die von allen FE auszuführenden Arbeitsschritte gleich lang sind, so können durch diese spezielle Art des Pipelining gleichzeitig n Ergebnisse berechnet werden.

$$S_{n,m} = m \cdot S_n$$

✓ Lösungsvorschlag zu Teilaufgabe 4

Eigenschaften:

- Das Laden von Operanden kann oft länger dauern, wenn diese nicht im Cache sind (Datenkonflikte durch verzögerten Speicherzugriff).
- ein Befehl bezieht sich auf vorangegangene Befehle (ALU-Datenkonflikte) $\Rightarrow$ Flussabhängigkeit

Pipeline-Phasendiagramme:

Befehl1: R1 = R2 + R3

Befehl2: R4 = R5 − R1

Befehl3: R6 = R1 OR R7

Fetch	ADD R1,R2,R3	SUB R4,R5,R1	OR R6,R1,R7	OR R6,R1,R7	OR R6,R1,R7			
Decode		ADD R1,R2,R3	SUB R4,R5,R1	SUB R4,R5,R1	SUB R4,R5,R1	OR R6,R1,R7		
Execute			ADD R1,R2,R3	DELAY	DELAY	SUB R4,R5,R1	OR R6,R1,R7	
Write Back				ADD R1,R2,R3	DELAY	DELAY	SUB R4,R5,R1	

✓ **Lösungsvorschlag zu Teilaufgabe 5**

4-stufige Pipeline für die Gleitpunkt-Addition (vgl. [MÄR, 181]):

Fetch	ADD
Decode	Dekodieren und Operanden A und B holen
Execute	A+B
Write Back	Ergebnis nach C

Frühjahr 1995 Aufgabe 3

Teilaufgabe 1

Erläutern Sie die Begriffe CISC und RISC! Stellen Sie dazu jeweils charakteristische Eigenschaften gegenüber!

Teilaufgabe 2

Um die Befehlspipeline in einem Prozessor nicht zu bremsen, arbeiten manche RISC Prozessoren mit sogenannten *delayed branches*, d.h. der hinter einem Sprungbefehl stehende Befehl (im sogenannten *delay slot*) wird noch in jedem Fall ausgeführt.

Geben Sie zwei Möglichkeiten zur Füllung des *delay slots* an und begründen Sie, wann sie verwendet werden können und wann dadurch eine Leistungssteigerung erreicht wird!

Teilaufgabe 3

Nennen Sie neben Sprüngen eine weitere Ursache, die zu Verzögerungen in einer Befehlspipeline führen kann und geben Sie eine Möglichkeit zur Behebung an!

Teilaufgabe 4

Welche Auswirkung haben RISC Prozessoren auf Compiler?

✓ **Lösungsvorschlag zu Teilaufgabe 1**

Begriffserläuterung: Vgl. [DUD1, 77]

2.4 Rechnerarchitektur

CISC: Bei mikroprogrammierbaren Rechenanlagen kann der Befehlsvorrat geändert und an die Bedürfnisse eines Benutzers angepasst werden. Je komplexer der Befehlsatz ist, umso aufwendiger sind in der Regel die elektronischen Schaltungen und umso mehr Befehle werden später beim Einsatz des Rechners tatsächlich benutzt. Ein komplexer Befehlsvorrat benötigt meist sehr viel Platz auf einem Chip für Schaltungen, die kaum genutzt werden.

RISC: Man versucht daher bei vielen Mikroprozessoren mit möglichst wenigen Befehlen auszukommen, um zum einen schnellere Ausführungszeiten für die verbleibenden Befehle zu erzielen, und zum anderen den kostbaren Platz auf den Chips anderweitig zu verwenden (weitere Register, Keller, ...). In Verbindung mit der Pipelineverarbeitung führt dies zu den RISC-Architekturen.

Vgl. [MÄR, Kapitel 7] Standard-**RISC**-Architekturen versuchen, möglichst viele der folgenden Eigenschaften zu erfüllen, wenn nicht gewichtige Gründe für andere Implementierungslösungen sprechen:
- niedrige, möglichst nahe bei 1,0 liegende CPI-Werte (cycles per instruction)
- LOAD/STORE-Architektur (Hauptspeicherzugriffe erfolgen nur mittels dieser Befehle; alle anderen Operationen werden allein auf Registeroperanden ausgeführt)
- Konzentration auf wirklich notwendige Befehlstypen mit wenigen, einfach dekodierbaren Befehlsformaten
- Verzicht auf Mikrocode. Festverdrahtete Implementierung des Leitwerks. Verlagerung komplexer Steuerungsaufgaben in den Compiler.
- Streben nach regulären Hardwarestrukturen für große Registersätze und Caches.

Die Grundlage für die hohe RISC-Performance ist eine effiziente und straff organisierte Phasenpipeline.

Die CDC6600 ist ein Beispiel einer hardwaregesteuerten Rechnerarchitektur. Sie gilt als RISC-Vorläufer und Wegbereiter der Supercomputer, mit folgenden Eigenschaften:
- Parallelität auf verschiedenen Betrachtungsebenen
- Aufgabenverteilung zwischen Zentralprozessor (Anwendungsprogramme) und mehreren PSP-Prozessoren (BS und E/A-Steuerung)
- Zentralprozessor mit 10fachem Funktionspipelining (Superskalararchitektur), der durch das Scoreboard gesteuert wird
- Einfacher, registerorientierter Drei-Adress-Befehlssatz mit modifizierter LOAD/ STORE-Organisation
- Speicherhierarchie durch Register, Befehlsstack, schnellen verschränkten Hauptspeicher, viele PSP-gesteuerte E/A-Kanäle

IBM realisierte den Befehlssatz mit der Hilfe der Mikroprogrammierung und gilt als Begründer der **CISC**-Philosophie. Die IBM-Architekturen zeichnen sich aus durch:
- mächtigen, universellen Befehlssatz mit zahlreichen Daten- und Befehlsformaten
- universellen Registersatz
- Betriebssystemunterstützung durch spezielle Befehle
- Speicherhierarchie und Kanalkonzept für Ein-/Ausgabesteuerung
- virtuellen Speicher mit Paging und Segmentierung
- virtuelles Maschinenkonzept
- Unterstützung von Multiprozessorbetrieb durch spezielle Maschinenbefehle

✓ Lösungsvorschlag zu Teilaufgabe 2

Delayed branches und delay slot (vgl. [MÄR, 183ff]):

Das Umsetzen des Befehlszählers auf die Zieladresse während der Ausführungsphase des Sprungs führt dazu, dass alle sequentiell nachfolgenden Befehle, die sich bereits in der Pipeline befinden, ungültig werden. [...] Statt dessen muss der neue Befehlsstrom vom Speicher zur CPU geleitet werden. Ohne Pipeline-Management-Techniken würden mehrere Taktzyklen vergehen, bis die Pipeline wieder gefüllt wäre. Wann und weshalb Pipelinekonflikte im Zusammenhang mit Verzweigungsoperationen auftreten, kann u.a. von folgenden Faktoren abhängen:

- Länge der Phasenpipeline
- Aktivitäten während der einzelnen Pipeline-Stufen
- Zahl der Stufen zwischen dem Holen der Verzweigungsoperation und ihrer Ausführung (= branch delay)
- Zahl der Taktzyklen, die vergehen, bis bei ausgeführten Sprüngen die Befehle ab der Zieladresse vom Speicher bereitgestellt werden.

Das Pipeline-Verhalten hängt zunächst davon ab, in welcher Pipelinestufe die nach dem Sprungbefehl gültige Programmadresse berechnet wird. [...] Neuere Architekturen verfügen meist über eine eigene Funktionseinheit, die Sprungbedingungen testet und den neuen Befehlszähler bestimmt. Die virtuelle Sprungzieladresse und die Sprungbedingung können während der Dekodierphase ausgewertet werden. Die Ergebnisse stehen im nächsten Taktzyklus zur Verfügung. Es verbleibt eine Verzögerung von einem Taktzyklus. Für den ersten Nachfolgebefehl, der parallel zum Dekodieren des Sprungbefehls geholt wurde, wird die Pipeline für einen Takt angehalten. Wenn sich herausgestellt hat, dass der Sprung nicht durchgeführt wird, kann der unterbrochene Nachfolgebefehl weiter bearbeitet werden. Andernfalls wird er verworfen und das Holen beginnt von Neuem ab der Sprungzieladresse.

Eine andere häufig angewandte Technik zur Vermeidung von Auslastungslücken ist es, den Compiler damit zu beauftragen, die Lücken der Pipeline, die durch die Verzögerung zwischen Holen und Durchführen eines Sprungs entstehen, mit sinnvollen Befehlen zu füllen. Befehle, die logisch gesehen im Source-Programm vor dem nächsten Sprungbefehl stehen und von diesem datenunabhängig sind, können vom Compiler in einem Delay-Slot des Sprungbefehls eingefügt werden.

✓ Lösungsvorschlag zu Teilaufgabe 3

Ursache (vgl. [MÄR, 183]): Datenkonflikte durch verzögerten Speicherzugriff

Erläuterung:

Bei LOAD-Befehlen, die einen Operanden in ein Register laden, sind trotz Cache-Speicher meistens zwei Taktzyklen erforderlich, bis der Operand im Zielregister steht. Wenn der Registerinhalt bereits vom nachfolgenden Befehl als Operand benötigt wird, führt das zu einer

Pipelineunterbrechung, bis der Operand im Zielregister bereitgestellt werden kann. STORE-Befehle können das Quellregister länger als einen Taktzyklus blockieren.

Möglichkeiten zur Behebung:

- Die CPU erkennt den Konflikt mit Hilfe eines Pipeline-Interlock-Mechanismus. Dieser unterbricht die Pipeline ab dem Befehl, der die Daten in einer Pipelinestufe benötigt, bis die Daten aus dem Speicher in der CPU angekommen sind. Die Daten können sofort aus dem Speicherdatenregister zu der betroffenen Pipelinestufe übertragen werden. Es muss nicht erst abgewartet werden, bis die Daten auch im Zielregister eingetroffen sind.
- Der Compiler fügt einen Befehl ohne Wirkung (NOOP) zwischen dem LOAD und dem davon abhängigen, darauffolgenden Befehl ein. Dadurch sinkt die Durchsatzleistung der Pipeline und zwar umso deutlicher, je mehr Stufen die Pipeline besitzt.
- Der Compiler ordnet die Befehlsreihenfolge so um, dass nach dem Speicherbefehl ein unabhängiger Befehl überlappt mit dem Speicherbefehl bearbeitet werden kann. Diese Optimierung ist in den meisten Fällen realisierbar und führt zu spürbaren Performance-Steigerungen.

✓ Lösungsvorschlag zu Teilaufgabe 4

Compiler-Techniken nach (vgl. [MÄR, 188f]):

Wenn auch Befehle in Delay-Slots eingefügt werden sollen, die im ursprünglichen Source-Code erst nach dem Sprungbefehl auftreten, dann müssen leistungsfähige Branch-Prediction-Techniken verwendet werden, die sicherstellen, dass ein eingefügter Befehl tatsächlich zur Performance-Optimierung beiträgt. Der Logik-Aufwand für eine eventuelle Rücknahme von Zustandsveränderungen in der Pipeline soll möglichst niedrig gehalten werden. Deshalb dürfen nachfolgende Befehle nur in Delay-Slots eingefügt werden, wenn sie keine inhaltlichen Auswirkungen auf die Logik der durchzuführenden Berechnungen haben, falls mit ihrer Verarbeitung begonnen wurde, obwohl die Voraussage falsch war.

Frühjahr 1996 Aufgabe 4

Beschreiben Sie die Auswirkungen, die sich durch Anwenden des Pipeline-Prinzips

Teilaufgabe 1

bei der Befehlsentschlüsselung

Teilaufgabe 2

bei der Arithmetik von Vektorrechnern ergeben!

> **Pipeline-Prinzip** (vgl. [DUD1, 527] „Pipelineverarbeitung"):
> Die Abarbeitung eines Befehls setzt sich aus einer Reihe von Einzeloperationen zusammen:
> Holphase – Decodierphase – Erhöhen des Befehlszählregisters – Laden der Operanden – Ausführungsphase – Abspeichern des Ergebnisses.
> Bei der Pipelineverarbeitung ist innerhalb des Steuerwerks für jede mögliche Einzeloperation eine Funktionseinheit vorgesehen. Alle FE arbeiten fließbandartig an der Ausführung der Befehle. Das Steuerwerk bearbeitet also genau so viele verschiedene Befehle gleichzeitig, wie FEs vorhanden sind.

✓ Lösungsvorschlag zu Teilaufgabe 1

Verhalten bei Sprüngen nach [MÄR, 182ff]:

Das Umsetzen des Befehlszählers auf die Zieladresse während der Ausführungsphase des Sprungs führt dazu, dass alle sequentiell nachfolgenden Befehle, die sich bereits in der Pipeline befinden, ungültig werden. [...] Statt dessen muss der neue Befehlsstrom vom Speicher zur CPU geleitet werden. Ohne Pipeline-Management-Techniken würden mehrere Taktzyklen vergehen, bis die Pipeline wieder gefüllt wäre. [...] Neuere Architekturen verfügen meist über eine eigene Funktionseinheit, die Sprungbedingungen testet und den neuen Befehlszähler bestimmt. Die virtuelle Sprungzieladresse und die Sprungbedingung können während der Dekodierphase ausgewertet werden. Die Ergebnisse stehen im nächsten Taktzyklus zur Verfügung. Es verbleibt eine Verzögerung von einem Taktzyklus. Für den ersten Nachfolgebefehl, der parallel zum Dekodieren des Sprungbefehls geholt wurde, wird die Pipeline für einen Takt angehalten. Wenn sich herausgestellt hat, dass der Sprung nicht durchgeführt wird, kann der unterbrochene Nachfolgebefehl weiter bearbeitet werden. Andernfalls wird er verworfen und das Holen beginnt von Neuem ab der Sprungzieladresse. Eine andere häufig angewandte Technik zur Vermeidung von Auslastungslücken (NOPS) ist es, den Compiler damit zu beauftragen, die Lücken der Pipeline, die durch die Verzögerung zwischen Holen und Durchführen eines Sprungs entstehen, mit sinnvollen Befehlen zu füllen. Befehle, die logisch gesehen im Source-Programm vor dem nächsten Sprungbefehl stehen und von diesem datenunabhängig sind, können vom Compiler in einem Delay-Slot des Spungbefehls eingefügt werden. [vgl. Frühjahr 1995 Aufgabe 3]

✓ Lösungsvorschlag zu Teilaufgabe 2

Die Pipelineverarbeitung lässt sich besonders gut zur Geschwindigkeitssteigerung bei arithmetischen Operationen nutzen, wenn es gelingt, die betreffende Operation in eine Anzahl von gleichartigen Teiloperationen zu zerlegen, die sich zeitlich verschränkt ausführen lassen. [...] Der theoretisch, d.h. unter idealen Bedingungen erzielbare Parallelarbeitsgewinn eines Pipeline-Prozessors nähert sich mit zunehmender Vektorlänge asymptotisch der Stufenzahl. Dies würde dafür sprechen, möglichst viele Stufen vorzusehen. Andererseits nimmt aber die Startzeit der Pipeline mit der Stufenzahl zu, und es ist die Startzeit, die verhindert, dass der

2.4 Rechnerarchitektur

asymptotische Grenzwert erreicht werden kann. Dies ist wiederum ein Grund, die Stufenzahl der Pipeline möglichst gering zu halten, um auch bei kurzen Vektoren noch eine gute Leistung zu erhalten. Dreistufige Pipelines sind inzwischen die typische Realisierung für Gleitpunkt-Prozessoren.

Herbst 1996 Aufgabe 1

Teilaufgabe 1

Rechensysteme werden nach bestimmten Kriterien klassifiziert, um sie qualitativ und quantitativ analysieren und miteinander vergleichen zu können. Die Klassifikation kann dabei nach Leistung, Anwendungsanforderungen oder Anwendungsgebieten erfolgen. Nennen Sie zwei weit verbreitete Anwendungsgebiete und erläutern Sie deren Besonderheiten im Hinblick auf die Architektur von Rechensystemen.

Teilaufgabe 2

Eine häufig verwendete Taxonomie ist die sogenannte *Flynn'sche Klassifikation*. Erklären Sie diese Taxonomie und nennen Sie die Merkmale der beiden Unterklassen der *Princeton-* und *Harvard-Architektur*. Welche Arten der Parallelität gibt es bei Parallelrechnern?

Teilaufgabe 3

Der Datenaustausch in MIMD-Rechnern kann auf zwei Arten erfolgen. Beschreiben Sie die beiden Methoden!

✓ Lösungsvorschlag zu Teilaufgabe 1

Anwendungsgebiete (vgl. [DUD1, 145f]): Klassifikation von Computern

Personalcomputer:
Diese Rechner verfügen bereits über einen schnellen Mikroprozessor mit Wortlängen von 16 oder 32 Bit und über eine Speicherkapazität von 128 KByte bis 80 MByte. Zu ihnen gehören eine Tastatur, ein Bildschirm, meist eine Maus, ein oder zwei Floppy-disc-Laufwerke und ein Drucker. Weitere Geräte sind anschließbar; eine oder mehrere Schnittstellen zu Rechnernetzen sind üblich. Eingesetzt werden diese Rechner meist im privaten oder im einfachen kommerziellen Bereich, vorwiegend für Zwecke der Textverarbeitung, Tabellenkalkulation, Datenablage, -wiederfindung und -austausch, Grafiken und einfache Bildverarbeitung. Sie sind als relativ preiswerte, eigenständig einsetzbare Einzelplatzrechner (d.h. für nur einen Benutzer, aber eventuell für mehrere gleichzeitig aktive Programme) konzipiert. Als Programmiersprachen dienen überwiegend BASIC und PASCAL; das am weitesten verbreitete Betriebssystem ist hier MS-DOS. PCs gibt es auch als tragbare Computer mit aufklappbarem Bildschirm und einer Festplatte mit 20 bis 80 MByte Speicherkapazität; sie heißen Laptop

(auch scherzhaft „Schlepp-Top" genannt). [Anmerkung der Verfasser: Stand der Informationen von 1993]

Großrechner:
Dies sind für vielfältige Zwecke einsetzbare Computer der obersten Leistungsklasse. Sie werden vorwiegend von Rechenzentren betrieben. Tagsüber können sie auf Grund ihrer hohen Rechenleistung sehr viele Benutzer (in der Regel mehrere hundert) gleichzeitig bedienen; nachts führen sie sehr rechenintensive Arbeiten ohne Unterbrechungen durch, z.B. Lohn- und Gehaltsabrechnung, Aktualisieren von Datenbanken, Produktionsplanungen oder technische Berechnungen. Großrechner werden zur Zeit zum einen durch Rechnernetze, in denen viele Arbeitsplatzstationen, file server und PCs zusammengefasst sind, und zum anderen durch Rechner für Spezialaufgaben (oft mit hoher Parallelverarbeitung) verdrängt.

Arbeitsplatzstationen: vgl. [DUD1, 145f]

Heimcomputer: vgl. [DUD1, 145]

✓ **Lösungsvorschlag zu Teilaufgabe 2**

Klassifikationskriterium:
einfaches oder mehrfaches Auftreten von Befehls- und Datenströmen

SISD: single instruction stream, single data stream

Durch die Ausführung eines Programms erzeugt **ein** Leitwerk einen Befehlsstrom, dessen Befehle einzeln nacheinander vom Rechenwerk ausgeführt werden. Benötigte Operanden und Ergebnisse werden über einen bidirektionalen Datenstrom vom Hauptspeicher in **ein** Rechenwerk geholt bzw. vom Rechenwerk in den Hauptspeicher zurückgeschrieben.

SIMD: single instruction stream, multiple data stream

Systeme dieser Art besitzen ebenfalls nur ein Leitwerk. Der vom Leitwerk entschlüsselte Befehl kann aber gleichzeitig auf mehrere Operanden in mehreren Rechenwerken angewandt werden. Das gleichzeitige Verteilen der im Befehl enthaltenen Information über die Art der auszuführenden Operation(en) an die einzelnen Verarbeitungseinheiten nennt man Instruction Broadcasting. Die wichtigsten SIMD-Rechner sind die Array-Prozessoren oder Feldrechner.

MISD: multiple instruction stream, single data stream

In einem MISD-Rechner steuern gleichzeitig mehrere Leitwerke die Ausführung von Befehlen aus unterschiedlichen Befehlsströmen auf einem fließbandartig von Rechenwerk zu Rechenwerk geleiteten Datenstrom. Diese Arbeitsweise wird auch als Makro- oder Prozessorpipelining bezeichnet.

MIMD: multiple instruction stream, multiple data stream

MIMD-Systeme verfügen über mehrere vollständige Prozessoren. Es existieren unterschiedliche Architekturvarianten. Es sind mehrere Befehls- und Datenströme aus einem gemeinsa-

2.4 Rechnerarchitektur

men physikalischen Hauptspeicher oder aus unabhängigen, statisch oder dynamisch zu Prozessoren zugeordneten Speichermoduln für die Informationsverteilung zuständig. Unter einem Prozessor versteht man ein Leitwerk, dem ein oder mehrere Rechenwerke zugeordnet sind.

Princeton-Architektur: Die Architektur des von-Neumann-Rechners entstand 1946/47 als theoretisches Konzept einer universellen Rechenstruktur, die sich zur Lösung aller berechenbaren Probleme eignen sollte. Das damals richtungsweisende Konzept wurde später als sogenannter Princeton-Rechner realisiert.

Harvard-Architektur: getrennte Caches für Befehle und Daten, auf die über eigene Busse zugegriffen wird. Die Caches können mit einem gemeinsamen Hauptspeicher oder mit eigenen Hauptspeicher-Partitionen für Befehle und Daten verbunden sein.

✓ Lösungsvorschlag zu Teilaufgabe 3

In einem einfachen Multiprozessor liegen swohl Daten als auch Programme im gemeinsamen Hauptspeicher. Alle Zugriffe und Befehle auf Operanden laufen deshalb über den gemeinsamen Systembus und den Hauptspeicher-Port. Während des Bustransfers kann immer nur eine Verbindung CPU-Speicher gleichzeitig geschaltet werden. [MÄR, 251]

Bei Multicomputern ist jedem Prozessor ein privates Speichermodul fest zugeordnet. Inter-Prozess-Kommunikation und Datenaustausch erfolgen über den Systembus, in dem Prozesse auf unterschiedlichen CPU-Messages senden und empfangen. Wenn sich Sender- und Empfängerprozess auf dem gleichen Prozessor befinden, ist kein Busprotokoll erforderlich. [...] Der Systembus wird nur zum Austausch von Messages verwendet.

Herbst 1996 Aufgabe 2

Teilaufgabe 1

Ein Computer besitzt eine drei-stufige Speicherhierarchie aus Cache, Hauptspeicher und Plattenspeicher. Ein Cache-zugriff erfordert 1 Taktzyklus, ein Zugriff auf den Hauptspeicher 4 Taktzyklen und ein Zugriff auf den Plattenspeicher 1200 Taktzyklen: 0.5% der Zugriffe erfolgen auf den Plattenspeicher, 30% auf den Hauptspeicher und die restlichen 69.5% auf den Cache.

Wieviele Zyklen werden im Mittel für einen Speicherzugriff benötigt? Wieviele Zugriffe benötigt derselbe Computer im Mittel, wenn er keinen Cache besitzt und stattdessen diese Zugriffe vom Hauptspeicher erledigt werden können?

Wie wirkt sich die Einführung eines Second-Level-Caches aus, der eine Zugriffszeit von 2 Taktzyklen besitzt und auf den 60% der Speicherzugriffe erfolgen, die im ursprünglichen System vom Hauptspeicher erledigt wurden: die Wahrscheinlichkeiten für Zugriffe auf den Plattenspeicher und den First-Level-Cache bleiben unverändert.

Teilaufgabe 2

Ein Computer besitzt eine Taktfrequenz von 120 MHz und benötigt für eine Integer-Instruktion im Mittel 6 Takte. Wieviele µs werden im Mittel für eine Instruktion benötigt und wie viele MIPS (million instructons per second) werden im Durchschnitt ausgeführt? Derselbe Rechner benötigt für einen Befehl mit Fließkommaverarbeitung durchschnittlich 18 Takte. Wieviele µs werden im Mittel für eine Fließkomma-Verarbeitung benötigt und wieviele FLOPS (floating point operations per second) werden im Mittel geleistet?

✓ **Lösungsvorschlag zu Teilaufgabe 1**

Berechnung der Zyklen, die im Mittel für einen Speicherzugriff benötigt werden:
$M1 = 0.695 + 4 \cdot 0.3 + 1200 \cdot 0.005 = 7.895$
$M2 = 0.995 \cdot 4 + 0.005 \cdot 1200 = 9.98$
$M3 = 0.695 + 2 \cdot 0.18 + 4 \cdot 0.12 + 1200 \cdot 0.005 = 7.535$

✓ **Lösungsvorschlag zu Teilaufgabe 2**

Berechnung der mittleren Zeit und der MIPS für Integer-Operation:

$$t = \frac{6}{120 \cdot 10^6} s = 0.05 \cdot 10^{-6} s$$

#MIPS = $1/t = 20 \cdot 10^6$

Berechnung der mittleren Zeit und der MIPS für Integer-Operation:

$$t = \frac{18}{120 \cdot 10^6} s = 0.15 \cdot 10^{-6} s$$

#FLOPS = $\frac{20}{3} \cdot 10^6$

Herbst 1996 Aufgabe 3

Ein SISD-Rechner berechnet ein Problem, bestehend aus 9 gleichartigen Teilproblemen und benötigt für jeden Teil $3h$. Der Anteil der parallelisierbaren Operationen beträgt 2/3. Wie lange benötigt ein MIMD-Rechner mit 10 Prozessoren für das Gesamtproblem, falls die Kommunikation vernachlässigbar ist und jeder Prozessor die gleiche Rechenleistung wie der SISD-Rechner aufweist? Wie groß ist der Speed-up und die Effizienz? Wie groß sind die Durchsätze dieser Rechner?

✓ Lösungsvorschlag

Die Gesamtbearbeitungszeit auf einem SISD-Rechner beträgt $9 \cdot 3h = 27h$.
Die Gesamtbearbeitungszeit auf MIMD-Rechner ergibt sich aus:

$$9 \cdot 3h \cdot \frac{2}{3} \cdot \frac{1}{9} + 9 \cdot 3h \cdot \frac{1}{3} = 11h$$

$\Rightarrow$ Speedup = 27/11 = 2.45
$\Rightarrow$ Effizienz = 2.45/10 = 24.5%
$\Rightarrow$ Durchsatz MIMD-Rechner: $\quad$ 9/11 [1/h]
$\Rightarrow$ Durchsatz SISD-Rechner: $\quad$ 9/27 [1/h] = 1/3 [1/h]

Frühjahr 1997 Aufgabe 1

Teilaufgabe 1

Nennen und erläutern Sie vier verschiedene Adressierungsmodi der maschinennahen Programmierung.

Teilaufgabe 2

Erklären Sie anhand der folgenden Speicherbelegung die Adressierungsmodi ‚Registerdirekt', ‚Register-indirekt' und ‚Register-Speicher-indirekt'.

Speicheradresse	... 18	... 117	... 269	... 293	... 456 ...
Speicherinhalt	293	269	456	117	18

Es soll der Befehl

```
LOAD to Register1, Register2;
```

mit verschiedenen Adressierungsmodi ausgeführt werden. Der Inhalt von Register2 dient dazu, den Wert zu bestimmen, der in Register1 geladen wird. In Register2 befindet sich der Wert 293. Welcher Wert steht – abhängig vom jeweiligen Adressierungsmodus – nach Ausführung des Befehls in Register1?

Teilaufgabe 3

Beschreiben Sie die Schritte bei der Ausführung eines Unterprogrammaufrufs und -rücksprungs. Es soll das Stapelprinzip verwendet werden, wobei der Stapel zu kleineren Adressen wächst, der Stackpointer auf das nächste freie Element zeigt und das Abspeichern eines Elements auf dem Stack den Stackpointer um 4 verändert. Nennen Sie wenigstens zwei wesentliche Vorteile dieser Unterprogrammverwaltung.

✓ Lösungsvorschlag zu Teilaufgabe 1

Adressierungsmodi (vgl. [DUD1, 20ff]):

Die Adressierungsart gibt an, wie die physikalische Adresse zu ermitteln ist. In vielen Maschinenbefehlen müssen im Adressteil die Adressen der Speicherzellen angegeben sein, in denen sich die Operanden befinden oder in die bestimmte Werte einzutragen sind.

- **absolute Adressierung:** die im Adressteil angegebene Adresse kennzeichnet genau den Aufenthaltsort des Operanden.
- **indirekte Adressierung:** der Inhalt der im Adressteil angegebenen Speicherzelle ist die Adresse des Operanden
- **indizierte Adressierung:** die Adresse des Operanden wird aus der Summe der im Adressteil angegebenen Adresse und dem Inhalt eines speziellen Indexregisters gebildet.
- **relative Adressierung:** die Adresse jedes Operanden wird innerhalb eines Programms oder Programmstücks durch Summation des Inhalts eines Basisregisters (Basisadresse) und der im Adressteil angegebenen Adresse (Distanzadresse) berechnet.
- weitere: **symbolische, virtuelle, unmittelbare Adressierung**

✓ Lösungsvorschlag zu Teilaufgabe 2

Register-direkt (= absolute Adressierung):   Inhalt von Register1 ist 293

Register-indirekt (= indirekte Adressierung):   Inhalt von Register1 ist 117

Register-Speicher-indirekt (= indirekte Adressieung):   Inhalt von Register1 ist 269

✓ Lösungsvorschlag zu Teilaufgabe 3

Unterprogrammaufruf und -rücksprung (vgl. [MITU, 18]):

Beim Aufruf von Unterprogrammen erfolgt zunächst die Ablage des Zustands (PSW und PC) des unterbrochenen Ablaufs im Systemkeller. Anschließend wird auf die Unterrroutine verzweigt. Im Einzelnen gilt:

- Es wird das Prozessorstatuswort (PSW) im Systemkeller abgelegt mit Fortschaltung des Systemkellerpegels.
- Es wird der Befehlszähler (PC, R15) im Systemkeller abgelegt mit Fortschaltung des Systemkellerpegels. Der Befehlszähler zeigt auf den nächsten auszuführenden Befehl.
- Der Befehlszähler wird gemäß der Angabe im Systemkontrollblock neu besetzt, so dass er auf den Anfang der Unterroutine zeigt.

Unterprogrammaufruf und -rücksprung (vgl. [BR1, 418]):

CALL
    speichert den momentanen Stand des Befehlszählers (die Rückkehradresse) im „Keller" ab und setzt dann den Befehlszähler auf die angegebene Adresse des Unterprogramms (Kombination von MOVE und JUMP)

2.4 Rechnerarchitektur

RET
holt die Rückkehradresse aus dem Keller, setzt den Befehlszähler um und den Keller zurück

Vorteile:
- Eine Alternative wäre, Programmtext des Unterprogramms bei dessen Aufruf an die entsprechende Stelle des Hauptprogrammtextes zu kopieren (offener Einbau). Bei obiger geschlossener Interprogramm-Technik müssen nicht die Adressen des Unterprogramms dem neuen Standort im Speicher angepasst werden. Der Nachteil hierbei liegt in der Codegröße!
- Eine weitere Alternative wäre, mit bestimmten Registern statt mit dem Keller zu abeiten. Der Nachteil dabei ist, dass im Keller beliebig viele Übergabeparameter mit abgespeichert werden können, bei Registern nur eine begrenzte Anzahl (jedoch nicht die Parameter selbst, sondern deren Speicheradressen).

Frühjahr 1997 Aufgabe 2

Teilaufgabe 1

Was versteht man unter Speicherzugriffszeit und unter Speicherzykluszeit? Wann sind beide gleich?

Teilaufgabe 2

Was versteht man unter der räumlichen und der zeitlichen Referenzlokalität?

Erläutern Sie, wie diese zustande kommen! Geben Sie wenigstens drei Beispiele an, die zeigen, wie diese Eigenschaften von der Rechnerarchitektur ausgenützt werden können!

Teilaufgabe 3

Was versteht man unter einer Speicherhierarchie? Geben Sie ein Beispiel an! Wie lautet die Formel für die mittlere Speicherzugriffszeit bei einer zweistufigen Hierarchie?

Teilaufgabe 4

Welche Aufgaben hat die MMU (Memory Manage Unit)? Welches sind ihre wichtigsten Hardwarekomponenten?

✓ Lösungsvorschlag zu Teilaufgabe 1

Speicherzugriffszeit (vgl. [DUD1, 673]):

Zeit, die zum Lesen bzw. Schreiben einer Speicherzelle benötigt wird. Sie setzt sich zusammen aus der Zeit zur Lokalisierung und Ansteuerung der betreffenden Speicherzelle und der Schaltzeit der Speicherelemente.

Speicherzykluszeit (vgl. [DUD1, 673]):

Zeitspanne vom Beginn eines Speichervorgangs bis zu dem Zeitpunkt, an dem ein neuer Speichervorgang beginnen kann. Die Zykluszeit setzt sich zusammen aus der Zugriffszeit und möglicherweise einer Regenerationszeit, in der beim Lesen zerstörte Informationen in den Speicher zurückgeschrieben werden.

Die beiden Zeiten sind gleich, wenn die Regenerationszeit gleich Null ist.

✓ Lösungsvorschlag zu Teilaufgabe 2

Lokalitätsprinzip (vgl. [DUD1, 675]; [TAN1, 196]):

räumliche Referenzlokalität:

Wird auf einen bestimmten Speicherbereich zugegriffen, so findet der nächste Zugriff mit hoher Wahrscheinlichkeit auf dem gleichen Speicherbereich statt.

zeitliche Referenzlokalität:

Auf gerade genutzte Speicherinhalte wird mit hoher Wahrscheinlichkeit bald wieder zugegriffen.

Nutzung:

- Speicherhierarchie: Im Hauptspeicher befinden sich die Speicherzellen, auf die zuletzt zugegriffen wurde. Im Cache die davon zuletzt genutzten.
- Man lädt aus dem Hintergrundspeicher aufeinanderfolgende Speicherzellen (Seiten).
- Working-Set (Daten, Befehle) (vgl. Herbst 1990 Aufgabe 1 Teilaufgabe 3)

✓ Lösungsvorschlag zu Teilaufgabe 3

Speicherhierarchie (vgl. [DUD1, 674f]):

Die wichtigsten, die Leistungsfähigkeit einer Rechenanlage beeinflussenden Kenndaten eines Speichers sind seine Speicherkapazität und seine Zugriffszeit. Beide Größen lassen sich jedoch nicht gleichzeitig maximieren: Speicher großer Kapazität sind relativ langsam, Speicher großer Schnelligkeit sind verhältnismäßig teuer und meist klein.

Diesem Problem begegnet man durch eine Hierarchie von an Speicherkapazität zunehmenden und an Geschwindigkeit abnehmenden Speichern. Der Prozessor greift nur auf den schnellsten Speichertyp zu. Er enthält die gerade benötigten Daten und Programmteile. Seltener oder zur Zeit nicht benötigte Daten werden auf den bezüglich der Hierarchie langsameren Speichern abgelegt. Der Prozessor bezieht Befehle und Daten aus dem sehr kleinen, schnellen Pufferspeicher. Der Hauptspeicher enthält größere im Allgemeinen zusammenhängende Programm- oder Datenteile. Programm- oder Datenteile, die in absehbarer Zeit nicht benötigt werden, befinden sich in den Tertiärspeichern. (dreistufige Hierarchie)

2.4 Rechnerarchitektur

Kleinere Rechenanlagen verfügen häufig nicht über einen Pufferspeicher. In diesem Falle ist der Hauptspeicher der Primärspeicher und die Hintergrundspeicher sind die Sekundärspeicher. (zweistufige Hierarchie)

Hierarchie: Register > Caches > Hauptspeicher > Hintergrundspeicher

(Zugriffszeit wächst, Preis wird niedriger)

Formel (vgl. [GIL, 103] Formel für die effektive Zugriffszeit): $T_e = HT_c + (1 - H) T_m$
- H die Trefferrate des Cache
- T_c Cache-Zugriffszeit und
- T_m Hauptspeicher-Zugriffszeit

✓ Lösungsvorschlag zu Teilaufgabe 4

Aufgaben der MMU ([DUD1, 677] „Speicherverwaltung"):

Komponente des BS einer Rechenanlage, deren Aufgabe die Zuweisung und Überwachung aller vom System benutzten Speicher ist. Hierzu werden Tabellen angelegt, in denen die belegten und freien Speicherbereiche notiert werden. [...]

Verlangt der Prozessor Zugriff auf ein Objekt, das sich momentan nicht im Pufferspeicher befindet, so muss die Speicherverwaltung das Objekt in einem Hintergrundspeicher auffinden, in den Pufferspeicher kopieren und, falls der Pufferspeicher voll ist, ein anderes Objekt des Pufferspeichers entfernen und in den Hintergrundspeicher verlagern.

Aufgaben der MMU (vgl. [TAN1, 171]):

Der Teil des BS, der den Speicher verwaltet, wird Speicherverwalter (memory manager) genannt. Er muss über die belegten und freien Teile des Speichers Buch führen, Prozessen bei Bedarf Speicher zuordnen und nach Vollendung wieder entziehen und die Ein- und Auslagerung zwischen dem Speicher und der Platte organisieren, wenn der Hauptspeicher nicht alle Prozesse gleichzeitig aufnehmen kann.

[TAN1, 185ff]: Wird ein virtueller Speicher verwendet, werden die virtuellen Adresen nicht direkt auf den Speicherbus gegeben. Statt dessen werden sie der MMU übergeben, ein oder mehrere Bauelemente, die die virtuelle Adresssse auf die Speicheradresse abbilden.

Die MMU-Hardware enthält eine Tabelle mit *n* Bereichen, einen Bereich für jeden der bis zu *n* Prozesse. Nachdem die MMU die virtuelle Adresse transformiert hat, überprüft sie die Schutzbits im Segmentdeskriptor, ob dieser Zugriff erlaubt ist. Ist der Zugriff gestattet, prüft die MMU die aus der virtuellen Adresse entnommene Seitennummer gegen das Segmentdeskriptorfeld mit der Segmentlänge, um zu sehen, ob das Segment groß genug ist. Ist dies gegeben, wird die Seitennummer als Index in die Seitentabelle verwendet, deren Adresse durch den Segmentdeskriptor bereitgestellt wird. Sobald die Rahmennummer gefunden wird, wird sie mit der Relativadresse der virtuellen Adresse zur realen Adresse kombiniert, die auf den Bus ausgegeben wird.

Hardwarekomponenten: (MMU = Chip in unmittelbarer Nähe zur CPU)

- Register (z.B: Ausgaberegister, in dem nach der Berechnung die physikalische Adresse steht)
- eigenes Steuerwerk, Rechenwerk
- Verbindung zur CPU
- Verbindung zum Bus

Frühjahr 1997 Aufgabe 3

Teilaufgabe 1

Was versteht man unter einer speicherabgebildeten und unter einer separaten Ein/Ausgabe? Geben Sie jeweils mindestens zwei charakterisierende Eigenschaften an! Nennen Sie für jede der beiden Organisationsformen wenigstens einen Vorteil!

Teilaufgabe 2

Was versteht man unter ‚programmierter Ein/Ausgabe'? Welche Alternativen dazu gibt es? Erläutern Sie den Unterschied zwischen ‚Polling' und interruptgesteuerter Ein/Ausgabe!

Teilaufgabe 3

Weshalb lassen sich Peripheriegeräte u.a. nicht direkt mit der CPU und dem Hauptspeicher verbinden? Nennen Sie mindestens vier Möglichkeiten, eine Verbindung herzustellen!

✓ Lösungsvorschlag zu Teilaufgabe 1

Speicherabgebildete Ein-/Ausgabe (= memory-mapped I/O):

Den Registern der EA-Prozessoren ist jeweils eine physikalische Adresse des Maschinenadressraums zugeordnet („Einblenden von Adressbereichen"). Dies wird bei E/A-Modul (z.B. Grafikkarte) angewandt. Dabei wird eine höhere Logik in den Geräten vorausgesetzt als bei der separaten E/A. Die Geräte müssen z.B. den Bus selbständig reservieren können.

Direkter Speicherzugriff (DMA = direct memory access): Der Controller kopiert unabhängig vom Prozessor in den Speicher (ein hauptsächlich bei Festplatten-Controllern genutztes Verfahren).Nach Abschluss erfolgt ein Interrupt, so wird keine Prozessorzeit verschwendet.

(z.B. bei Windows: E/A-Adressen einstellbar, Größe ca. 20 Byte)

Vorteile: schnelles Verfahren; alle können auf gemeinsamen Speicherbereich zugreifen.

2.4 Rechnerarchitektur

Separate Ein-/Ausgabe:

Die E/A wird vom Prozessor organisiert, dafür existieren spezielle PORT-Befehle.

Vorteil: Die Logik in den Geräten ist einfacher.

✓ Lösungsvorschlag zu Teilaufgabe 2

programmierte Ein-/Ausgabe:

Diese liegt vor, wenn die Peripheriegeräte über Kanalwerke angeschlossen sind, welche programmierbar sind.

Ein E/A-Auftrag läuft folgendermaßen ab: Im Hauptspeicher steht ein Programm für einen EA-Prozessor, welches nach einem Startsignal ausgeführt wird und nach dessen Beendigung wird das Ergebnis im Hauptspeicher abgelegt.

Alternative:
E/A-Module: Der E/A-Prozessor führt immer den gleichen Ablauf aus, jedoch mit den Eingabedaten, die zuvor in seinen Registern abgelegt wurden.

Nach der Beendigung des E/A-Auftrags muss das BS Kenntnis von der Beendigung erhalten. Dazu gibt es zwei Möglichkeiten:

- **Polling:** Suchen nach eingetroffenen Inhalten. Das BS fragt das Endebit, das der E/A-Prozessor nach Beendigung setzt, periodisch ab.
- **Interruptgesteuerte Ein-/Ausgabe:** E/A-Gerät sendet nach Beendigung der Arbeit einen Unterbrechungswunsch an den Prozessor, von dem er den Auftrag erhalten hat.

✓ Lösungsvorschlag zu Teilaufgabe 3

Begründung:
- Peripheriegeräte können bzw. müssen prozessorunabhängig arbeiten.
- Sie sind als externes Gerät, von der Logik her auf höherer Ebene als der Prozessor.
- Je mehr ein Gerät selbst macht, desto weniger wird der Prozessor belastet, deshalb existiert ein „Miniprozessor" (= Controller) in den meisten Geräten.
- Jedes Gerät hat eine andere Schnitstelle. Die E/A-Prozessoren müssen eine Standardschnittstelle bereitstellen.

Möglichkeiten:
grundsätzlich über Schnittstellen und Bussysteme, wie z.B. serielle Schnittstelle, parallele Schnittstelle, Infrarot, Fire-wire, Netzwerkkabel (BNC, twisted pair), PCI-Bus, ISA-Bus, AGP (advanced graphic port), Datenbus, Adressbus, SCSI-Bus.

Herbst 1998 I Aufgabe 3

Maschinennahe Berechnung arithmetischer Ausdrücke

Ein Prozessor $P1$ mit den 32 Registern $R0$ bis $R31$ soll den arithmetischen Ausdruck

$$Z := (A \cdot B + C) \cdot (D - E \cdot F)$$

berechnen. Die Inhalte der Variablen A bis F stehen in Speicherzellen mit den Adressen mA bis mF, das Ergebnis Z soll in der Speicherzelle mit der Adresse mZ abgelegt werden. $P1$ hat unter anderem die folgenden Befehle (r, $r1$, $r2$, $r3$ stehen für Register, m für eine Speicherzelle und $<a>$ für den Inhalt des Speicherelements a):

Befehl	Wirkung
`load r m`	`<r> := <m>`
`store r m`	`<m> := <r>`
`add r1 r2 r3`	`<r3> := <r1> + <r2>`
`sub r1 r2 r3`	`<r3> := <r1> - <r2>`
`mult r1 r2 r3`	`<r3> := <r1> * <r2>`

In diesen Befehlen benötigt ein Operationscode 8 Bit, eine Registeradresse 4 Bit und eine Speicheradresse 32 Bit. Die Ausführungszeit der Befehle beträgt 10 Takte und zusätzlich 4 Takte je Speicherzugriff (Register- und Befehlszugriffe sind ausgenommen). So benötigen **load** und **store** zum Beispiel je 14 Takte.

Teilaufgabe 1

Geben Sie eine Befehlsfolge an, welche den oben angegebenen Ausdruck Z berechnet.

Teilaufgabe 2

Welchen Platzbedarf in Bits hat die gesamte Befehlsfolge?

Teilaufgabe 3

Wieviel Takte benötigt die Ausführung der Befehlsfolge auf einem seriell arbeitenden Prozessor (d.h. die Ausführung einzelner Befehle überlappt nicht)?

2.4 Rechnerarchitektur

Der Prozess $P1$ soll nun zusätzlich über die folgenden Befehle verfügen:

Befehl	Wirkung
`madd r m`	`<r> := <r> + <m>`
`msub r m`	`<r> := <r> - <m>`
`mmult r m`	`<r> := <r> * <m>`

Teilaufgabe 4

Geben Sie eine Befehlsfolge an, die so weit wie möglich ohne load/store-Befehle auskommt und ebenfalls Z berechnet.

Teilaufgabe 5

Welchen Platzbedarf in Bits hat diese Befehlsfolge?

Teilaufgabe 6

Wieviele Takte benötigt die Ausführung der Befehlsfolge auf einem seriell arbeitenden Prozessor?

Alternativ zu der oben beschriebenen Maschine wird nun ein anderer Prozessor $P2$ betrachtet, der den angegebenen Ausdruck Z mit Hilfe eines Stacks berechnen soll. Folgende Befehle stehen ihm dabei zur Verfügung:

Befehl	Wirkung
`push m`	legt den in Zelle m stehenden Wert auf dem Stack ab
`pop`	bringt den obersten Wert vom Stack in die Zelle, deren Adresse in der zweitobersten Zelle des Stacks steht; beide Zellen des Stacks werden gelöscht.
`pusha m`	legt die Adresse m auf dem Stack ab

Die drei zusätzlichen arithmetischen Operationen **add**, **sub**, **mult** verknüpfen die beiden oberen Werte des Stacks, löschen sie und legen das Ergebnis wiederum auf den Stack. Bei der Subtraktion wird der oberste Wert des Stacks als Minuend behandelt. Für den Speicherbedarf der Befehle gelten die Konventionen von $P1$.

Teilaufgabe 7

Zeichnen Sie einen Operatorbaum für den Ausdruck Z.

Teilaufgabe 8

Schreiben Sie Z in Postfixform.

Teilaufgabe 9

Geben Sie eine Befehlsfolge für *P*2 an, welche Z berechnet.

Teilaufgabe 10

Welchen Platzbedarf in Bits hat Ihre Befehlsfolge aus der vorigen Teilaufgabe?

Teilaufgabe 11

Welchen Zeitbedarf hat die Ausführung der Befehlsfolge, wenn **push** m und **pop** je 14 und die übrigen Befehle je 10 Takte brauchen, auf einem seriell arbeitenden Prozessor?

✓ Lösungsvorschlag zu Teilaufgabe 1

Befehlsfolge für $Z := (A \cdot B + C) \cdot (D - E \cdot F)$:

```
load    r0   mA
load    r1   mB
load    r2   mC
load    r3   mD
load    r4   mE
load    r5   mF
mult    r0   r1   r6
add     r6   r2   r7
mult    r4   r5   r8
sub     r3   r8   r9
mult    r7   r9   r10
store   r10  mZ
```

✓ Lösungsvorschlag zu Teilaufgabe 2

Platzbedarf in Bits:
    12 Operationscodes à 8 Bit
    22 Register à 4 Bit
    7 Speicheradressen à 32 Bit
gesamt: $12 \cdot 8 + 22 \cdot 4 + 7 \cdot 32 = 408$

2.4 Rechnerarchitektur

✓ Lösungsvorschlag zu Teilaufgabe 3

benötigte Takte zur Ausführung (ohne Überlappung):
  7 load/store Befehle à 14 Takte
  5 Befehle à 10 Takte
gesamt: $7 \cdot 14 + 5 \cdot 10 = 148$

✓ Lösungsvorschlag zu Teilaufgabe 4

```
load    r0  mA
mmult   r0  mB
madd    r0  mC
load    r1  mE
mmult   r1  mF
load    r2  mD
sub     r2  r1  r3
mult    r0  r3  r4
store   r4  mZ
```

✓ Lösungsvorschlag zu Teilaufgabe 5

Platzbedarf in Bits: $9 \cdot 8 + 13 \cdot 4 + 7 \cdot 32 = 348$

✓ Lösungsvorschlag zu Teilaufgabe 6

benötigte Takte zur Ausführung: $2 \cdot 10 + 7 \cdot 14 = 118$

✓ Lösungsvorschlag zu Teilaufgabe 7

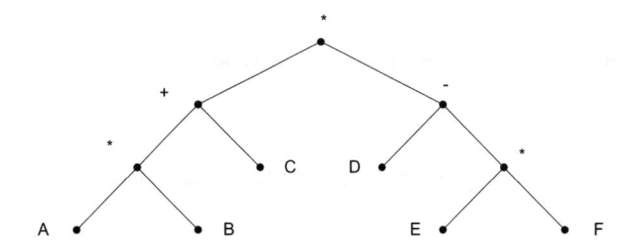

✓ Lösungsvorschlag zu Teilaufgabe 8

Postfixform: ((A,B)*,C)+,(D,(E,F)*)-)*

✓ Lösungsvorschlag zu Teilaufgabe 9

```
pusha   mZ
push    mA
push    mB
mult
push    mC
add
push    mE
push    mF
mult
push    mD
sub
mult
pop
```

✓ Lösungsvorschlag zu Teilaufgabe 10

Platzbedarf in Bits: $6 \cdot 8 + 7 \cdot 32 = 304$

✓ Lösungsvorschlag zu Teilaufgabe 11

Zeitbedarf: $7 \cdot 14 + 6 \cdot 10 = 158$

Frühjahr 1999 II Aufgabe 3

Teilaufgabe 1

Motivieren Sie die Einführung von Speicherhierarchien.

Teilaufgabe 2

Nennen Sie die grundlegende Voraussetzung für deren sinnvolle Verwendung.

Teilaufgabe 3

Geben Sie eine typische Hierarchie mit den zugehörigen Speichertypen und Größen- bzw. Zugriffszeitbereichen an.

Teilaufgabe 4

Ordnen Sie Caches in die Speicherhierarchie ein, falls nicht bei Beantwortung der vorigen Teilaufgabe bereits erfolgt.

2.4 Rechnerarchitektur

Teilaufgabe 5

Beim schreibenden Zugriff auf einen Cache kann man bzgl. der Behandlung des Hauptspeichers zwei Organisationsformen unterscheiden:

write through: Bei jedem Schreibvorgang wird auch der Hauptspeicher aktualisiert (auch als *store through* bekannt)

write back: Hauptspeicher nur aktualisiert, wenn nötig (auch als *copy back*, *write later* bezeichnet)

Diskutieren Sie Vor- und Nachteile beider Verfahren. Berücksichtigen Sie dabei auch Mehrprozessor-Anlagen.

Teilaufgabe 6

Für den Fall eines *write miss* (benötigter Block für den schreibenden Zugriff nicht im Cache) bestehen zwei prinzipielle Optionen:
- *write allocate*: Der Block wird in den Cache geladen und dort geändert.
- *no write allocate*: Der Block wird direkt im Hauptspeicher modifiziert und nicht in den Cache geladen.

Obwohl natürlich prinzipiell beide Optionen sowohl bei *write through* als auch bei *write back* verwendet werden können, wird in der Regel jeweils eine der Optionen bevorzugt. Welche? Warum?

✓ Lösungsvorschlag zu Teilaufgabe 1

Motivierung (vgl. [DUD1, 675]):

Die wichtigsten, die Leistungsfähigkeit einer Rechenanlage beeinflussenden Kenndaten eines Speichers sind seine Speicherkapazität und seine Zugriffszeit. Beide Größen lassen sich jedoch nicht gleichzeitig maximieren: Speicher großer Kapazität sind relativ langsam, Speicher großer Schnelligkeit sind verhältnismäßig teuer und meist klein. Diesem Problem begegnet man durch eine Hierarchie von an Speicherkapazität zunehmenden und an Geschwindigkeit abnehmenden Speichern. Der Prozessor greift nur auf den schnellsten Speichertyp zu. Er enthält die gerade benötigten Daten und Programmteile. Seltener oder zur Zeit nicht benötigte Daten werden auf den bezüglich der Hierarchie langsameren Speichern abgelegt.

✓ Lösungsvorschlag zu Teilaufgabe 2

Voraussetzungen nach [MÄR, 220]:

- Die Zahl der Hierarchiestufen muss begrenzt sein, damit die Zugriffskomplexität nicht unnötig erhöht wird.
- Die Hardwarebausteine in jeder Hierarchieebene müssen auf die eingesetzte CPU-Technologie abgestimmt werden.

✓ Lösungsvorschlag zu Teilaufgabe 3

Speichertyp	Größenbereich	Zugriffszeitbereich
Prozessor: Register und interner Cache	1 Taktzyklus	16 KB
Externer Cache (sehr schnell)	2 – 4 Taktzyklen	Ab 256 KB
Hauptspeicher (schnell, wahlfreier Zugriff)	100 – 500 Nanosekunden (3 – 5 TZ)	8 – 128 MB
Magnetbandspeicher (langsam, sequentieller Zugriff)	5 – $n*10^3$ TZ	
Magnetplattenspeicher, Magnettrommelspeicher (mäßig schnell, zyklischer Zugriff)		1 – 4GB

✓ Lösungsvorschlag zu Teilaufgabe 4

Einordnen von Caches: bereits erfolgt

✓ Lösungsvorschlag zu Teilaufgabe 5

[MÄR, 225] Ein *write-through*-Cache ist einfacher zu implementieren und benötigt deutlich weniger Steuerlogik. Dagegen muss ein *write-back*-Cache verschiedene softwareabhängige Zustandsveränderungen bewältigen können. Seine Realisierung ist deshalb komplexer. Der Vorteil von *write-back*-Caches liegt in der deutlichen Reduzierung schreibender Hauptspeicherzugriffe.

[MÄR, 232] Das *write-through*-Protokoll führt zu einer hohen Belastung des CPU-Speicherbusses bei Schreibzugriffen. In Mehrprozessorsystemen mit gemeinsamen Hauptspeicher kann dadurch die Busentlastung ausbleiben, auf die man beim Cache-Einsatz eigentlich abgezielt hatte. Durch Einschieben von mehreren Puffern wird das Problem der Busentlastung etwas abgemildert. In den Puffern werden zurückzuschreibende Daten zwischengespeichert. Durch entsprechende Logik werden immer dann Pufferinhalte im Hauptspeicher abgelegt, wenn die CPU gerade einen Lesezugriff auf ihren Cache durchführt.

[...] write-back-Strategien bieten sich vor allem bei Multiprozessor- oder Multimastersystemen an, bei denen mehrere CPUs eng über einen gemeinsamen Hauptspeicher gekoppelt sind.

✓ Lösungsvorschlag zu Teilaufgabe 6

Es ist geschickter, *write-through* mit *no-write-allocate* zu kombinieren, da man sich dann die Zeit zum Laden der Daten in den Cache und das Zurückschreiben in den Hauptspeicher spart.

2.4 Rechnerarchitektur

Frühjahr 1999 II Aufgabe 4

Teilaufgabe 1

Welche Befehlsadressformate kennen Sie? Beschreiben Sie diese und charakterisieren Sie die wesentlichen Unterschiede.

Teilaufgabe 2

Nennen Sie wenigstens 5 Adressierungsformen und beschreiben Sie diese genauer.

✓ Lösungsvorschlag zu Teilaufgabe 1

Befehlsformat: vgl. [DUD1, 75]

Ein Befehl in einer Maschinensprache besteht aus einem Operationsteil und einem Adressteil. Der Operationsteil gibt an, *was* zu tun ist, der Adressteil, *wo* sich die zugehörigen Operanden befinden. Das genaue Format richtet sich nach dem Typ der zur Vefügung stehenden Rechenanlage.

Befehlsadressformate: vgl. [DUD1, 75f]

Einadressmaschine: Der Adressteil der Einadressmaschine enthält nur *eine* Adresse. Der gegebenenfalls erforderliche zweite Operand steht in einem speziellen Register, dem Akkumulator, der auch das Ergebnis von Operationen aufnimmt. Beispiel: `SUB 100`.

Zweiadressmaschine: Der Adressteil der Zweiadressmaschine enthält zwei Adressen. Die meisten Großrechner der 80er Jahre sind Zweiadressmaschinen. Der Mikroprozessor 68000 ist ebenfalls eine Zweiadressmaschine. Beispiel: `SUB 100,104`

Dreiadressmaschine: Der Adressteil der Dreiadressmaschine enthält drei Adressen. Beispiel: `SUB 100,104,110`

✓ Lösungsvorschlag zu Teilaufgabe 2

Adressierungsformen: vgl. [DUD1, 20ff] und Frühjahr 1997 Aufgabe 1

Frühjahr 1999 II Aufgabe 5

Teilaufgabe 1

Nennen Sie die wesentlichen Unterschiede zwischen einem SIMD- und einem MIMD-Rechner!

Teilaufgabe 2

Beschreiben Sie Vor- und Nachteile eines Mehrprozessorsystems mit gemeinsamem Hauptspeicher im Vergleich zu einem solchen mit lokalen Speichern für jeden Prozessor!

Teilaufgabe 3

Erläutern Sie die Unterschiede zwischen einem eng-gekoppelten und einem lose-gekoppelten Mehrprozessorsystem!

✓ Lösungsvorschlag zu Teilaufgabe 1

vgl. Lösungsvorschlag zu Herbst 1996 Aufgabe 1

✓ Lösungsvorschlag zu Teilaufgabe 2

Mehrprozessorsysteme [MÄR, 251]:

In einem einfachen Multiprozessorsystem liegen sowohl Daten als auch Programme im gemeinsamen Hauptspeicher. Alle Zugriffe und Befehle auf Operanden laufen deshalb über den gemeinsamen Systembus und den Hauptspeicher-Port. Während des Bustransfers kann immer nur eine Verbindung CPU-Speicher gleichzeitig geschaltet werden.

Bei Multicomputern ist jedem Prozessor ein privates Speichermodul fest zugeordnet. Inter-Prozess-Kommunikation und Datenaustausch erfolgen über den Systembus, in dem Prozesse auf unterschiedlichen CPU-Messages senden und empfangen. Wenn sich Sender- und Empfängerprozess auf dem gleichen Prozessor befinden, ist kein Busprotokoll erforderlich. [...] Der Systembus wird nur zum Austausch von Messages verwendet.

Um Systeme mit gemeinsamem Hauptspeicher zu verbessern, kann der logisch zusammenhängende Speicher als physikalisch verteilter Speicher realisiert werden. Da die CPU-Geschwindigkeit stetig weiter zunimmt, sind Standardbusse nur noch bei Parallelrechnern mit wenigen CPUs als Verbindungstopologien im Einsatz. Neue Topologien wie z.B. Hypercube-Netzwerke kombinieren hohen Durchsatz mit Redundanz und beherrschbarer Komplexität.

✓ Lösungsvorschlag zu Teilaufgabe 3

Dies entspricht dem Unterschied zwischen Multiprozessor und Multicomputer.

Multiprozessor:

- Adressraum: genau ein physikalischer Adressraum
- Steuerung: genau ein Speichersystem mit einheitlichem Zugriff; Timesharing-Betriebssystem
- Aufgabenverteilung: eine gemeinsame Auftragswarteschlange
- Gemeinsame Daten: Änderung durch direkten Speicherzugriff
- Logisches Speichermodell: sequentiell, konsistent

2.4 Rechnerarchitektur

- Datenzugriff: Caching
- Message Passing: wird unterstützt – nur Zeiger müssen umgesetzt werden
- Universalität: universell einsetzbar

Multicomputer:

- Adressraum: Jeder Knoten verfügt über eigenen physikalischen Adressraum
- Steuerung: Unabhängige Rechnerknoten, lokale Verbindungstopologie; Kern eines verteilten BS
- Aufgabenverteilung: Programme/Daten statisch auf Rechnerknoten verteilt
- Gemeinsame Daten: Datenaustausch durch Senden von Messages; Programme/Daten werden Teilrechner-Knoten zugeordnet.
- Logisches Speichermodell: Mehrere Instanzen der gleichen Variablen können existieren.
- Datenzugriff: Software für Adressumsetzung, Message Passing, virtuelle Speicherverwaltung
- Message Passing: Daten werden tatsächlich bewegt.
- Universalität: Große, statisch parallelisierte Prog. – Flaschenhäse möglich

PMS-Struktur:

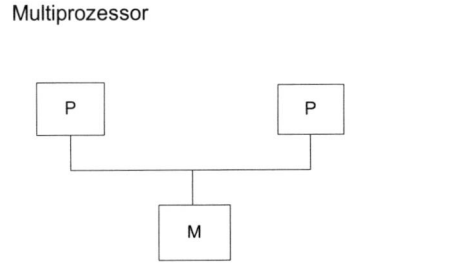

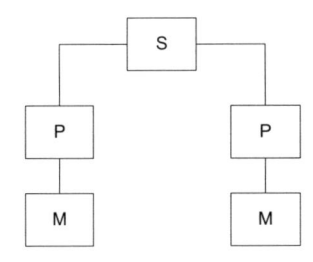

Multiprozessor

Multicomputer

PMS (vgl. [MÄR, Kapitel 4.5]):
Die Sprache PMS (Processor-Memory-Switch) ist ein graphisches Beschreibungshilfsmittel für die Analyse und den Entwurf der Systemebene von Rechnern. Sieben Grundelemente:
1. **Memory M**   (Speicher, Adressierungssystem, Daten- und Adressregister)
2. **Link L**   (das informationsübertragende Element)
3. **Control K**   (das Steuerungselement)
4. **Switch S**   (das Schalterelement)
5. **Transducer T**   (das repräsentationsverändernde Element; z.B. E/A-Gerät)
6. **Data-Operation D** (das datenverarbeitende Element; Rechenwerk)
7. **Processor P**   (das Prozessorelement; besteht mindestens aus K, D, M, L)

Das Symbol C bezeichnet einen vollständigen Computer, der durch ein PMS-Diagramm dargestellt wird. Das Symbol X steht für die Umgebung, in die der Rechner eingebettet ist. Die durchgezogenen Linien stellen Verbindungen zur Datenübertragung dar, während die gestrichelten Linien Steuerinformationen übertragen können. Der Arbeitsspeicher ist mit Mp (für Primary Memory) bezeichnet.

3 Literaturverzeichnis

[BAN]	Banahan, M./ Rutter, A.: „Unix" 1. Aufl. München, Wien: Carl Hanser Verlag, 1984
[BOE]	Böcking, Stefan: „Objektorientierte Netzwerkprotokolle" 1. Aufl. Bonn, u.a. Addison-Wesley, 1997
[BR1]	Broy, Manfred: „Informatik: eine grundlegende Einführung. Teil 1: Programmierung und Rechnerstrukturen." 2.Aufl. Berlin, Heidelberg, u.a.: Springer-Verlag, 1998
[BR2]	Broy, Manfred: „Informatik: eine grundlegende Einführung. Teil 2: Systemstrukturen und theoretische Informatik." 2.Aufl. Berlin, Heidelberg, u.a.: Springer-Verlag, 1998
[BRAU]	Brauer, W.: Skriptum zur Vorlesung „Einführung in die Informatik IV", gehalten im SS 2001 an der TU München
[DUD1]	Engesser, Hermann [Hrsg.]: „Duden Informatik" Mannheim: Meyers Lexikonverlag , 1993
[DUD2]	Meyer Lexikonredaktion [Hrsg.], Claus, V./ Schwill, A. [bearb.]: „Duden Informatik" 3. Aufl. Mannheim, Leipzig, u.a.: Dudenverlag, 2001
[ERK]	Erk, K./ Priese, L.: „Theoretische Informatik: eine umfassende Einführung." 2.Aufl. Berlin, Heidelberg, u.a.: Springer-Verlag, 2002
[GIL]	Giloi, Wolfgang K.: „Rechnerarchitektur". - 2., vollst. überarb. Aufl. - Berlin [u.a.] : Springer, 1993
[HEN]	Hennessy, J./ Patterson, D.: „Rechnerarchitektur. Analyse, Entwurf, Implementierung, Bewertung." Braunschweig/Wiesbaden: Vieweg, 1994
[HEU]	Heuer, Andreas/ Saake, Gunter: „Datenbanken: Konzepte und Sprachen." Bonn, Albany, Attenkirchen: Internat. Thomson Publ., 1997
[HOP]	Hopcroft/ Ullman: „Einführung in die Automatentheorie, formale Sprachen und Komplexitätstheorie" Bonn, u.a.: Addison-Wesley (Deutschland) GmbH, 1988

[KEM]	Kemper, Alfons/ Eickler, André: „Datenbanksysteme: eine Einführung." 4. akt. und erw. Aufl. München, Wien: Oldenbourg Verlag, 2001
[KRG]	Kröger, Fred: „Einführung in die Informatik. Algorithmenentwicklung." Berlin, Heidelberg, u.a.: Springer-Verlag, 1991
[LIP]	Lipschutz, Seymour: „Datenstrukturen" (Schaum's Outline), Hamburg, New York, u.a. McGraw-Hill, 1987
[MÄR]	Märtin, Christian: „Rechnerarchitektur: Struktur, Organisation, Implementierungstechnik" München, Wien: Hanser, 1994
[MITU]	MI Skript der TU München
[OBV]	Oberschelp, W./ Vossen, G.: „Rechneraufbau und Rechnerstrukturen" 8. korr. Aufl. München, Wien: Oldenbourg, 2000
[PRO]	Proebster/ Walter E.: „Rechnernetze: Technik, Protokolle, Systeme, Anwendungen." München, Wien: Oldenbourg, 1998
[STA]	Stallings, William: „Operating Systems." 4th ed. New Jersey: Prentice Hall, 2001
[SÖN]	Schöning, Uwe: „theoretische Informatik – kurzgefasst" 1. korr. Nachdruck, Heidelberg, Berlin: Spektrum Akad. Verl., 1997
[TAN1]	Tanenbaum, Andrew: „Moderne Betriebssysteme" 2. Aufl., München, Wien: hanser, 1995
[TAN2]	Tanenbaum, Andrew: „Computernetzwerke" 3. rev. Aufl., München: Pearson Education Deutschland, 2000

4 Register

Abhängigkeitserhaltung 215

Adressierungsmodi 360

Algorithmus / Verfahren zur Herstellung der 3. Normalform 215

Allgemeine Bäume und Binärbäume 125

Bedingungen für eine Verklemmung 252

Chomsky-Hierarchie 19

Chomsky-Normalform 29

EBNF 32

Eigenschaften von Transaktionen 199

Grammatik 18

Greibach-Normalform 13

Heap 282

Kellerautomat 64

Komplexitätsklasse P 159

Konstruktion eines DFA aus einem NFA" 37

Lineare Rekursion und repetitive Rekursion 120

LOOP-berechenbar 101

Merkhilfe für den Algorithmus „Umformumg des nichtdeterministischen Kellerautomaten in eine kontextfreie Grammatik" 10

Multiprozessor und Multicomputer 374

Normalformen 201

Parameterübergabemechanismen 136

Pipeline-Prinzip 354

PMS 376

Primitiv-rekursive Funktionen 91

Prozess 256

Pumping-Lemma 8

Pumping-Lemma für kontextfreie Sprachen 20

reguläre Menge 42

rekursive Funktion und rekursiv aufzählbare Menge 90

Satz zur „Äquivalenz von kontextfreien Grammatiken und nichtdeterministischen Kellerautomaten" 14

Seitenverdrängungsstrategien 342

Superschlüssel 228

Verlustlosigkeit (lossless-join-Eigenschaft) 214

μ-rekursive Funktionen 92